Maria Prieler-Woldan

Das Selbstverständliche tun

Die Salzburger Bäuerin Maria Etzer
und ihr verbotener Einsatz für Fremde
im Nationalsozialismus

Mit einem Nachwort von Brigitte Menne

StudienVerlag
Innsbruck
Wien
Bozen

Für meine Freundin Brigitte Menne
und ihre Nachkommen

Gedruckt mit freundlicher Unterstützung durch das Land Salzburg, den Zukunftsfonds der Republik Österreich, den Nationalfonds der Republik Österreich für Opfer des Nationalsozialismus, die Stadt Linz und die Gemeinde Goldegg

 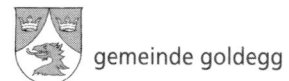

© 2018 by Studienverlag Ges.m.b.H., Erlerstraße 10, A-6020 Innsbruck
E-Mail: order@studienverlag.at
Internet: www.studienverlag.at

Satz und Umschlag: Studienverlag/Karin Berner
Umschlagabbildung: Foto: Maria Etzer (links), ca. 1910, Quelle: Familie Oblasser, Taxenbach; künstlerische Bearbeitung: Brigitte Menne

Gedruckt auf umweltfreundlichem, chlor- und säurefrei gebleichtem Papier.

Bibliografische Information Der Deutschen Bibliothek
Die Deutsche Bibliothek verzeichnet diese Publikation in der Deutschen Nationalbibliografie; detaillierte bibliografische Daten sind im Internet über <http://dnb.ddb.de> abrufbar.

ISBN 978-3-7065-5664-4

Inhaltsverzeichnis

„Die Vergangenheit ist nicht tot, sie stirbt nie. Es ist also möglich, die Vergangenheit zurückzuholen. … Aber man muss, wenn man sie wirklich zurückgewinnen will, eine Art Korridor durchlaufen, der jeden Augenblick länger wird. Und unten, ganz am Ende, an dem fernen, im hellen Sonnenlicht liegenden Punkt, dort, wo die schwarzen Wände des Korridors fast zusammenlaufen, dort steht das Leben, so lebendig und pochenden Herzens wie damals, als es sich das erste Mal ereignet hatte. Also ewig? Gewiss. Und nichtsdestoweniger immer ferner, immer mehr sich entziehend, immer weniger geneigt, sich noch einmal besitzen zu lassen."[1]

Giorgio Bassani (1916–2000)

---

[1] https://derstandard.at/2000032265192/Giorgio-Bassani-Eine-unwiederbringlich-verlorene-Zeit
(vom 8. März 2016)

Dank

Dieses Buch gäbe es nicht ohne die hartnäckigen Nachforschungen von Brigitte Menne über ihre Großmutter Maria Etzer. Die in Archiven aufgefundenen Dokumente, aber auch weitere und tiefer gehende Recherchen zu diesem Schicksal hat sie mir anvertraut und mich in meinem eigenen Forschungsprozess nach Kräften begleitet. Vielen Dank.

Mein herzlicher Dank gilt auch den GesprächspartnerInnen aus Maria Etzers Verwandtschaft und früherer Nachbarschaft. Sie haben mit ihren Erinnerungen dazu beigetragen, ein vielfarbiges Bild der Bergbäuerin und ihrer Lebensverhältnisse zu zeichnen und den Kriminalfall aufzuklären.

Mit ihrer reichen Sachkenntnis über die historischen und sozialen Verhältnisse im Salzburger Innergebirg haben mich Alois Nußbaumer, Michael Mooslechner und Christina Nöbauer unterstützt, Letztere auch mit vielen Anregungen als Erstleserin.

Meine Tochter Veronika Prieler hat mir durch ihr Mitdenken und ihre Korrekturarbeit geholfen, Brigitte Mechtler hat mich immer wieder in Salzburg beherbergt.

Von vielen weiteren Personen bekam ich Unterstützung bzw. Auskünfte, u. a. aus folgenden Einrichtungen:

Salzburger Landesarchiv, Archiv der Erzdiözese Salzburg, Oberösterreichisches Landesarchiv, Geschichtswerkstatt St. Johann im Pongau, Dokumentationsarchiv des Österreichischen Widerstandes, Gemeindeämter Goldegg, Mühlbach am Hochkönig, St. Veit, Bezirkspolizeikommando St. Johann im Pongau und Bundespolizeidirektion Salzburg, Service historique de la défense, Caen (Frankreich), Internationaler Suchdienst Bad Arolsen.

Für die Förderung dieses Forschungsprojekts danke ich dem Zukunftsfonds der Republik Österreich, für die Veröffentlichung gilt mein Dank Johanna Fusseis und Markus Hatzer vom Studienverlag.

Maria Prieler-Woldan, Februar 2018

Einführung

Im Dorf wurde es nur unter vorgehaltener Hand besprochen: Diese oder jene Frau hatte sich mit einem Zwangsarbeiter oder Kriegsgefangenen eingelassen, Genaueres wusste man nicht, aber irgendjemand trug das Gerücht zum Ortsgruppenleiter, und schnell war die Gestapo da und führte die Frau weg, und sie landete wegen „verbotenen Umgangs" im Zuchthaus oder im KZ. Manche dieser Frauen sind von dort nicht wiedergekehrt, andere kamen zurück, körperlich und seelisch gezeichnet, und waren in ihrem Dorf verfemt. Wer wollte schon eine Zuchthäuslerin in der Familie haben? Die „Schande", die das NS-Regime über eine solche Frau gebracht hatte, blieb sozusagen an ihr kleben, oft ein Leben lang, denn auch nach 1945 schämten sich die meisten zu erzählen, was ihnen angetan worden war, und die wenigen, die sich um eine staatliche Opferrente bemühten, gingen leer aus.

Zahlen über diese Frauen gibt es bis heute nicht. Etwa 3500 Frauen waren wegen „Verkehrs mit Fremdvölkischen" allein im Frauen-KZ Ravensbrück inhaftiert, und das ist nur die Spitze des Eisbergs. Wegen Verstößen gegen das Umgangsverbot kam es 1940 im Deutschen Reich zu 4345 Verurteilungen, im ersten Halbjahr 1943 gab es 5763 Verurteilungen.[2] Neben den KZs füllten sich ab 1940 die Zuchthäuser und Gefängnisse mit solchen „unbotmäßigen" Frauen, denn der „verbotene Umgang" wurde ein Massendelikt im Deutschen Reich. Oft war eine sexuelle Beziehung gar nicht bewiesen, es reichte bereits „eine Hilfestellung oder ein kollegialer Umgang für eine Verurteilung, wie das Zustecken von Brot oder Zigaretten, das Versenden von Post für Kriegsgefangene, das offene Grüßen auf der Straße oder das Mitnehmen auf einem Pferdewagen".[3] Es genügte also, nur das Selbstverständliche zu tun: Schon einfache Akte der Mitmenschlichkeit gegenüber Fremden galten als kriminelles Verhalten.

Ins Deutsche Reich wurden während des Zweiten Weltkriegs etwa sieben Millionen Ausländerinnen und Ausländer, darunter 1,9 Millionen Kriegsgefangene, verbracht, um sie hier ökonomisch auszubeuten. „Die Präsenz der ‚Fremdvölkischen', die in diesem Umfang historisch ein Novum war, wurde indes von den Nationalsozialisten zu einer ‚volkstumspolitischen' Gefahr, zu einer ‚Belastungsprobe' des deutschen Volkes stilisiert."[4] Die NS-Führung suchte daher alsbald nach Möglichkeiten, freundschaftliche bzw. auch sexuelle Beziehungen zwischen Einheimischen (vorwiegend Frauen, die Männer waren zumeist an der Front) und Ausländern zu verhindern. Unter den Bedingungen der Diktatur wurde das Private und Intime staatlichen Interessen untergeordnet und wurden rassistische Gesetze

---

[2] Vgl. Diewald-Kerkmann 1995, 119; ein Teil dieser Urteile betraf jedoch auch Männer wegen verschiedenartiger Unterstützung von Kriegsgefangenen.
[3] Gugglberger 2015, 153
[4] Eschebach 2014, 2

mit Brutalität durchgesetzt. „Der Anspruch auf die staatliche Durchdringung des Privaten war aber auch an die Köpfe und Herzen der einzelnen gerichtet."[5] Dies im doppelten Sinn: sich selbst als „ehrbare" Frau zu verhalten und das „deutsche Blut" zu schützen sowie all jene auszuliefern, die sich nicht systemkonform verhielten. Denunziationen in der Familie, unter besten Freunden und Nachbarn waren an der Tagesordnung, auch als „Denunziationsketten": Eine Person fragte eine andere um Unterstützung oder ließ auch eine dritte, in der NS-Hierarchie höher stehende, die Anzeige erstatten.[6]

War die „Täterin" ertappt, griff das Regime, besonders bei Kontakten mit slawischen Männern, zu drastischen Maßnahmen.

Solche Frauen und Mädchen wurden nach Anordnungen Hitlers und Himmlers öffentlich angeprangert und durchs Dorf getrieben, es wurden ihnen von Uniformierten die Haare geschoren, Schandtafeln umgehängt und penibel alles auch noch fotografiert. Die wegen „Wehrkraftzersetzung", einem politischen Delikt, inhaftierten Frauen wurden im KZ Ravensbrück in der ersten Zeit noch alle drei Monate wieder geschoren und hatten auch unter der Verachtung von Mithäftlingen zu leiden: „Unter dem Druck des Lagerlebens haben sehr viele scharfe Trennungslinien gezogen zwischen der eigenen Gruppe und den verachtungswürdigen und deshalb auszuschließenden Anderen. Um die eigentlich ‚Politischen‘ auch sprachlich von den wegen Verkehrs inhaftierten Frauen zu trennen, wurden letztere in Ravensbrück auch als ‚Bettpolitische‘ bezeichnet und diffamiert."[7]

Selbst Jahre nach Kriegsende bestand die Ächtung der betroffenen Frauen weiter, auch in offiziellen Dokumenten. Unrechtsbewusstsein und Mitgefühl fehlten vollkommen, vor allem bei Gefangenenhauspersonal und Amtsärzten, welche schon unter den Nationalsozialisten in ihren Funktionen tätig waren und nun amtliche Bestätigungen und ärztliche Beurteilungen für Opferfürsorgeanträge zu erbringen hatten.

Weitgehend blind für die Opfergruppe der wegen „verbotenen Umgangs" verurteilten Frauen waren aber nicht nur staatliche Behörden, sondern lange Zeit auch die Wissenschaft.

Was die Forschung zum Nationalsozialismus in Österreich betrifft, taucht das Thema der Frauen mit „Geschlechtsverkehrsverbrechen" erstmals am fünften Österreichischen Zeitgeschichtetag 2001 in Klagenfurt ausdrücklich auf. Gabriella Hauch, Professorin für Zeitgeschichte in Linz und später in Wien, recherchierte im Anschluss daran für Oberösterreich („Oberdonau") und stellte in einem Artikel 2006 dazu fest: „Der ‚Verbotene Geschlechtsverkehr‘ wird in der österreichischen NS-Forschung bzw. der die Ostmark thematisierenden kaum eigenständig behandelt, sondern unter den Fragestellungen von Denunziation, Alltag, Dissidenz oder im Rahmen von Kriegsgefangenschaft und Zwangsarbeit diskutiert."[8] In der bun-

---

5   Schneider 2010, 14
6   Vgl. Hornung 2010, 335
7   Eschebach 2014, 9
8   Hauch 2006, 246. Vorhandene Arbeiten dazu: z. B. Waldner 1997 über Sondergerichtsurteile in Tirol, Dzeladini 2015 über Sondergerichtsurteile in Wien

desdeutschen NS-Forschung liegen einzelne rechtshistorische und lokale Studien zu diesem Themenbereich vor. Dennoch bleibt noch viel zu tun: So haben die Haftbedingungen dieser Gruppe von Frauen „in der öffentlichen Erinnerung an die Konzentrationslager jahrzehntelang so gut wie keine Erwähnung gefunden".[9]

Die Motive für das Eingehen verbotener (Liebes-)Beziehungen unter größtem Risiko bleiben unklar, sind nach Hauch eine „forschungspraktische Leerstelle", denn der Themenkomplex der weiblichen Sexualität und des Sich-Einlassens mit dem männlichen Feind, teils auch geprägt von den Faktoren Gewalt, Nötigung oder Berechnung, ist in der gesellschaftlichen Erinnerung immer noch stigmatisiert und tabuisiert.[10] Außerdem sind die meisten Frauen, die dazu noch befragt werden hätten können, mittlerweile schon verstorben.

Eine von ihnen steht im Mittelpunkt der vorliegenden Arbeit. Es ist Maria Etzer (1890–1960), Bergbäuerin im österreichischen Bundesland bzw. „Reichsgau" Salzburg, die wegen „verbotenen Umgangs" 1943 denunziert, angeklagt und zu drei Jahren Zuchthaus verurteilt wurde. Exemplarisch an ihrem Schicksal und im Vergleich mit ähnlichen Fällen wird die Kriminalisierung der betroffenen Frauen durch die NS-Justiz, aber auch deren mangelnde Rehabilitierung in der Zweiten Republik aufgezeigt.

Die vorliegende Forschung speist sich aus schriftlichen und mündlichen Quellen – beides nicht leicht zugänglich und lückenhaft.

Was die schriftlichen Quellen betrifft, sind Maria Etzers Sondergerichtsurteil und ihr Opferfürsorgeakt erhalten (Salzburger Landesarchiv), weiters ihr Zuchthausakt (Bayrisches Staatsarchiv). Leider gibt es weder verlässliche Zahlen, wie viele Frauen wegen verbotener Kontakte zu Fremdarbeitern im Reichsgau Salzburg verfolgt wurden, noch wie viele von ihnen ab 1946 beim Land Salzburg um Opferfürsorge angesucht bzw. eine eventuelle Leistung erhalten haben. Der Vergleich von Etzers Akten mit ähnlich gelagerten Fällen stützt sich daher zumeist auf Zufallsfunde im Archiv bzw. in der Sekundärliteratur.

Dort sind aus Datenschutzgründen die Familiennamen immer abgekürzt, was eine gezielte Suche nach konkreten Personen und die Abstimmung mit vorhandenem Archivmaterial erschwert.

Die Anonymisierung, die man als (berechtigten) Opferschutz für die in der NS-Zeit mit Schande gebrandmarkten Frauen und ihre Familien versteht, ist jedoch eine zweischneidige Sache: Sie hält diejenigen Menschen, vor allem Frauen, im Dunkel, die zu Unrecht verurteilt wurden, und setzt damit in gewisser Weise deren Diffamierung fort. Indem manche dieser Frauen im Folgenden mit vollem Namen genannt werden, werden jene wenigen sichtbar, welche über ihre Verfolgung wegen „verbotenen Umgangs" gesprochen haben. Sie wurden zu Opfern gemacht, sind aber nicht mehr nur Opfer geblieben.

Diesen Schwierigkeiten zum Trotz konnte ich durch beharrliche Suche, durch die Unterstützung fachkundiger Personen, aber auch durch die Gunst des Zufalls

---

9   Eschebach 2014, 1
10   Vgl. Hauch 2006, 252

eine Fülle von schriftlichem Material finden und auswerten, das Maria Etzer in die Umstände ihrer Zeit einbettet und sie zugleich als Einzelfall auch hervortreten lässt.

Letzteres verdanke ich vor allem mündlichen Zeugnissen: von Menschen aus der damaligen Nachbarschaft, aus dem Ort Goldegg, aber besonders aus Maria Etzers Verwandtschaft. Deren vier Töchter sind inzwischen verstorben. Die Erinnerungen der Generation der Enkel und Enkelinnen sind kostbar auch deshalb, weil einige dieser Personen, mittlerweile im Alter von knapp 70 bis etwa 85 Jahren, Maria Etzer noch persönlich gekannt haben. Ihre manchmal divergierenden wichtigen Informationen und farbigen Details wären ein paar Jahre später für immer verloren gewesen – eine Interviewpartnerin ist vor Drucklegung dieses Buches bereits verstorben.

Die Erinnerung an die Geschehnisse vor mehr als 70 Jahren ist auch heute noch heikel und ein Politikum. Das zeigte sich schon bei den Gesprächsanfragen. Als Enkelin Brigitte Menne[11] nach dem Schicksal ihrer Großmutter gesucht und das Urteil und die Zuchthausakten in der Hand hatte, als einige Zeit vergangen war, bis sich in meiner Person eine weiterforschende Autorin gefunden hatte, nahm sie Kontakt zu ihren Cousins und Cousinen auf, um mit ihnen Erinnerungen zu heben und die Geschichte ihrer Großmutter zu teilen, auch die dunklen Aspekte.

Plötzlich stand die Großmutter im Licht, und auf andere in der Familie fiel ein Schatten, ein schwarzer Punkt, wie es jemand aus der Enkelgeneration nannte.

Es tauchten viele Fragen auf. Hat wirklich jemand aus der Familie denunziert, wie es in einem ein paar Jahre zuvor erschienenen Buch[12], freilich anonymisiert, zu lesen war? Oder war es jemand aus der Nachbarschaft? Darf man überhaupt so etwas über Maria Etzers Töchter oder andere Menschen aus dem Dorf behaupten, die, weil verstorben, sich nicht mehr wehren können – und damit deren Ruf schädigen? Und haben vielleicht sogar diejenigen einen „schwarzen Punkt", welche die Vergangenheit nicht („endlich") ruhen lassen können oder wollen?

Grundlegende Fragen, die entsprechende Emotionen hochkommen ließen, aber auch viel Nachdenklichkeit: „Wenn der Vorwurf (der Denunziation, M. P. W.) wirklich stimmen sollte, was hat meine Mutter dazu getrieben? Unter welchen Bedingungen kam alles zustande, wurde sie dazu gedrängt, genötigt, sie hatte damals ja schon viele Kinder … in der damaligen Zeit war ja alles möglich."

Es bewährte sich – nach anfänglichen Telefonaten, die sich als schwierig erwiesen – folgende Vorgangsweise: Enkelin B. M., begleitet von mir als ihrer Freundin mit Interesse am Schicksal ihrer Großmutter, suchte ihre Cousins und Cousinen zuhause auf. Wir reisten an deren Wohnorte und läuteten einfach an. Es gab dort und da anfängliche Skepsis, aber wir wurden nirgends abgewiesen. Mehrmals ergaben sich später noch Ergänzungen am Telefon oder weitere Besuche.

Das spontane Arrangement mit Unsicherheit auf beiden Seiten schuf so einen gewissen Ausgleich: Als Forscherin musste ich mich auf das entstehende Gespräch

---

[11] Im Weiteren abgekürzt als B. M. Frau Menne wollte nicht anonymisiert werden.
[12] Nußbaumer 2011

erst einlassen, bevor ich mich nach einer Aufwärmphase mit eigenen Fragen einbringen konnte. Es ging darum, den „Umstand der sozialen Kluft zwischen den Beteiligten, das Gefälle im Hinblick auf Status und Prestige"[13] möglichst gering zu halten.

Im Anschluss an die Gespräche sammelten wir die Ergebnisse aus unser beider Sicht. Mit einer der GesprächspartnerInnen korrespondierte ich auch später noch.

Die Vornamen der schon verstorbenen Etzer-Töchter werden im Text genannt, die Namen der EnkelInnen anonymisiert. Ebenso verfahre ich mit ins Geschehen verwobenen Menschen aus Maria Etzers Nachbarschaft. Personen des öffentlichen Lebens in Goldegg nenne ich – wie die dortige Gemeindechronik – mit vollem Namen.

Als ein Stück „Österreichisches Gedächtnis" (Ziegler/Kannonier-Finster) geht es in der vorliegenden Forschungsarbeit „einerseits um die Frage der ‚Wahrheit' der historischen Verhältnisse selbst, … andererseits um die ‚Wahrhaftigkeit' einer Erzählung dieser Geschichte …"[14], solange sie überhaupt noch Menschen aus „zweiter Hand" (vor allem Maria Etzers Enkel und Enkelinnen) erzählen können. Hier taucht bei manchen ein Stück Verleugnung der Faszination auf, welche die Ideologie des Nationalsozialismus damals ausgelöst hatte, in Teilen immer noch auslöst, ein „Opfermythos", der (zwar gebrochen)[15] auch im kollektiven „österreichischen Gedächtnis" noch fortlebt.

Zwischen beiden Perspektiven – der Geschichte als offizieller Geschichtsschreibung und den Geschichten als subjektiv gefärbten Erzählungen – oszilliert diese Arbeit hin und her, versucht einen Kriminalfall zu erhellen und fragt damit zugleich anhand des Schicksals einer Einzelperson und ihrer Familie „nach den integrativen Kräften der NS-Herrschaft, die die Beteiligten zu Kooperation und Duldung bewegt hatten"[16], sowie nach der Kraft „widerständiger Praxis"[17], die Maria Etzer in schwierigsten persönlichen und politischen Umständen auszeichnete.

Der Sicht einer Enkelin schließe ich mich an, als sie meinte, man könne vermutlich auch zum Schluss der Recherche nicht endgültig herausfinden „wie es wirklich gewesen ist". Dennoch findet sie es „gut, wenn so ein unsagbares Unrecht, wie es meiner Großmutter widerfahren ist, aufgearbeitet und bewusst gemacht wird, dass Liebschaften kein Verbrechen sein können".

---

[13] Kannonier-Finster/Ziegler 2005, 57
[14] Ziegler/Kannonier-Finster 2016, 266
[15] Der Bruch kam rund um das Jahr 1986: Kurt Waldheim, ehemaliger UNO-Generalsekretär, kandidierte als österreichischer Bundespräsident. In seiner Autobiografie verschwieg er seine Tätigkeit bei der Deutschen Wehrmacht am Balkan 1942–1944, als hunderttausende Juden und Jüdinnen in Züge nach Auschwitz verladen wurden. Konfrontiert damit, betonte er, er habe nur seine Pflicht erfüllt, was die österreichische Öffentlichkeit polarisierte. Im Jahr 1986 wurde auch der eher liberale FPÖ-Obmann Norbert Steger gestürzt und Jörg Haider kam unter Beifall und einigen „Heil-Hitler-Rufen" an die Macht – vgl. Wodak in Ziegler/Kannonier-Finster 2016, 13.
[16] Ziegler/Kannonier-Finster 2016, 266
[17] Darowska 2012

Die vorliegende Arbeit enthält sieben Kapitel und zeichnet, auch im Vergleich mit anderen wegen „verbotenen Umgangs" verfolgten Frauen, das Schicksal von Maria Etzer nach. Sie verbrachte ihr Leben (abgesehen von ihren Haftjahren) als Bergbäuerin im österreichischen Bundesland Salzburg, im sogenannten Innergebirg (Kapitel 1). In Kapitel 2 geht es um das Aufkommen des Nationalsozialismus in ihrer bäuerlich geprägten konservativ-katholischen Umgebung. Kapitel 3 schildert den Einsatz von FremdarbeiterInnen, Kapitel 4 Rechtslage und Praxis des „verbotenen Umgangs" und die Denunziation. Als 50-jährige Witwe, noch Ziehmutter von drei Enkelkindern, wurde Maria Etzer 1943 angezeigt. Kapitel 5 beschreibt in Auswertung vor allem schriftlicher Dokumente Verhaftung, Gerichtsverhandlung, Transport und die Zuchthausjahre in Aichach, Oberbayern. Kapitel 6 beginnt mit ihrem Heimweg, schildert die langjährige Auseinandersetzung mit der Opferfürsorgebürokratie, die späte Rückkehr in ihren Heimatort Goldegg und ihren Tod. Im Abschlusskapitel 7 werden die Opferfürsorgeansuchen ähnlich betroffener Frauen ausgewertet, bestehende Konzepte von Widerstand aufgegriffen und – anhand von Maria Etzers Leben und widerständiger Praxis – ein neues Konzept skizziert, das Leben und Lieben rund um das Umgangsverbot zu fassen probiert. Mit der offenen Frage nach Rehabilitierung – also später Gerechtigkeit – schließt die Arbeit.

1. Eine einfache Frau aus dem Innergebirg – Maria Etzer: Herkunft und Familie

1.1 Lebensort und Herkunft

Goldegg im Pongau[18], im sogenannten „Innergebirg" des österreichischen Bundeslandes Salzburgs gelegen, ist heutzutage als Gemeinde des sanften Sommer- und Wintertourismus sowie als Tagungsort für die vom Kulturverein veranstalteten „Goldegger Dialoge" bekannt, die im Schloss Goldegg stattfinden.

Im aktuellen ästhetisch bebilderten Fremdenverkehrsprospekt wirbt man mit Geschichten von unberührter Natur, bäuerlicher Lebensart und Brauchtum, Schützen und Trachtenfrauen, aber auch einem Golfplatz und einem Langlauf-Olympiasieger. Es gab andere Zeiten, da warb man für Goldegg als „arische Sommerfrische".

In der ersten Hälfte des 20. Jahrhunderts kamen angesehene Kaufleute aus der Salzburger Altstadt ab Mitte Juni zur Sommerfrische zu ein paar großen Gastbetrieben an den Moorseen (Goldegger- und Böndlsee) und reisten zur Festspielzeit wieder ab, Ende Juli kamen dann die Wiener, so ein Wirtssohn in seinen Erinnerungen.[19] Einzelne jüdische Gäste seien auch dabei gewesen. In der kalten Jahreszeit sei Goldegg damals im Winterschlaf gelegen.

„Kargheit und Kälte, geographisch wie emotional"[20], habe die Kinder damals geprägt, so der Arbeitersohn und Schriftsteller O. P. Zier aus Lend, der Nachbargemeinde, die an einer Enge tief im Salzachtal liegt. Dort stürzt die Gasteiner Ache in Schluchten nieder und wurden seit Jahrhunderten Erze gewonnen. Seit Beginn des 20. Jahrhunderts bot eine Aluminiumfabrik Beschäftigung, verpestete aber auch die Luft.

Ein Teil der Arbeiter waren gleichzeitig Bergbauern, so auch Maria Etzers Schwiegersohn Alois S., die vom sonnigen Buchberg, noch zu Goldegg (Pongau) gehörig, auf einem Fußweg dreihundert Höhenmeter hinunter nach Lend (Pinzgau) in die Fabrik gingen. Eine Straße gab es damals noch nicht. Auch die Schulkinder, darunter alle Töchter von Maria Etzer, besuchten dort die Volks- und Hauptschule, eine Dreiviertelstunde bergab. Margarethe, die Jüngste, trug auf dem Schulweg noch Milch in kleinen Kannen aus.[21] Der Heimweg bergauf war noch länger.

---

[18] Pinzgau, Pongau und Lungau sind mittelalterliche Flurbezeichnungen; neben dem Tennengau und Flachgau entsprechen sie politischen Bezirken des Bundeslandes Salzburg. Die ersten drei genannten haben Anteil an den Hohen bzw. Niederen Tauern und werden daher Innergebirg genannt. – vgl. https://de.wikipedia.org/wiki/Land_Salzburg (8.7.2017).

[19] Gesinger 2014, 116

[20] Frank Tichy: Vom Salzburger Klima, Beitrag über den Schriftsteller O. P. Zier. Salzburger Nachrichten, 28. Februar 1998, IX

[21] Erinnerung von deren Tochter B. M.

Der Buchberg mit seinen Bauernhöfen an steilen Hängen hoch über Lend, viel näher an dieser Gemeinde als an Goldegg gelegen, ist der Ort, an dem Maria Etzer als Lehenbäuerin von 1911 bis zu ihrer Verhaftung 1943 mit ihrer großen Familie lebte und wirtschaftete.

Ein früher Reisender, ein Salzburger Domherr, beschrieb die Landwirtschaften im klimatisch begünstigten Gemeindegebiet von Goldegg 1798 so: „Kleine Hügel und Täler, untermengt mit zerstreut liegenden, meistens von Kirschbäumen umgebenen, gut gebauten Bauernhöfen" in der Nähe schroffer Felsengebirge, die die Sonnenstrahlen reflektierten. Die Bauern charakterisierte er folgend: Sie „wiedersetzen [sic] sich gern neuen Verordnungen, sind zu Spott und Zank sehr geneigt und selten strenge Verehrer des 6. Gebots".[22] Sogar eine Abgabe namens „Aufruhrschilling" hätten manche Höfe infolge von Bauernaufständen leisten müssen, so der frühe Reisende – einen wesentlich dramatischeren Blutzoll hatten 1944 Goldegger Deserteure[23] und die sie unterstützende bäuerliche Bevölkerung von Goldegg-Weng zu entrichten. Das Gedächtnis daran ist bis heute in der Gemeinde Inhalt kontroverser Debatten.

Maria Etzer wurde als **Maria Höller** am 28. Juli 1890 in Taxenbach im Pinzgau geboren[24] und römisch-katholisch getauft. Sie kam aus armen Verhältnissen, war ein lediges erstgeborenes Kind ihrer **Mutter Regina Höller,** geboren am 12. Februar 1866 in St. Johann im Pongau, Dienstmagd, und des ebenfalls ledigen **Vaters Johannes Mittersteiner,** geboren am 25. Dezember 1854 in Goldegg, von Beruf Zimmermeister in St. Johann.

Die ledige Magd konnte ihre Tochter nicht behalten, so wuchs Maria auf einem anderen Hof auf. Das war damals in der bäuerlichen Subsistenzwirtschaft im Salzburgerland nichts Ungewöhnliches. Zur arbeitsintensiven Viehhaltung wurden viele Dienstboten gebraucht. Die meisten von ihnen konnten sich mangels Besitz niemals verheiraten. Sogenannte „ausgestiftete" Kinder wurden in anderen Familien gegen Kostgeld oder Arbeitsleistung untergebracht: „Sie wurden nicht uneigennützig aufgenommen, sondern mussten sich früh ihr eigenes Brot verdienen."[25] In Maria Etzers im Zuchthaus verfassten Lebenslauf vom 6. Mai 1943[26] heißt es dazu:

„Ich wurde bei einem Bauern in Taxenbach erzogen. Meine Ziehmutter hieß Theresia Hölzl. Die Erziehung war gut, jedoch Mutterliebe vermißte ich."

Die Angaben im Lebenslauf erzählen nicht nur Biografisches, sondern spiegeln der Nazi-Ideologie gemäß auch peinliche Befragungen zu Gesundheit und Charakter der Vorfahren. Maria Etzer schreibt:

---

22 Zitiert nach Gemeindechronik Goldegg 2008, 13f
23 Siehe www.goldeggerdeserteure.at
24 Alle Angaben aus den Matriken (Tauf-, Trauungs- und Sterbebücher) der genannten Pfarren, Online-Recherche bzw. Archiv d. Erzdiözese Salzburg (AES)
25 Vgl. http://www.salzburg.com/wiki/index.php/Mehrgenerationenfamilie (28.7.2017)
26 Gefangenenakte Nr. 189/43 Maria Etzer, Zuchthaus Aichach

„Meine Mutter ist gestorben an einer Herzlähmung nach einer Kropfoperation. Sie war nie gerichtlich bestraft und war zu mir gut. Sie war mit einem anderen Mann verheiratet, nicht mit meinem Vater. Sie war eine fleißige Hausfrau und mußte ziem. lange allein für ihre Kinder sorgen, da ihr Mann früh gestorben ist. Ich habe meine Mutter erst im 13. Lebensjahr kennengelernt. Sie hat sieben Kinder geboren, wovon alle noch am Leben sind. Sie war einmal schwer krank, nie geisteskrank und keine Trinkerin."

Nicht nur den Kropf „erbte" Maria von ihrer Mutter. Das Schicksal der Regina Höller, die „ziemlich allein" für ihre Kinder sorgen musste, weil ihr Mann früh verstarb, ereilte später auch Maria Etzer selbst.

„Ich besuchte eine dreiklassige Volksschule. Ich lernte kochen, dann heiratete ich, habe den Beruf nicht gewechselt."

1.2 Heirat und Nachkommen

„In Dienst und Aufenthalt im Gasthof Eder in Schwarzach", wie es für sie als knapp 21-jährige Braut heißt, hatte Maria vielleicht auch den am 15. Februar 1878 in St. Georgen im Pinzgau gebürtigen **Johann Etzer, ihren späteren Ehemann,** kennengelernt. Vor der Hochzeit am 16. Mai 1911 in der Wallfahrtskirche Maria Alm musste sie noch als volljährig erklärt werden (regulär damals erst mit 24 Jahren).

Links: Maria Etzer als ca. 20-jährige Trauzeugin. Quelle: Familie Oblasser, Taxenbach; rechts: Hochzeit mit Johann Etzer 1911. Quelle: Familienbesitz

Ihr Vater Johann Mittersteiner, der sich viele Jahre nicht um seine Tochter gekümmert hatte, war gegen diese Heirat und die Zukunft seiner Tochter als Bäuerin.

Der Vater habe ihr, so Maria Etzers spätere Ziehtochter und Enkelin E., einen Brief mit den Anfangsworten geschrieben: „Liebe ungehorsame Tochter!", und, obwohl er als Meister des Zimmerhandwerks zu einigem Geld gekommen war, keine Kuh geschenkt. Stattdessen habe er sich, so Enkelin E., lustig gemacht über die Braut, die nach der vormittäglichen Hochzeit schon am Nachmittag in den Stall ihrer Keusche gehen müsse. Über ihren Vater berichtet Maria Etzer in ihrem Lebenslauf von 1943 Folgendes:

> „Er war Zimmermann, hatte keinen Besitz, das damalige Barvermögen durch Inflation entwertet. Mein Vater war nie verheiratet, auch nie gerichtlich bestraft. Er war zu mir gut. Er war auch ein sehr fleißiger Arbeiter. Er war auch nie geisteskrank."

Wie in Kapitel 2.7 näher erläutert, verlor der Vater 1925 durch Geldentwertung seine gesamten Ersparnisse. Maria Etzer musste, im selben Jahr 1925 Witwe

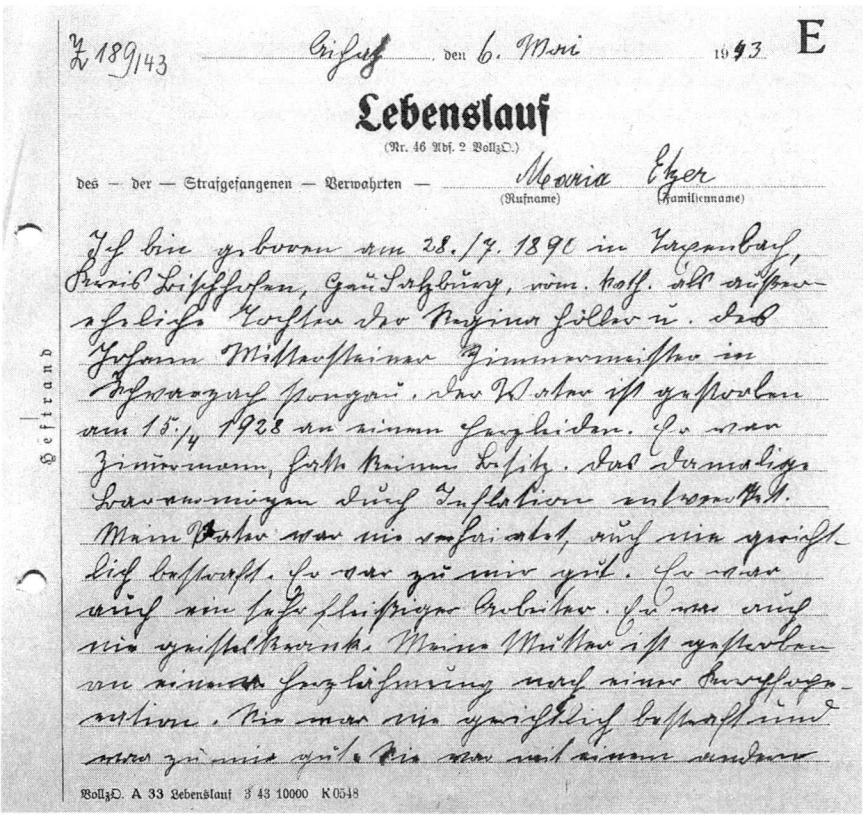

Lebenslauf, verfasst im Zuchthaus Aichach 1943, Seite 1. Quelle: Staatsarchiv München

geworden, ihren 71-jährigen Vater auf dem von ihm zuvor geringgeschätzten Hof aufnehmen und in Krisenzeiten neben einer großen Kinderschar mitversorgen, bis zu dessen Tod drei Jahre später. Dementsprechend schreibt sie zu ihren eigenen finanziellen Verhältnissen in ihrem Lebenslauf 1943:

> „Meine Vermögensverhältnisse waren stets sehr gering, habe in dieser Beziehung viel und Schweres mitgemacht."

Das war auch bedingt durch die höchst schwierigen Rahmenbedingungen in der Weltwirtschaftskrise – viele andere Höfe wurden versteigert, ihrer war 1938 schuldenfrei.

Die selbst ledig geborene und als Ziehkind aufgewachsene Maria hatte als Einundzwanzigjährige die Chance ergriffen zu heiraten und damit eigene Kinder selbst großzuziehen. Auch ein Ziehkind war von Anfang an dabei. Ihr Mann, der 33-jährige **Johann Etzer,** aus einer bäuerlichen Familie in St. Georgen im Pinzgau gebürtig, hatte schon vier uneheliche Kinder gezeugt, zuerst die Schwestern Maria, genannt „Moidai", geboren 1907, und Zäzilia, geboren 1908. Deren Mutter Viktoria S., eine Dienstmagd, heiratete er aber nicht. Mit anderen Frauen zeugte Johann Etzer noch einen Sohn und eine weitere Tochter. Diese **Marie H.,** geboren ca. 1908, brachte Johann Etzer mit in die Ehe. Sie sollte später im Alter von 21 Jahren an Leukämie sterben und ihre eigene Tochter R. als Ziehkind bei Maria Etzer hinterlassen.

Johann Etzer kaufte als weichender Bauernsohn 1911 am Buchberg in Goldegg einen bescheidenen Hof, den Lehenhof. Vielleicht hatte auch seine Braut Ersparnisse aus Lohn und Trinkgeld als Köchin eingebracht, jedenfalls wurden beide zu gleichen Teilen im Grundbuch eingetragen.

Eine gewisse Zielstrebigkeit und strategische Ader ist dabei Maria Etzer sicherlich zuzuschreiben: Sie bringt Johann dazu, eine Ehe einzugehen, indem sie ihn der Mutter seiner ersten beiden Kinder, Viktoria S., „wegschnappt" (wie diese sich beklagte). Maria Etzer wird Ehefrau statt ledige Mutter und wird ihre Kinder selbst aufziehen. Ein voreheliches Kind ihres Mannes nimmt sie auf, aber sie ist von Anfang an Besitzerin der Hälfte von Haus und Hof. Wie wichtig und existenzsichernd das wurde, zeigt sich in den folgenden Jahren. In ihrem Lebenslauf aus dem Zuchthaus steht:

> „Der Mann hieß Johann Etzer, Bauer, ist an einer Kriegsverletzung 1925 gestorben, war unbescholten."

Es findet sich hier die Formulierung: „der Mann" – nicht etwa „mein Mann". Nüchtern schreibt Maria Etzer 1943 über sich selbst und ihre Familie:

> „War zweimal schwer krank, jedoch nie geisteskrank oder geschlechtskrank. Habe neun Kinder[27] geboren, zwei davon waren tot".

---

[27] Den vorliegenden Unterlagen (Matriken) zufolge waren es acht Kinder, als ein neuntes kann Pflegetochter Marie gezählt werden.

Am 7. Jänner 1912 wird Maria und Johann Etzer die erste Tochter **Katharina** geboren, am 27. August 1913 folgt **Regina,** am 1. Oktober 1914 dann **Marianne** (in den Kirchenbüchern Maria Anna). Das Datum war ein besonderes, weil gleichzeitig mit der Geburt des dritten Kindes der Vater Johann in den Ersten Weltkrieg einrücken musste, wie sich Enkelin E., Tochter von Marianne, aus Erzählungen der Großmutter erinnert.

Mit einem sechsjährigen Pflegekind und ihren leiblichen Kindern, einem zweijährigen, einem einjährigen und einem neugeborenen Mädchen sowie der ganzen Arbeit in der Landwirtschaft muss es für Maria Etzer zum Verzweifeln gewesen sein, dass ihr Mann nun in den Krieg ziehen musste, selbst wenn sie damals vielleicht einen Knecht hatten – der eventuell dann auch einrücken musste – oder eine Magd. Vom Krieg wird Maria Etzer also schon damals nichts gehalten haben. Die Männer sahen das anders:

> „Mit Jubel und hoffender Siegesfreude folgten die braven Söhne Österreichs dem Ruf des Vaterlandes und eilten zu den Waffen."

So schrieb in der Schulchronik der Goldegger Schulleiter Thomas Hutter, der selbst dann schon im Oktober 1914 fiel.[28] Man glaubte noch an eine zeitlich und räumlich begrenzte militärische Auseinandersetzung innerhalb der Monarchie, und die Erzdiözese Salzburg gab im Advent 1914 eine Serie von „Kriegs- und Trostbriefen" (!) heraus, u. a. an die „Gattin des Kriegers", die „Mutter des Kriegers", das „Kind des Kriegers" und die „Hinterbliebenen des gefallenen Kriegers"[29] gerichtet – schon die Wortwahl lässt hundert Jahre später, nach der Erfahrung zweier Weltkriege, erschaudern. Ob Johann Etzer durchgehend Kriegsdienst leisten musste, ist unbekannt, aber zu vermuten. Jedenfalls gibt es keine Geburt auf dem Lehenhof während des Ersten Weltkriegs, und Maria Etzer organisiert mit starkem Arm, vielleicht auch dort und da mit eiserner Hand, die Familie und die Landwirtschaft. Sie zahlt während dieser Zeit sogar Schulden zurück.

Der erste Sohn **Johann,** geboren am 9. Februar 1919 und nach seinem Vater benannt, besiegelt als männlicher Nachkomme die Freude der Heimkehr. Der Vater wird aber nicht mehr der Alte gewesen sein. Traumatisierungen des Krieges und die lange Abwesenheit haben sicher die Beziehung zu seiner Frau, vor allem aber zu seinen Kindern, schwer belastet. Außerdem trug er eine körperliche Verletzung, vermutlich an der Lunge, davon. Im Jahr darauf brachte Maria Etzer am 4. Juni 1920 Sohn **Hermann Peter** zur Welt, der jedoch knapp einjährig am 6. April 1921 an einer Lungenentzündung verstarb. Schließlich folgte am 10. September 1922 Tochter **Margarethe.** Sie blieb die Jüngste, denn die Zwillinge **Peter** und **Paul** (geb. 1923) überlebten als Frühgeburten nicht.

Johann Etzer, Marias Ehemann, starb am 15. Juni 1925 mit 47 Jahren auf dem Lehenhof am Buchberg an den Folgen seiner Kriegsverletzung, laut Sterbebuch

---

[28] Gemeindechronik Goldegg, 180
[29] Mitterecker 2014, 275

Links: Maria Etzer als junge Betriebsführerin am Lehenhof ca. 1926/1927; rechts: Maria Etzer als Witwe mit ihren Kindern ca. 1926/1927 – v. l. n. r.: Johann, Regina, Katharina, Marianne; vorne: Margarethe. Quelle: Familienbesitz (beide Abb.)

Goldegg an einem Lungenabszess. Margarethe war damals zweieinhalb Jahre, Johann sechs Jahre, Marianne knapp elf, Regina knapp zwölf und Katharina dreizehn Jahre alt. Man kann sich vorstellen, dass für die drei älteren Töchter spätestens dann die Kindheit zu Ende war und sie bereits während der Schulzeit auch als Arbeitskräfte vollen Einsatz leisten mussten: in der Landwirtschaft, bei der Versorgung der kleinen Geschwister Hans und Grete und des alten, kranken Großvaters, der 1925 ins Haus kam und dort seine letzten drei Lebensjahre verbrachte. (Ein paar Jahre später starb Pflegetochter Marie in Salzburg an ihrem Krebsleiden und hinterließ ihre eigene Tochter R., geboren 1929.)

Geheiratet hat die erst 35-jährige attraktive und tüchtige Witwe. dann nicht mehr; ein Grund dafür war vielleicht, wie sie einmal sagte, sie wolle nicht „zweierlei" Kinder.[30] Vielleicht hatten ihr auch die, abgesehen von der Zeit des Ersten Weltkriegs, fast jährlichen Schwangerschaften zugesetzt oder auch der Tod von Hermann Peter, den Zwillingen und Pflegetochter Marie. Außerdem mussten in Zeiten der Wirtschaftskrise alle ernährt werden können. Ihre Einstellung zu Kindern – Maria Etzer hatte neben Enkelin R. später noch zwei Enkelkinder als Ziehkinder – spiegelt ein von ihr überlieferter Ausspruch: „Ein Kind mehr ist kein Unglück, ein Kind verlieren schon."[31]

---

[30] Erinnerung Enkelin B. M., Tochter von Margarethe
[31] Ebd.

1.3 Faszination Nationalsozialismus

Was in den Jahren 1925 bis 1938 in Goldegg und darüber hinaus politisch geschah, stelle ich im nächsten Kapitel dar. Was, auch davon beeinflusst, zu dieser Zeit in der Familie vor sich ging, ist schwieriger zu beschreiben. Nur das Resultat ist klar: Alle fünf Kinder von Maria Etzer, die in dieser Zeit Jugendliche bzw. junge Erwachsene wurden, neigten – die meisten stark – dem Nationalsozialismus zu, während ihre Mutter strikt dagegen war.

Die Abkehr der Kinder vom eigenen christlich geprägten Weltbild muss für sie ein großer Schmerz gewesen sein. Wie aus Berichten ihrer Enkel und Enkelinnen zu entnehmen ist, versuchte sie, dem etwas entgegenzusetzen – erfolglos.

Gründe für die Verführbarkeit der Jugendlichen gab es viele, einer war sicher die verbreitete Armut. So erzählte Maria Etzers Jüngste, Margarethe, ihrer Tochter B. mehrmals von der „furchtbaren Not" in der Vorkriegszeit.

Sie wurde als „kloane Mäiz" (als kleines Mädchen), die sonst noch nicht zu vielem zu gebrauchen war, von ihrer Mutter öfters angehalten, unter der Küchenkredenz und den anderen Kasteln nach „davongelaufenen Münzen" zu suchen. Sie erinnert sich, dass ihr die Mutter auch ein Tischmesser in die Hand drückte, um damit in den Spalten der Bodenbretter zu stochern, ob nicht doch irgendwo ein Münzgeld hineingefallen wäre.[32]

Die materielle Armut spielte also eine bedeutende Rolle für die Attraktivität des Nationalsozialismus – wobei es in der Enkelgeneration auch kritische Stimmen zu dieser Sichtweise gibt: „Arm waren viele, aber manche waren trotzdem keine Nazis. Es war schon auch eine Charaktersache."

Der Salzburger Historiker Ernst Hanisch beschreibt tiefer liegende Gründe für die Faszination des Nationalsozialismus, speziell auch in der Person Adolf Hitlers:

> „Ihm schien bis 1940 alles zu gelingen: die außenpolitischen Erfolge, die Beseitigung der Arbeitslosigkeit, die Blitzkriege. Die Führerherrschaft beruhte auf der Begeisterung des Volkes, auf einer breiten Konsensbasis, die nicht allein aus der gewiss wirksamen Propaganda zu erklären ist, sondern wesentlich aus einer deformierten politischen Mentalität der Gesellschaft. Der verlorene Weltkrieg, die politische Zerrissenheit der Zwischenkriegszeit, das Trauma der Weltwirtschaftskrise feuerten die Sehnsucht nach der ‚Volksgemeinschaft', nach der verlorenen Größe des Reiches an. … Hinzu kam die Aufbaueuphorie mit einer sozialen Aufstiegsperspektive, der egalitäre ‚Volksstaat', in Österreich und in Salzburg speziell – eine ‚regressive Modernisierung'."[33]

Eine bedeutende Rolle spielten wohl, psychologisch gesehen, auch emotionale Mangelzustände bei den Etzer-Kindern durch die Geschehnisse des Ersten Welt-

---

[32] Erinnerung B. M.
[33] Hanisch im Vorwort zu Weidenholzer/Lichtblau 2012, 7f; Auslassung M. P. W.

kriegs und die Abwesenheit wesentlicher Bezugspersonen: Vaterlosigkeit und Sprachlosigkeit, emotionale Kargheit und Kälte und eine große Zukunftsangst durch die jahrelange wirtschaftliche und existenzielle Unsicherheit, die auf der Familie lastete. Maria Etzer, selbst auch schon „mutterlos" aufgewachsen, konnte gerade einmal das blanke „Durchkommen" sichern.

Der Nationalsozialismus schien nun eine Perspektive, ja einen geradezu glanzvoll erscheinenden Ausweg aus der Misere, auch der eigenen Familie, zu bieten. Er versprach gute wirtschaftliche Aussichten, gemeinschaftliche Erlebnisse, die Zugehörigkeit zu einer viel größeren Familie, der „Volksgemeinschaft", mit dem Führer als Vaterfigur. Junge Leute konnten dann auch leichter „hinaus in die Welt".

Vor allem für junge Männer boten sicherlich auch die sportlich-militaristische Propaganda und das entsprechende Gemeinschaftsleben eine Identifikationsmöglichkeit. Das Versprechen, als armer Bauernbub auf der Siegerseite zu stehen statt auf der Verliererseite, muss Maria Etzers Sohn Johann Selbstbewusstsein gegeben haben. Sein gleichnamiger Vater hätte ihm diese Illusionen nehmen können, war aber nicht mehr am Leben.

Maria Etzers Enkelin H. weiß zu berichten, wer den jungen Hans angeworben hat, nämlich der Ehemann seiner Schwester Regina, Sepp A.: „Der A. hat das dem Hansei eingeflüstert. Und der A. war ein Obernazi, der war vier Jahre in Haft, schon bevor der Hitler an die Macht kam, und nach dem Krieg in Glasenbach."[34]

Johann Etzer junior ca. 21-jährig als Wehrmachtssoldat. Quelle: Familienbesitz

---

[34] Telefonat mit Enkelin H.; in Glasenbach war das Entnazifizierungslager.

Maria Etzers zweitgeborene Tochter Regina wurde auf andere Weise „angeworben". Ihr Arbeitgeber bot Familienanschluss und muss sie gut behandelt haben, deshalb ließ sie sich von diesem auch „erziehen" – eben zum Nationalsozialismus:

Nach den Erinnerungen ihrer Tochter W. kam Regina als 14-Jährige vom Lehenhof weg in den Dienst zu einem Arzt in Lend.[35] Dort lernte sie kochen und Haushaltsführung und half auch in der Praxis mit. Arbeitslose kamen bettelnd vorbei und bekamen eine Suppe und eine kleine Münze – das muss Regina beeindruckt haben. Der Arzt brachte sie zum Bund deutscher Mädel (BdM), was Regina nach den Worten ihrer Tochter als die schönste Zeit ihres Lebens bezeichnete: gemeinsame Freizeit, Singen, Lager. Auch adelige Mädchen seien dort gewesen, alle seien gleich behandelt worden.[36]

Dr. Hofer ging mit seiner Frau, einer Deutschen, 1935 nach Nürnberg und verlegte auch die Praxis dorthin, Regina zog mit und kam in neue, städtische Kreise. Später in die Stadt Salzburg zurückgekehrt, lernte sie dort 1938 ihren Mann Sepp A., einen Saalfeldener, kennen, ein Nazi schon zu Zeiten der Illegalität, und heiratete ihn 1939.

Je motivierter die jungen Leute waren, im Leben weiterzukommen, umso wahrscheinlicher wurden sie „infiziert" von einer Weltanschauung, die den „Tüchtigen" gerade das versprach. Das galt vor allem für Regina und Margarethe, während Marianne anscheinend weniger Ehrgeiz hatte, aber dennoch in die Großstadt München zog. Ihr ländliches Milieu gar nicht verlassen hat Katharina, die früh heiratete, mit sechzehn Jahren ihr erstes Kind bekam und von da an Mutter sein wollte – was aber vom Nationalsozialismus ebenfalls hofiert wurde.

Spätestens 1945 brachen für die vier überlebenden Töchter Maria Etzers und viele andere ihrer ZeitgenossInnen die hoh(l)en Ideale des Nationalsozialismus zusammen wie ein Kartenhaus. Die Trauerarbeit haben manche Etzer-Töchter nicht mehr und ein Teil von deren Nachkommen noch nicht oder nur ansatzweise geleistet.

---

[35] Dr. Ferdinand Hofer – vgl. Gärtner o. J., 182
[36] Das war vermutlich ab 1935 in Nürnberg.

2. Wirtschaftliche und gesellschaftliche Rahmenbedingungen der bäuerlichen Bevölkerung im Pinzgau und Pongau in der Zwischenkriegszeit und der Aufstieg des Nationalsozialismus

Es gibt eine Fülle geschichtswissenschaftlicher Arbeiten über die Zeit nach dem Ersten Weltkrieg, die schwierige wirtschaftliche und bewegte politische Lage in Österreich in der Zwischenkriegszeit und den Aufstieg des Nationalsozialismus. Auch was das Bundesland Salzburg betrifft, gibt es spezifische Forschungen, auf die ich hier zurückgreife.[37] Ich wähle daraus aus, was mir zum Verständnis der Lage von Maria Etzer und ihrem Umfeld relevant erscheint. Dabei beziehe ich mich vorwiegend auf die Situation in den Bergregionen des Pinzgau und Pongau bzw. auf die lokalen Verhältnisse in Goldegg, wie sie auch in den Chroniken der Gemeinde und der Gendarmerie festgehalten worden sind.

2.1 Die Zwischenkriegszeit:
Armut der Bevölkerung auf dem Land

Maria Etzer hatte nach dem Tod ihres Mannes 1925 wohl große Sorgen. Sie übernahm die Betriebsführung der Landwirtschaft und hatte gleichzeitig fünf Kinder zu versorgen, die zwischen dreizehn und zwei Jahren alt waren. Marie H., ledige Tochter ihres verstorbenen Mannes, war mit ihren siebzehn Jahren wohl als Arbeitskraft auf dem Lehenbauernhof. 1921 war Sohn Hermann an Lungenentzündung verstorben, nicht einmal ein Jahr alt. Für einen Arzt hatten arme Bergbauernfamilien damals wohl kein Geld – vielleicht kam der in Lend ansässige Arzt zu dem nur zu Fuß erreichbaren Hof aber auch zu spät.

Neben Maria Etzers persönlicher war auch die allgemeine Lage erschütternd. Der Erste Weltkrieg war verloren, die Wirtschaft lag darnieder, die Geldentwertung war unaufhaltsam. So kostete in Goldegg ein Kilo Mehl im Jahr 1914 0,72 Kronen, 1920 10,80 Kronen, 1922 schon 450 und 1923 gar 7.500 Kronen.[38] Schließlich wurde mit 1. Jänner 1925 die Schilling-Währung eingeführt (10.000 Kronen = 1 Schilling), eventuell vorhandene Ersparnisse waren verloren.

In der Gemeinde Goldegg stellte der Oberlehrer 1925 den ersten Radioapparat in sein Wohnzimmer, 1928 wurde im Ort das erste Telefon eingeleitet – beides aus

---

[37] Stadler/Mooslechner 1986 sowie Hanisch 1983, Nußbaumer 2011, Siegl 2013, Leo 2013
[38] Gemeindechronik Goldegg, 114

der Sicht der verarmten Bevölkerung ein großer Luxus. In der Schulchronik von 1932 findet sich der Eintrag:

„Die Arbeitslosigkeit Tausender führte auch hier viele arme Wandernde vorüber, die auch in der Oberlehrerwohnung fleißig zusprechen. Gott gab zum Glück eine reiche Ernte in einem wundervollen Sommer und Herbste, sodass es doch an Brot nicht fehlt. Die Armut zieht freiwillig überall ein, schön sachte, aber Frau Sorge wird häufig Gast, auch in Goldegg."[39]

Diese schwulstigen Worte verdecken die Realität der sogenannten „Ausgesteuerten", die keinerlei Unterstützung aus öffentlichen Mitteln hatten und auch in den ländlichen Regionen bettelnd von Haus zu Haus zogen. Schon 1927 regte die Salzburger Landesregierung an, in der Gemeinde St. Johann eine Herberge für wandernde Arbeitssuchende zu errichten, was in einer Sitzung jedoch abgelehnt wurde; es war vielmehr vom „Bettlerunwesen" die Rede, und ein paar Jahre später versuchte man schon, dem Problem mit polizeilicher Gewalt zu begegnen, weil das örtliche Spital „täglich zur Mittagszeit von ca. 20 bis 30 fremden Personen besucht wird, die um ein Mittagessen bittlich werden. Durch eine scharfe Kontrolle könnte diesem Umstande abgeholfen werden".[40]

Die Arbeitslosenzahl stieg u. a. auch durch Arbeitskräfte, die aus dem Agrarsektor abwanderten und aufgrund der allgemein schlechten Lage (Weltwirtschaftskrise) in Gewerbe und Industrie keine Anstellung fanden.

In der Landwirtschaft kam es bereits 1927 zu einem Preisverfall bei Vieh, Holz und Getreide, notwendige Investitionen blieben aus, speziell im Pongau traten auch Viehseuchen auf, die die Lebensgrundlage der Bergbauern gefährdeten. Viele von ihnen waren hoch verschuldet, allein im Jahr 1932 wurden im Land Salzburg etwa 800 landwirtschaftliche Betriebe zwangsversteigert, mehr als 6 % aller Höfe des Bundeslandes.[41] Als Reaktion auf die kritische Wirtschaftslage organisierten Bauern und Gewerbetreibende am 4. Oktober 1931 einen sogenannten Bauernaufmarsch in St. Johann, an dem 4000 Personen teilnahmen. Gut möglich, dass auch Maria Etzer als verantwortliche bäuerliche Betriebsführerin an dieser Massenkundgebung beteiligt war. Das Salzburger Volksblatt schrieb am folgenden Tag:

„4000 Bauern waren gekommen. Zu Fuß, einzeln und in Gruppen, auf klapprigem Fuhrwerk, zu Rad, auf Lastwagen, mit der Bahn. Wer weiß, wie schwer es schon ist, in einer Stadt einer Versammlung viertausend Teilnehmer zuzuführen, der kann ermessen, dass nur außergewöhnliche Beweggründe weit zerstreute Bauern zu einer derartigen Kundgebung vereinen können. Die gemeinsame Not und eine maßlose Verbitterung! Was die

---

[39]   Ebd., 117. Die Gemeindechronik verwendet beim Zitieren aus historischen Quellen für Wörter wie „daß", „sodaß" … die neue Rechtschreibung, d. h. Doppel-ss

[40]   Gemeinderatsprotokoll 1931, zit. nach Stadler/Mooslechner 1986, 15

[41]   Stadler/Mooslechner 1986, 50

Redner als einzelne Beispiele an bäuerlicher Not vorbrachten, war erschütternd. Es wurde ziffernmäßig vorgerechnet, dass die Bergbauern zur Zeit nicht so viel erwirtschafteten, um den täglichen Bedarf zu decken. Wie soll da noch der Steuervorschreibung nachgekommen werden? Es braucht einen nicht wunder zu nehmen, wenn bei solchen Verhältnissen die Worte eines Redners, der die Steuerexekution als organisierten öffentlichen Diebstahl bezeichnete, stürmische Zustimmung fanden."[42]

Welche erschütternden Beispiele wurden wohl in der Bauernversammlung dargelegt? Manches findet sich dazu in den Akten der Bezirksbauernkammer St. Johann. Da ist die Rede von einem gewissen Höller, der mit seiner dreizehnköpfigen Familie, darunter zehn Kinder, im Stallgebäude wohnt. Oder vom Besitzer des Danklgutes, der ein Gesuch um Beihilfe eingebracht hat, weil die Inwohner des baufälligen Gebäudes sich ihres Lebens nicht mehr sicher seien:

„Zum Beweis der Dürftigkeit möchten wir nur anführen, daß die Leute von Feber bis jetzt keinen Tropfen Milch hatten, nur Wassersuppe, da die einzige Kuh erst jetzt kälberte."[43]

Zur Aussichtslosigkeit, dem Elend zu entkommen und aus eigener Kraft wieder bessere Verhältnisse zu schaffen, kam wohl auch oft Resignation und infolgedessen Vernachlässigung der Bewirtschaftung. In einem Bericht des Gendarmeriepostens St. Johann heißt es in einem konkreten Fall:

„Das fragliche Anwesen ist ein Berglehen, welches in einer Stunde Wegstrecke bei den denkbar schlechtesten Wegverhältnissen erreicht werden kann. Das Wohnhaus ist vollständig aus Holz erbaut und dem Einsturz nahe. Zwei Wohnräume sind bereits eingestürzt und unbewohnbar. Die rückwärtige Holzwand des Hauses ist gänzlich morsch und besteht Einsturzgefahr. Im Keller des Hauses ist bereits 1 Meter tief Wasser eingedrungen und kann in diesem Zustande nicht mehr benutzt werden. … Das Wirtschaftsgebäude ist erst im Jahr 1925 neu erbaut worden, doch ist das Dach bereits derart schadhaft, daß bei Regenwetter das Wasser auf die im Stalle stehenden Rinder fließt. Der Viehstall, in welchem sich gegenwärtig 3 Kühe, 2 Kalbinnen und 2 Kälber befinden, ist total verschmutzt und stehen die Rinder dortselbst einen Meter tief in Schmutz und Kot ohne genügend Streu bei kalten Witterungsverhältnissen."[44]

Die Gendarmerie war naturgemäß auch beim Aufmarsch der Viertausend anwesend und vermerkt in der eigenen Chronik, dass dabei scharfe und bittere Worte

[42] Zit. nach Gemeindechronik Goldegg, 117f
[43] Stadler/Mooslechner 1986, 51
[44] Zit. nach ebd., 52

gegen die Regierung bzw. das herrschende Parteiensystem gefallen sind. Und die Gendarmen greifen auch ein:

> „Der Kommunist Kersch, welcher gleichfalls beim Treffen reden wollte, wurde nicht zum Reden zugelassen, in der Folge verhaftet, aus dem Lande Salzburg abgeschafft und mit dem bundeseigenen Motorrade sofort an die steiermärkische Grenze überstellt. Ausschreitungen irgendeiner anderen Art sind nicht vorgekommen."[45]

Die Gendarmerie fürchtet Aufruhr und greift ein, obwohl die Kommunistische Partei zu diesem Zeitpunkt nicht verboten ist.[46]

Die NSDAP (Nationalsozialistische Deutsche Arbeiterpartei) hält ein paar Monate nach dem Bauernaufmarsch im Dezember 1931 in St. Johann eine Versammlung mit etwa 100 bis 110 Personen ab. Unter dem Titel „Wir greifen an" gibt es hier erstmals eine offen antisemitische Hetze:

> „Der große Klassenkampfgedanke ist ein … großer Schwindel, der wurde nur deshalb erfunden, damit wir einen Kampf vergessen sollten, den Rassenkampf. Das war die Erkenntnis Adolf Hitlers. … Der Nationalsozialismus ist das einzige Schwert, Adolf Hitler der einzige Mann, der dem internationalen Judentum mit Erfolg entgegentreten kann und wird. … wir erreichen unser Ziel durch den Todeskampf gegen alle, die gegen das deutsche Volk sind. Wir sind die Totengräber dieses Systems. … der Sieg wird über unsere Fahnen leuchten."[47]

Makabere Worte, denen alsbald furchtbare Taten folgen sollten, nicht nur für BürgerInnen jüdischer Herkunft – denn „alle, die gegen das deutsche Volk sind", wurden für den totalitären NS-Staat zu beliebig definierten Feindbildern.

2.2 Das angespannte politische Klima im Pongau und im Pinzgau und der Aufstieg der Nationalsozialisten

Wie kam es zum Aufstieg der Nationalsozialisten? In den Zeitraum des „Bauernaufmarsches" fällt eine Radikalisierung der Landbevölkerung, die sich deutlich im Stimmverhalten als einschneidende politische Veränderung zeigt. Für die Landgemeinde St. Johann erzielen die Christlichsozialen, die im Verein mit der katholischen Kirche traditionell als politische Vertreter der Bauern gelten, bei der Landtagswahl 1932 das zweitschlechteste Ergebnis bei Wahlen seit 1919; die NSDAP jedoch vervierfacht ihren Anteil gegenüber den Nationalratswahlen.[48] In der

---

[45] Stadler/Mooslechner 1986, 50
[46] Das Verbot kommt erst 1933 im Zuge des autoritären „Ständestaates" (Austrofaschismus).
[47] Zit. nach Stadler/Mooslechner 1986, 30f, Auslassungen im Text
[48] Ebd., 26

ländlich dominierten Gemeinde Goldegg erhalten die Nationalsozialisten 65 (von 550) Stimmen, in Weng 13 (von 273); dort bekommen die Kommunisten 20 Stimmen.[49]

„Die lang anhaltende Agrarkrise, die bereits vor der Weltwirtschaftskrise Mitte der 20er Jahre eingesetzt hatte und ihren deutlichsten Ausdruck in einem rapiden Preisverfall der landwirtschaftlichen Produkte fand, führte zu einer deutlichen Radikalisierung der bäuerlichen Bevölkerung. Das zeigte sich nicht nur im Aufschwung der Heimwehr oder im Entstehen einer ‚unabhängigen' Bauernbewegung außerhalb der etablierten Parteien, das zeigte sich vor allem im Zuzug, den die Nationalsozialisten von den jungen Bauernsöhnen erhielten. Während die Väter noch im ‚Landbund' tätig waren, gingen die Söhne (zumal diejenigen, die keine Aussicht hatten, den Hof zu erben) zu den Nationalsozialisten; mit der Zeit zogen sie dann die Väter nach."[50]

Den Bauernsöhnen, die nicht Hoferben waren, machte dann zu Kriegsbeginn die NS-Propaganda ein spezielles „Angebot": Im Zuge der Eroberungspolitik in den Osten sollten sie als sogenannte SS-Neubauern dort große Höfe bekommen, „ohne jeden eigenen Beitrag". Der Preis war allerdings der Eintritt in die Waffen-SS.[51]

Maria Etzers Sohn Johann rückte 1939 freiwillig ein und bezahlte mit seinem jungen Leben: Als Gefreiter der Waffen-SS fiel er 1941 an der Lizafront in Russland, gerade einmal 22 Jahre alt.[52]

Die wirtschaftliche Lage war schlecht, Bargeld war kaum vorhanden, viele Höfe waren tief verschuldet, der Nationalsozialismus versprach Entschuldung und Aufbau und damit neue Perspektiven. Man knüpfte auch an Brauchtum und Gemeinschaftspflege an. Als eine zentrale Zielgruppe sprach die NS-Propaganda Jugendliche an, die NSDAP stellte sich als Partei der Jugend dar.[53]

Wie schon erwähnt erzielt die „Hitlerbewegung" (NSDAP) bei den Landtagswahlen 1932 große Gewinne: Im gesamten Bundesland Salzburg sind es 20,81 % der Stimmen, im Pongau 17,5 % (ein Zuwachs von 14,3 % im Vergleich zur

---

[49] Stadler/Mooslechner 1986, 37 bzw. Gemeindechronik Goldegg, 117. In Klammer als Bezugsgröße die Zahl der Wahlberechtigten, diese allerdings von der Volksabstimmung 1938. Weng wird 1939 nach Goldegg eingemeindet.

[50] Hanisch, Das deutschnationale Lager in Salzburg, zit. nach Stadler/Mooslechner 1986, 26

[51] Hanisch 1983, 12

[52] Gefallene des Zweiten Weltkrieges aus der Pfarre Goldegg, Sterbebuch V, 298–306; „Die Soldaten der deutschen Wehrmacht, die hauptsächlich den Gebirgsjägerdivisionen angehörten, versuchten von Kirkenes aus im Rahmen des Unternehmens Silberfuchs hier nach Murmansk durchzubrechen. Am 7. September 1941 gelang es den Gebirgsjägern, die Liza zu überschreiten und in die feindlichen Stellungen einzudringen. In der Nacht zum 23. September 1941 fiel der erste Schnee an der Liza-Front. Das Regiment musste wieder hinter die Liza zurückgenommen werden. Bei diesen erbitterten Kämpfen starben auf beiden Seiten tausende Soldaten. Der Roten Armee gelang es, den Durchbruch nach Murmansk zu verhindern." https://de.wikipedia.org/wiki/Sapadnaja_Liza (20.3.2017)

[53] Leo 2013, 21

Nationalratswahl 1930), im Pinzgau sogar 25,3 % (Zuwachs 17 %).[54] Die „Salzburger Chronik" stellt am Tag nach der Wahl fest:

> „... daß die nationalsozialistische Bewegung, besonders im Pongau und Pinzgau, auch in den Besitzstand der christlichsozialen Partei eingedrungen ist ... Es läßt sich nicht leugnen, daß die starke Agitation der Nationalsozialisten, die seit Jahren systematisch durch die Gebirgsgaue getragen wurde, diesen Enderfolg erzielt hat."[55]

Besonders im Pinzgau spielte auch die räumliche Nähe zu Bayern eine Rolle: Einerseits profitierten davon große Tourismusbetriebe in der Region Zell am See, andererseits gewährten sich die Nazis beiderseits der Grenze gegenseitige Unterstützung: Nach dem gescheiterten Umsturzversuch Hitlers 1923 in München waren deutsche Nationalsozialisten nach Österreich geflüchtet, um hier Schutz zu suchen. Als nach einem Handgranatenüberfall in Krems (Niederösterreich) die NSDAP 1933 in Österreich verboten wurde, erhielten umgekehrt österreichische Nationalsozialisten in Deutschland Unterschlupf, wo Hitler gerade die Macht übernommen hatte.[56]

Einen politisch motivierten NS-Anschlag, der allerdings scheiterte, gab es auch im Gemeindegebiet von Goldegg am 6. Juni 1934: Ein Postfernkabel über den Spritzbachgraben sollte in die Luft gesprengt werden. Die Goldegger Gemeindechronik berichtet, dass vier Männer als Täter verhaftet und mit mehrjährigem Kerker bestraft wurden und ein fünfter nach Bayern entkam.[57] Illegale Nationalsozialisten machten sich im Bezirk auch bemerkbar durch das Verteilen von Schriften, das Abbrennen von Hakenkreuzen auf Hängen und „Heil-Hitler"-Schmierereien im öffentlichen Raum.[58]

Die Ausschaltung der österreichischen Demokratie begann jedoch schon zuvor unter Engelbert Dollfuß als Bundeskanzler. Bei einem Putschversuch der Nationalsozialisten im Juli 1934 wurde Dollfuß ermordet. Gleichzeitig mit den Putschisten in Wien bereiteten auch im Pinzgau illegale Nationalsozialisten Anschläge vor, indem Waffen und Sprengstoff von Deutschland nach Österreich geschmuggelt und in Depots gelagert wurden. Josef A., späterer Schwiegersohn von Maria Etzer, war beteiligt. Nach dem Scheitern in Wien wurden die Salzburger Kuriere entdeckt, A. landete für ein paar Jahre im Gefängnis und wurde 1937 begnadigt. Mit dem „Anschluss" war für den raschen Aufstieg der vorher Illegalen gesorgt: So wurde z. B. Franz Lorenz, der 1931 nach Deutschland geflüchtet war, 1938 in der Stadt Salzburg Bürgermeister.[59]

---

[54] Leo 2013, 18
[55] Zit. nach Leo 2013, 17, Auslassungen im Text
[56] Ebd., 16
[57] Gemeindechronik Goldegg, 121
[58] Stadler/Mooslechner 1986, 29
[59] Leo 2013, 23. – 1943 verlor er den Posten wegen Amtsmissbrauchs bei Zuteilung von Lebensmittelkarten und wurde an die Ostfront versetzt; 1952 kam er wieder in den Dienst der Stadt Salzburg als Leiter des Jugendamtes; er starb 1957 in Salzburg.

Nach dem Mord an Dollfuß und der Niederschlagung des Juliputsches 1934 folgte als Bundeskanzler Kurt Schuschnigg. Der sogenannte „Ständestaat" ohne demokratisch gewähltes Parlament wird auch als die Zeit des „Austrofaschismus" bezeichnet. Alle Parteien wurden verboten, die Presse zensuriert. Auf das strenge Vorgehen gegen die Nationalsozialisten antwortete Hitler, der in Deutschland schon an der Macht war, mit der sogenannten Tausend-Mark-Sperre, die den Tourismus im Land Salzburg enorm schädigte. Schuschnigg fuhr am 12. Februar 1938 auf den Obersalzberg, um mit Hitler zu verhandeln. Im sogenannten „Berchtesgadener Abkommen" diktierte Hitler jedoch die Bedingungen und bestand auf einem nationalsozialistischen österreichischen Innenminister mit absoluter Polizeigewalt. Die österreichischen Nazis triumphierten, auch in Goldegg. Die illegale Ortsgruppe der NSDAP hat am 19. Februar 1938

> „im Gasthause des Fritz Bürgler eine Siegesfeier und anschließend eine Besprechung abgehalten, wobei Weisungen an die Mitglieder ausgegeben wurden. Die Führerrede wurde von einem Großteil der Bevölkerung durch Gemeinschaftsempfang gehört."[60]

Der schon lange vorbereitete „Anschluss" Österreichs an das Deutsche Reich im Jahr 1938 erfolgte ohne militärischen Widerstand.[61] Es gab große Kundgebungen, die Massen jubelten dem Führer zu. Am Vormittag des 12. März 1938 marschierten deutsche Truppen in der Stadt Salzburg ein. Auch in Goldegg hieß es bald: „Gemma Hitler schaun", als der Reichskanzler am 5. April 1938 von Klagenfurt nach Innsbruck reiste und in Schwarzach kurz Station machte. Eine große Menschenmenge aus den umliegenden Orten versammelte sich, Absperrungen wurden durchbrochen, und der Führer verteilte Karten mit seiner Unterschrift.[62]

2.3 Der „Anschluss" 1938 im Spiegel der Chroniken von Goldegg

Es gab nicht nur inszenierte und spontane Begeisterung: Alles war – nicht nur in den großen Städten, sondern auch vor Ort – bestens vorbereitet für den Zeitpunkt X. Schon zum 31. Jänner 1938 gab es im Land, später Gau Salzburg eine Organisation mit fünf Kreisleitern, 400 Bezirks-, Sektions- und Ortsgruppenleitern, etwa 1600 SA- und ca. 500 SS-Männern und rund 1100 Mitgliedern der NS-Frauenschaft.[63]

Anhand von Informationen aus der Gemeindechronik und der Gendarmeriechronik von Goldegg zeichne ich die folgenden Ereignisse nach.

---

[60] Gendarmeriechronik Goldegg (handschriftlich) ohne Seitenzahlen, Angaben nach Eintragungsdatum
[61] Leo 2013, 30
[62] Gemeindechronik Goldegg, 124
[63] Nach Leo 2013, 24f

Die Nazis tauchten nun selbstbewusst auf. Die Posten – und damit die Macht-verteilung – wurden für die nächsten Jahre fixiert. Oberlehrer Anton Kriech-hammer, Schulleiter von Weng, wechselte in die Schule von Goldegg und wurde Ortsgruppenleiter. Fritz Bürgler, der schon die Gruppe der Illegalen in seinem Gasthaus beherbergt hatte, wurde neuer Bürgermeister. Der Ortsgruppenleiter schrieb in der Schulchronik:

„Die Stunde der Befreiung von einem schweren Joch war gekommen. In den Reihen der Nationalsozialisten herrschte helle Freude und Begeiste-rung. Oberlehrer Anton Kriechhammer wirkte nun legal als Ortsgruppen-leiter der NSDAP in Goldegg, nachdem die illegale Zeit ihr Ende gefunden hatte. Am Sonntag 13. März wurden an öffentlichen und privaten Gebäu-den Hakenkreuzfahnen gehisst und Siegesfeiern veranstaltet. Am gleichen Tag verkündete der Führer und Reichskanzler Adolf Hitler den Zusammen-schluss Österreichs mit dem Deutschen Reiche. – Ein Jahrhunderte alter Traum ging in Erfüllung. Froheste Stimmung herrschte überall, wo deut-sche Herzen schlugen. Die deutsche Wehrmacht besucht [sic] Österreich. Einige Flugzeugstaffeln überflogen auch unser Gebiet und gaben Zeugnis von der militärischen Macht Deutschlands."[64]

Am 16. März 1938 wurden der Landtag und die Gemeindevertretungen aufge-löst. Für kurze Zeit lag alle Macht beim Ortsgruppenleiter der NSDAP. Josef Stöckl senior erinnert sich an eine gewisse Unruhe auf dem Schulweg,

„der Bürgermeister Josef Pronebner musste den Gemeindeschlüssel an unseren Oberlehrer abgeben, der Herr Oberlehrer ging in nationalsozialis-tischer (SA) Uniform ‚Heil Hitler' grüßend durch den Ort, beim Moar- und Mantlbauern sah man im Fenster ein Hakenkreuz. In der Schule herrschte Spannung, der Herr Oberlehrer stand am Katheder und trat einige Male fest auf das Podium des Katheders und erklärte uns: ‚Hier unten war meine Uniform jahrelang versteckt, jetzt kann man sie öffentlich tragen'."

Hilda Taxbach erzählt:

„Ich ging in Goldegg zur Schule und unser Oberlehrer Wegmaier hat täg-lich vor dem Unterricht einige Minuten lang vom Tages-Heiligen erzählt, das hat uns Kinder sehr interessiert. Als beim Anschluss 1938 der Wenger Oberlehrer zu uns kam und uns streng unterrichtete, hat er genauso vor dem Unterricht etwas erzählt, aber nicht vom Tages-Heiligen, sondern die nationalsozialistische Politik. Das hat uns weniger begeistert."[65]

---

[64] Gemeindechronik Goldegg, 122
[65] Ebd., 123

34

Kriechhammer war auch für die Formulierung „arische Sommerfrische" im Fremdenverkehrsprospekt verantwortlich. Er fiel 1943 als Oberleutnant bei Smolensk.

Für die Gendarmerie blieb, wie schon vor 1938, Anton Payerl zuständig, ebenfalls ein Illegaler. Das ist insofern bemerkenswert, weil das neue Regime nicht nur die Presse sofort „gleichschaltete", sondern auch die Gendarmerie. Innerhalb von zwei Tagen wurde eine Liste über die 444 Gendarmeriebeamten des Landes Salzburg erstellt mit Bemerkungen wie z. B. „schwerster Feind der N. S.", „Kriecher", „Systemschwein", „Gesinnungslump" etc. In Blitzaktionen wurden 75 Gendarmeriebeamte von den eigenen Kollegen und sonstigen eifrigen Nazis verhaftet, 29 wurden pensioniert, ebenso viele versetzt und neun in ein KZ eingeliefert.[66]

In Zell am See war – laut Anklage 1948 – auch Maria Etzers Schwiegersohn an Verhaftungen beteiligt, der dortige Gendarmeriekommandant kam ins KZ. In Goldegg hingegen sprach der neue Ortsgruppenleiter am 13. März, dem Tag nach dem Einmarsch deutscher Truppen,

> „dem Postenkommandanten Rev.insp. Anton Payerl für seine Mitarbeit beim Aufbau und der Erhaltung der Ortsgruppe in der illegalen Zeit den Dank und die Anerkennung aus".[67]

Payerl war schon seit der Gründung des Postens 1930 in Goldegg[68], kannte sich hier also bestens aus. Er spielte 1943 eine unrühmliche Rolle bei Maria Etzers Verhaftung und wickelte vermutlich, in Absprache mit ihrem Denunzianten und Anzeiger, alles heimlich ab, sodass in der Gendarmeriechronik davon keine Spuren blieben.

Payerl war bis 1944 im Dienst, fiel aber dann bei den eigenen Parteigenossen in Ungnade. Man warf ihm vor, dass er nicht energisch genug gegen die Goldegger Deserteure vorgegangen sei, von deren Anführer er zuvor bedroht worden war. Payerl wurde verhaftet, sein Verfahren aber kurze Zeit später eingestellt.[69]

Keineswegs unbedeutend war Fritz Bürgler, eine schillernde Figur. Er war schon in der vorherigen Gemeindevertretung tätig, seit 1936 Vizebürgermeister und wurde mit April 1938 Bürgermeister. Von ihm berichtet die Ortschronik, dass er 1941 zwei behinderte Menschen aus dem Armenhaus der Gemeinde vor dem Abtransport gerettet hat, indem er sie in sein Gasthaus aufnahm. Es gebühre ihm, so die Gemeindechronik, „für diese mutige Tat eine besondere Ehre".[70] Andererseits wird am 7. Mai 1940 in der Gendarmeriechronik berichtet:

> „Der polnische Kriegsgefangene Josef Mataycik wurde wegen Arbeitsverweigerung und Beschimpfung seines Dienstgebers, Bürgermeister Bürgler,

---

[66] Fuchs 2003, hier in Leo 2012, 128f
[67] Gendarmeriechronik Goldegg
[68] Ebd., 221
[69] Vgl. Stadler/Mooslechner 1986, 129, 137
[70] Gemeindechronik Goldegg, 131

festgenommen und zur Verfügung der Gestapo Salzburg dem Amtsgerichte in Markt-Pg überstellt."[71]

Dass das jedenfalls für den Polen mehrjährige Haft, vielleicht auch den Tod in einem Straflager bedeutete, war dem Bürgermeister sicher klar.

Auch für die Einheimischen wehte ab 1938 ein scharfer Wind. Die Volksabstimmung vom 12. April im schon besetzten Österreich war alles andere als frei und geheim: In St. Johann wurde über der Wahlzelle ein Spiegel montiert, in Mühlbach waren die WählerInnen gezwungen, offen und unter Beobachtung die Stimme abzugeben. In einigen Kleingemeinden unter 400 Einwohnern kam es, auch aufgrund der dörflichen sozialen Kontrolle, zu 100 % Ja-Stimmen. In Weng mit 273 Stimmberechtigten gab es 269 abgegebene Stimmen, zwei davon ungültig. In Goldegg mit 550 Wahlberechtigten wurden 547 Stimmen abgegeben, zwei waren ungültig, zwei Nein-Stimmen.[72] Aus der Schilderung ihrer Enkel und Enkellinnen, die allesamt ihre Großmutter als vehemente Nazigegnerin bezeichneten, ist denkbar, dass Maria Etzer entweder ungültig oder mit Nein gestimmt hat.

Mit 1. Jänner 1939 wurde Weng nach Goldegg eingemeindet. Für die Gesamtgemeinde galt es, eine besondere Hypothek in den Griff zu bekommen: Schon in der Gemeinderatssitzung vom 30. Dezember 1937 hatte sich nämlich gezeigt,

„dass bei genauer Prüfung der Gemeindekasse den Erfordernissen für das Jahr 1937 in der Höhe von 33.027 Schilling nur eine Bedeckung von 8.415 Schilling gegenüberstand, was einen Abgang von 24.262 Schilling ergab".

War dieser Betrag – wie in der Stube der Maria Etzer vielleicht einzelne Münzen – in diversen „Bodenspalten" der Gemeindepolitik verschwunden? Man wusste sich jedenfalls zu helfen: Um den Abgang abzudecken,

„wurde eine 730-prozentige Umlage der Grund- und Gebäudesteuer beschlossen".[73]

Was das für die ohnehin schwer belasteten (vor allem auch bäuerlichen) Betriebe bedeutete, darüber schweigt die Gemeindechronik.

2.4 Die Bauernvertretung wird „umgefärbt"[74]

Im Bundesland Salzburg wurde bereits 1924 der „Salzburger Landeskulturrat" gegründet, als Interessensvertretung der Bauern, des Gesindes und der mithelfenden Familienangehörigen. In einem nächsten Schritt wurden im „Stände-

---

[71] Gendarmeriechronik Goldegg; Markt-Pongau war die NS-Bezeichnung für St. Johann.

[72] Stadler/Mooslechner 1986, 37 sowie Gemeindechronik Goldegg, 124

[73] Gemeindechronik Goldegg, 122

[74] Vgl. für die folgenden Ausführungen Stadler/Mooslechner 1986, 53ff

staat" unter der Regierung Schuschnigg 1935 alle in der Land- und Forstwirtschaft tätigen Personen organisiert, und zwar in der Landwirtschaftskammer mit ihren land- und forstwirtschaftlichen Bezirkskammern. Für die Gemeinde Goldegg war die Bezirkskammer von St. Johann zuständig.

Mit der Eingliederung Österreichs in das großdeutsche Reich 1938 wurden die vorhandenen Körperschaften dem nationalsozialistischen „Reichsnährstand" untergeordnet und alle Mandate der Kammer, für St. Johann waren es zwölf, nun mit regimetreuen „Bauernvertretern" besetzt. In „Markt Pongau" logierten im Gebäude der heutigen Bezirksbauernkammer bis 1945 22 Bedienstete; nach 1945 gab es nur mehr fünf. Die aufgeblasene Behörde zeigt die Bedeutung der Ernährungswirtschaft für die Kriegsziele der Nationalsozialisten, für „Erzeugungsschlacht" und „Nahrungsfreiheit". Es gab Abteilungen für Landarbeiter, Bäuerinnen, für Rechtsauskünfte, Preisregelung usw. Für politische Funktionen der Bauernvertretung auf Gemeindeebene fanden sich allerdings nur zögernd Mitglieder mit nationalsozialistischer Gesinnung. Im Wochenblatt vom 29. Oktober 1938 wird beklagt:

> „Es ist ein Jammer, was die Not und Erniedrigung der letzten Jahrzehnte, ja sogar Jahrhunderte, aus unseren Bauern gemacht haben. Statt daß sich gleich vier, fünf Kerle melden und freudig einschlagen möchten und sagen: ‚Jawohl, wir schaffen's', will sich der Zehnte nicht mehr an die Aufgabe herantrauen, und sie ist doch keine schwerere, als sie seine Vorväter einstmals ganz selbstverständlich auf sich genommen hatten!"[75]

Im Bezirk St. Johann waren 1934 42,6 % der Bevölkerung in der Land- und Forstwirtschaft tätig. Die tief verschuldete bäuerliche Bevölkerung brachte dem neuen System manche Sympathien und Hoffnungen entgegen, obwohl die antiklerikale Haltung des Regimes auch Misstrauen erzeugte.

2.5 „Grüß Gott" oder „Heil Hitler" – Kirche und Nationalsozialismus im ländlichen Raum

Die „Pongauer Wochenschau" vom 26. März 1938 berichtet:

> „Am Sonntag nach dem Hauptgottesdienst sprach der Kreisinspektor Kaserer ... zur Bauernschaft. Er versicherte der Bauernschaft, daß die NSDAP entgegen allen ausgestreuten Gerüchten nicht gegen die Religion, sondern für die Religion sei, daß sie aber eine Vermengung von Religion und Politik nicht dulden könne."

So war es auch bei einem Vorbeimarsch eines SA-Trupps am Sonntag am St. Johanner Kirchenplatz: Der Führer der Formation forderte die Versammelten schroff

---

[75] Stadler/Mooslechner 1986, 56

auf, die Hand zum Hitlergruß zu erheben. Aber nur zögernd und demonstrativ langsam kamen sie dieser „Pflicht" nach.[76]

Andere verweigerten das überhaupt. Die Bäuerin Maria Zegg aus Weng wusch gerade am Brunnen die Windeln ihres neunten Kindes, als der Gendarm vorbeikam und sie mit „Heil Hitler" grüßte. Betont erwiderte sie: „Grüß Gott." Der Gendarm darauf: „Dir werden wir das richtige Grüßen auch noch beibringen." Die wütende Bäuerin schleuderte ihm daraufhin die nasse Windel ihres Jüngsten ins Gesicht mit den Worten: „Nur Gott ist heilig!" Nur durch den Einsatz des Bürgermeisters für sie als Mutter von neun Kindern sei ihr die Verhaftung erspart geblieben, betont die Gemeindechronik.[77]

Der Konflikt zwischen Kirche und Nationalsozialismus war vorprogrammiert: Beide Systeme stellen in gewisser Weise einen ideologischen Totalanspruch an den Menschen.

Für Maria Etzer war schon allein aus religiösen Gründen klar, dass das Nazisystem, weil gottlos, nicht von Dauer sein konnte, denn: „In Wean haben die Nazi in die Residenz des Bischofs ein'brochen und den Herrgott oba g'schossen", erinnert sich Enkelin B. an die Begründung ihrer Großmutter.

Nach Kardinal Innitzers Ansprache am Abend des 7. Oktober 1938 im Wiener Stephansdom (Christus als Führer) und einer spontanen Kundgebung katholischer Jugendlicher am Stephansplatz für die Kirche und den Kardinal stürmten nämlich Hitlerjugend und SA-Männer in Zivil am Tag danach das Erzbischöfliche Palais und verwüsteten es. Ein Domkurat wurde aus dem Fenster in den Hof gestürzt und mit gebrochenem Oberschenkel zwei Stunden liegen gelassen. Polizeieinsatz wurde erst eine Stunde nach dem Überfall angeordnet.[78]

Vielleicht ist von Maria Etzer aber nicht Wien, sondern Salzburg gemeint, wo schon am 12. März 1938 frühmorgens SA-Leute in der erzbischöflichen Residenz die Fensterscheiben einwarfen, später mit Pferden in den Hof einzogen und Erzbischof Sigismund Waitz ein paar Tage lang im eigenen Haus gefangen hielten; Besucher konnten nur in SA-Begleitung vorsprechen.[79]

Bald nach der Machtergreifung kam es in Stadt und Land Salzburg zu einem erbitterten Ringen um Positionen, wobei die Kirche vorerst die besseren Voraussetzungen hatte: Sie war vor allem in der Landbevölkerung traditionell stark verankert, viele Priester waren auch rhetorisch und intellektuell den meisten Ortsgruppenleitern und Parteifunktionären weit überlegen. Im Zweifel gingen die Landleute lieber in die Kirche als zu Parteiveranstaltungen.[80] Der Kampf gegen die Kirche wurde systematisch geführt. Antiklerikale Propaganda wurde gestreut, Feindbilder wurden aufgebaut. Der Goldegger Raimund Gesinger war während der NS-Zeit in einem kirchlichen Schülerheim in Salzburg untergebracht. Die Führung wurde

---

[76]   Gespräch mit Josef Höller, zit. ebd.

[77]   Gemeindechronik Goldegg, 130

[78]   Zu Kirche und Nationalsozialismus – Sturm auf das Erzbischöfliche Palais – siehe Internetlink im Anhang

[79]   Jablonka: Waitz – Bischof unter Kaiser und Hitler, zit. nach DÖW, Band 2, 151

[80]   Vgl. Leo 2013, 84

ausgewechselt, die Zöglinge mussten durch die Altstadt ziehen und Nazi-Lieder singen. Eines hatte als Refrain: „Stellt die Juden und die Pfaffen an die Wand."

„Das hat mir schon als Bub zu denken gegeben. Wir hatten in Goldegg, abgesehen von einzelnen Sommergästen, keine Juden, so war mir die Thematik bis dahin auch überhaupt nicht bewusst."[81]

Kirchliche Einrichtungen wurden enteignet, Güter beschlagnahmt, die Religionsausübung und der Religionsunterricht eingeschränkt bzw. verboten, kirchliche Privatschulen und theologische Fakultäten aufgelöst. Der ideologische wie materielle Besitzstand der Kirche sollte auch durch massive Werbung für den Kirchenaustritt geschwächt werden. Gab es im Bundesland Salzburg 1937 nur 261 Austritte, so waren es 1938 5093 und 1939 5573 Personen, die die katholische Kirche verließen.[82] Der Anstieg der Ausstiegsbewegung im Jahr 1938 entfällt zu 70 bis 75 % auf die Stadt Salzburg. Hier wirkte die antiklerikale Propaganda am stärksten. Obwohl 1939 vom NS-Regime der Kirchenbeitrag eingeführt wurde – als Ersatz für den beschlagnahmten staatlichen Religionsfonds –, hatte das nicht den erwünschten Effekt auf die Austritte, wie die Zahl von 1939 zeigt. Die Einhebung funktionierte im Kreis Zell am See reibungslos, auch in Zeiten großer Armut und sozialer Not, während die bäuerliche Bevölkerung Spenden an das Winterhilfswerk der Partei verweigerte.[83] In Goldegg sind, wie die Ortschronik berichtet, zwischen 1938 und 1945 60 Getaufte oder 3,8 % der Bevölkerung aus der katholischen Kirche ausgetreten.[84]

Der Kirchenaustritt des Ortsgruppenleiters erzeugte hier übrigens Missmut, was der Landrat in St. Johann im Lagebericht für Juni 1939 an die Gestapo Salzburg meldete:[85]

„Aus Goldegg: Allgemein kann bemerkt werden, dass zwischen der bäuerlichen Bevölkerung und der Ortsgruppenleitung eine gewisse Spannung besteht, die darauf zurückzuführen ist, weil [sic] der Ortsgruppenleiter Oberlehrer Kriechhammer aus der Kirche ausgetreten ist, was bei den Bauern keinen guten Eindruck macht. Dies machte sich bei der Feier zum 1. Mai bemerkbar. Es erschien kein Bauer zu dieser Feier, obwohl 12 Dienstboten geehrt wurden. Auch zur Sonnwendfeier erschien kein Bauer, obwohl auch an sie Einladungen ergangen sind."

Diese bäuerliche Front bröckelte allerdings bald auseinander, und während Maria Etzer strikt gegen die Nazis war und aus ihrer Einstellung kein Hehl machte, wurde

---

[81] Gesinger 2014, 118
[82] Vgl. Hanisch 198, 99
[83] Vgl. Leo 2013, 99
[84] Gemeindechronik Goldegg, 127
[85] Salzburger Landesarchiv (SLA): Landrat Pongau, Juni 1939; die Funktion des Landrats war vergleichbar mit dem heutigen Bezirkshauptmann.

ihr späterer Denunziant, ein Bauer aus der Nachbarschaft, NSDAP-Mitglied. Der Goldegger Gastwirtssohn Raimund Gesinger meint, dass gerade die fünf größeren Bauern aus Bargeldmangel die Löhne des Gesindes nicht mehr zahlen konnten und in Gefahr waren, die Höfe zu verlieren, was die Nazis durch Umschuldung verhindert hätten: „Die großen Bauern hatten also der Partei viel zu verdanken und sind deshalb auch Mitglieder geworden."[86] Über Pfarrwerfen (Pongau) berichtet der Landrat:[87]

> „Es kann wahrgenommen werden, dass[88] sich die bäuerliche Bevölkerung von ihrer Religion nicht abhalten lässt und an der Kirche festhält. Bei jedem kirchlichen Anlass finden sich die Bauern vom letzten Winkel ein, wogegen sie bei staatlichen Anlässen nur ganz vereinzelnd [sic] zu sehen sind. Hiebei finden sie alle möglichen Ausreden, womit sie ihr Fernbleiben begründen. Im allgemeinen verneinen sie die Staatsführung nicht, lassen aber auch über die Kirche nichts kommen."

Auch die Kirchenführung der Erzdiözese Salzburg lehnte die neue politische Führung nach dem „Anschluss" 1938 nicht offen ab, sondern versuchte einen Modus vivendi mit ihr herzustellen. Die österreichischen Bischöfe schwiegen zur Reichsprogromnacht gegen jüdische MitbürgerInnen am 9./10. November 1938, in der auch in Salzburg jüdische Geschäfte zerstört und die Synagoge verwüstet wurden. Der Salzburger Erzbischof Sigismund Waitz hatte zuvor auch zur einzigen Bücherverbrennung in Österreich, auf dem Salzburger Residenzplatz am 30. April 1938, organisiert vom Nationalsozialistischen Lehrerbund, geschwiegen.

Im Kampf gegen den Bolschewismus als Religionsfeind scheinbar vereint, ließen sich die österreichischen Bischöfe als Bündnispartner des NS-Systems für einen Angriffskrieg instrumentalisieren. So heißt es in ihrem gemeinsamen Hirtenbrief zu Kriegsbeginn:

> „In dieser entscheidungsvollen Stunde ermuntern und ermahnen wir unsere katholischen Soldaten, in Gehorsam gegen den Führer opferwillig unter Hingabe ihrer ganzen Persönlichkeit ihre Pflicht zu tun."[89]

Aus Gewissensgründen verweigerte das beispielsweise der oberösterreichische Bauer und Mesner Franz Jägerstätter, in seinem inneren Konflikt vom damaligen Linzer Bischof allein gelassen – und bezahlte dies mit seinem Leben. Einzig seine Frau Franziska hat zu ihm gehalten – und blieb deshalb als Witwe mit drei Kindern auch nach Kriegsende noch jahrelang verfemt.[90]

---

[86] Gesinger 2014, 117
[87] SLA, Landrat Pongau, Juni 1939
[88] In historischen Typoskripten aus dem SLA bzw. auch aus Maria Etzers Zuchthausakten findet sich häufig die Schreibweise „dass", „musste" o. Ä. Vermutlich fehlte auf manchen Schreibmaschinen das Zeichen „ß".
[89] Leo 2013, 86
[90] Vgl. Putz 1985

Zahlreiche Priester gehorchten zwar ihren Bischöfen, fühlten sich aber von der Kirchenspitze im Stich gelassen. Österreichweit wurden 15 während der NS-Herrschaft zum Tod verurteilt und hingerichtet, 110 in ein Konzentrationslager eingeliefert, wo 20 starben, 724 mussten Gefängnisstrafen verbüßen, die sieben Priester nicht überlebten, 208 wurden strafversetzt und 1500 Geistlichen wurde Lehre und Predigt verboten.[91]

Hausdurchsuchungen, Überwachung und Denunziation von Priestern waren an der Tagesordnung und sollten den Druck sowohl auf diese als auch auf die Gläubigen erhöhen. Kritische Prediger wurden versetzt oder es wurde ihnen das Gehalt entzogen.

In der Pfarre Goldegg organisierte Kooperator Walter Sparber, ein geborener Südtiroler, eine Jugendgruppe und einen Singring, wie die örtliche Gendarmeriechronik vermerkt. Es wurde ihm darin vorgeworfen, seine Predigten seien

„Haßgesänge gegen Partei, Staat und Führer. Der Schlußsatz einer solchen lautete: ‚Nur Christus ist unser Führer, alle übrigen Führer sind Ver-Führer.‘ Sparber wurde dem Sondergerichte Innsbruck angezeigt. Er ist zu 6 Monaten verurteilt und aus dem geistlichen Stande ausgeschlossen worden."[92]

Laut Dokumentationsarchiv des Österreichischen Widerstandes (DÖW) kam Sparber Ende Februar 1940 ins KZ Sachsenhausen, Mitte Dezember 1940 ins KZ Dachau, wo er bis 1945 inhaftiert blieb – einer der wenigen, die eine so lange KZ-Haft überlebt haben.[93] Sein Pfarrer Alois Brunnauer predigte nicht weniger deutlich,

„daß es verboten ist einen Menschen zu töden [sic]; auch das Vaterland darf man nur verteidigen, wenn es angegriffen wird".[94]

Er wurde angezeigt, bekam aber „nur" Unterrichtsverbot.

Im Pfarrgebiet von Lend waren im Herbst 1938 im öffentlichen Raum von NS-Funktionären bereits alle Heiligenbilder und Kreuze entfernt worden. Es gab massive Propaganda für den Kirchenaustritt, indem überzogene Summen an zu erwartender Kirchensteuer genannt wurden. Maria Etzers Tochter Regina trat in Zell am See 1938 aus, während ihre Mutter am Glauben und auch am Kirchgang (in die dem Hof am Buchberg nächstgelegene Kirche in Lend) festhielt. Unter welchen Bedingungen, kann man den Notizen von Pfarrer Kaspar Feld entnehmen, der 1940 in diese Industriepfarre gekommen war:

„Lend galt von je als steiniger Boden für die Seelsorge. Ich fand die schwierigsten Verhältnisse in diesem Industrieort vor. In der Hochblüte des

91 Vgl. Leo 2013, 86f
92 Gendarmeriechronik Goldegg, 3. Juni 1939
93 DÖW, Band 2, 296
94 Gendarmeriechronik Goldegg, 3. September 1939

Abfalls vom katholischen Glauben, in der Hochkonjunktur des NS-mus (= Nationalsozialismus, M. P. W.) musste ich die Seelsorge übernehmen. Ein kleiner Grundstock von Menschen hatte dort die Stellung gehalten. Eine Handvoll Gläubiger getraute sich am Sonntag in die Kirche, denn vor dem Eingang war die Wohnung des Ortsgruppenleiters und links im Gemeindehaus wohnten der Schreiber und Gemeindediener, die beachten [sic] Sonntag für Sonntag die Kirche und notierten die Kirchgänger. Furcht vor Bestrafung hielt mir auch gute Gläubige von der Erfüllung ihrer Sonntagspflicht ab."[95]

Pfarrer Feld wurde von der Gestapo mehrmals verhaftet. Ein Spitzel, angeblich ebenfalls Priester, horchte ihn im Zug aus, er kam wegen „staatsabträglichen Äußerungen" in Haft und landete schließlich 1944 im KZ Dachau, das er knapp überlebte. Erst am 26. April 1945 wurde er befreit.

Nach Dachau, wo schon 1939/40 ein eigener „Priesterblock" eingerichtet wurde, kam auch Josef Schitter, Kaplan in Goldegg 1940–1942, wovon die Gemeindechronik, allerdings nur ungenau, berichtet. Sein schon oben genannter Pfarrer Brunnauer hörte im Keller des Pfarrhofes illegal „Feindsender" und verfolgte so den Kriegsverlauf. Er warnte mehrmals seinen Kooperator Schitter, vorsichtig zu sein. Doch dieser

„merkte einmal zu eindeutig in der Predigt an, dass der Krieg bereits verspielt sei. Dann kamen zwei Männer in SA-Uniform in den Pfarrhof und schleppten ihn fort, er kam ins Konzentrationslager …"[96]

Sein bester Jugendfreund hatte ihn denunziert – so ein französischer Mithäftling im Salzburger Polizeigefängnis, mit dem Schitter ein Essenspaket seines Pfarrers teilte.[97] Die Verhaftung fand jedoch 1944 statt, nicht in Goldegg, sondern an seinem nächsten Dienstort in Mariapfarr (Lungau). Der Chronik Goldegg zufolge überlebte der Kaplan das KZ Dachau aufgrund päpstlicher Intervention, kam aber erst kurz vor Kriegsende am 10. April 1945 aus der Haft.

Auch Laien wurden gemaßregelt, beispielsweise als in Uttendorf (Oberpinzgau) 1939 eine Primizfeier (erster Gottesdienst eines neu geweihten Priesters in der Heimatpfarre) stattfand, zu der Hunderte Gläubige kamen. Gegen die 17-jährige Maria Scharler wurde ein Strafverfahren eingeleitet: Sie sei eine starke Propagandistin des politischen Katholizismus und habe für die Feier den Saal geschmückt. Die Bäuerinnen Anna Lackner und Gertraud Goldbacher wurden beschuldigt, andere Personen angestiftet zu haben, am Vorabend ein Höhenfeuer in Form eines Kelches mit einer Hostie abzubrennen.

---

[95]   Zu Pfarrer Feld siehe Internetlink im Anhang
[96]   Gemeindechronik Goldegg, 133. Zu Kaplan Schitter – siehe Internetlink im Anhang
[97]   Nach den Unterlagen zu den sogenannten Stolpersteinen in Salzburg – Fritz Tannenberger http://www.stolpersteine-salzburg.at/de/orte_und_biographien?victim=Tannenberger, Fritz (9.6.2016)

Als Provokation betrachtete die NSDAP auch die alljährlichen Wallfahrten: Die Gestapo war präsent, als im Sommer 1939 rund 1200 Frauen zur Wallfahrtskirche Maria Kirchenthal hoch über St. Martin bei Lofer pilgerten.[98] Maria Etzer als Mitglied der katholischen Frauenorganisation könnte wohl dabei gewesen sein.

Einen regelrechten Kleinkrieg gab es wegen der kirchlichen Feiertage. Das wird hier relativ ausführlich beschrieben, weil es auch Maria Etzers Lebenswelt betraf.[99]

Das NS-Regime versuchte nicht nur Sonntagsgottesdienste zu stören oder durch zur selben Zeit abgehaltene Parteiveranstaltungen zu konkurrenzieren. Die kirchlichen Feiertage waren aus mehrfacher Sicht ein Dorn im Auge der Machthaber. Festtage wie z. B. Sebastiani (20. Jänner), Lichtmess (2. Februar), Josephi (19. März) und Fronleichnam waren rituelle Fixpunkte religiöser bzw. bäuerlicher Kultur, boten gleichzeitig Markierungspunkte im Jahreslauf, waren identitäts- und gemeinschaftsstiftende Ereignisse im Dorf. Die Sonntage, die kirchlich gebotenen Feiertage und die Bauernfeiertage waren Bestandteil der sogenannten „moralischen Arbeitszeit". Diese kannte keinen fixen Urlaub und zielte darauf ab, dass sich die Dienstboten zur Aufrechterhaltung der landwirtschaftlichen Produktion nicht zu lange vom Hof entfernten.

Die Feiertage galten auch für die den Höfen zugeteilten ausländischen Hilfskräfte. Ob Zivilpersonen oder Kriegsgefangene, sie waren zur Zwangsarbeit in der Landwirtschaft verpflichtet, und aus der Sicht des Regimes bedeutete diese Feiertagsregelung eine gänzlich unerwünschte Gleichstellung mit den Inländern. So gab es genug Gründe, diese Feiertage abzuschaffen.

Bereits im März 1940 sollte daher anstelle der Bauernfeiertage eine Urlaubsordnung erlassen werden. Im Jahr darauf strichen die Nationalsozialisten die meisten kirchlichen Feiertage. Trotzdem musste der Pinzgauer Landrat Ende Mai 1942 feststellen, dass ein Großteil der Bauern an diesen Tagen nicht arbeitete und auch den Bediensteten freigab, was im Falle der ausländischen ZwangsarbeiterInnen ein zusätzlicher Affront war: Zumindest die Ostarbeiter beiderlei Geschlechts galten ja dem Regime als „Untermenschen". Auf Anordnung der Gestapo wurde die Gendarmerie beauftragt, das Verhalten der Landbevölkerung zu beobachten, „um diesen Übelstand endgültig zu beseitigen".[100]

Aus Uttendorf (Pinzgau) berichtet die Gendarmerie am 20. Jänner 1943 dem Landrat, dass von der Mehrzahl der Bauern der Sebastianitag gefeiert und die Kirche besucht wurde, zusammen mit den Dienstboten, die ebenfalls frei hatten. Sogar die lokalen NS-Funktionäre konnten sich nicht entziehen. Der Ortsbauernführer gab die Zustimmung wegen fehlender Urlaubsregelung, der Ortsgruppenleiter gab an, das sei interne Sache der Bauernschaft. Der Pfarrer wollte nichts von dem Verbot gewusst haben.

Bei einer Krisensitzung im Reichsgau Salzburg 1943 einigten sich die Behördenvertreter darauf, dass nicht die Bauern selbst, aber die Ausländer besonders zwischen März und Oktober jeden Tag zu arbeiten hätten. Bei Nichtbefolgung

[98] Vgl. Leo 2013, 101
[99] Vgl. Nußbaumer 2011, 66f
[100] Zit. nach ebd., 66

sollten diese den Bauern entzogen werden. Aus der Pfarre Stuhlfelden (Pinzgau) wurde jedoch 1943 gemeldet, dass „die Leute an den zu Werktagen gestempelten Feiertagen den Gottesdienst nach Möglichkeit in der Früh besuchen".[101]

So wurde zwar weiterhin Druck ausgeübt, man konnte und wollte es sich aber mit der ländlichen Bevölkerung nicht verscherzen, auf deren Produktivität das Regime dringend angewiesen war. Für den Pongau stellte die Behörde schließlich fest:

> „Es ist anzuführen und der Umstand auch für späterhin gleichbleibend, daß ein Kirchenkampf von der bäuerlichen Bevölkerung in ihrer bekannt konservativen Einstellung nie gut aufgenommen wird."[102]

2.6 Erzeugungsschlacht und Ablieferungsschlacht

Die bäuerliche Bevölkerung und deren Arbeitskraft wurden schon ab 1938, besonders aber in der bald folgenden Kriegswirtschaft, für die Expansionsziele der NS-Politik vereinnahmt: „Das militante Wort ‚Erzeugungsschlacht', bei deren Mitwirkung auch die österreichischen Bauern eingespannt wurden, fand seine logische Konsequenz und militärische Realisierung in den Eroberungskriegen der Hitlerarmee."[103] Die bäuerliche Unabhängigkeit (Selbstversorgung und lokale Märkte, gerade in der Gebirgslandwirtschaft noch vorherrschend) wurde gebrochen: Durch staatlich hervorgerufene Nachfrage sollte nicht mehr der einzelne Betrieb, sondern die gesamte Ostmark in ihrer Lebensmittelversorgung autark werden. Den Bauern versprach man die Existenzsicherung, im Gegenzug führte die Agrarbürokratie Begutachtungen, Beobachtungen und Kontrollen durch. Bis zu 150 Einzelinformationen wurden in den vom NS-System eingeführten Hofakten gesammelt: zur wirtschaftlichen Lage des Betriebes, aber auch zur (rassischen und politischen) „Qualität" der BetriebsinhaberInnen und deren Familien, z. B. für die sogenannten Erbhofverfahren. Auf dem Deckblatt der Hofakte fand sich auch ein Vermerk über eine eventuelle Mitgliedschaft bei der NSDAP oder einer ihrer Teilorganisationen.[104]

Die nationalsozialistische Agrarpolitik verlief widersprüchlich.[105] Zu den Verbesserungen zählten die Entschuldungsverfahren: Im Bundesland Salzburg wurden bis Ende 1938 4800 Anträge gestellt, um die Zwangsversteigerung dieser Bauernhöfe zu verhindern. Die Preise für landwirtschaftliche Maschinen wurden gesenkt. Molkereien und Milchsammelstellen wurden errichtet. Es gab nun Ehestandsdarlehen, Einrichtungsdarlehen und Kinderbeihilfen, und die Einführung einer Marktordnung sicherte den Bauern Fixpreise zu. Gleichzeitig stiegen aber die Lohnkosten um durchschnittlich 34 %. Das traf besonders die Bergbauern-

---

[101] Zit. ebd., 67
[102] Zit. nach Hanisch 1983, 104
[103] Stadler/Mooslechner 1986, 62
[104] Vgl. ebd., 55ff
[105] Für die folgenden Ausführungen vgl. Hanisch 1983, 153ff

betriebe: hohe Gestehungskosten, geringer Umsatz, wenig Bargeld im Haus, unzureichende Naturalversorgung, sodass ein Bauernführer feststellte, „daß alle Förderungsmaßnahmen beim Gebirgsbauer versagen, weil er den Kostenanteil gar nicht aufzubringen vermag".[106]

Die Entschuldung war jedoch nicht wörtlich zu nehmen, sondern bedeutete Umschuldung und langfristige Rückzahlung. Banken und das Deutsche Reich wurden Hauptgläubiger.[107] Die Propaganda für die „Entschuldungsaktion" war enorm, der Antrag dafür bis Ende 1938 einzureichen:

> „Wer diese Frist versäumt, für den hat es zwölf geschlagen, die Tür ist zu und wird für ihn nicht wieder aufgemacht. Er kann sich dann selbst an der Nase nehmen, wenn ihn die Lasten einmal stärker drücken, als er es vorausberechnet hat. Und er muß es sich vor allem auch gefallen lassen, daß er dann als einer angesehen wird, der durch seinen Eigensinn das Aufbauwerk geschmälert hat, das der Nationalsozialismus auch in der Ostmark durchzuführen darangegangen ist."[108]

Gauleiter Josef Bürckel, zuständig für die „Wiedervereinigung" Österreichs mit dem Deutschen Reich, schrieb im November 1938 nach Deutschland:

> „Den Bauern geht es heute schlechter als vor dem Anschluß … die Bäuerin in Österreich, vor allem die Bergbäuerin, kann man heute überhaupt nicht mehr als Mensch betrachten."[109]

Das war auch im Sinne der „Blut-und-Boden"-Ideologie ein Problem:

> „Ein Zusammenbruch des Bergbauerntums ist aber weder wirtschaftlich und noch weniger vom blutsmäßigen Standpunkte aus zu verantworten. Die Wunde, die damit dem deutschen Volke geschlagen würde, wäre kaum mehr zu heilen. Es darf nicht vergessen werden, daß die auf den Bergen lebenden Menschen für das deutsche Volk einer [sic] der besten Blutsquellen sind."[110]

In die nunmehr florierende Bauwirtschaft und Industrie (z. B. Beginn des Autobahnbaus ab Salzburg, Tauernkraftwerk Kaprun, Aluminiumwerk Lend) wanderten weitere landwirtschaftliche Arbeiter ab, nicht zuletzt wegen höherer Löhne und besserer Lebensbedingungen. Die Knechte und Mägde mussten ja vereinzelt noch im Stall schlafen und nur 6 % der Knechte und 4 % der Mägde waren verheiratet.[111]

---

[106] Hanisch 1983, 154
[107] Vgl. Stadler/Mooslechner 1986, 73f
[108] Zit. nach Siegl 2013, 211
[109] Zit. nach Hanisch 1983, 155, Auslassungen im Text
[110] Zit. nach Siegl 2013, 183
[111] Ebd., 156

Der Landarbeiterwohnungsbau blieb Propaganda, eine Professionalisierung mit Landwirtschaftsprüfungen, Versicherungsschutz etc. konnte die Abwanderung nicht stoppen. Die Goldegger Chronik berichtet:

„Im Jahr 1938 haben 30 Arbeitslose in Goldegg und Weng wieder Arbeit gefunden, man sprach sogar von Mangel an Arbeitskräften, vor allem bei den Bauern. In der Lendner Fabrik SAG (Aluminiumherstellung, M. P. W.) begann man bereits im April 1938 mit dem Bau neuer Fabrikanlagen, sodass bald an die 1.000 Arbeiter angestellt werden konnten."[112]

Der Arbeitskräftemangel in der Landwirtschaft verschärfte sich mit den Kriegsvorbereitungen, wie am 30. August 1939 vom Gendarmeriekreis Salzburg an den Pongauer Landrat berichtet wird:[113]

„Die derzeit erfolgten Einberufungen von Personen zur Wehrmacht und die Einziehung von Pferden und Fahrzeugen verursacht bei der Landwirtschaftlichen [sic] Bevölkerung eine bedrückende Stimmung, weil der ohnehin große Mangel an Arbeitskräften in der Landwirtschaft noch größer wird und weil teils noch Erntearbeiten zu verrichten sind (und) auch der Herbstanbau herankommt."

Wie ein Brief von Lois Bittner, Offiziersanwärter und späterer Verlobter der jüngsten Etzer-Tochter Margarethe, nahelegt, war anscheinend zu Kriegsbeginn noch geplant, Soldaten aus Bauernfamilien aus dem Heeresdienst zu entlassen, bevor man ganz auf den Arbeitseinsatz von Zwangsarbeitern und Kriegsgefangenen setzte. Bittner schrieb an Margarethe, deren Bruder Johann schon eingerückt war, am 26. Mai 1940 aus Villach (Kärnten):

„Am Samstag könnten 70 Bauernsöhne und andere wichtige Berufe abrüsten, am Montag kommen neue Rekruten hierher. Vielleicht glückt es dem Hans noch loszukommen, das wäre fein, nicht? Dann brauchst du, liebes Gretelein, nicht mehr so viel arbeiten."[114]

Im März 1939 gab es im Bezirk St. Johann schon zwei Lager des RAD (Reichsarbeitsdienstes), für die männliche Jugend in Altenmarkt, für die weibliche seit 1. Oktober 1938 in Goldegg. Die „Arbeitsmaiden", junge Frauen von auswärts im Alter von achtzehn Jahren, wohnten für ein halbes Jahr im Schloss, nach einer Stunde politischer Schulung am Morgen gingen sie zu den nahegelegenen Bauernhöfen zur Mithilfe.[115] Zusätzlich zum RAD war geplant, auch noch mindestens zwei „Landjahrlager" zu errichten, diese vor allem für parteipolitische Schulung:

---

[112] Gemeindechronik Goldegg, 124
[113] SLA, Landrat Pongau, August 1939, Sonstiges
[114] Briefe A. Bittner an Margarethe Etzer, 1
[115] Gemeindechronik Goldegg, 125

„Die Schaffung dieser Einrichtung kann nicht nur aus Gründen der Arbeitsversorgung der bäuerlichen Bevölkerung, sondern insbesondere auch aus rein politischen Gründen nicht hoch genug bewertet werden. … Die Bauern dagegen wünschen allgemein, dass der männliche Teil der Landarbeiterschaft nur im Winter zum Arbeitsdienste und die kurz dienenden Jahrgänge lediglich im Winter zum Militärdienste herangezogen werden."[116]

Die Wünsche der Bauern verhallten jedoch ungehört, die Dynamik kriegerischer Expansion nahm darauf keine Rücksicht.

Bald nach Kriegsbeginn 1939 kehrte bei vielen, die sich Hoffnung auf einen Aufschwung gemacht hatten, Ernüchterung ein. Ging es von März 1938 bis September 1939, als Polen vom Deutschen Reich überfallen wurde, um die „Erzeugungsschlacht", also eine möglichst große Unabhängigkeit von landwirtschaftlichen Importen, so ging es nun sozusagen um eine „Ablieferungsschlacht", also um eine möglichst große Erhöhung der Liefermengen.[117]

Unaufhörlich gab es Appelle: „Wie steigere ich meine Kartoffelerträge?", „Legen unsere Hühner genug?", aber auch: „Wie kann ich beim Kochen Fett einsparen?" Der Ablieferungszwang stieg: So wurden 1932 knapp 40 % der erzeugten Milchmenge an Molkereien geliefert, 1938 bereits 59 %, ein Jahr später 63 %. Mit zunehmender Kriegsdauer musste die gesamte Kuhmilch abgeliefert werden, Selbstverbutterung war strengstens verboten. Besonders harte Strafen gab es für Hamsterer und Schwarzschlächter, ihnen drohte gegen Ende des Krieges sogar die Todesstrafe.

Auch der Ortsbauernführer von Goldegg verstieß gegen diese Vorschriften. Zwei Sommer lang verheimlichte er auf seiner Alpe in Rauris bei den Zählungen je 26 Milchkühe. Bei ihm zögerte man jedoch zwei Jahre, bis er sein Amt zurücklegte und mit 5000 Reichsmark Strafe davonkam. „Besonders schön wird über diesen Vorfall unter der Bevölkerung nicht gesprochen", heißt es in der Gendarmeriechronik Goldegg vom 15. Dezember 1943.

Manchmal gab es aber auch Überablieferungen der vorgeschriebenen Mengen, aus Angst vor Einziehung zum Kriegsdienst – während jene Bauernfamilien, deren wehrpflichtige Männer bereits eingerückt waren, nur die Mindestmengen ablieferten. Betriebe mit verminderter Zahl männlicher Arbeitskräfte gefährdeten die Produktion der nötigen Nahrungsmittel. Ein Mangel an Almpersonal, vor allem an Melkern und Sennern, die selbstständig eine Alm bewirtschaften konnten, beeinträchtigte die Ablieferung von Milch und Milchprodukten über den Sommer[118] – ein wesentliches Standbein der Gebirgslandwirtschaft.

Der Lebensmittelbedarf erhöhte sich im Kriegsverlauf zusätzlich, als wegen Bombardierung deutscher Städte vermehrt Menschen aus dem „Altreich" ins Salzburgerland strömten. Am 15. März 1941[119] wurde die Lage wie folgt analysiert:

---

[116]   SLA, Landrat Pongau, März 1939
[117]   Vgl. für die folgenden Ausführungen Stadler/Mooslechner 1986, 57ff
[118]   Vgl. Bericht des Sicherheitsdienstes 1941, zit. nach Siegl 2013, 184
[119]   SLA: Stalag Markt Pongau, Lagebericht

Bauernhof in Mühlbach am Hochkönig, ca. 1944. Quelle: Familienbesitz

„Die Stimmung unter der bäuerlichen Bevölkerung ist hauptsächlich wegen des Arbeitermangels als schlecht zu bezeichnen. Weisungen der Reichsnährdienststellen werden mit dem Hinweis auf den Mangel an Arbeitskräften nicht durchgeführt. Es steht sehr zu befürchten, dass besonders in den höheren Lagen die Bauern zu extensiver Bewirtschaftung übergehen, was Ausfälle in der Produktion bringen wird. Die Ablieferungsdisziplin hat in den Alpenländern allenthalben stark nachgelassen. Die zahllosen Fremden, welche dieses Gebiet, aus den luftbedrohten Städten kommend, bevölkern, haben durch Hamstereien und unsinnige Überbietungen der Lebensmittelpreise die ursprünglich gute Haltung der Bauern demoralisiert."

Nicht nur in den Städten, sondern auch in einigen ländlichen Tourismusregionen konnte die Produktion den Bedarf nicht mehr decken, weswegen sich ein Schwarzmarkt etablierte.

Erhöhter Lebensmittelbedarf, anhaltende Landflucht und der Weggang der Wehrpflichtigen bewirkten also einen teilweise akuten Arbeitskräftemangel: „Tausende verschleppte Arbeiter und Arbeiterinnen aus den von Deutschland besetzten Gebieten mussten deshalb gegen geringe oder ohne Bezahlung diese Lücke füllen. Sie trugen somit unfreiwillig und gezwungen zur Aufrechterhaltung der Lebensmittelversorgung der Bevölkerung und der gegen ihre eigenen Landsleute kämpfenden Soldaten entscheidend bei."[120]

Der Historiker Ernst Hanisch stellt fest: „Es kann kein Zweifel bestehen: ohne den Einsatz von Kriegsgefangenen und Fremdarbeitern wäre die deutsche Ernährungswirtschaft spätestens 1942 zusammengebrochen. … Die Sicherung der NS-Ernährungswirtschaft ruhte auf den Schultern der Frauen, vor allem der weiblichen bäuerlichen Familienangehörigen, und der ‚Fremdvölkischen' …"[121]

2.7 Der Lehenhof auf dem Buchberg nach Grundbucheintragungen

Die Landwirtschaft ruhte auf den Schultern der Frauen, schreibt Hanisch. Was den Lehenhof betrifft, galt das nicht erst seit den Jahren des Zweiten Weltkriegs. Eintragungen im Grundbuch[122] zeigen, dass das „Gut Lehen" von Anfang an fast ständig verschuldet war. Sie belegen aber auch die Zähigkeit, Disziplin und Weitsicht, mit der Maria Etzer wirtschaftete und den Hof als Existenzgrundlage für sich und ihre Familie bewahrte. Schulden konnte sie immer wieder zurückzahlen, Hilfsmaßnahmen der öffentlichen Hand nahm sie vom „Ständestaat" 1934 an, nicht aber 1938 vom Nazi-Regime. Das alles zeigen Eintragungen, die hier auszugsweise dargestellt werden.

---

[120] Stadler/Mooslechner 1986, 59
[121] Hanisch 1983, 158
[122] SLA, Grundbuch Goldegg/Buchberg

„27. Juni 1911
Kaufvertrag; Eigentumsrecht für a) Johann Etzer b) Maria Etzer je zur
Hälfte einverleibt"

An Gebäuden sind ein Wohngebäude, ein Wirtschaftsgebäude und ein Heustadel
vermerkt, an Grundstücken viele kleine Flächen mit den Widmungen Wiese und
Weide, in geringem Ausmaß auch Acker sowie Wald. Drei Flächen sind als Garten
ausgewiesen. (Die Enkelinnen sprechen von 300 Obstbäumen, davon 100 Kirschbäumen, deren Früchte in Buckelkörben besonders von den schulpflichtigen Kindern hinunter nach Lend getragen und dann per Bahn für die Kurgäste nach Bad
Gastein geliefert wurden.)
　　Schon in den ersten Jahren nach Ankauf des Lehenguts sah sich das Ehepaar
Etzer dazu gezwungen, Geldbeträge auszuleihen, für die auch Zinsen zu entrichten
waren.

1912	Johann Mittersteiner	2400 Kronen plus	120 K. Zinsen
1913	Josef Hölzl	2000 –„–	120 K. –„–
	Rupert Eder	1000 –„–	80 K. –„–

1916	Tilgung Eder
1918	Tilgung Hölzl

In Abwesenheit des Ehemannes, der als Soldat im Ersten Weltkrieg diente, beglich
Maria Etzer 1916 und 1918 ihre Schulden bei zwei Gläubigern.
　　Die Inflation erreichte in den Jahren 1922 und 1923 ihren Höhepunkt. Wert-
sicherung gab es in Österreich zu dieser Zeit selbst bei Hypothekardarlehen nicht,
so lag 1924 die Verschuldung fast bei null.[123] In diesem Jahr konnte Maria Etzer
also auch den dritten Kredit zurückzahlen und den Anteil ihres schon schwer
kranken Mannes erwerben:

„19. Juli 1924　Tilgung Mittersteiner
zugleich
notarieller Kaufvertrag: das Eigentumsrecht auf die dem Johann Etzer
gehörige Hälfte wird für Maria Etzer einverleibt."

Maria Etzer zeigt sich hier als wirtschaftlich geschickte und weitblickende Frau,
die in doppelter Weise vorsorgte. Einerseits verhinderte sie den Verlust even-
tueller Bargeldreserven – denn mit 1. Jänner 1925 kam die Währungsumstellung
(10.000 Kronen = 1 Schilling). Andererseits sicherte sie rechtzeitig die zweite
Hälfte des Lehengutes. Ihr kriegsversehrter Mann Johann starb am 15. Juni 1925
im Alter von 47 Jahren. Der Hof war schuldenfrei, Maria Etzer alleinige Besitzerin.

---

[123]　Vgl. Siegl 2013, 193

Johann Mittersteiner, bei dem Maria Etzer die letzten Schulden tilgte, war übrigens nicht irgendein Gläubiger, sondern ihr Vater. Wie Enkelin E. erzählt, hatte er beträchtliche Ersparnisse, ja hätte seiner Tochter anlässlich ihrer Verehelichung mehrere Kühe kaufen können, kaufte ihr aber keine einzige, weil er mit ihrer Heirat nicht einverstanden war. Aus dem Grundbuch geht hervor, dass er seiner Tochter Maria erst ein Jahr nach ihrer Hochzeit Geld gab, und zwar nur als Kredit. Zwölf Jahre später war dieser zwar durch die hohe Inflation samt Zinsen problemlos zu tilgen, der Vater kam aber durch die Geldentwertung gleichzeitig um sein Barvermögen und stand mittellos da. 1925, im Todesjahr von Maria Etzers Ehemann, wurde der Schilling eingeführt und Mittersteiner zog zu seiner Tochter auf den Lehenhof. „Dann war alles hin, und dann hat ihn die Großmutter behalten müssen", so Enkelin E. Er starb drei Jahre später, 1928.

Schon wenige Jahre danach gab es erneut Zahlungsprobleme. Maria Etzer hatte – vielleicht durch den frühen Tod ihres Mannes alarmiert – trotz des in der Landwirtschaft notorischen Bargeldmangels eine damals noch freiwillige Krankenversicherung abgeschlossen. Für die Selbstständigen in der Landwirtschaft gab es vor 1938 nämlich keine Pflichtversicherung gegen Unfall, Krankheit und Altersinvalidität, lediglich in den drei Bundesländern Wien, Niederösterreich und Burgenland bestand seit 1928 eine verpflichtende Unfallversicherung.[124]

Wegen Beitragsrückstandes von Oktober 1932 bis August 1933 ließ sich die Landwirtschaftskrankenkasse für Salzburg beim Lehenhof ins Grundbuch eintragen. Die Hartwährungspolitik des Schilling brachte zugleich hohe Zinsen:

„85 Schilling 17 Groschen, [mit Verzugszinsen] 93,77 Schilling".
Tilgung zwei Jahre später, 1935.
Im Jahr 1936 weiterer Rückstand von „10 S 64 g, [verzinst] 16,32 S",
Tilgung 1937.

Schon im „Ständestaat" wurde versucht, wiederkehrende Agrarkrisen zu entschärfen, so wurde ab 1932 ein Aufschub für Zwangsversteigerungen gewährt und 1933 ein Gesetz gegen Zinswucher verabschiedet. Die sogenannte „1934er-Aktion" (Laufzeit 1. Februar 1934 bis 30. Juni 1935) war speziell für Bergbauern bestimmt und enthielt u. a. niedrigverzinsliche Darlehen und einmalige Zuschüsse (Subventionen).[125] Nur ein Viertel der Betriebsinhaber stellte einen Antrag, darunter Maria Etzer. Weil im Grundbuch kein Betrag vermerkt ist, handelte es sich vermutlich um eine Subvention:

„Hilfsverfahren der Bauernhilfskommission gemäß Verordnung vom 1. Februar 1934 für das Bundesland Salzburg", mit 28. April 1934 angemerkt, mit 15. Juni 1935 wieder gelöscht.

---

[124] Vgl. Siegl 2013, 163
[125] Vgl. ebd., 198f

Auf Geldmittel der Nazis im Rahmen der sogenannten Entschuldungsaktion hat Maria Etzer jedoch verzichtet.

Ihr Hof war schuldenfrei. Es konnten allerdings nach 1938 aus dem Topf für Entschuldungsverfahren noch sogenannte Aufbaumaßnahmen beantragt werden, d. h. Darlehen für bzw. Zuschüsse (Subventionen) zu baulichen Maßnahmen, zur Ergänzung von Inventar oder Vieh.[126] Im Grundbuch wurde eingetragen:

„Entschuldungsverfahren gemäß Gesetzblatt Nr. 30/1938",
am 11. Mai 1943 angemerkt (ohne Betrag), wieder gelöscht am 2. Juni 1944.

Eingereicht wurde das Subventionsansuchen offenbar von der Tochter Katharina, die damals bereits die Landwirtschaft führte – Maria Etzer war ja schon im Februar 1943 verhaftet worden und zum Zeitpunkt des Grundbucheintrags im Mai 1943 im Zuchthaus Aichach interniert.

Enkel H., Katharinas Sohn, berichtet in seinen Erinnerungen – worauf ich später zurückkomme – übrigens vom Viehkauf. Die Subvention wird vermutlich dafür verwendet worden sein.

---

[126] Siegl 2013, 202

3. „Fremdarbeiter"
auf Salzburgs Bergbauernhöfen

3.1 „Fremdvölkische" Arbeitskräfte, ZwangsarbeiterInnen und Kriegsgefangene – eine Einführung

„Fremdarbeiter" (Männer und Frauen) machten während des Zweiten Weltkriegs bis zu einem Viertel aller Arbeitskräfte aus. Ich benütze als Überschrift diesen wissenschaftlich nicht exakten Begriff, weil er – abseits von rassistischen Klischees – die Erfahrung der Einheimischen widerspiegelt: Die fremden Arbeitskräfte waren in Stadt und Land allgegenwärtig. „Fremdvölkisch" hingegen war ein Rassebegriff der Nazis; vor allem Menschen slawischer Herkunft wurden als minderwertig und als Gefahr für die arische Bevölkerung betrachtet. Noch bevor es den Judenstern gab, mussten sie Abzeichen mit P (für Polen) bzw. OST (für Sowjetunion) auf ihrer Kleidung tragen. Die beiden großen Kategorien der FremdarbeiterInnen sind Kriegsgefangene und zivile ZwangsarbeiterInnen (Männer und Frauen).

Mit den Arbeiten der österreichischen Historikerkommission zur Zwangsarbeit auf dem Gebiet Österreichs während des Zweiten Weltkriegs (vgl. Österreichischer Versöhnungsfonds 2005) kam erstmals systematisch Licht in einen zuvor historisch wenig erforschten Bereich, auch als Basis für Entschädigungszahlungen an noch lebende (zivile) ZwangsarbeiterInnen. Für Kriegsgefangene sind Entschädigungen laut Völkerrecht nicht vorgesehen.

Für einen grundlegenden Überblick zur Zwangsarbeit beziehe ich mich hier auf einen Aufsatz von Ulrich Herbert.[127] Mittlerweile gibt es jedoch einige Forschungsarbeiten speziell für das Bundesland Salzburg bzw. seine Gebirgsgegenden, die ich hier verwende, soweit es zum Verständnis für den Einsatz der ausländischen Arbeitskräfte auf Maria Etzers Hof nötig ist (z. B. Dohle/Slupetzky 2004, Ruggenthaler 2004, Nußbaumer 2011, Schieder 2012).

Unter dem Begriff „Zwangsarbeiter" wird in der Wissenschaft eine Vielzahl von Personengruppen verstanden, denen es verwehrt war, Arbeitsstelle und Arbeitgeber nach eigenem Willen auszusuchen oder zu verlassen und die in der Regel besonders schlechten sozialen Bedingungen ohne rechtliche Einspruchsmöglichkeiten unterworfen waren.[128] Dabei kann man drei Gruppen unterscheiden:

- Ausländische ZivilarbeiterInnen und Kriegsgefangene, die zwischen 1939 und 1945 zum Arbeitseinsatz ins Deutsche Reich gebracht wurden, im Volksmund „Fremdarbeiter" genannt. Unter den zivilen ausländischen Arbeitskräften wurden auch viele Frauen rekrutiert, so betrug deren Anteil 1944 30 %.[129]

---

[127]   Herbert 1999
[128]   Vgl. ebd., 34
[129]   Österr. Versöhnungsfonds 2005, 62

- Häftlinge der Konzentrationslager vor allem im Reichsgebiet, aber auch in den besetzten Gebieten Osteuropas
- Europäische Jüdinnen und Juden, die in ihren Heimatländern, vor allem aber nach ihrer Deportation, Zwangsarbeit verrichten mussten, in Gettos, Zwangsarbeitslagern oder KZs bzw. deren Außenlagern.[130]

Die verschiedenen Kategorien überschneiden sich: Es wurden ausländische wie auch inländische Arbeitskräfte inhaftiert, manche Kriegsgefangene konnten zu Zivilarbeitern werden, freiwillige Anwerbung wurde im Verlauf des Krieges zu zwangsweiser Rekrutierung; die Lebens- und Arbeitsbedingungen waren entsprechend der nationalsozialistischen Rassenideologie sehr unterschiedlich.

In der Vorbereitung des Krieges gab es drei große Engpässe: Devisen, Rohstoffe und Arbeitskräfte. „Für Devisen und Rohstoffe gab es eine Lösung: Nach dem Konzept der ‚Blitzkriege‘ sollten die Ressourcen des Reiches sukzessive durch die Vorräte der zu erobernden Länder erweitert werden. … Die Frage der Beschaffung von Arbeitskräften war schwieriger zu bewältigen, denn hier spielten außer wirtschaftlichen auch sicherheitspolizeiliche und vor allem weltanschauliche Faktoren eine Rolle.“[131]

Im Ersten Weltkrieg hatte man deutsche Frauen in großem Umfang dienstverpflichtet, das passte aber nicht ins frauenpolitische Konzept der Nationalsozialisten. Millionen von ausländischen Arbeitskräften ins „Reich“ zu bringen, kollidierte allerdings mit den völkischen Prinzipien: Eine massenhafte Beschäftigung von „Fremdvölkischen“, vor allem aus dem Osten, gefährdete über Kontakte zu einheimischen Frauen die „Blutreinheit“ des deutschen Volkes. Die Entscheidung fiel erst nach Kriegsbeginn, der Ausländereinsatz schien das geringere Übel zu sein, man erwartete, die Gefahren ohne größere Schwierigkeiten repressiv eindämmen zu können.

Etwa 300.000 polnische Kriegsgefangene wurden im Reich sehr schnell vor allem in der Landwirtschaft eingesetzt.

Gleichzeitig wurden die ersten zivilen Arbeitskräfte mit massiver Propaganda und Versprechungen angeworben, bald aber schon zwangsrekrutiert, vor allem im besetzten Polen. Die Besatzungsmacht legte Betriebe still und erhöhte damit die Arbeitslosigkeit. Sie setzte aber auch die örtlichen Behörden unter Druck: „Die einzelnen Gemeinden und Kreise hatten Pflichtkontingente zu erfüllen, die – wenn sie nicht erreicht wurden – Terroraktionen der SS und der polnischen Polizei zur Folge hatten, wobei ganze Dörfer umstellt und die Menschen bei brutalen Razzien gefangen genommen wurden.“[132] Menschen von etwa sechzehn bis 50 Jahren waren betroffen, viele aus dem bäuerlichen Milieu.

Bereits im Mai 1940 zeigte sich, dass der Arbeitskräftebedarf nach wie vor sehr hoch war. „So wurden denn schon während und alsbald nach dem ‚Frankreichfeldzug‘ etwas mehr als 1 Mio. französischer Kriegsgefangener als Arbeitskräfte ins

---

[130] Herbert 1999, 34
[131] Ebd., 34f
[132] Nußbaumer 2011, 16

Reich verbracht. Darüber hinaus begann in den verbündeten Ländern und besetzten Gebieten des Westens und Nordens eine verstärkte Arbeiter-Werbung. Auch für diese Gruppen wurden jeweils besondere, allerdings im Vergleich zu den Polen deutlich günstigere Vorschriften für Behandlung, Lohn, Unterkunft etc. erlassen, sodass ein vielfach gestaffeltes System der nationalen Hierarchisierung entstand, eine Stufenleiter, auf der die damals bereits so genannten ‚Gastarbeitnehmer‘ aus dem verbündeten Italien zusammen mit den Arbeitern aus Nord- und Westeuropa oben und die Polen unten plaziert wurden."[133]

Dies wird auch deutlich in den Lebenserinnerungen eines französischen Zwangsarbeiters:

„Es war klar, dass wir in den Augen der vermeintlichen örtlichen Eliten unerwünscht waren, außer natürlich auf ihren Baustellen, den Fabriken und Feldern. Und trotzdem rangierten wir Franzosen im Geist der Nazis noch nicht auf der untersten Stufe der Nationalitätenskala. Überholt von den Briten, Holländern und Skandinaviern, lagen wir unter anderem vor den Italienern und Griechen, deren Nachteil darin bestand, großteils dunkle Haut und schwarze Haare zu haben, und vor allem vor den Slawen, die auf derselben Ebene erniedrigt wurden wie Zigeuner und Farbige. Besonders Russen, Polen und Ukrainer waren verachtet und wurden deutlich schlechter behandelt als wir."[134]

Bis Sommer 1941 wurden die ausländischen ZivilarbeiterInnen und die Kriegsgefangenen vorwiegend in der Landwirtschaft beschäftigt. Das Konzept ging so lang auf, als die Strategie kurzer Eroberungsfeldzüge umgesetzt werden konnte. Als im Herbst 1941 die deutsche Armee vor Moskau ihren ersten Rückschlag erlitt, war mit schnell heimkehrenden Soldaten nicht mehr zu rechnen, die Belegschaften der bisher geschützten Rüstungsbetriebe mussten einrücken. Es konnten nicht genügend Zivilarbeiter aus Westeuropa gewonnen werden. Nur der Einsatz von Arbeitskräften aus der Sowjetunion konnte noch – obwohl aus der Sicht des Reiches sicherheitspolitisch bedenklich – die Produktion aufrechterhalten.

Zuerst hatte man Millionen sowjetischer Kriegsgefangener in Lagern im Hinterland der deutschen Ostfront ihrem Schicksal überlassen, sie verhungerten, erfroren, wurden umgebracht: „Insgesamt kamen bis Kriegsende von den etwa 5,7 Millionen sowjetischen Kriegsgefangenen 3,5 Millionen in deutschem Gewahrsam ums Leben."[135] Bis März 1942 waren nur 160.000 im Arbeitseinsatz. Mit schrankenloser Brutalität wurden dann in zweieinhalb Jahren noch 2,5 Millionen sowjetische ZivilistInnen ins Deutsche Reich deportiert, 20.000 pro Woche. Schlechte Verpflegung und mangelnde Qualifikation brachten Debatten über die wirtschaftliche Effizienz des „Russeneinsatzes", erst 1943 kam es hier zu Verbesserungen.

---

[133] Herbert 1999, 35f
[134] Quintilla 2006, 26; Der Ausdruck „Zigeuner" wird hier wörtlich übernommen.
[135] Herbert 1999, 36

Im Sommer 1944 befanden sich im Deutschen Reich 5,7 Millionen ausländische ZivilarbeiterInnen und knapp zwei Millionen Kriegsgefangene. Davon stammten 2,8 Millionen aus der Sowjetunion, 1,7 Millionen aus Polen, 1,3 Millionen aus Frankreich; insgesamt gab es FremdarbeiterInnen aus fast 20 europäischen Ländern. Mehr als die Hälfte der polnischen und sowjetischen Zivilarbeiter waren Frauen, im Durchschnitt unter 20 Jahre alt. Allein 200.000 russische Mädchen und Frauen arbeiteten unter Zwang als Dienstmädchen in „deutschen" Haushalten.

Im Sommer 1944 rekrutierte sich ein Viertel (26,5 %) aller im Deutschen Reich Beschäftigten aus Ausländern: In der Landwirtschaft arbeiteten 46 % AusländerInnen, in der Industrie knapp 40 %, in der engeren Rüstungsindustrie knapp 50 %, in einzelnen Betrieben mit hohem Anteil an Ungelernten bis zu 80 und 90 %.[136]

Vor allem seit Anfang 1944 wurden auch jüdische KZ-Häftlinge zur Zwangsarbeit herangezogen, vorwiegend für gefährliche Arbeiten in der Rüstungsindustrie, auch unter Tag in Höhlen oder Bergstollen: Schwerstarbeit unter denkbar schlechten Lebensbedingungen. Von allein 480.000 nach Auschwitz deportierten ungarischen Jüdinnen und Juden wurden 350.000 sofort vergast, 108.000 als besonders arbeitsfähig wirkende, darunter viele Frauen, auf verschiedene Firmen verteilt, die KZ-Arbeitskräfte angefordert hatten.[137]

In den KZs waren nach groben Schätzungen 15 % inländische und 85 % ausländische Häftlinge inhaftiert; nahezu jede(r) wurde für kürzere oder längere Zeit zur Zwangsarbeit eingesetzt, viele haben diese nicht überlebt.

3.2 ZwangsarbeiterInnen und Kriegsgefangene in den Salzburger Gebirgsgauen – das Stalag XVIII C Markt Pongau[138]

„Unter meist unmenschlichen Bedingungen müssen Zwangsarbeiter in der Landwirtschaft, im Straßenbau, im Kraftwerksbau, im Bahnbau oder beim Flussbau arbeiten."[139] Das galt auch für das Bundesland Salzburg, wo zahlreiche Verkehrswege in Zwangsarbeit errichtet wurden und auch große Industrieunternehmen von billigen und weitgehend rechtlosen Arbeitskräften profitierten.

Die ersten polnischen ZwangsarbeiterInnen wurden im Pinzgau in der Landwirtschaft bereits 1939 eingesetzt[140], ab Februar 1940 waren es im gesamten „Reichsgau Salzburg" bereits 700 in der Landwirtschaft, zusätzliche 1200 wurden für 1941 angefordert. Davon waren im Pongau (wo Maria Etzer lebte) etwa 356 polnische Zwangsarbeiter stationiert, 200 davon in der Landwirtschaft und einzeln (am jeweiligen Bauernhof) untergebracht. 250 weitere wurden zu diesem Zeitpunkt erwartet.[141]

---

[136] Herbert 1999, 38f
[137] Vgl. ebd., 43
[138] Zu Geschichtswerkstatt Stalag XVIII C – siehe Internetlink im Anhang
[139] Leo 2013, 156
[140] Vgl. Ruggenthaler 2004, 334
[141] Vgl. ebd., 335

Neben den zivilen Zwangsarbeitern wurden nach Österreich zwischen 1940 und 1944 auch etwa 300.000 Kriegsgefangene verbracht, darunter 80.000 bis 100.000 Franzosen; schon Anfang September 1940 gab es in österreichischen Lagern über 78.000 französische Kriegsgefangene.[142] Dem Reichsgau Salzburg wurden bis Anfang August 1940 2769 Kriegsgefangene zugewiesen, 409 davon für die Landwirtschaft.[143] Der Arbeitskräfteeinsatz steigerte sich rasant: Mit August 1942 waren im Bundesland Salzburg allein in der Landwirtschaft 8509 ausländische Arbeitskräfte eingesetzt: 3315 ZivilarbeiterInnen polnischer Herkunft, 1510 sogenannte Ostarbeiter (hauptsächlich aus der Sowjetunion) sowie 3684 Kriegsgefangene.[144]

Nach der Einlieferung in Kriegsgefangenenlager (hauptsächlich sogenannte Stammlager – Stalags) konnten die Gefangenen zur Arbeit herangezogen werden, arbeitsunwillige Kriegsgefangene auch dazu gezwungen werden. Die Arbeitsämter hatten in den Stalags eine Vermittlungsstelle, die zusammen mit der Lagerkommandantur die Gefangenen zuteilte.[145]

Die ersten Stalags gab es im Wehrkreis XVII (Ostösterreich): Kaisersteinbruch im Burgenland und Gneixendorf bei Krems in Niederösterreich.[146] Für den Wehrkreis XVIII (die heutigen Bundesländer Salzburg, Tirol, Vorarlberg, Kärnten und Steiermark), der einen Arbeitskräftebedarf von etwa 25.000 Kriegsgefangenen meldete, gab es aber noch kein zentrales Lager, es wurde 1941 in St. Johann (damals Markt Pongau) errichtet. Weitere Lager gab es in Wolfsberg und Spital/Drau (Kärnten) sowie ein Offizierslager (Oflag) in Lienz (Osttirol). Mit 13. August 1940 kamen 110 französische Kriegsgefangene im Pongau zum Einsatz, Goldegg bekam davon 20 zugeteilt.[147] Auch in der Volksschulchronik von St. Johann findet sich mit Datum vom 15. August 1940 ein erster Hinweis auf Kriegsgefangene:

„25 kriegsgefangene Franzosen werden in der Schülerwerkstätte einquartiert. Sie werden für Gemeindearbeiten und bei den Bauern verwendet."[148]

In St. Johann – in NS-Diktion Markt Pongau, die Gemeinde hatte damals 4000 EinwohnerInnen – plante man Anfang 1941 ein Kriegsgefangenenlager für 8000 bis 10.000 Gefangene und eine Wachmannschaft von 1000 Mann. Als Stammlager (Stalag) für alle arbeitenden Kriegsgefangenen wurde es geführt unter der Bezeichnung „Stalag 317 (XVIII C) Markt Pongau".

Einheimische Handwerksbetriebe errichteten das Lager gemeinsam mit den ersten noch in der Volksschule untergebrachten französischen Kriegsgefangenen. Entgegen der Planung war das Lager aber bereits Ende 1941 mit 20.000 Gefangenen überbelegt, was bis zum Kriegsende so bleiben sollte.

---

[142] Vgl. Schieder 2012, 21
[143] Vgl. Dohle/Slupetzky 2004, 148
[144] Vgl. ebd., 72
[145] Vgl. Speckner 2003, 179
[146] Vgl. Dohle/Slupetzky 2004, 154
[147] Vgl. Dohle/Slupetzky 2004, 69
[148] Stadler/Mooslechner 1986, 98

Die **französischen Kriegsgefangenen** bildeten während der gesamten Kriegszeit die stärkste Gruppe mit knapp 10.000 Mann. Weiters gab es im sogenannten **„Südlager"** auch Gefangene aus England, Belgien, Serbien, Italien und den
Niederlanden. Die Gefangenen der „westalliierten Mächte" wurden entsprechend
der Genfer Konvention behandelt und halbwegs gut ernährt. Sie arbeiteten einzeln
in der Landwirtschaft, aber auch in geschlossenen Kommandos im Kraftwerksbau
(Kaprun in Salzburg bzw. Montafon in Vorarlberg), in großen Straßenbauprojekten,
z. B. der Staatsbrücke in Salzburg und der begonnenen „Reichsautobahn", sowie
in Tiroler und Salzburger Industriebetrieben, so z. B. auch im Aluminiumwerk in
Lend, wo 1941 schon 60 zivile Zwangsarbeiter und 24 kriegsgefangene Franzosen
beschäftigt waren.[149]

> „Die Franzosen konnten während der Gefangenschaft auch ihren reli-
> giösen und kulturellen Bedürfnissen nachkommen. Davon zeugt auch eine
> Monstranz, die französische Kriegsgefangene aus primitivem Dosenblech
> fertigten und die heute im Pfarrhaus aufbewahrt wird. Es gab sogar ein
> französisches Theater im Lager, eine Bibliothek, eine Musikkapelle. Auch
> Filme wurden gezeigt und eine französische Zeitung wurde gedruckt."[150]

Von den etwa 10.000 französischen Gefangenen im Lager sind zwischen Juli 1941
und Mai 1945 nur wenige gestorben. Eine Liste mit fünfzehn Namen ist bis heute
erhalten, die Leichname wurden nach dem Krieg exhumiert und in der französischen Heimat bestattet.[151]

Die Franzosen waren übrigens nach dem Krieg unter den ersten Rückkehrern
in ihre Heimat. Eine Gedenktafel am Eingang zum Ortsfriedhof in St. Johann erinnert an die französischen Kriegsgefangenen des Stalag XVIII C.

Der rassistischen Ideologie des Nationalsozialismus entsprechend unterschied
man auf verschiedenen Stufen „höherwertige" von „minderwertigen" Menschen,
Letztere wurden im **Nordlager,** dem sogenannten **Russenlager,** interniert. Es
waren Soldaten der Roten Armee: Russen, Ukrainer und andere slawische Volks-
gruppen aus dem Gebiet der damaligen Sowjetunion (die die Genfer Konvention
zum Schutz der Kriegsgefangenen nicht unterzeichnet hatte).

> „Im November 1941 kamen die ersten Transporte von der Ostfront am
> Bahnhof St. Johann an. Als die Türen der Viehwaggons geöffnet wurden,
> fielen die Toten heraus, die den tage-, manchmal wochenlangen Transport
> von der Front im Osten Europas in die Alpen nicht überlebt hatten. Die rus-
> sischen Gefangenen wurden in die viel zu kleinen Baracken gepfercht, teil-
> weise trotz des kalten Winters in Zelten untergebracht. Sie wurden schlecht
> ernährt, Typhus brach aus. Täglich brachte ein Pferdefuhrwerk die nur
> mäßig abgedeckten Leichen zum Ortsfriedhof am Feld neben der Pfarr-

---

[149] Vgl. Dohle/Slupetzky 2004, 134 sowie 177
[150] Geschichtswerkstatt, 1 – siehe Internetlink im Anhang
[151] Angaben nach Annemarie Zierlinger, St. Johann

kirche. Von den 2.700 russischen Gefangenen des Dezember 1941 lebten im Sommer 1942 nur mehr 500. Weil der Ortsfriedhof die vielen Toten nicht mehr aufnehmen konnte, wurde 1942 … ein Massengrab errichtet. Über 3600 meist junge Menschen sind dort bestattet. Reisende, die während des Krieges mit der Bahn am Lager vorbeifuhren und Einheimische berichten, dass es im Russenlager keinen Grashalm mehr gab, dass die Gefangenen aus Hunger Gras und Wurzeln aßen und Wasser aus der Salzach tranken."[152]

Auf dem Gelände des sogenannten „Russenfriedhofs" ist heute ein Gedenk-Ort. Die sowjetischen Gefangenen des Nordlagers durften anfangs das Stalag nicht verlassen, sie wurden erst beginnend mit 1943 wie die Angehörigen anderer Nationen zum Arbeitseinsatz herangezogen, und zwar nur im geschlossenen Kommando von 20 Arbeitern unter scharfer Bewachung. Erst ab 1944 erhielten sie dieselbe Verpflegung wie Kriegsgefangene anderer Nationen, allerdings nicht aus humanitären Gründen, sondern um die noch vorhandene Arbeitskraft auszubeuten.[153]

Aus einer Meldung über ausländische Arbeitskräfte und Kriegsgefangene in der Markt- und Landgemeinde St. Johann 1944 geht hervor, dass dort zu dieser Zeit 316 Personen regelmäßig beschäftigt waren. Die Ukrainer, Polen, Franzosen und Serben machten 89 % der Arbeitskräfte aus, die restlichen 11 % verteilten sich auf zehn weitere Nationen. 55 % der eingesetzten Arbeitskräfte mussten ihren Dienst in landwirtschaftlichen Betrieben versehen, weitere 37 % bei Firmen, Kaufhäusern, Handwerkern etc. Für die Gemeinde waren sieben Zwangsarbeiter tätig, beim Telefonbautrupp sechs, im Krankenhaus vier und beim Reichsforstamt zwei. Den landwirtschaftlichen Betrieben in St. Johann waren 1944 175 ausländische Arbeitskräfte zugeteilt.[154]

Vor Ort musste eine Unterkunft, z. B. eine Baracke, für die Arbeitskräfte bereitgestellt werden. Auf dem Weg zur Arbeitsstelle und während der Arbeit mussten sie bewacht werden. Aufgrund eines Abkommens des Oberkommandos der Wehrmacht mit Frankreich galt das für französische Kriegsgefangene nur bedingt. Sie standen statt unter deutscher Bewachung unter Führung eines französischen Unteroffiziers, für die Deutsche Wehrmacht nach eigenen Aussagen eine bedeutende Einsparung.[155]

Für die zum Großteil weit abgelegenen Bergbauernhöfe waren aber andere Regelungen nötig. Trotz ideologischer Bedenken wurden ausländische ZivilarbeiterInnen und Kriegsgefangene zumeist einzeln auf den Höfen selbst untergebracht, wegen langer Anmarschwege und schlechter Witterungsverhältnisse im Winter. Außerdem waren so die Arbeitskräfte ständig verfügbar. Am Wochenende mussten sie ins Lager zurück. Weil einheimische Männer kaum verfügbar waren, dienten als „Wachpersonal" auf dem Weg dorthin vielfach Kinder.[156]

---

[152] Geschichtswerkstatt, 2; Auslassung: M. P. W.
[153] Stadler/Mooslechner 1986, 102
[154] Ebd., 110f
[155] Ebd., 112
[156] Vgl. Nußbaumer 2011, 41f

3.3 FremdarbeiterInnen auf dem Bauernhof – Erinnerungen aus Maria Etzers Verwandtschaft und das Zeugnis eines französischen Kriegsgefangenen

Für die Zuteilung von FremdarbeiterInnen richteten Unternehmer oder Bauersleute ihr Ansuchen an das örtliche Arbeitsamt und hatten für die Vermittlung eine Gebühr zu entrichten. Das zuständige Landesarbeitsamt forderte beim Wehrkreiskommando die Arbeitskräfte an und bekam sie je nach Bedarf zugeteilt. Vor Ort führten Ortsgruppenleiter, Ortsbauernführer und Bürgermeister die Zuteilung auf die Höfe durch. Auf diesem Weg kam auch Maria Etzer zu einem ersten, später zu einem zweiten französischen Kriegsgefangenen als Arbeitskraft. Dass es schon 1940 war, wie in ihrem Gerichtsurteil steht, lässt sich nicht nachweisen.

Die ihr zugeteilten Franzosen Georges Fontaine und Jean Gramont kamen ihren Gefangenen-Identitätskarten zufolge erst im Mai bzw. August 1941 in das im Pongau neu errichtete Stammlager. Für beide sind als erste Stationen Stalags in Ostösterreich dokumentiert: Kaisersteinbruch (XVII A) sowie Gneixendorf (XVII B); Georges Fontaine kam zum 31. März 1941 ins Stalag XVIII B (Spittal an der Drau, Kärnten) und mit Datum 10. August 1941 ins Stalag Markt Pongau (XVIII C).[157]

Identitätskarte Georges Fontaine – Rückseite mit Dokumentation der einzelnen Stalags. Quelle: Service historique de la défense, Frankreich

---

[157] Identitätskarten der Kriegsgefangenen Jean Gramont und Georges Fontaine – siehe Quellen im Anhang

Nach der Besetzung mit einem „Vorkommando" ab Mai 1941, das noch der Fertigstellung und Einrichtung des Lagers diente, wurde das Südlager in Markt Pongau ab August gefüllt. Mit September 1941 wurden diese Kriegsgefangenen (zu dieser Zeit fast 8000 Franzosen und gut 2000 Serben) durch die „Arbeitsamtsdienststelle im Stalag XVIII C Markt Pongau" vermittelt.[158] Das muss längst vorbereitet gewesen sein, denn mit 1. September 1941 zählt die Statistik im gesamten Wehrkreis XVIII knapp 50.000 Kriegsgefangene, davon 93 % im Arbeitseinsatz.[159] Vermutlich schon im September kam Georges Fontaine also auf den Lehenhof.

Es seien mehrere französische Kriegsgefangene in der Gegend und der Nachbarschaft gewesen, erzählt Enkel H., jeder Hof hätte einen gehabt, die Bauern waren ja eingerückt. Sie hätten sich auch miteinander getroffen und unterhalten. Am Wochenende mussten sie eine Nacht im Schloss (Goldegg[160]) verbringen, ansonsten wohnten sie auf dem jeweiligen Hof (der Buchberg ist mehr als eine Stunde Fußweg vom Ort Goldegg entfernt). H. hat Erinnerungen an zwei Kriegsgefangene am Lehengut: Der eine sei „recht bequem" gewesen und habe sich vor der Arbeit gedrückt; der andere sei ein Fleißiger gewesen, mit ihm hätten sie auch gelacht.

Nach H.s Erinnerung gab es auch noch eine ukrainische (Zwangs-)Arbeiterin auf dem Lehenhof, die etwa 17-jährige Maruschka.[161]

Enkelin E., Tochter von Marianne, die seit ihrer Geburt 1936 bis zum Jahr 1945 auf dem Lehenhof lebte, erinnert sich an alle Namen, auch an Maruschka. „Von den Franzosen hat der eine Schorsch (= Georges) geheißen, der andere Schani (= Jean)". Schorsch sei ein Netter gewesen, auch zu den Kindern (neben ihr noch ihr Bruder H. sowie R., Tochter von Marie), Schani hingegen sei „ein Ekel" gewesen: Die 13-jährige R. hätte ihm einmal eine Suppe hingestellt, und er habe sie vom Tisch gehaut.

Nicht alle Kriegsgefangenen waren also kooperativ, es gab zweifellos auch Konflikte mit den Einheimischen. Ekelhaft und grob benahmen sich aber auch manche einheimische Bauersleute. Enkelin E. erinnert sich an ein polnisches Mädchen, das einen wunderschönen langen und dichten Zopf hatte. Ihre Bäuerin schnitt ihr den Zopf ab, weil die Arbeiterin angeblich Socken gestohlen hatte, aber das war nur ein Vorwand. „Die Bäuerin hat sich dann diesen Zopf um den Kopf gewunden, die Polin musste mit einem Tüchl gehen, weil sie darunter ganz glatzert war."

Die Gendarmeriebücher der NS-Zeit sind voll von Anzeigen gegen „unbotmäßige" oder „faule" FremdarbeiterInnen, denen in der Folge Gestapo-Haft, aber auch Straflager oder KZ drohten.

Wie es den einzelnen ZivilarbeiterInnen und Kriegsgefangenen an ihren Arbeitsstätten ging, hing einerseits von ihrer Herkunft ab: Die „Ostarbeiter"

---

[158] Speckner 2003, 306ff
[159] Ebd., 176
[160] Im Schloss Goldegg befand sich das lokale Kommando des Stalags, dort mussten sich die auf den Höfen eingesetzten Franzosen zum Wochenende einfinden.
[161] Wann sie kam, ist unbekannt, auch wie lange sie blieb. Im Schreiben der Gendarmerie an den Landrat vom 19. Februar 1943 wird sie mit Namen Maria Podusjeko genannt und als Russin bezeichnet.

(Männer und Frauen) waren schon strukturell eklatant schlechter gestellt als diejenigen aus dem Westen; andererseits war es weitgehend dem persönlichen Gutdünken des einzelnen Arbeitgebers überlassen, wie er seine Arbeitskräfte behandelte. So klagte ein 21-jähriger Pole, dass er nur wenig und schlecht zu essen bekomme. Der Bauer habe ihn schon mehrmals geschlagen und an den Haaren gerissen.[162] Gerade auf den Bauernhöfen hatten es manche aber auch recht gut getroffen, so z. B. der Franzose Louis Pichereau, der vier Jahre im Pongau, u. a. auch am Hof der Großeltern seines Interviewers, im Einsatz war.[163]

> „Über seine eigene Lage konnte sich Louis nicht beklagen. Er konnte sich gut arrangieren. Über den Winter 1941/42 mußte er noch am Tag arbeiten und am Abend ins Lager zurückgehen. Im Frühling 1942 konnte er bereits die ganze Woche am Reselhof in Urreiting bei St. Johann verbringen. Meine Großeltern behandelten ihn, nach seinen Worten, als zur Familie gehörig. Nur am Sonntag suchte er das Stalag auf, um sich zu melden, seine Post abzuholen und Freunde, die im Lager blieben, mit Eßbarem zu versorgen. Einmal pro Monat durfte er eine Karte oder einen Brief nach Hause schicken. Von seiner Frau erhielt er immer wieder Pakete.
> Französische Kriegsgefangene, die im Lager blieben, da sie durch ihre Arbeit nicht die Deutschen unterstützen wollten, hatten es allerdings nicht so gut. … Prinzipiell hatten die arbeitenden französischen Kriegsgefangenen jedoch ein gutes Verhältnis zur einheimischen Bevölkerung. ‚Die Bauern hatten mehr Vertrauen in die Franzosen als in die Deutschen.‘ Auch der St. Johanner Pfarrer hatte heimlich Kontakt zu dem französischen ‚prêtre‘ (= Priester) gehabt. Der französische Militärpfarrer hielt auch in St. Johann jeden Sonntag eine Messe für seine Landsleute. Über die Kriegslage war er durch einen französischen Feindsender informiert, den er bei Herrn L., einem Schwarzacher Bauern, bei dem Louis auch zwei Jahre gearbeitet hatte, abhören konnte. Von den Amerikanern befreit, konnte Louis im Mai 1945 nach Frankreich zurückkehren."

Wegen des Hörens ausländischer Radiosender („Rundfunkverbrechens") bestand allerdings auch für Einheimische das Risiko mehrjähriger Gefängnisstrafen. Die öffentlichen Stellen warnten eindringlich vor den Gefahren, der Bürgermeister von St. Johann verwies darauf,

> „daß ausländische Arbeitskräfte und Kriegsgefangene einer besonderen Kontrolle bedürfen. Alle landwirtschaftlichen Betriebsführer sind aufzuklären, daß ihre Rundfunkgeräte so aufzustellen sind, daß ein Abhören der Sender der Ausländer unmöglich wird."[164]

---

[162] Vgl. Leo 2013, 159
[163] Gespräch mit Louis Pichereau 1985, zit. nach Stadler/Mooslechner 1986, 113 (Auslassungen im Text)
[164] Ebd., 114

3.4 Arbeit, Wohnen und Lebensalltag der FremdarbeiterInnen

Nach Abholung der neuen Arbeitskraft vom Dorfplatz und oft mehrstündigem Fußmarsch ging es am Hof gleich an die Arbeit. Die Arbeitsgeräte wurden übergeben, eine Sense, ein Buckelkorb, so wurden die Fremdarbeiter in die Gebirgslandwirtschaft mit ihren steilen Hängen eingeführt, die nur mit Zug- und Tragtieren bewirtschaftet wurden. Von früh bis spät mussten das Vieh versorgt und Haus-, Holz-, Heu- und Feldarbeiten erledigt werden. Bäume mussten gefällt und im Winter mit Schlitten ins Tal gebracht werden, ebenso das im Sommer geerntete Heu – eine schwere und gefährliche Arbeit. Auch der Tiermist wurde mit einem speziellen Schlitten abwärts auf steile Wiesen transportiert, so Enkel H. Nach dem Aufbringen musste dann der Schlitten bergauf getragen werden. Einmal sei ihnen das schwere Gefährt mit dem Mist ausgekommen und talwärts gelaufen. Georges und er, die für diese Arbeit zuständig waren, hätten beide herzhaft gelacht.

Gearbeitet wurde zumeist von früh bis spät, im Sommer länger als im Winter. Das galt allerdings nicht nur für die FremdarbeiterInnen, sondern auch für die an den Höfen verbliebenen einheimischen Bauersleute – zumeist Frauen verschiedenen Alters, Kinder, Alte und eventuelle Kriegsversehrte. Urlaub gab es nicht, nur Feiertage, dies jedoch für alle gleichermaßen. Man ging, sofern es keine eigenen Gottesdienste in der jeweiligen Sprache gab, auch gemeinsam in die Kirche, wo die Fremden in den hinteren Bankreihen Platz nehmen mussten.

Die Unterbringung erfolgte üblicherweise am Hof, zusammen mit inländischen Dienstboten, getrennt nach Geschlechtern und nicht nach „Rassen", auf größeren Höfen in den sogenannten „Mannerleutkammern" und „Weiberleutkammern". Es kam allerdings auch vor, dass Fremdarbeiter in zugigen Ställen schlafen mussten, aus Platzmangel, aber auch wegen ausländerfeindlicher Einstellung.[165]

Wie es üblich war, saßen Knechte und Mägde beim Essen mit den Bauersleuten am gemeinsamen Tisch, so eben – in den meisten Fällen – auch die ausländischen Arbeitskräfte, obwohl dies streng untersagt war. „Einerseits versinnbildlichte das gemeinsame Essen die Aufnahme der ‚Dienstboten' in die ‚Hofgemeinschaft' und andererseits sollte aus der Sicht der Dienstgeber mit einer ausreichenden und guten Ernährung die Motivation der Bediensteten, ihre Arbeitskraft zu verausgaben, sichergestellt werden. Im Grunde wurde durch die Bauern eine Schuldabhängigkeit geschaffen, die der Bekräftigung der Herrschaftsverhältnisse diente und welche die ausländischen Arbeiter veranlasste, ihr eigenes ‚Überleben' mit zufriedenstellenden Leistungen abzusichern."[166]

Das Verhältnis von Bauersleuten und Dienstboten war – trotz der klar bestehenden paternalistischen Hierarchie – seit Generationen von wechselseitigen Rechten und Pflichten geprägt; und wenn die einen (d. h. die inländischen) Arbeitskräfte fehlten, traten eben die anderen (d. h. die ausländischen) an deren Stelle.

---

[165] Vgl. Nußbaumer 2011, 42
[166] Ebd., 45

Mit EnkelInnen und FremdarbeiterInnen auf der Hausbank vor dem Lehenhof, ca. 1942, v. l. n. r.: Georges Fontaine, Enkel H., H. und L., Maria Podusjeko, Enkelin E., Maria Etzer, Ziehtochter R. Quelle: Familienbesitz

Dafür spricht auch deutlich Maria Etzers Argumentation, als sie einige Jahre nach ihrer Inhaftierung ihr damaliges Verhalten begründet:

> „Dieser Kriegsgefangene (Franzose) war mir als Hilfskraft für meine Landwirtschaft zugeteilt und war ein sehr fleißiger und williger Arbeiter. Ich habe ihn daher auch so behandelt wie einen heimischen Arbeiter, der fleißig und arbeitsam ist."[167]

Die NSDAP hingegen klagte unentwegt über diese Verhältnisse: dass Bauern die Gefangenen wie Glieder der Hausgemeinschaft behandeln, sie aus Mitleid besonders gut verpflegen, ja so weit gehen,

> „daß zum Arbeitseinsatz eingesetzte Arbeitsmaiden ihre Mahlzeiten an getrennten Tischen einnehmen müssen, während der schon lange beim Bauern beschäftigte kriegsgefangene Franzose oder Serbe mit am Tisch der Familie sitzt".[168]

---

[167] Maria Etzer in ihrer Berufung gegen die Ablehnung ihres Opferfürsorgeantrags vom 26. September 1949

[168] Zit. nach Hanisch 1983, 159

Noch vorhandene private Fotos aus dieser Zeit zeigen die Aufnahme der Fremd-arbeiterInnen in die Hofgemeinschaft: so z. B. zwei französische Kriegsgefangene mit einem Bauernbuben in ihrer Mitte, den sie von einer Flasche Bier kosten las-sen; die Franzosen beim Schifahren; eine polnische Zwangsarbeiterin mit ihrem Kind, für das Foto in die Tracht der einheimischen Bäuerin gekleidet.[169] Auch aus der Etzer-Familie gibt es ein Foto aus der Zeit vor der Verhaftung: Eng nebenein-ander auf der Hausbank sitzen von links nach rechts „der Franzos'" (nach Angaben von Enkelin E. ist es Georges, der „Nette"), zwei der Buben von Tochter Katha-rina, zwischen ihnen H., Sohn von Marianne, dann Maruschka, dann E., Tochter von Marianne, die Großmutter Maria Etzer sowie Enkelin R., Tochter von Johann Etzers lediger Tochter Marie.

Ein solch familiärer Umgang war grundsätzlich verboten, Kontakte zu sla-wischen Männern waren dem Regime jedoch besonders verhasst. Auch die NS-Presse hetzte – so das Wochenblatt am 26. September 1942:

> „Seien es Polen, Ukrainer oder aber Ostarbeiter, für alle gilt, daß sie in unserer Gemeinschaft am Hofe und im Dorf keinen Platz haben."[170]

Die ländliche Bevölkerung sah das aber zumeist anders. Schon im Jänner 1940 beklagt der Landrat von Zell am See,

> „dass sich eine Reihe von Volksgenossen und auch Parteigenossen nicht enthalten konnten, mit den Polen freundschaftliche Beziehungen anzu-knüpfen und an ihren Tanzunterhaltungen teilzunehmen".

Der Ortsgruppenleiter und die Gendarmerie seien daraufhin sehr energisch dage-gen aufgetreten und hätten bestimmte Gasthäuser unter Bewachung gestellt.

Auch die Kirche war ein Ort, wo die rassistischen Schranken nur begrenzt wirksam waren, und der Landrat bemerkte herablassend, dass

> „die Polen sich den Anschein großer Frömmigkeit geben und beim Eintritt in die Kirche sich gleich zehnmal … niederknien".[171]

Auf diese Weise fänden sie Gefallen in den katholisch-bäuerlichen Kreisen.

Gefallen fanden auch Männer und Frauen aneinander, über ethnische und nationale Grenzen hinweg. Nicht alle intimen Verhältnisse waren freiwillig und auch die freiwilligen stets gefährdet durch Denunziation. Der „verbotene Umgang" unterhöhlte die Parteilinie mit ihrer Unterscheidung zwischen Herren- und Unter-menschen, Freund und Feind. Der bei der Bahn eingesetzte französische Zwangs-arbeiter Robert Quintilla schreibt in seinen Erinnerungen, was Frauen betrifft:

---

[169] Vgl. Nußbaumer 2011, 82, 72, 81
[170] Zit. nach Stadler/Mooslechner 1986, 114
[171] Zit. nach Ruggenthaler 2004, 339; Auslassungen im Text

„Die Österreicherinnen waren für die überwiegende Mehrheit der ausländischen Arbeiter unerreichbar. Als Besiegte und Sklaven, ohne Geld, ohne Einzelunterkunft, oft schlecht gekleidet, ohne Zukunft, auf die unterste Stufe der Gesellschaft verbannt und zu den am wenigsten angesehenen manuellen Arbeiten herangezogen, genossen wir, das versteht sich von selbst, nicht das geringste Ansehen.“[172]

In der Landwirtschaft galt manches davon nur bedingt: Bergbauern und Bergbäuerinnen verrichteten selber manuelle Schwerarbeit so wie ihre in- und ausländischen Knechte und Mägde; aber sie verstanden sich, wie schon gesagt, zumeist nicht als Sklavenhalter wie die meisten Lageraufseher. Die Nähe bei der gemeinsamen Arbeit und vor allem beim Wohnen bot weiters Gelegenheiten zum Entstehen von Vertrauen, zu Freundschaften und auch zu versteckten Kontakten. Quintilla setzt in seiner gewählten Ausdrucksweise fort:

„Unser einziger Trumpf war unsere Jugend. Sie erklärte auch großteils die Gefühle des Wohlwollens, ja des Mitleids, welche uns manche gute Seele erwies, und auch die Sympathiebekundungen, welche uns Mädchen und junge Frauen manchmal entgegenbrachten, deren spontanes Verhalten das Fehlen von Vorurteilen bestätigte. Trotzdem waren Verhältnisse rar, die über das Platonische hinausgingen und in einer intimen Beziehung konkrete Gestalt annahmen. Die Angst vor der Nachrede hatte viel damit zu tun. Allerdings befanden sich ja die meisten zum Dienst mit der Waffe fähigen männlichen Staatsbürger außer Haus und so konnte es vorkommen, dass sich in kleinen Familienbetrieben, und mehr noch auf den Bauernhöfen, zwischen dem einzigen beschäftigten ausländischen Arbeiter und der Tochter des Hauses oder der ihres Gemahls beraubten Ehegattin sinnliche Verbindungen ergaben.“[173]

---

[172] Quintilla 2006, 51
[173] Ebd.

4. Der „verbotene Umgang" als Delikt der Wehrkraftzersetzung; Denunziation – mögliche Personen und mögliche Motive

Das NS-Regime versuchte – wie sich bald zeigte, mit mangelndem Erfolg – die unerlaubten Kontakte zwischen Einheimischen und Fremden in den Griff zu bekommen. Verbote, mündlich und schriftlich kommuniziert, und drastische Bestrafung sollten die rassistisch gesetzten Schranken aufrechterhalten. Im NS-Sprachgebrauch ist bei deren Übertretung von „Geschlechtsverkehrsverbrechen" die Rede, dies vor allem für den Kontakt zu Personen slawischer Herkunft. „Haltet das Blut rein!" war die Devise dazu. „Verbotener Umgang" – hier noch in Anführungszeichen gesetzt, auf die ich im Folgenden verzichte – war der Sammelbegriff für jegliche unerlaubte Kontakte mit Kriegsgefangenen westlicher Herkunft.[174] Unter der Devise der Feindbegünstigung wurden solche Kontakte als politisches Delikt verstanden, nämlich als „Wehrkraftzersetzung" – ein schillernder Begriff, der von einem Fehlverhalten von Soldaten (auch Desertieren von der Wehrmacht) bis zum Fehlverhalten von (deren) Frauen an der „Heimatfront" reichte.

Meist durch Denunziationen, also böswillige Gerüchte an die Obrigkeit, vor Gericht gebrachte Frauen erhielten daraufhin Gefängnis- und mehrjährige Zuchthausstrafen, denn der Wahrheitsgehalt der Anklagepunkte in den Prozessen vor dem Sondergericht wurde nur zum Schein überprüft. Für die der „Geschlechtsverkehrsverbrechen" mit Polen oder Ostarbeitern verdächtigten Frauen gab es gar keinen Gerichtsprozess, was die historische Nachverfolgung ihrer Schicksale besonders schwierig macht.

4.1 „Verbotener Umgang" – Merkblätter und Pflichtunterweisungen

Schon vor Kriegsbeginn waren Ausländer auf freiwilliger Basis als Arbeitskräfte auf Bergbauernhöfen tätig gewesen. Im Sommer 1939 hatte man in Salzburg festgestellt, dass diese sich nicht über die anstrengende Arbeit beklagten,

> „da ja bei unseren Gebirgsbauern ein Unterschied in der Lebenshaltung zwischen Betriebsführer und Gefolgschaftsmitglied nicht besteht und daher auch das Gefolgschaftsmitglied ruhig unter viel schwierigeren Bedingungen arbeitet, wenn es mit dem Bauer an einem Tisch sitzt."[175]

---

[174] Zu den Kriegsgefangenen, die vom Internationalen Komitee des Roten Kreuzes betreut wurden, zählten neben den Franzosen jedoch auch die Serben – vgl. Garscha/Scharf 2007, 463.

[175] Zit. nach Nußbaumer 2011, 83

Mit Kriegsbeginn wurden solche Verhältnisse für die NS-Herrschaft jedoch zum unkalkulierbaren Risiko, nicht zuletzt deshalb, weil ihre Zahl enorm anwuchs. Zum einen sollte ein zu enger Kontakt mit Kriegsgefangenen verhindert werden, um, besonders in der Industrie, gegnerische Spionage und Sabotage zu verhindern. Die Gefangenen mussten außerdem bewacht und so deren Flucht ausgeschlossen werden. Zum anderen war man bestrebt, den von der Propaganda geschürten Hass gegen die Kriegsgegner aufrechtzuerhalten. Dabei bediente man sich auch noch angeblich offener Rechnungen mit den „Feindmächten" im Ersten Weltkrieg bzw. danach.

In einem „Merkblatt über das Verhalten deutscher Volksangehöriger gegenüber Kriegsgefangenen"[176] von 1940 heißt es:

„Jeder Deutsche muß sich bewußt sein, daß der *Feind auch in der Gefangenschaft immer Feind bleibt,* auch wenn er äußerlich friedfertig erscheint. Während des Weltkrieges und auch des jetzigen Krieges wurden deutsche Gefangene, nach dem Frieden von Versailles sogar das ganze deutsche Volk durch die Feindmächte rücksichtslos und unmenschlich behandelt. Es soll nicht Gleiches mit Gleichem vergolten, aber auch nichts vergessen werden. Falsch verstandene Menschenfreundlichkeit ist daher nicht am Platz."

Neben der Verpflichtung zur Verhinderung von Flucht bzw. der „Mitwirkung an der Verhinderung feindlicher Propaganda und Sabotage" und strenger Strafandrohung, wenn dem nicht Folge geleistet werde, heißt es unter Punkt 4:

„Es macht sich überdies strafbar:
a) Wer mit Kriegsgefangenen in Verbindung tritt, gemeinsam mit ihnen Gaststätten, Tanzveranstaltungen, Lichtspielhäuser oder Kirchen besucht, mit ihnen Ausflüge und Spaziergänge unternimmt oder Unterhaltungen mit ihnen führt. *Besonders streng wird der Verkehr deutscher Frauen und Mädchen mit Gefangenen geahndet.*
b) Wer den Gefangenen Waffen, Kleidungsstücke, Lebensmittel usw. verkauft, aushändigt oder bei deren Beschaffung behilflich ist. (Alle erlaubten Gebrauchsgegenstände kann sich der Kriegsgefangene beim Vertragskaufmann erwerben.)
c) Wer Kriegsgefangenen deutsches Geld aushändigt.
d) Wer den Kriegsgefangenen ermöglicht, unter Umgehung der vorgeschriebenen Briefzensur Post zu befördern oder zu empfangen.
e) Wer sich an Gefangenentransporte herandrängt und sich durch Zurufen und Zuwinken bemerkbar macht.
f) Wer absichtlich oder fahrlässig die Flucht von Kriegsgefangenen ermöglicht.

---

[176] OÖLA, Merkblatt – siehe Quellen im Anhang

g) Wer Gegenstände aus dem Besitz von Kriegsgefangenen ankauft oder als Geschenke annimmt (Auch sogenannte Erinnerungsstücke anzunehmen ist verboten.)

h) Wer das Abhören des ausländischen Rundfunks durch Kriegsgefangene nicht verhindert."[177]

Unter Punkt 7 ist zu lesen, dass die Betriebsführer, d. h. auch die verantwortlichen Landwirte, dafür Sorge tragen müssen, dass ihre „deutschen Volksgenossen"

„den Verkehr mit den Kriegsgefangenen während der Arbeit auf das Mindestmaß beschränken und außerhalb der Arbeit ganz vermeiden. Es darf den Kriegsgefangenen nicht gestattet werden, an den gemeinsamen Mahlzeiten der Haushaltsmitglieder teilzunehmen, da sie aus den Gesprächen manches entnehmen könnten, was für den feindlichen Nachrichtendienst von Nutzen wäre."[178]

In den Schlussbemerkungen wird sinngemäß darauf hingewiesen, dass die Unkenntnis dieser Bestimmungen die Betriebsführer nicht vor Strafe schütze. Abschließend heißt es:

„Dieses Merkblatt hat auch für den Verkehr mit französischen Kriegsgefangenen voll Geltung."[179]

Jede kleinste Hilfeleistung, ja sogar eine harmlose Unterhaltung mit einem Kriegsgefangenen konnte also schon drastische Strafmaßnahmen nach sich ziehen.

Es gab auch eigens illustrierte Flugblätter, die schon für Schulkinder den verbotenen und den erwünschten Zustand zum Thema der gemeinsamen Mahlzeiten vergleichend gegenüberstellten.

Die Durchsetzung dieser Regelungen war aber, wie schon beschrieben, bei der bäuerlichen Bevölkerung kaum möglich. In den Berichten des Sicherheitsdienstes der SS wurde festgestellt:

„Mit wenigen Ausnahmen fehlt unserer ländlichen Bevölkerung jegliches volkspolitische Verständnis. … Die Auswirkung jeder volkspolitischen Aufklärung wird durch die Arbeit der Kirche, die sagt, dass auch die Kriegsgefangenen und ausländischen Arbeitskräfte Christen und Menschen seien, wieder zunichte gemacht. Während gerade der Bauer am besten die Schäden unerwünschter blutsmäßiger Vermischung bei seinem Vieh kennt, zeigt er sich für volkspolitische uninteressiert."[180]

---

[177] OÖLA, Merkblatt, Hervorhebung im Original
[178] Ebd.
[179] Ebd., Hervorhebung im Original
[180] Zit. nach Schneider 2010, 230; Auslassungen im Text

Im August 1942 wurde in einem Salzburger Besprechungsprotokoll festgehalten, die Bestimmungen über die Behandlungen ausländischer Zivilarbeiter und Kriegsgefangenen seien wesentlich schärfer zu handhaben.

Die Bürgermeister mussten außerdem für die Bauern verpflichtende Unterweisungen in Gasthäusern durchführen und anschließend dem Landrat darüber berichten. Unter Androhung hoher Geldstrafen bzw. zweiwöchiger Haft bei Nichterscheinen sorgte man für die Teilnahme der Landwirte. Als Entschuldigung galt nur schwere Krankheit oder Tod eines Familienangehörigen (in diesem Fall musste man einen Vertreter schicken), was auch einige nützten, wenn sie die Nachricht vom Tod des Sohnes erhielten oder für den gefallenen Knecht beim Gottesdienst waren. An manchen Orten erschienen die geladenen Betriebsführer vollzählig, jedoch nicht unbedingt aus ideologischer Unterstützung, sondern äußerten nach der Sitzung „besondere Wünsche hinsichtlich der Bekleidung und Beschuhung der Gefangenen und Ostarbeiter".[181]

Ob Maria Etzer an einer solchen Pflichtunterweisung teilgenommen oder einen Vorwand gefunden hat, jemand zu ihrer Vertretung zu schicken, ist nicht bekannt. Vor Gericht gibt sie jedoch an, gewusst zu haben, dass der verbotene Umgang streng bestraft werde. Auch unabhängig von Merkblättern war der Anpassungsdruck in der überschaubaren Dorfgemeinschaft enorm und konnten die Verfolgungen ohnehin kaum verborgen bleiben.

Ende 1941 vermehrten sich nämlich Strafanzeigen wegen verschiedener Delikte des verbotenen Umgangs um 50 %, und es wurden in den Salzburger Gebirgsgegenden in einer Woche dreizehn Mädchen und Frauen deswegen verhaftet[182], was sich sicher schnell herumsprach. Außerdem hatte man in Etzers unmittelbarer Umgebung 1940 schon ein besonders grausames Exempel statuiert: „Das Regime ging nicht allein mit Gefängnisstrafen vor, es versuchte auch, den ‚Volkszorn' zu mobilisieren. In St. Johann wurden einer Frau, die ‚mit einem Polen ein geschlechtliches Verhältnis angebahnt hatte', die Haare abgeschnitten und sie dann öffentlich an den Pranger gestellt."[183]

Öffentliche Anprangerungen waren weit verbreitet, sollten als spontane Aktionen erscheinen, waren aber angeordnet. So vermerkt Hitler gegenüber dem Reichsführer SS und Chef der deutschen Polizei Himmler, dass die betroffene Frau „in irgendeiner Form öffentlich angeprangert werden soll und zwar durch Abschneiden der Haare und Unterbringung in ein Konzentrationslager. Bei der erzieherischen Auswirkung solcher Maßnahmen muss die Partei weitestgehend eingeschaltet werden."[184] Weil solche Demütigungen längerfristig in der Bevölkerung jedoch kaum Zustimmung hervorriefen, sondern eher Mitleid für die Frau bewirkten, musste die Partei später zurückstecken und führte solche Verhöhnungen nicht weiter.[185] Jedenfalls sahen sich aber besonders eifrige Volksgenossen

---

[181]   Zit. nach Nußbaumer 2011, 85
[182]   Vgl. Hanisch 1983, 158
[183]   Ebd. bzw. Mitteilungsblatt der NSDAP vom Jänner 1940, zit. nach Stadler/Mooslechner 1986, 114
[184]   Aktenvermerk Himmlers vom 20. November 1939, zit. nach Eschebach 2014, 2
[185]   Vgl. Hanisch 1983, 158

ermutigt, wie ein 18-jähriger Bursche, der, vielleicht weil er selbst abgewiesen worden war, in einem Salzburger Ort ein Schmähgedicht ans Feuerwehrhaus heftete, das mit den Zeilen begann:

„Unsere Brüder und Freunde stehen im Feld, / fallen und sterben. Und die Mädchen zuhaus / ficken mit den Serben. / Das ist die größte Schand / für unser Vaterland."[186]

Daraufhin wurden fünf junge Frauen verhaftet.

4.2 „Wehrkraftzersetzung", das „gesunde Volksempfinden" und drei verschiedene Feindbilder

Die von den Nationalsozialisten geschaffene „völkische" Verfassung behielt Begriffe des liberalen Rechtsstaats äußerlich bei, gab ihnen aber neue Bedeutungen. Begriffe wie „Gleichheit", aber auch solche wie „Einheit" oder „Bewegung" konnte man mit mehr oder weniger beliebigen Inhalten füllen, die unpräzise und verschwommen blieben, aber für die Scheinlegalität des NS-Systems sorgten.

Das galt auch für Worthülsen wie „Volksgemeinschaft": Letztere wurde nur als Gemeinschaft der „germanischen Rasse" verstanden und schloss „rassenungleiche" Personen aus. „Die Folge war, dass die grundlegenden Begriffe des Staats- und Rechtswesens, wie Nation und Staat, durch den Begriff der ‚Rasse' ersetzt wurden."[187] Nur „artgleiche" Volksgenossen hatten gleichen Rechtsstatus. So erhielten jüdische oder andere „nichtdeutsche" Täter für die gleichen Delikte härtere Strafen als „arische" Täter. Ein verschwommener und beliebig ausweitbarer Begriff war weiters das „gesunde Volksempfinden", dessen Verletzung Frauen, die verbotenen Umgang pflegten, zur Last gelegt wurde.

So konnte auch der Begriff „artfremd" über ein rassisch-biologisches Verständnis hinaus ausgedehnt werden: „Er verkörperte all das, was als ‚fremd' oder ‚schädlich' angesehen wurde und ermöglichte damit, missliebige Personen oder Gruppen unter Sonderrecht zu stellen. Dies bedeutete in der Praxis, dass alles, was dem Regime nicht genehm war, zum ‚gemeinschaftsschädlichen' Verhalten uminterpretiert wurde und somit auch Geringfügigkeiten des Alltags als ‚staatsfeindlich' gewertet werden konnten."[188]

Dies traf – im Gegensatz zum sonstigen Prinzip des Vorrangs der Deutschen gegenüber den Ausländern – auch auf einheimische Frauen zu, denen intime Beziehungen zu Fremdarbeitern angelastet wurden. Die Doppelmoral in der Behandlung von Männern und Frauen wie auch die Willkür nationalsozialistischer Rechtsbegriffe werden hier besonders deutlich: So landeten die „Franzosenliebchen" im Zuchthaus, während die zu ihnen gehörigen französischen Kriegs-

---

[186] Zit. nach Hanisch 1983, 159
[187] Waldner 1994, 38
[188] Ebd., 39

gefangenen häufig mit ein paar Tagen Lagerarrest davonkamen, obwohl man auch ihnen harte Gefängnisstrafen androhte.

Die „Reinhaltung der Rasse" und die „Ehre deutscher Frauen" standen in diesem Fall nämlich im Widerspruch zu außenpolitischen Interessen des NS-Regimes. Die Gestapo konnte ein Verbot des Geschlechtsverkehrs mit westeuropäischen Arbeitskräften aus Gründen der Bündnispolitik nicht durchsetzen. So erging 1942 ein Schreiben an die lokalen Dienststellen, von strafrechtlicher Verfolgung in solchen Fällen abzusehen:

> „Aus volkstumspolitischen Gründen wäre selbstverständlich zwischen Deutschen und fremdvölkischen Arbeitskräften ein Verbot des Geschlechtsverkehrs erwünscht. Unter Berücksichtigung der Tatsache, dass fremdvölkische Arbeitskräfte vielfach den mit uns verbündeten Nationen angehören, lässt sich jedoch aus außenpolitischen Gründen ein Verbot des Geschlechtsverkehrs nicht durchführen. … Generell wird mit staatspolizeilichen Mitteln in diesen Fällen nicht einzuschreiten sein. Wo aus Begleitumständen des Einzelfalles (Erregung öffentlichen Ärgernisses, Gefährdung der örtlichen Moral usw.) besondere Gesichtspunkte auftreten, kann in Einzelfällen eingeschritten werden. Die Begründung darf jedoch dann nicht mit einem Verbot des Geschlechtsverkehrs erfolgen, muss vielmehr aus den besonderen Begleitumständen genommen werden."[189]

So ist in den Berichten aus den Salzburger Gebirgsbezirken Pinzgau und Pongau nicht von Strafen für die Franzosen die Rede, die sich mit einheimischen Frauen eingelassen hatten, nähere Kontakte seien allerdings unerwünscht gewesen.[190]

Noch vorhandene Bestrafungslisten österreichischer Stalags berichten von einem unterschiedlichen Strafausmaß für verschiedene Delikte (so auch z. B. für Schlägereien oder Wilderei), und zwar zwischen zwei Tagen „gelindem" bis zu 21 Tagen „geschärftem" Arrest – das Höchststrafausmaß, das ein Lagerkommandant verhängen konnte, dies zumeist für wiederholte Fluchtversuche.[191]

Die weibliche Zivilbevölkerung war im Fall von Kontakten mit (französischen) Kriegsgefangenen jedenfalls wesentlich schlechter gestellt als diese. Schon am 25. November 1939 wurde der verbotene Umgang in den „Strafvorschriften zum Schutz der Wehrkraft des Deutschen Volkes" im § 4 Absatz 1 verankert:

> „Wer vorsätzlich gegen eine zur Regelung des Umgangs mit Kriegsgefangenen erlassene Vorschrift verstößt oder sonst mit einem Kriegsgefangenen

---

[189] Geschlechtsverkehr zwischen ausländischen Arbeitern und Deutschen, 16.7.1942, Staatsarchiv Düsseldorf, zit. nach Arnaud 2009, 182; Auslassung im Text

[190] Einzige Ausnahme ist nach Nußbaumer eine versuchte Vergewaltigung eines 14-jährigen Mädchens durch einen französischen Kriegsgefangenen, was vom Vater des Mädchens angezeigt wurde. Im Gendarmeriebericht ist vermerkt, dass der Kriegsgefangene „noch am selben Tag festgenommen und dem Stalag im Markt Pongau übergeben" wurde – siehe Nußbaumer 2011, 118. Über die folgende Strafe ist nichts bekannt.

[191] Vgl. Speckner 2003, 148f

in einer Weise Umgang pflegt, die das gesunde Volksempfinden gröblich verletzt, wird mit Gefängnis, in schweren Fällen mit Zuchthaus bestraft."[192]

In einer Verordnung vom 11. Mai 1940, § 1 Absatz 1 kam es zu Ergänzungen:

„Sofern nicht ein Umgang mit Kriegsgefangenen durch die Ausübung einer Dienst- oder Berufspflicht zwangsläufig bedingt ist, ist jedermann jeglicher Umgang mit Kriegsgefangenen und jede Beziehung zu ihnen untersagt."[193]

Dieselben Bestimmungen galten nach der „Verordnung über die Strafrechtspflege gegen Polen und Juden" vom 4. Dezember 1941 auch für den Umgang mit diesen. Vorbild waren die sogenannten Nürnberger Gesetze von 1935, die arische und nicht-arische Herkunft unterschieden, aber auch schon das für die Landwirtschaft bedeutsame Reichserbhofgesetz von 1933, in dem über mehrere Generationen rückwirkend „deutsches oder stammesgleiches Blut" nachgewiesen werden musste.[194]

Damit wird deutlich, dass es in § 4 Abs. 1 der Wehrkraftschutzverordnung (verbotener Umgang) nicht vorrangig um kriegsrelevante Geheimnisse, z. B. der Rüstungsproduktion, ging, die etwa bei sorglosem Umgang feindlichen Soldaten in die Hände hätten fallen können. Während nämlich der Wortlaut der Verordnung die Abgrenzung zum militärischen Feind bezwecken sollte, zeigt die Verfolgungspraxis eine rassenpolitische Zielsetzung der Umgangsverbote. Silke Schneider sieht darin eine „Verschränkung der Feindbegriffe": Feind eins war der klassische Feind als militärischer Gegner. In Gestalt der Kriegsgefangenen (und auch der zwangsrekrutierten Arbeitskräfte) hatte man diesen Feind ins Landesinnere geholt. Feind zwei war der Rassenfeind, der den Zukunftsvisionen der „Aufartung" des deutschen Volkes entgegenstand. Ihn sichtbar zu machen und sich buchstäblich vom Leib zu halten war Gegenstand und Ziel der nationalsozialistischen Rassen- und Bevölkerungspolitik.[195]

Neben den Kriegsgefangenen wurden nun auch die ZivilarbeiterInnen zum Feindbild, ja es wurden ganze Ethnien und Bevölkerungsgruppen (die Polen, die Juden) als unwert und als Gefahr für das „deutsche Blut" definiert. Ein „gemischtrassiger" Nachwuchs sollte um jeden Preis verhindert werden.

Drakonische Strafen gab es z. B. für polnische und russische Zivilarbeiter. So sind in den Gendarmeriechroniken des Pinzgaus ab 1942 drei Hinrichtungen junger polnischer Zwangsarbeiter wegen „Geschlechtsverkehrsverbrechen" dokumentiert, ohne Gerichtsverfahren. Die Kollegen mussten zusehen, wie solche angeblichen „Verbrecher" gehängt wurden.[196] Auch für den Lungau (Mariapfarr) ist die

---

192 Zit. nach Hauch 2006, 248
193 Ebd.
194 Vgl. Schneider 2010, 170f
195 Vgl. ebd., 191
196 Vgl. Nußbaumer 2011, 119ff

Erhängung eines Polen belegt, die zwei polnische Arbeitskameraden durchführen mussten.[197]

Diese polizeilich angeordneten Ermordungen hatten System: Für Niederbayern und die Oberpfalz belegt Thomas Muggenthaler zweiundzwanzig solcher Erhängungen polnischer Männer am Ortsrand, z. T. unter Mitwirkung von KZ-Hinrichtungskommandos.[198] Er geht auch den Schicksalen der betroffenen Frauen nach, die ohne Gerichtsurteil ins KZ (hauptsächlich Ravensbrück) kamen.

Nach „Richtlinien" Adolf Hitlers vom 14. Jänner 1943 (bzw. einem entsprechenden Runderlass des Reichsjustizministeriums[199]) waren „deutsche Frauen, die sich mit Kriegsgefangenen geschlechtlich einlassen", willkommene Sündenböcke für die Misserfolge im Krieg; sie würden nämlich „damit die Front verraten", und dieses Vergehen sei daher „grundsätzlich mit empfindlichen Freiheitsstrafen zu ahnden".[200]

Die Justiz ging in ihrer Rechtsprechung nun also auch gegen sozial unauffällige „arische" Frauen mit besonderer Härte und Rücksichtslosigkeit vor, immer zahlreicher wurden mehrjährige Zuchthausstrafen[201], betroffene Frauen wurden zu „Volksschädlingen" und „Verbrecherinnen" gestempelt: „Dahinter stand die Auffassung, man könne durch drakonische Strafen gegen einzelne Rechtsbrecherinnen die übrigen ‚Volksgenossinnen‘ von einem ‚Ausscheren‘ aus der ‚Kriegsgemeinschaft‘ abschrecken und die ‚Heimatfront‘ durch demonstrativen Gewalteinsatz stabilisieren."[202]

Es gab jedoch Ausnahmen, wenn z. B. durch die Haft der Frau die landwirtschaftliche Produktion gefährdet schien. So zeigte sich der Führer persönlich auch einmal großzügig: „Ein betroffener Ehemann hatte sich im Juli 1942 an ihn gewandt, er stünde im Feld und bräuchte seine wegen ‚verbotenem Umgang‘ verurteilte Frau als Arbeitskraft am Hof. Deswegen bitte er um ihre Entlassung aus der Untersuchungshaft, was nach persönlicher Intervention Hitlers geschah."[203]

Wie sehr mit zweierlei Maß gemessen wurde, zeigt dieses Beispiel: Der betrogene Ehemann und Soldat fand Verständnis bei Hitler, seiner Frau blieb längere Haft erspart. Maria Etzer, 1943 verurteilt, bekam aber keine Strafunterbrechung, obwohl sie selbst und ihre Töchter sich mit denselben Argumenten mehrmals darum bemühten. Doch davon später.

Wegen verbotenen Umgangs konnten auch einheimische Männer verurteilt werden, dabei ging es etwa um Beihilfen zur Flucht, Aushändigen einer Landkarte an Kriegsgefangene, Dulden von Sabotage o. Ä.[204]

---

197 DÖW, Band 1, 507f
198 Vgl. Muggenthaler 2014
199 Vgl. Schneider 2010, 183
200 Zitate nach Hauch 2006, 249
201 Die reichsdeutsche Zuchthausstrafe entsprach im österreichischen Recht der Strafe des schweren Kerkers, vgl. Garscha/Scharf 2007, 93.
202 Roth 2009, 126
203 Hauch 2006, 248
204 Vgl. Waldner 1994, 47ff

Die Mehrzahl aller wegen dieses Delikts im Deutschen Reich aktenkundigen Personen war jedoch weiblichen Geschlechts. „Den Angaben des statistischen Reichsamts zufolge waren unter den nach § 4 der Wehrkraftschutzverordnung verurteilten Personen 1940 47,7 % Frauen, 1941 61 %, 1942 65,5 % und Januar bis Juni 1943 69,2 %."[205] (Maria Etzer wurde im März 1943 verurteilt.)

Die „Wehrkraftzersetzung" bekam mit Dauer der NS-Herrschaft und des Krieges also ein zunehmend „weibliches" Gesicht. Die als politisch angesehenen Vergehen und Verbrechen an der „Heimatfront" waren in Nazi-Diktion Würdelosigkeit, Ehrvergessenheit, mangelnde Charakterfestigkeit und fehlendes Rassenbewusstsein und damit ein Verhalten, welches „das gesunde Volksempfinden gröblich verletzt".

Neben den beiden schon genannten inszenierten Feindbildern – dem militärischen und dem „rassischen" Feind – wird also ein drittes mächtiges Feindbild, besonders der nationalsozialistischen Führungselite, deutlich: die eigene, besonders die weibliche Bevölkerung, wenn sie sich, aus welchen Motiven immer und aller Gefahr zum Trotz, um Ehre, Rasse, Blut und gesundes Volksempfinden nicht scherte. Zusätzlich fürchtete man eine Demoralisierung der Soldaten an der Front, wenn deren Ehefrauen an der „Heimatfront" untreu wurden.

Hinter der imaginierten Reinheit der Rasse, die durch sexuelle Kontakte mit ausländischen Arbeitskräften gefährdet schien, verbarg sich offenbar eine enorme Wut der (männlichen) Nationalsozialisten darüber, „dass sich die ‚eigenen' Frauen mit den ausländischen Männern ‚einließen', ohne dass man in der Lage war, dies zu verhindern".[206]

Auch drastische Strafen erzielten nicht die gewünschte Wirkung, sodass ab Mitte 1943 sogar die Sondergerichtsprozesse auf Bezirksebene (Amts- oder Landgerichte) verlagert wurden und noch zwei Monate vor Kriegsende gleichsam verzweifelt an die Frauen appelliert werden musste, wie aus einem Artikel in der Salzburger Zeitung vom 9. März 1945 hervorgeht, der die Vermischung der unterschiedlichen Feindbilder (rassischer und politischer Feind sowie die „ehrvergessene" deutsche Frau) deutlich zeigt:[207]

„Haltet das Blut rein! Ein Prozeß gegen ehrvergessene Frauen – Abstand halten von Fremdvölkischen.

Das Sondergericht Salzburg, das unter Vorsitz von Landesgerichtsdirektor Dr. Tusch[208] in öffentlicher Verhandlung in einem Ort unseres Gaues tagte, verurteilte sechs Frauen zu schweren Gefängnis- und Zuchthausstrafen. Die Angeklagten hatten in ehrvergessener Weise wiederholt gegen die Ver-

205 Zit. nach Schneider 2010, 187
206 Nußbaumer 2011, 107
207 Zit. nach ebd., 113f. Auch für Oberösterreich (Gau „Oberdonau") wurden ab Mai 1943 solche Prozesse nicht mehr am Sondergericht beim Oberlandesgericht Linz verhandelt – vgl. Hauch 2006, 254.
208 Landgerichtsrat Dr. Franz Tusch war Gaustellenleiter der NSDAP bis zum Verbot 1933, floh 1934 nach Deutschland, ab 1938 mehrere Parteifunktionen, ab Herbst 1944 NSDAP-Kreisleiter – vgl. Bohn 2012, 262.

ordnungen der Wehrkraft-Schutzverordnung verstoßen, indem sie sich mit französischen Kriegsgefangenen, die sich zum Teil im Beurlaubtenverhältnis[209] befanden, einließen. Strafverschärfend wirkte in drei Fällen die Tatsache, daß die Ehemänner der verurteilten Frauen als Soldaten an der Front stehen, vermißt sind oder sich in Gefangenschaft befinden …

Über allen formalen Auslegungen hat die Ehre und die Würde des deutschen Frauentums, die Reinheit des deutschen Blutes zu stehen, die unveräußerlich sind. Für die Erhaltung des deutschen Lebens, unserer Art und unserer Rasse haben wir in diesem Krieg unendliche Opfer bringen müssen. Für diese hohen Ziele kämpfen unsere Soldaten gegen erbarmungslose Feinde, dafür sind in Ost und West Frauen und Kinder viehischen Brutalitäten ausgesetzt. Es ist deshalb nichts anderes als ein Gebot der Selbsterhaltung, wenn der intime Verkehr mit Kriegsgefangenen unter Strafe gestellt wird. … Unsere Würde und Ehre gebieten aber darüber hinaus den deutschen Frauen und Mädchen, schlechthin Abstand zu halten von allen Fremdvölkischen, die aus kriegsbedingter Notwendigkeit in unserer Mitte leben und arbeiten. Haltet das Blut rein, das ist die Mahnung, die aus der Heimat und von der Front an das Gewissen der deutschen Frau und des deutschen Mädchens gerichtet wird!"

Tatsächlich ging es aber keineswegs um die Ehre oder die Würde einzelner („deutscher") Frauen; in Umkehrung der Täterschaft wurden solche Frauen nämlich nicht von „erbarmungslosen Feinden", sondern im Gegenteil von der eigenen Polizei und Gerichtsbarkeit „viehischen Brutalitäten" ausgesetzt und mussten im Namen angeblich hoher Ziele „unendliche Opfer bringen".

4.3 Ein „Franzosenliebchen"

Auf die Frage von Maria Etzers junger Zellengefährtin Erna Hedrich[210] aus dem Zuchthaus Aichach: „Mutter, warum bist denn du da?", antwortete ihr eine auf die junge Frau harmlos, ärmlich und alt wirkende, fast zahnlose Bäuerin lächelnd und im Telegrammstil: „Franzosenliebchen".

Dies ist allerdings nicht die Ausdrucksweise einer Pongauer Bäuerin, wenn sie über Zärtlichkeit oder Liebe spricht; es ist die „reichsdeutsche" Diktion ihrer Verfolger, der Gestapo und der NS-Justiz, die in Respekt und Zuneigung ein Verbrechen sehen, wenn sie sozusagen den Falschen zukommt. Der Begriff „Franzosen-

---

[209] Als „Beurlaubung" galt die Überführung von französischen Kriegsgefangenen in ein ziviles Arbeitsverhältnis. Sie bekamen Zivilkleidung, wurden besser entlohnt, mussten aber jede ihnen vorgeschriebene Arbeit annehmen, durften den Arbeitsplatz ohne Genehmigung nicht wechseln und mussten bis zur vorgesehenen Entlassung im Deutschen Reich bleiben.

[210] Erna Hedrich war als junge Kommunistin verhaftet worden und kam ins Zuchthaus Aichach. Sie musste ihre beiden kleinen Kinder zurücklassen. Eine Tochter Erna Hedrichs erzählte Jahrzehnte später B. M. von der Erinnerung ihrer Mutter an deren Zellengenossin.

liebchen" hat den Beiklang von Promiskuität, ja auch Prostitution. Zärtlichkeiten werden hier zu strafbarem Verhalten:

„Straftaten aber, die Zärtlichkeiten oder intimere Verhältnisse zum Gegenstand haben, werden mit mehrjährigen Zuchthausstrafen geahndet."

So der Gaupropagandaleiter Dr. Wolff im Salzburger Volksblatt, damit es auch alle wissen sollten.[211]

Ob überhaupt Tatsachen hinter dem Vorwurf „Franzosenliebchen" stehen, wird wohl im Dunklen bleiben. Verurteilt wurde Maria Etzer 1943 wegen sexueller Kontakte zu drei französischen Kriegsgefangenen. Das Einzige, was wir von ihr selbst wissen, ist die schon zitierte Aussage, dass der Franzose (nur einer!), der für ihren Hof zugeteilt war, ein fleißiger und williger Arbeiter gewesen sei und sie ihn daher auch so behandelt habe wie einen entsprechenden heimischen Arbeiter. Ihre Aussage beschreibt nicht mehr und nicht weniger als die Erfüllung menschlicher Pflicht einer gerechten bäuerlichen Betriebsführerin gegenüber einem gewissenhaften Knecht oder Landarbeiter.

Maria Etzer steht in dieser Aussage von 1949 nicht mehr vor Nazi-Schergen, die Geständnisse nach ihrem Geschmack mit Schlägen erzwingen. In ihrem Ansuchen um Opferfürsorge (Kapitel 6) als Geschädigte der NS-Diktatur wendet sie sich an die österreichische Republik als Rechtsstaat und bezeugt, dass sie nichts Unrechtes getan, sondern im Gegenteil korrekt gehandelt hat, wie es von einer Bäuerin zu erwarten ist, die zum Zeitpunkt der Anklage schon mehr als fünfzehn Jahre Betriebsführerin und damit Vorgesetzte ihrer LandarbeiterInnen war. Diese Positionierung von Maria Etzer als freie Frau und Staatsbürgerin ist die Ausgangslage für jede spätere „Nachforschung", auch die vorliegende.

Laut Urteilsprotokoll ihres Prozesses vor dem Sondergericht Salzburg vom 24. März 1943[212] kam der französische Kriegsgefangene Georges Fontaine 1940 auf Maria Etzers Hof. Er war den dortigen Angaben nach dreißig Jahre alt und verheiratet. In seiner Kriegsgefangenenkarte sind jedoch die Spalten „verheiratet/nicht verheiratet" sowie „Zahl und Alter von Kindern" leer. Auch kam er, wie dieser Ausweis belegt, erst im August 1941 in den Pongau. Das Gericht verzichtete jedoch schon bei den formalen Daten auf die Überprüfung der Angaben in der Anklage.

Fontaine wurde am 24. Mai 1912 in Toulouse geboren, war im Département Haute Garonne wohnhaft und von Beruf Bahnangestellter. Sein militärischer Dienstgrad war „sergent" (Unteroffizier).[213]

Erfahrung in der Landwirtschaft hatte „Schorsch" (so wurde auch der deutsche Name Georg bei den Einheimischen ausgesprochen) vermutlich also nicht, er war jedenfalls aber kooperativ und zu der von der Bäuerin erwarteten Arbeit bereit: Ob aufgrund seiner Persönlichkeit oder in der Erwartung einer guten Verpflegung – wir wissen es nicht.

---

[211] Ausgabe vom 14. März 1942, zit. nach Hanisch 1983, 158
[212] Urteilsabschrift (Gefangenenakte Aichach)
[213] Gefangenenkarte Georges Fontaine

Vielleicht war er wie seine Dienstgeberin einfach ein anständiger Mensch, der sich sein Essen auch verdienen wollte. Der „Feind", für den er unter Zwang arbeiten musste, war kein anonymer Betrieb wie etwa eine Rüstungsfabrik, wo es Sinn gemacht hätte, die Leistung möglichst zu verweigern, der „Feind" war eine Frau und Witwe, die selbst täglich schwere Arbeit leisten musste, um ihren Hof und ihre Familie zu erhalten, und das waren nun, da die Töchter schon erwachsen und mehrheitlich außer Haus waren, drei Enkelkinder, für die sie zu sorgen hatte – wie auch das Gerichtsurteil feststellt.

Aus dem Urteil geht hervor, dass Maria Etzer von den Risiken gewusst hatte, die der verbotene Umgang als kriminalisierte Handlung mit sich brachte. In einem Lebenslauf, den sie zu Beginn ihrer Inhaftierung im Zuchthaus Aichach verfassen musste, schreibt sie als Begründung für das angebliche „Verbrechen", das sie begangen hatte:

„Meine sträfliche Handlung beging ich aus Unüberlegtheit, da mich die Gefangenen besser behandelten als unsere Leute und ich nur mit ihnen arbeiten musste."[214]

Mit dem schon erwähnten Vorbehalt gegenüber Äußerungen unter Zwang können tatsächliche Motive nur vermutet werden. Der oder die Gefangenen hätten sie als Vorgesetzte respektvoller behandelt als einheimische Männer oder Frauen („unsere Leute"). Wer von den Einheimischen sie zuvor schlecht behandelt hat und in welcher Weise, bleibt offen.

Jedenfalls stellt sich Maria Etzer selbst dar als eine, die unüberlegt eine Straftat begeht. Ob sie, die nicht so naiv ist zu glauben, unerlaubte Kontakte blieben unbemerkt und folgenlos, in eine „Verführung" getappt ist oder sie sogar selbst herbeigeführt hat, sei dahingestellt.

Es ist vielleicht nur ein Gegenbild zur wörtlichen Behauptung des Richters in ihrem Urteil, dass sie sich nämlich „an junge französische Kriegsgefangene heranmachte und dieselben zum Geschlechtsverkehr bewog, obwohl sie wusste, dass dies strenge gestraft wird." Impulsivität oder bewusste Provokation: Aus den einzig ihr angebotenen Alternativen wählt Maria Etzer im Strafverfahren bzw. in der Haft die „Unüberlegtheit".

Das tatsächliche Geschehen und die Motive dahinter waren zur Zeit der NS-Herrschaft nicht von Interesse und blieben auch danach ungefragt und ungesagt – und das bei so vielen Fällen des verbotenen Umgangs, der ab 1940 im Deutschen Reich zum Massendelikt wurde. Die subjektiv-individuellen Motive seien eine „forschungspraktische Leerstelle", wie es Gabriella Hauch nennt. Sie könnten weder rekonstruiert noch generalisiert werden, eigene Vermutungen der ForscherInnen sollten jedoch offen thematisiert werden.[215]

---

[214] Handschriftlicher Lebenslauf, verfasst von der Gefangenen Maria Etzer in Aichach am 6. Mai 1943, Aufnahmeverfahren Zuchthaus Aichach
[215] Hauch 2006, 251f

Es ist also ungewiss, ob es überhaupt intime Kontakte zwischen Maria Etzer und Georges Fontaine gab oder ob es nur bei der vorurteilslosen und korrekten Zusammenarbeit blieb, die beiden Seiten diente und das ohnehin schwierige Leben einfacher machte. Man verständigte sich ohne viele Worte, es gab ja keine gemeinsame Sprache, verrichtete, was zu tun war, und setzte sich nach getaner Arbeit zusammen mit der Familie an den Tisch.

Alle weiteren Aussagen über den Charakter der Beziehung zu Georges Fontaine, auch die Erinnerungen Verwandter, sind von Bildern geprägt, die zu hinterfragen sind – wie auch meine eigenen als Forscherin, wenn ich mir ein mögliches Liebesverhältnis ausmale:

Vielleicht an einem Sonntag zeigten die beiden einander Fotos von ihren Lieben – Georges von den Angehörigen in Frankreich, falls er noch ein Foto besaß, Maria von dem verstorbenen Etzer-Bauern und ihrem nun 21-jährigen an der russischen Front kämpfenden Hans, als knapp achtjähriges Kind mit seiner vierjährigen Schwester Margarethe und als junger Mann, schmächtig, aber stolz in der Wehrmachtsuniform –, wobei die Bäuerin wohl auch ohne viele Worte klarmachte, was sie von den Nazis und deren Kriegstreiberei hielt, nämlich nichts. Vielleicht gab es auch einen Brief von der Front, den Maria Georges zeigte, oder es gab gerade keine Nachricht, ein Grund zur Sorge.

Sie musste befürchten, dass ihr Sohn Hans selbst in Gefangenschaft war, dass er schlecht behandelt wurde, frieren und hungern musste oder gar nicht mehr heimkehren würde – dieselben Ängste, die eine französische Mutter wohl um ihren Georges im Deutschen Reich auszustehen hatte.[216] Der junge Franzose könnte ja vom Alter her ihr Sohn sein … Er sollte es jedenfalls bei ihr gut haben.

Dann kam Ende September 1941 von der russischen Front die Todesnachricht ihres Sohnes. Es war schon kalt draußen, und sie zitterte angesichts der furchtbaren Botschaft. Vielleicht legte Georges da den Arm um diese starke und tapfere Frau, der sonst keine Arbeit zu schwer war, und sie nahm ihn in dieser einsamsten aller Nächte mit in ihre kalte Kammer.

Das Bild von Kälte, das in meiner Fantasie mehrfach auftaucht, kommt auch bei B. M. vor, einer der jüngeren Enkelinnen von Maria Etzer, dort jedoch verknüpft mit einem verschmitzten Humor.

B. M. zeigt rückblickend in literarischer Form, wie sich die beiden nähergekommen sein könnten. Als Enkelin fragt sie die längst verstorbene Großmutter bei einem imaginierten Treffen, wie damals alles gewesen ist, und diese antwortet ihr.[217]

---

[216] Die oberösterreichische Bäuerin Maria Langthaler, die im Februar 1945 anlässlich einer Massenflucht aus dem KZ Mauthausen („Mühlviertler Hasenjagd") zwei russische Offiziere drei Monate bis zum Kriegsende bei ihrer Familie auf dem Hof versteckte, sagte dazu: „Ich hab mir gedacht, wenn zu mir welche kommen, lasse ich sie nicht erschießen, ich helfe ihnen und verstecke sie, ich hab fünf Buben im Krieg und möchte auch, dass alle fünf wiederkommen. Und die haben ja auch Familien und Mütter." – Zit. nach Gugglberger 2006, 302

[217] B. M. 2016, 8

– „Ich war 1940 schon fünfzehn Jahre lang Witwe und war fast fünfzig Jahre alt, als der Kriegsgefangene Georges Fontaine zu uns auf den Buchberg gekommen ist, wo ich gewirtschaftet hab'. Der Hans, der Depp, mein einziger Sohn, hatte sich freiwillig zur Wehrmacht gemeldet. Der ist gleich einmal gefallen. Die Arbeit am Hof war nicht mehr zu schaffen, es waren ja auch schon drei Enkelkinder da. Und keine Knecht'. Ihr könnt es euch gar nicht vorstellen, was das geheißen hat. Dann haben's mir g'sagt, du kannst einen Fremdarbeiter beantragen. Das hab' ich dann gemacht. So ist der Georges Fontaine zu uns gekommen.

– Wie hast du dich denn mit einem Franzosen verständigt? Konnte er deutsch?
Nein, aber es ging. Er war willig und hat sich ang'nommen um alles. Ich hab' ihm die Arbeiten nur zeigen müssen, dann hat er gesagt: ‚Oui, Marie'. – Und verköstigt hab ich ihn genauso wie die anderen bei uns. Hätt' er denn darben sollen, wenn er schon schwer arbeiten muss? Wir waren bald ein gutes Gespann, und mit der Wirtschaft ist es bergauf 'gangen.

– Aber wie ist es dann gekommen, dass …
Bis er zu uns gekommen ist, haben wir nix zum Lachen gehabt. Wie der Georges dann da war, ist es leichter worden. „Oui, Marie, je fais tout ce que tu veux“[218], hat er zu mir gesagt und mich hat das froh gemacht. Ja, da schaust', ein paar Brocken Französisch hab ich auch noch derlernt! Mich hat ja schon jahrelang niemand mehr beim Vornamen genannt. Bei allen war ich immer nur ‚de Muatta', und die von auswärts haben mich ‚Frau' genannt. Dieses ‚oui, Marie' war halt eine Zärtlichkeit, so was hat es nicht mehr 'geben für mich. Ich bin wieder lustig worden, es ist mir alles leicht von der Hand 'gangen mit dem Georges. Die Arbeit war nicht mehr alles. Auch zu den Kindern war er gut. – Einmal bin ich ihm entgegen'gangen auf's Feld, da is' er auf mich zu'gangen mit meinem großen Wetterfleck[219], den ich ihm geborgt hab' für draußen. Als wir uns dann gegenübergestanden sind, hat er sich vorn den Wetterfleck aufgemacht. Ich hab' mir gedacht, jetzt gibt er mir'n z'ruck. Aber er hat ihn nur mit den Armen weit auseinanderbroat[220], das hat ausg'schaut, als ob er Flügel bekommen hätt'. Einen Moment lang hab' ich mir dacht, jetzt fliegt er mir davon. Da hab' ich mir den Georges ans Herz gedrückt und er hat den Wetterfleck über uns zwei zug'macht. – Er hat immer solche Einfälle gehabt. Noch nie war jemand so gut zu mir wie der Georges.

---

[218] Ja, Marie, ich mache alles, was du willst.
[219] Ein Wetterfleck ist ein Umhang aus Loden ohne Ärmel, ein kreisförmiges Stück Stoff, vorne durchgehend mit Knöpfen, das vor Regen und Kälte schützt.
[220] auseinandergebreitet

– Und deswegen bist du zu drei Jahren Zuchthaus verurteilt worden?
Ja, das Sondergericht in Salzburg hat mir im März 1943 auch Beziehungen zu zwei weiteren Franzosen angerechnet, die nachher bei uns waren,
weil den Georges, den haben's mir bald wieder abgezogen. Schade war
das. Unser Nachbar hat mir den Georges wohl nicht vergönnt. Aber ich
hab' jemand auf'm Hof braucht. Da bin ich halt wieder aufs Arbeitsamt
in St. Johann gegangen."[221]

Enkelin E., damals sieben Jahre alt und als „Ziehtochter" auf dem Lehenhof aufgewachsen, schlief in der Kammer der Großmutter im Oberstock. Sie erinnert
sich: „Ja, am Abend hab ich den Schorsch ein paar Mal hereinkommen gehört,
und er ist dann herinnen geblieben." Von eventuellem Sex hat sie allerdings
nichts mitbekommen. E. hat Georges Fontaine noch gut vor sich, „das war ein
Netter, er hat gearbeitet und nie geschimpft". Auf das Gerichtsurteil angespro-
chen sagt E.: „Mit drei Franzosen soll sie was gehabt haben? – Das ist eine einzige
Lüge."

Enkelin H., Tochter von Katharina, hat ihre eigene Version der Ereignisse. Sie
ist am Telefon aufgebracht, dass ihre Mutter Katharina mit der Verhaftung der
Großmutter zu tun haben soll (ein Hinweis dazu findet sich in einem Dokument
der Opferfürsorgeakten[222]). Das erklärt auch den über weite Strecken aggressi-
ven Tonfall ihrer Cousine B. M. gegenüber, die sie auch kaum zu Wort kommen
lässt. H. fühlt sich wohl verpflichtet, nicht nur ihre Mutter von Vorwürfen reinzu-
waschen, sondern in gewissem Sinn auch Personen und Verhältnisse der NS-Zeit.
Wer könnte „schuld" sein? Dazu hat sie mehrere Vermutungen.

H. spricht jedenfalls davon, dass ihre Großmutter verliebt war. „Das hätt' man
ihr ja wohl gönnen können", sagt sie, eine der ältesten Enkelinnen, aus der Distanz
von Jahrzehnten als über 80-Jährige. Immerhin war Maria Etzer ja schon fünfzehn
Jahre Witwe, mit 50 Lebensjahren aber noch keine alte Frau.

Ob sie oder andere es Maria Etzer damals (und rückblickend heute) wohl
wirklich gegönnt haben, frage ich mich später. Manche wohl nicht. Jedenfalls vermutlich nicht der Nachbar, der N.-Bauer, der H. zufolge zu Maria Etzer fensterln
gegangen sei, aber sie hätte ihn nicht hereingelassen. Er soll es auch betrieben
haben, dass Georges Fontaine wieder abgezogen wurde.

Nach H.s Meinung hätten vor allem zwei der erwachsenen Töchter, besonders
Regina, auch unter dem Einfluss ihres Ehemannes, und Margarethe, „die Gefahr
gesehen" und gesagt: „Tuat's den Franzos' weg." Und H. fügt, gleichsam als Begründung, hinzu: „De Muatta (d. h. die Großmutter) hätt' ja scho' fast französisch können." Die älteste Tochter Katharina, H.s Mutter, aber habe, obwohl deren
Name in schriftlichen Dokumenten rund um die Verhaftung genannt wird, gar
nichts damit zu tun. Sie, die auch längst verstorben ist, sei eine „edle Frau" gewesen, deren Ruf man nicht beschmutzen dürfe.

---

[221]   B. M. 2016
[222]   Näheres dazu siehe Kapitel 6

Dass die Großmutter ins KZ kam (H. spricht nicht von Zuchthaus), sei laut H. wohl auch zumindest zum Teil ihrem eigenen Verhalten zuzurechnen: „Wer sich nix zuschulden kommen hat lassen, dem is' nix passiert", versichert sie ihrer Cousine B. M. am Telefon. Sie selbst sei auch vierzig Jahre mit einem (früheren) SS-ler verheiratet gewesen, so sagt H. (ihr Mann ist erst kürzlich verstorben). Und: „Der Hitler war der größte Sozialist." Es habe ja damals so große Armut geherrscht, er habe die Sozialversicherung eingeführt, die Kirchensteuer und die Kinderbeihilfe. Das erste Geld sei der Großmutter persönlich überbracht worden, endlich war Bargeld da und die Großmutter konnte mit der „Scheibtruhe" (Schubkarren) zum Zahnarzt gebracht werden, einige Zähne reißen, nach H.s Erinnerung.[223] Sie kommt zum Thema zurück und sagt: „Die Muatta war schon a selba schuld, sie war so frech, sie war net ruhig."

Damit spricht sie wohl (unabhängig von der Frage, wer „schuld" an der Verhaftung ihrer Großmutter war) an, dass Maria Etzer dem herrschenden Regime kritisch gegenüberstand, nicht schweigen konnte, aus ihrer Überzeugung kein Hehl machte – also sozusagen „frech" war; wie eine Jugendliche gegenüber reifen Erwachsenen. Kritik reifer Erwachsener an diesem System konnte ein diktatorisches Regime aber nicht dulden. War also 1943 den örtlichen Nazis der „Franzos"', an den sich Maria Etzer angeblich „herangemacht" hatte, als Vorwand gerade recht, um sie loszuwerden?

4.4 Denunziation – mögliche Personen und mögliche Motive

„Denunziation hat immer etwas mit Geheimnis, Verrat und dem Wunsch des Enthüllens von Verborgenem zu tun. Ein Leben ohne Geheimnis ist nicht vorstellbar, ein Zusammenleben ohne Verborgenes gibt es nicht."[224] Getratscht und geklatscht wird in allen Kulturen, auch stehen die Männer dabei den Frauen nicht unbedingt nach. Jedoch: „Geklatscht wird nur mit FreundInnen und Bekannten, das ist ein wichtiger Unterschied zum Denunzieren, welches die Autorität anruft."[225]

Denunziation ist nach Meyers Konversationslexikon von 1894 „im allgemeinen Meldung, Angabe, Anzeige jeder Art; im Strafprozess die ohne vorherige Aufforderung erfolgte Benachrichtigung der Behörde von dem Vorhaben oder von der Verübung eines Verbrechens. Die Denunziation ist eine öffentliche oder private, je nachdem, ob sie von einem verpflichteten Beamten oder von einer Privatperson ausgeht ..."[226]

Verpflichtet zur Denunziation sei der Beamte, wenn ein Gesetz dies ausdrücklich bestimmt, so das Lexikon von 1894. Es gibt auch Kombinationen von öffentlicher und privater „Vernaderung" und ganze „Denunziationsketten", die viel-

---

[223] Vermutlich bekam Maria Etzer dann auch eine Teilprothese; in der medizinischen Untersuchung im Zuchthaus Aichach ist von einer solchen die Rede.

[224] Georg Simmel, zit. nach Hornung 2010, 17

[225] Hornung 2010, 69

[226] Zit. ebd., 22

leicht mit einem Tratsch beginnen und sich „auswachsen" bis ins Kriminalisieren einer Person, besonders, wenn das politische System das fördert, ja geradezu beauftragt.

Der Denunziationsvorgang im NS-Staat ist zumeist „ein stufenweiser Prozess. Die Initiative geht von einem Menschen aus, der oft gar nicht politisch organisiert ist. Diese Person wendet sich etwa an eine andere, die im Betrieb in der Deutschen Arbeitsfront mitarbeitet, diese erzählt es einem ‚Parteigenossen'. Jener informiert bei der nächsten Sitzung seinen Ortsgruppenleiter. Der wiederum verständigt … die Gestapo."[227] Auch wesentlich kürzere Verläufe sind möglich.

Begünstigt wurde denunzierendes Verhalten durch diese Umwege. Man musste sich nicht selbst bei der Behörde deklarieren, sondern es genügte die Überschreitung einer „niedrigen Schwelle" – einer erzählt dem anderen etwas.

„Wird dann der/die Denunzierte verhaftet, kann die denunzierende Person immer die Ambivalenz aufrechterhalten und anderen erklären, er/sie habe es doch nur seinen/ihren Bekannten erzählt und die Folgen für den/die Denunzierte nicht gewollt."[228] Manchmal mag das auch stimmen. In den Nachkriegsprozessen gegen einige wenige solcher DenunziantInnen war diese Rechtfertigung jedenfalls vorrangiges Verteidigungsmuster.

Dem Wunsch, Verborgenes zu enthüllen, folgt nicht nur der Tratsch im Dorf oder Stadtviertel, sondern auch die Forschung, nämlich als „ein Verbund von Techniken zur Wegarbeitung des Verborgenen. Das bedeutet nichts anderes, als dass Dinge, die bisher eingefaltet im Dunkeln lagen, an die beleuchtete Oberfläche geholt werden".[229]

Dabei weiß niemand, „wie es wirklich war", weil Geschehnisse im Privaten stattgefunden haben, ohne Zeugen, oder aber historisch schon weit zurückliegen. Es sind also zumeist nur Annäherungen an die historische Wahrheit möglich. Vermutungen spielen nicht nur beim Tratsch, sondern auch in der Forschung eine große Rolle; manche lassen sich belegen oder entkräften, andere bleiben im Raum stehen und können den Ruf einer oder mehrerer Person schädigen. Vorsicht ist geboten und intellektuelle Redlichkeit, das gilt für alle Forschungsvorhaben, auch für mein eigenes.

Erschwert wird die historische Rekonstruktion der Ereignisse durch die Verborgenheit des Ursprungs der Denunziation, durch die genannte Ambivalenz, welche die Erinnerung von Nachkommen kennzeichnet, und durch das Fehlen verlässlicher schriftlicher Quellen. Die vorhandenen Dokumente aus der NS-Zeit spiegeln nämlich vor allem Ressentiments und Vorurteile der damaligen Richter wider, Einstellungen, die auch in der Nachkriegszeit weiter transportiert wurden.

Was Maria Etzers Denunziation betrifft, fiel der erste Verdacht auf ihre älteste Tochter Katharina. Die „Behauptung", dass Maria Etzer in den 1940er Jahren von ihrer eigenen Tochter denunziert wurde, findet sich ohne Namensnennungen in

---

[227] Mooslechner 2012, 281
[228] Ebd., 282
[229] Peter Sloterdijk, zit. nach Hornung 2010, 9

Alois Nußbaumers Buch „Fremdarbeiter im Pinzgau". Hier heißt es: „Aus einer Opferfürsorgeakte geht hervor, dass eine verwitwete Bäuerin, deren Sohn im September 1941 an der Ostfront fiel, von ihrer 31-jährigen Tochter wegen des Delikts des ‚Verbotenen Umganges mit Kriegsgefangenen' angezeigt wurde."[230]

Weil sich die Verschleierung jedoch auch nach dem Ende des Nazi-Regimes noch fortsetzte, stimmt Nußbaumers aktenkonforme Aussage historisch nicht (mehr), wie ich hier durch eigene Recherchen nachweisen kann (Kapitel 6) – auch wenn es eine Denunziationskette gab.

Daran zeigt sich exemplarisch, dass es zumeist nicht an der Redlichkeit der Forschenden mangelt, sondern vielmehr, dass Denunziation ein gewaltiges Unrechtsfeld erzeugt, das noch Jahrzehnte später seine Schatten wirft.

In der von mehreren Familienmitgliedern geteilten Erinnerung taucht der Nachbar Maria Etzers, der N.-Bauer, als eigentlicher Denunziant auf. Anhand der vorliegenden Angaben aus Maria Etzers Verwandtschaft und schriftlicher Dokumente versuche ich, dessen mögliche Motive zu rekonstruieren.

Der N.-Bauer Georg N. (Name und Hofname anonymisiert) wurde laut Taufbuch Goldegg 1883 geboren, er war also sieben Jahre älter als Maria Etzer. Sein Vater war Anfang des 20. Jahrhunderts Bürgermeister in Goldegg gewesen. Nach Erinnerung von Enkel H. hatte Georg N. einen „schlechten Fuß" und hinkte. Dadurch blieb ihm der Kriegsdienst erspart. Sonst wäre er vielleicht selbst noch an der Front und nicht am Hof gewesen und hätte nicht seinerseits einen Kriegsgefangenen zugeteilt bekommen.

Dass der knapp 60-jährige, leicht gehbehinderte Nachbarbauer zum Fensterln auf die Leiter stieg, mag eine Ausschmückung von Enkelin H. sein; dass er Maria Etzer jedenfalls „nachstieg", sie aber nicht an ihm interessiert war, darin sind sich mehrere der befragten EnkelInnen einig. Ein ehemaliger Nachbarbub[231] erinnert Georg N. als den Besitzer des damals größten Hofes auf dem Buchberg. Er sei auch ein bäuerlicher „Viehdoktor" gewesen. Das verschaffte ihm zweifellos zahlreiche Kontaktmöglichkeiten und damit Zugang zu Informationen, Tratsch und Gerüchten. Jedenfalls war Georg N. als großer Bauer und wegen seines besonderen Wissens und „Handwerks" sicherlich im Ort ein angesehener Mann. Und er war, wie sich herausstellen sollte, Mitglied der NSDAP.[232]

Georg N. hatte 1914 seine Frau Katharina in der Stadt Salzburg, Pfarre St. Andrä, geehelicht und hatte mit ihr gemeinsame Kinder. Ein Sohn war – wie auch Maria Etzers Sohn – als Soldat im Krieg.

Wie lange Maria Etzer, ab 1925 mit 35 Jahren bereits Witwe, dem N.-Bauern schon als Frau gefallen hatte, wissen wir nicht. Sie war ökonomisch schlechter gestellt als er, vielleicht vor ihrer späteren Verhaftung im Gegensatz zu ihm niemals in der Stadt Salzburg gewesen.

[230] Nußbaumer 2011, 109
[231] Gespräch mit Gidi Außerhofer, der in den Nachkriegsjahren als Kind auf einem weiteren Nachbarhof aufwuchs und sowohl Maria Etzer als auch Georg N. noch kannte
[232] Siehe Kapitel 5

Vermutlich war Georg N. eifersüchtig auf den 30-jährigen Franzosen, mit dem sich seine Nachbarin anscheinend gut verstand, denn er wurde seinerseits von Maria Etzer verschmäht. Noch dazu hieß auch der Franzose „Schorsch". Mehrere Aussagen aus der Verwandtschaft deuten darauf hin, dass der N.-Bauer die treibende Kraft der gegen Maria Etzer gerichteten Denunziation war.

Aus ihrem Gerichtsurteil (siehe Kapitel 5) geht hervor, dass einer der Franzosen, mit denen Maria Etzer verkehrt haben soll, als Kriegsgefangener seinem Hof zugeteilt war, nämlich ein gewisser Sousset (Vorname unbekannt). Der N.-Bauer soll es betrieben haben, dass der 30-jährige Georges Fontaine vom Hof der Lehenbäuerin wieder abgezogen wurde. Er könnte versucht haben, diese zu erpressen: Ich leih dir meinen Gefangenen, wenn du mir gefügig bist; sie könnte aber darauf verzichtet und einen neuen Helfer beantragt haben, den sie dann auch bekam, nämlich den 36-jährigen Jean Gramont (der ebenfalls im Gerichtsurteil genannt ist). Daraufhin könnte der Nachbar noch ein wenig zugewartet und sie dann denunziert haben mit dem Vorwurf: „Sie hat es mit allen dreien getrieben, und das über eine Zeit von drei Jahren …" Mit der Versetzung des „französischen Schorsch" war also für den N.-Bauern die Sache offenbar noch nicht erledigt und seine Wut nicht abgekühlt.

In dieser Denunziationskette brauchte es als Zwischenglieder jedenfalls örtliche NS-Verantwortliche, an die man sich zwecks Austausch von Kriegsgefangenen wenden musste – den Ortsbauernführer, auf jeden Fall aber den Bürgermeister Fritz Bürgler, der also schon 1941/42 involviert wurde – unklar, mit welcher Begründung. Es genügte Arbeitsverweigerung oder eine „freche" Antwort eines Kriegsgefangenen. Der N.-Bauer könnte hier auch schon Katharina, sozusagen als „Beschwerdeführerin", genannt haben.

Die Denunziation, die sich schließlich im Gerichtsurteil von 1943 spiegelt, ist in jeder Hinsicht groß aufgeblasen: was die mehrjährige Dauer eines verbotenen Umgangs betrifft, die angeblich intimen Kontakte der Witwe mit einem verheirateten Mann (dabei war nur der vermutliche Denunziant verheiratet!), ja sogar mit insgesamt drei Kriegsgefangenen, und die besondere „Schändlichkeit" (sie habe sich an die jungen Männer „herangemacht"). Das alles scheint sehr für einen eifersüchtigen Mann als Urheber zu sprechen.

Warum Maria Etzers älteste Tochter Katharina als Denunziantin genannt wird, lässt sich vorerst nicht (er)klären. Wollte Georg N. sie vorschieben, um seine eigene Rolle zu verschleiern? Sie vielleicht nötigen – wie ihre Mutter? Aber womit? Und wozu?

Jedenfalls stellte Enkelin B. gegenüber ihrer Cousine B. M. am Telefon sofort in Abrede, dass ihre Mutter Kathi die Großmutter angezeigt hätte. Sie gab aber einen wichtigen Hinweis, nämlich dass Kathi zugegen war beim Tod von Maria Etzer. Einige Tage zuvor habe der Nachbar, der N.-Bauer vom Buchberg, die Großmutter besucht und allein mit ihr gesprochen. Danach hätte die Großmutter den anderen mitgeteilt, „dass er bei ihr ‚Abbitte' geleistet hätte", also um Verzeihung gebeten hat, dass er sie angezeigt hat.[233]

---

[233] Notizen von B. M. nach Telefonat mit B.

Dennoch muss auch nach möglichen Motiven einer Denunziation durch die älteste Tochter Katharina gefragt werden bzw. ob eine oder mehrere ihrer drei Schwestern daran Anteil hatten. Die jungen Frauen, zum Zeitpunkt der Verhaftung ihrer Mutter zwischen 31 und 21 Jahre alt, waren ja mit ihrer Mutter politisch nicht einer Meinung, wobei Enkelin H. ihre Tante Marianne davon ausnimmt: Diese sei keine „Nazistin" gewesen. Enkelin E., die Tochter von Marianne, bei Maria Etzer als Ziehkind aufgewachsen, relativiert das jedoch: Marianne sei wahrscheinlich bei keiner NS-Gruppierung, aber gewiss eine Mitläuferin gewesen.

Die junge Generation war jedenfalls auch am Land von den Nazis sozialisiert worden, sodass viele von ihnen den Nationalsozialismus als eine „Verlängerung" der Jugendbewegung bejahten.[234] Die Idee der „Volksgemeinschaft" suggerierte die Aufweichung von Schranken zwischen den sozialen Schichten. Hitler selbst, als „kleiner Mann" von unten kommend, stand für einen rasch möglichen Aufstieg, die „Volksgemeinschaft" rund um den strahlenden „Übervater" muss für die vaterlosen Töchter jedenfalls von hoher Attraktivität gewesen sein.

In Opposition zur traditionellen Enge der Dorfkultur und zum materiellen Elend auf dem Land rüstete man sich für eine bessere Zeit, denn die neue Ideologie versprach Selbstbewusstsein, Bildungs- und Zukunftschancen auch für die jungen Frauen. Margarethe, die Jüngste, konnte mit Unterstützung der Nazis sogar „studieren", d. h. eine Ausbildung zur Landwirtschaftslehrerin machen.

Zusätzlich sahen Frauen mit Kriegsbeginn eine Möglichkeit, „sich auch im Sinne der staatlich propagierten Vorgaben als tapfere, opferbereite Kämpferinnen an der Heimatfront zu empfinden und sozial zu inszenieren".[235] Denn gerade die Wehrkraftschutzverordnung, die den verbotenen Umgang unter Strafe stellte, konnte ohne die Unterstützung aus der Bevölkerung, auch der Frauen, kaum wirksam werden.

Gleichzeitig zeichneten sich jedoch schon bald Enttäuschungen ab, die Skepsis nahm wegen des Kriegsverlaufes immer mehr zu, die Versorgungslage war schlecht. „Mittels Denunziationen suchten oftmals die Jüngeren ihre inneren und äußeren Konflikte zwischen hohen Idealen, banaler oder schlimmer Realität und ihren Ängsten zu ‚lösen'."[236]

Durch den Krieg fehlten im Dorf für die Unterhaltungen, an den Höfen für die Schwerarbeit die jungen Männer, dafür gingen „die Ausländer", d. h. Zwangsarbeiter und Kriegsgefangene, sozusagen überall aus und ein.

Ich fantasiere weiter, wie es gewesen sein könnte. Es muss den regimetreuen Töchtern von Maria Etzer ein tiefer Schmerz und gleichzeitig ein Dorn im Auge gewesen sein, dass statt des Bruders an der Front „der Franzose" als Mann im Haus war und als „Vertreter des Feindes" nicht erniedrigt wurde, sondern bei der Mutter in Ansehen stand.

Und dass „de Muatta" in ihrem Alter, wo ihr doch schon Zähne ausfielen, sich noch verliebt gebärdete wie eine Junge – das war für die tatsächlich jungen Frauen

---

[234]   Vgl. Götz Aly in Hornung 2007, 175
[235]   Thonfeld 2008, 130f
[236]   Ebd., 181

geradezu peinlich … Wie würden die Leute im Dorf auf die Liebschaft der Mutter mit einem Ausländer reagieren? Sie würden sich wohl das Maul zerreißen, sobald sich das erst herumgesprochen hatte. Und die Mutter nach dem Kirchgang, den sie immer noch nicht lassen konnte, vielleicht sogar anspucken. Dann würden ihr, wie man es von einer Frau in St. Johann gehört hatte, im schlimmsten Fall noch die Haare abgeschnitten …

Vor allem aber war die Mutter unberechenbar und stur und ihr Verhalten gefährlich, weil doch streng verboten. Vielleicht würde sie nun einen Volksempfänger anschaffen – und der Franzos' damit dann die Feindsender hören. Oder sie würde ihm aus Eigensinn und Mitleid sogar noch die Wege über die Almen zeigen und ihn mit Brot und Speck in der Rocktasche entkommen lassen … Die Mutter war ein „Sicherheitsrisiko" für die ganze Familie.

Bevor jemand anderer da draufkommt und was unternimmt, so waren sich die Schwestern mehr oder weniger einig, ist es besser, wir unternehmen selbst was. Der Franzos' wird einfach versetzt, kommt weg vom Buchberg, das wär' das Beste. Dafür müssen wir unsere Kontakte nützen. Dann ist die Lage entschärft und alles wieder in Ordnung. Aber wir dürfen das nicht selber betreiben, das würde uns die Mutter nie verzeihen. Vielleicht macht das der Nachbar, der ist eh nicht gut auf sie zu sprechen. –

Wenn es sich so abgespielt hätte, wäre es für diesen ein Leichtes gewesen, beim Bürgermeister bzw. später beim Gendarmen die älteste Tochter als Informantin zu nennen. Frei hinzugefügt hätte er dann noch Verhältnisse zu zwei weiteren Franzosen – von dem auf seinem Hof wusste er nicht einmal den Vornamen. Bei einem so schweren Delikt würden Maria Etzer dann ein paar Jahre Zuchthaus sicher sein …

***

Warum schaden Menschen, die einander vielfach sogar im Alltag nahestehen, anderen durch Verrat an die Obrigkeit?

Persönliche Motive wie Eifersucht, Neid, Hass oder Rache, Geltungssucht und Rivalität o. Ä. sind untrennbar vermischt mit handfesten Interessen und persönlichen Vorteilen, wenn jemand in Misskredit gebracht wird, aber auch mit weltanschaulich und politisch unterschiedlichen Einstellungen: Jemand wird dann aus „Pflichtgefühl" angezeigt.

Der politische Druck der Nazis, unangepasstes Verhalten zu melden, und der Wunsch, in den vertrauten kleinräumigen Sozialstrukturen eine „Atmosphäre der Übereinstimmung" herzustellen, führten vielfach, bei Frauen wie Männern, zu einem Verhalten, das „ohne strafende Absicht begann, aber aus verschiedenen Gründen damit enden konnte".[237]

Es kommt „eine Spirale aus sozialem Neid, politischer Überzeugung und Angst voreinander" ins Rollen, und das in einem Umfeld, welches „die Denunziations-

---

[237] Thonfeld 2008, 132

bereitschaft in Handeln umschlagen und als Massenphänomen wirksam werden"[238] lässt.

Warum war es von den Schwestern dann Katharina, die als angebliche Denunziantin in den Unterlagen auftauchte? Sie war die Älteste, fühlte sich vielleicht daher „im Namen der Familie" zum Handeln genötigt. B. M. hat ihre Tante Kathi als „übersprudelnd" in Erinnerung, „kann sein, dass sie sich verredet hat" – am falschen Platz, zur falschen Zeit.

Dabei lebte **Katharina** nicht durchgehend in Goldegg, sondern etwa ab 1936, also auch zur Zeit des „Delikts", mit ihrer Familie auf der „Schattseite", auf der anderen Seite des Tales, dem Buchberg gegenüber (zur Gemeinde Lend gehörig). Ihre Kinder kamen aber, so Enkelin B., eine von ihnen, regelmäßig auf den Lehenhof, auch um in der Landwirtschaft zu helfen. Einmal, bei großer Trockenheit, seien alle, groß und klein, mit Milchkandln (kleinen Milchkannen) ausgerüstet, in den Gemüsegarten zum Gießen ausgerückt, sonst wäre alles vertrocknet. Auch Katharinas Mann Lois half mit, vor allem bei der Holzarbeit.

Katharinas Schwester **Regina** hatte 1939 in das nahe Zell am See geheiratet, wo sie mit ihrem Mann Josef A., der schon zu Zeiten der Illegalität inhaftiert gewesen und nun ein bedeutender NS-Funktionär war, ein Elektrogeschäft betrieb (und bald drei, später vier Kinder aufzog). Es kann gut sein, dass dieser Schwiegersohn über seine Frau Regina zusätzlich Druck machte, die „unsauberen" Verhältnisse auf dem Buchberg zu beenden.

Die dritte Tochter **Marianne** arbeitete im Gastgewerbe, ihr erstes Kind war gestorben, sie hatte 1932 und 1936 zwei weitere Kinder ledig geboren, die Maria Etzer aufzog. 1938 ging Marianne nach München, ihre Kinder ließ sie in der Obhut ihrer Mutter zurück. Sie war also nur mehr sporadisch auf dem Lehenhof. Marianne entzog sich der Enge des Dorflebens, vielleicht weil sie dem NS-Frauenbild nicht entsprach und in der Großstadt bessere Existenzmöglichkeiten erwartete. Sie gebar in München 1938 ein weiteres Kind, das von ihrer in der Stadt Salzburg wohnhaften Tante Katharina G. adoptiert wurde. Weil Marianne viel Muttermilch, sogar für andere Säuglinge, hatte, wurde sie von den Nazis als „Nährmutter" gewürdigt, so ihre Tochter E.

Margarethe, die vierte und jüngste Tochter, war noch ledig. Sie war von der Nazi-Ideologie begeistert, schon als Jugendliche im BdM, und verliebte sich im Alter von 17 Jahren in den damals 20-jährigen Alois Bittner aus Villach-Seebach, Leutnant und Offiziersanwärter (im Zivilberuf Lehrer), mit dem sie ab 26. Mai 1940 einen Briefwechsel begann.[239] Später verlobten sich beide.

Ab Jänner 1941 erhielt Margarethe keine Briefe, bis Alois Bittner „von der Eismeerküste" zurückkehrte und sie sich zu Weihnachten 1941 wieder treffen konnten. Sie beginnen ein „seliges, inniges Verhältnis … mit dem Schwur im Herzen, sich nicht mehr zu trennen und das Glück zu bauen". Anfang 1942 wünscht sich

---

[238] Katrin Dördelmann, zit. nach Thonfeld 2008, 129

[239] Briefwechsel 1940 bis 1943. Alois (= Lois) Bittner an Margarethe Etzer, Zitate aus der Transkription bzw. Zusammenfassung von B. M.

Alois im Brief, mit ihr verheiratet zu sein (allerdings nicht Bauer zu werden), und bewegt sie, eine Ausbildung zu beginnen:

> „Etwas Angst habe ich vor deiner Mutti, die wird sicher mir böse sein, weil ich dich vom Hofe weggeholt habe. Aber wir werdens schon schaffen. … Kann denn deine Schwester nicht übernehmen? Will es die Mutter nicht?"

Wollte Maria Etzer ihrer Jüngsten den Hof übergeben? Oder brauchte sie Margarethe als Arbeitskraft und wollte sie deshalb nicht ziehen lassen? Vielleicht war es ihr nicht recht, dass sie eine Ausbildung unter Nazi-Einfluss machte? Und war sie zusätzlich „böse", dass nach Regina nun auch Margarethe einen Nationalsozialisten heiraten wollte, noch dazu einen angehenden Offizier der Wehrmacht?

1942 hat die Lehenbäuerin den Briefen zufolge jedenfalls ernsthafte gesundheitliche Probleme. Im Februar bedankt sich Lois Bittner für ein Paket mit „pfundiger Jausen" bei Margarethe und wünscht gleichzeitig der Mutter „recht baldige Besserung. Hoffentlich wird's nicht schlimm." Zwei Monate später, im Mai, Margarethe ist zur Ausbildung als Landwirtschaftslehrerin auswärts (Rotholz bei Jenbach, Tirol), ist Bittner beruhigt, „weil ich weiß, dass es deiner Mutter besser geht". Er schreibt diesmal aus seinem Ausbildungsort in Jüterbog[240] – die Mutter kennt er noch gar nicht.

Im Oktober 1942 ist er wieder in Villach zurück und hat offenbar schon nähere Familienkontakte geknüpft. Er grüßt die „Mutter u. Kathi samt Anhang" und „Marianne, sofern sie noch da ist", und freut sich auf ein Wiedersehen mit seiner geliebten Gretel:

> „Zum Schnapsbrennen wünsche ich viel Spaß und Freude! Hoffentlich ist der Ertrag so groß, daß für mich auch ein Stamperl abfällt. Fein wäre es, wenn du Samstag schon eine kleine Kostprobe mitnehmen könntest …"

Ende Oktober kommt Margarethe zum landwirtschaftlichen Arbeitsdienst nach Norddeutschland (auf ein Gut nach Göllingen, nahe Halle an der Saale) und empfängt dort die Briefe ihres Liebhabers und mittlerweile Verlobten, der anscheinend innerlich zum Nationalsozialismus ein Stück Distanz gewonnen hat, wie er am 17. Dezember 1942, wieder aus Villach, schreibt:

> „… ich bin auch nicht mehr blöde. Ich laß die anderen schreien und stell mich dazu."

Bevor er für längere Zeit wieder in den Auslandseinsatz kommt, geht es am 4. Jänner 1943 um das Holz für die Wohnung (bzw. Einrichtung) der beiden. Er hat den künftigen Schwager in Lend besucht, ebenfalls einen Lois, Mann von Katharina,

---

[240] In Jüterbog (Kreis Brandenburg) war ein Nazi-Ausbildungslager für deutsche Juristen – vgl. Wachsmann 2006, 426.

der ihn freundlich aufnahm und mit ihm durch den Schnee stapfend die benötigten Bäume auswählte,

> „zwar sehr gemischtes Holz, aber es ginge. Mit Kirschen schaut es halt schlecht aus, der große Haken kommt nun erst: Die Mutter. Es tut mir sehr leid, daß man darüber nicht ruhig und ordentlich sprechen kann, weil sie entweder nicht zuhört oder etwas anderes anfängt, wenn man davon spricht. Fest steht, daß sie keinen Baum hergibt. Außer zwei Kirschbäumen, die aber nur für Brennholz infrage kommen, weil sie vollkommen faul und dürr sind. Es ist damit wieder ein großer Traum zu Ende. … Lois sagte, wäre er oben, er würde das Beste für uns geben, so müssen wir also warten. … Ich glaube nun sehr, daß wir zum festgesetzten Zeitpunkt bestimmt noch nicht heiraten können, denn wo sollen wir eine Einrichtung hernehmen? Es wird ja immer noch schlechter. Ohne Wohnung zu heiraten hat ja gar keinen Sinn, da ist es besser, wir bleiben, wo wir sind."

Die Kirschbäume, eine besondere Sorte in dieser Höhenlage, waren also Maria Etzer heilig. In Buckelkörben ins Tal getragen und mit der Bahn nach Gastein gebracht, waren die Kirschen für die Kurgäste eine Köstlichkeit[241] – und für Maria Etzer sicherlich ein schöner Zuverdienst.

Wenn auch die Kirschbäume stehen bleiben, gibt es trotzdem Holz für das künftige Paar, aber aus der späteren Heirat wird nichts. Der Verlobte reist Ende Jänner 1943 mit seiner Truppe ab nach Russland und schreibt am 22. Februar 1943 aus Minsk nach Göllingen an seine Gretel, „dass das Holz nun liegt", das die Mutter gekauft und sein Schwager Lois geschlägert hat. Auch Skizzen für die Wohnungseinrichtung legt er bei.

> „Im übrigen hoffe ich, daß es Dir gut geht, auch hoffe ich, daß Mutter nicht ernstlich erkrankt ist und sie bald wieder daheim schalten und walten kann."

Aber dazu kommt es nicht mehr. Offenbar ist Maria Etzer bereits im Spital (von wo sie die Gestapo abholen wird). Und Margarethe hat nun andere Sorgen als das Holz, denn in Göllingen trifft vermutlich gleichzeitig mit dem Brief des Liebsten die Nachricht von der Verhaftung der Mutter am 19. Februar 1943 ein. Lois schreibt mit Datum 18. März 1943 aus Smolensk:

> „Nun teilst du mir nicht einmal mit, welche Nachricht dich derart erschrecken kann, daß du so außer Rand und Band gerätst."

Vom Kontakt der Mutter mit einem französischen Kriegsgefangenen hat sie während der ganzen Bekanntschaft dem Verlobten nichts erzählt, und auch nicht von

---

[241] Erinnerungen Enkelin W. und B. M.

deren Verhaftung. Das muss Lois dann offenbar von seinem Vorgesetzten erfahren haben. Denn er schreibt ihr am 17. April 1943, sein Gesuch um Heiratsbewilligung sei abgelehnt worden. Ende April löst er schweren Herzens die Verlobung, der Kommandeur habe ihm von einem zweiten Versuch zur Heiratserlaubnis abgeraten, es sei

> „ganz zwecklos, deshalb möchte ich es auch gar nicht versuchen und sowohl dir und mir die Zukunft zu sehr betrüben. … Die Ansichten im Offizierskorps sind eben einmal sehr streng."

In weiteren Abschiedsbriefen wünscht er ihr noch Glück mit einer neuen Liebe. Von Gustl als Freund (den sie 1946 dann heiraten wird, noch ist auch er im Krieg) war schon einmal in Lois' Briefen die Rede, und mit dem fanatischen Nazi und Soldaten Sepp (Nachname unbekannt) steht Margarethe ab 1944/45 ebenfalls im Briefwechsel.[242]

∗∗∗

Kommt also nun Margarethe als Denunziantin infrage? Sie ist, abgesehen von den Ziehkindern, die Einzige, die zwischen ihren Ausbildungskursen noch auf dem Lehenhof wohnt. Der aus Nazi-Sicht „unsaubere" Lebenswandel ihrer Mutter hat sie jedenfalls schlussendlich um ihren Verlobten gebracht. Hat Margarethe vielleicht schon zuvor um ihre Zulassung zur Ausbildung gefürchtet? Und Kathi gedrängt, „was zu unternehmen", damit „der Franzos'" wegkommt?

Ihrem Freund Lois verdankte Margarethe jedenfalls viel, er hat sie in seine bürgerliche Familie eingeführt (angeblich war er Juwelierssohn)[243] und vielleicht damit auch ihre spätere Einheirat in bürgerliche Kreise ermöglicht[244]; er hat ihr Selbstvertrauen gestärkt und sie als Lehrer ermutigt, ebenfalls eine Ausbildung zur Lehrerin anzustreben, und ihr damit einen Berufsweg eröffnet. Die Konflikte mit ihrer Mutter Maria Etzer waren vorprogrammiert, Margarethe wollte sicherlich das Einvernehmen mit ihr und neben der Zustimmung zur Ausbildung auch die Zustimmung zur Heirat – die sie schließlich ebenfalls bekam, mitsamt Holz, das die Mutter extra kaufte, um den eigenen Bestand zu schonen.

Aber den Hof wollte Margarethe (trotz großer innerer Verbindung mit der Landwirtschaft, was auch aus den Briefen deutlich wird) seit 1942 jedenfalls nicht mehr. Auch Regina hatte im Geschäft ihres Mannes in Zell am See schon eine Existenz, und Marianne war ohnehin nach München gegangen.

Wollte – als Motiv für eine Denunziation – den Hof vielleicht die älteste Schwester Katharina? Diese war 1942 schon 30 Jahre alt, verheiratet und hatte eine

---

[242] Von Sepp reißen 1945 die Nachrichten ab.

[243] Laut Telefonat mit Enkelin H.

[244] Angeblich hat er sie nach dem Krieg auch einmal besucht, als sie schon zwei Kinder hatte. Ein Foto von Lois Bittner, als Postkarte an Margarethe versandt, hatte diese bis an ihr Lebensende in einer Handtasche – gefunden in ihrer Wohnung nach ihrem Tod.

wachsende Kinderschar: Bis 1944 hatte sie neun Kinder geboren, in späteren Jahren kamen noch drei dazu. Maria Etzer schien nicht gewillt, den Hof in absehbarer Zeit zu übergeben. Das zeigte die Sache mit dem Holz ganz deutlich. Katharinas Mann Lois sagte zu Margarethes Verlobtem Lois Bittner, wäre er selbst „oben" (auf dem Buchberg), „er würde das Beste geben" für die Wohnung der beiden. Wollte Katharina – vielleicht auch ihrem Mann zuliebe – die Übergabe beschleunigen? Wäre das ein Grund gewesen, die Mutter zu denunzieren?

Nach Gesprächen mit Katharinas Sohn und Töchtern ist das sehr unwahrscheinlich. Katharinas Mann Alois S. war ein stiller, fleißiger Arbeiter mit Freude an der Landwirtschaft, elf Jahre älter als seine Frau. Nach Meinung der Familie war er selbst kein Nazi, „eher ein Sozi". Aus Osttirol stammend, fand er als junger Mann Arbeit in der Aluminiumfabrik in Lend. Auf Wohnungssuche bekam er Quartier im Lehenhof, verliebte sich dort in die älteste Tochter Katharina und heiratete sie. Fast jedes Jahr kam ein Kind auf die Welt.

In der Fabrik arbeitete Lois 40 Jahre lang, bis zu seiner Pensionierung. Dadurch habe die Familie immer ein sicheres Einkommen gehabt, man habe nicht zu den ganz Armen gehört, wie Enkel H. betont. Der Hof mit viel Arbeit und wenig Ertrag muss daher nicht unbedingt sehr attraktiv gewesen sein. Außerdem lebten dort zusätzlich noch drei weitere Kinder, die Maria Etzer in Pflege hatte, ein Bub und ein Mädchen von Katharinas Schwester Marianne und ein Mädchen von Maria Etzers Pflegetochter Marie.

Sechs Jahre habe Katharina mit Mann und Kindern zuvor auf der „Schattseite" gewohnt, erst nachdem die Großmutter „weggekommen" ist, 1943, seien sie auf den Buchberg gezogen, so Enkel H. Die Eltern hätten die Bauernwirtschaft geführt, seine Mutter zusätzlich die Kinder versorgt, sein Vater sei täglich eine Dreiviertelstunde zu Fuß in die Aluminiumfabrik gegangen, den steilen Hang hinunter nach Lend, und nach der Arbeit wieder bergauf. Das blieb auch während der ganzen Kriegszeit so, weil er als erfahrener Arbeiter (er war schon fast 20 Jahre in der Firma) unabkömmlich für die Rüstungsproduktion gestellt wurde und daher nicht einrücken musste.

Dazu beigetragen haben könnte, wie sich Jahrzehnte später herausstellte, dass er doch NSDAP-Mitglied war (von Juni 1938 bis April 1945).

In Lend war auch die Schule. Nach dem Umzug gingen die Kinder von Katharina und Lois nun die andere Talseite steil bergauf. Nach dem Mittagessen wartete die Arbeit auf dem Hof. Enkel H., der später die Landwirtschaft erbte, musste als 12-Jähriger schon mitgehen zum Viehkauf, „der Bauer sein", wie er nicht ohne Stolz erzählt. Die Tiere hätten nämlich nicht lang gelebt und seien zur Zucht nicht geeignet gewesen, ihre Beine knickten ein, denn die Wiesen und der Obstgarten (Großmutters Kirschen!) seien vergiftet gewesen durch den aus dem Tal aufsteigenden Rauch aus der Aluminiumfabrik, die, enorm vergrößert, nun auf Hochtouren Flugzeugteile produzierte.

Es schien also nicht nur Schande auf der Familie, sondern auch kein Segen mehr auf dem Lehenhof zu liegen, seit Maria Etzer fern der Heimat im Zuchthaus einsaß – und auch dort schwer arbeiten musste.

5. In den Fängen der NS-Justiz

5.1 Anzeige und Verhaftung von Maria Etzer

Die Anzeigen wegen des Umgangsdelikts „wurden entweder bei der nächsten Gendarmerie oder bei einer Dienststelle der Wehrmacht erstattet. Sie erfolgten häufig als kollektive Aktionen oder in Form von ‚denunziatorischen Ketten'. Dabei fragte eine Person eine andere um Unterstützung oder ließ eine in der NS-Hierarchie höher stehende (meist männliche) Person die Anzeige erstatten."[245]

Die Denunziationskette bei Maria Etzer hatte tatsächlich, sicherlich ohne böse Absicht, unter den Töchtern begonnen, „nur" als Bitte an den Nachbarn, „den Franzosen" (also Georges Fontaine) vom Lehenhof „wegzutun". Im persönlichen Gespräch, Monate nach dem ersten Telefonat rund um dieses Buch und mehr als 70 Jahre nach dem Geschehen, bestätigte Enkelin B., dass ihre Mutter Katharina sich dafür an Georg N. gewandt hat – angeblich, weil „der Franzose" der jugendlichen R., der unehelichen Tochter von Ziehtochter Marie und nunmehr Maria Etzers Pflegekind, „nachgestiegen" sei.

Ob dieser Vorwurf Georges oder Jean gilt, ist unklar – Enkelin B., die ja mit ihren Eltern zur „Tatzeit" auf der Schattseite, der gegenüber liegenden Seite des Tales, wohnte, hat überhaupt nur einen Kriegsgefangenen auf dem Lehenhof in Erinnerung, und auch ihre Mutter Katharina konnte das Geschehen aus dieser Distanz schwerlich beobachtet haben. Außerdem wäre eine furchtlose Frau wie Maria Etzer da sicher selbst energisch eingeschritten, wenn R. in Gefahr gewesen wäre.

Vermutlich war der Vorwurf der Belästigung einer Minderjährigen durch den Franzosen eine Schutzbehauptung. Als Tochter konnte man wohl kaum zum Nachbarn gehen und sagen: „Das Verhältnis meiner Mutter mit dem Schorsch stört mich" – oder: „Ich habe Angst, das schadet dem Ruf unserer Familie." Da klang es sicher besser, vielleicht auch vor sich selbst, einem Kriegsgefangenen etwas Schlimmes nachzusagen. Der Bauer Georg N. hat dieses Argument verwendet, umgedreht und daraus für Maria Etzer eine weitere Anschuldigung gesponnen: Sie selbst habe den Franzosen der „russischen" Arbeiterin in die Schlafkammer „mitgegeben", wo auch die 13-jährige Ziehtochter schlief.

Diese Gerüchte zeigen, um es in einem Bild zu sagen, wie im Hochgebirge im Winter ein einziger falscher Schritt in gefährliches Gelände ein Schneebrett lostreten und eine Lawine auslösen kann, die unter Umständen ein ganzes Dorf mitreißt.

Umgelegt auf menschliches Verhalten in der Zeit des Nationalsozialismus, waren es nicht nur grausame, berechnende und kaltblütige Menschen (die es auch gab), sondern Menschen wie du und ich, welche die Gefahr unterschätzten; so die

---

[245] Hornung 2010, 335

liebenswürdige, mütterlich-fürsorgliche Katharina, nach Aussagen ihrer Nichte E., die zwei Jahre bei ihrer Tante verbrachte, „die Beste von allen", die einen Stein ins Rollen brachte, der Fürchterliches auslöste – sodass schließlich ihre eigene Mutter ins Zuchthaus kam.

```
Gendarmerieposten Goldegg i .Pg.                Goldegg,den 19. Februar 1943
  Zu Tgb.Nr.72.

        An den
        Landrat  in  Markt- Pongau.              N = 3411 E /1
        Betrifft: Etzer Maria, geboren den28.7.1890, Buchberglechenbäuerin
                  in Buchberg Nr.30, Gemeinde Goldegg, Verkehr mit Kriegs=
                  gefangenen Franzosen.
        Bezug: Tgb.Nr.72 des Postens Goldegg an die Gestapo. Salzburg.
        Anlagen: Ohne.

            Jm Sommer 1941 verbreitete sich hier das Gerücht, die Buch-
        berglechenbäuerin Maria Etzer pflege mit dem ihr zugewiesenen krieg
        gefangegen Franzosen George Fontaine geschlechtlichen Verkehr. Da
        positives hierüber nicht feststellbar war, wurde damlas dieser
        Franzose abgezogen   und durch den FranzosenGramond Jean, geboren
        den 17.1.19o7 Erk.Nr. 1281,ersetzt.
            Nun erstattete mir der Pg. Georg ████, ██████bauer in
        ███████ Nr.██, als Nachbar der Etzer die Anzeige, daß gegenwärtig
        mit der Etzer nicht nur ihr Franzose, sondern auch noch weitere 2
        französische Kriegsgefangene aus Lend im sehr intimen Verkehr sind,
        Die Etzer vernachlässigte ihre gesammte Wirtschaft und lebte sozu-
        sagen nur für die Franzosen.Dieses Treiben ging soweit, daß sie
        auch der bei ihr eingestzten Russin ██████████ einen Franzosen
        in die Schlafkammer mitgab, woselbst noch über dies ihre 13 Jahre
        alte Ziehtochter ██████████ schlafen mußte.
            Jch habe über diese Vorfälle der Gestapo. in Salzburg die
        fernmündliche Meldung erstattet und zwar am 18.2. 1943. Von dieser
        Stelle erhielt ich den Auftrag, die Etzer der Gestapo vorzuführen,
        die Zeugen niederschrifltich zu vernhmen und die Niederschriften
        der Gestapo zu übermitteln. Die Anzeige wird dann von der Gestapo
        Salzburg erstattet  und auch das Einvernehmen mit dem Stalg Markt-
        Pongau gepflogen werden. Dieser Auftrag wurde durchgeführt. Auch
        habe ich den Bürgermeister und Ortsbauernführer hievon mündliche
        Berichterstattung gemacht.

            Die Etzer wird hier allgemein als mänersüchtig geschildert,
        während ihre Kinder, ein Sohn ist gefallen, durchwegs  als sehr
        anständig und ehrenhaft gelten.

                                              Der Postenführer:
        Vorgeprüft
     Markt Pongau, den 21.2. 1943                  Payerl
     Der Gend. Kreisführer:  Voxoxon Kenntnisma    Meister der Gend.
                                        Z d. A.
     1943  3411 E            M.nkt Pongau  .../..
           1
```

Bericht der Gendarmerie Goldegg an den Landrat über Maria Etzers Verhaftung, 19.2.1943 (geschwärzt). Quelle: Salzburger Landesarchiv

In einem politischen System, das Denunziation forderte und förderte, wurden so im Handumdrehen Menschen kriminalisiert: Maria Etzer, die beiden Franzosen und die Ukrainerin; in einem nächsten Schritt dann noch ein dritter Franzose, der beim N.-Bauern arbeitete – und dem dieser auch noch etwas in die Schuhe schob, um ihn vielleicht loszuwerden und gegen einen anderen auszutauschen.

Katharina ist also nicht ganz zu entlasten (und auch ihre Schwestern nicht). Die Anzeige gegen ihre Mutter Maria Etzer hat sie aber nicht erstattet.

Der tatsächliche Anzeiger scheint nach 1945 schriftlich nirgends mehr auf und war bis vor kurzem verborgen.

Nach langer Suche mithilfe verschiedener Personen und an verschiedenen Stellen konnte ich durch einen glücklichen Zufall Jahrzehnte später ein Blatt des Gendarmeriepostens Goldegg[246] „an den Landrat in Markt-Pongau" auffinden, das die Eintragung Nr. 72 vom 19. Februar 1943 des Postens Goldegg an die Gestapo Salzburg – und damit Maria Etzers Anzeige – zum Inhalt hat. Es weist den wahren Denunzianten zugleich als Anzeiger bei der Gendarmerie aus. Namen von Familienmitgliedern sind in der Anzeige überhaupt nicht zu finden.

Im ganzen Text, datiert mit 19. Februar 1943, geht es hauptsächlich um Gerüchte, schon im ersten Absatz heißt es:

> „Im Sommer 1941 verbreitete sich hier das Gerücht, die Buchberglechenbäuerin [sic] Maria Etzer pflege mit dem ihr zugewiesenen Kriegsgefangenen Franzosen George [sic] Fontaine geschlechtlichen Verkehr. Da positives [sic] hierüber nicht feststellbar war, wurde damals dieser Franzose abgezogen und durch den Franzosen Gramond Jean, geboren den 17.1.1907 Erk. Nr. 1281 ersetzt."[247]

Diese Formulierung zeigt (ob beabsichtigt oder nicht) die Haltlosigkeit des Gerüchts (nichts Positives dazu feststellbar, also keine konkrete „Schuld" Maria Etzers) und eine quasi vorbeugende Maßnahme: die Versetzung des Gefangenen – was auch den Ersatz des Kriegsgefangenen durch einen anderen statt Entzug der Arbeitskraft rechtfertigt. Es rechtfertigt gleichzeitig aber auch die Untätigkeit des Anzeigers, der nicht 1941, sondern (aus welchem Grund auch immer) erst im Februar 1943 zur Gendarmerie geht, aber nun mit massivsten Anschuldigungen.

Der unterzeichnete Postenführer Anton Payerl hält im Protokoll eindeutig fest, wer die Anzeige erstattet hat:

> „Nun erstattete mir der Pg. (= Parteigenosse, M. P. W.) Georg N.[248], N.-Bauer in (…) als Nachbar der Etzer die Anzeige, daß gegenwärtig mit der Etzer nicht nur ihr Franzose, sondern auch noch weitere 2 französische Kriegsgefangene aus Lend im sehr intimen Verkehr sind. Die Etzer

---

[246] SLA, Landrat Pongau 1943 – siehe Quellen im Anhang

[247] Die Angaben stimmen mit der mir vorliegenden Identitätskarte von Jean Gramont (richtige Schreibweise) überein.

[248] Im Original vollständige Nennung des Anzeigers, des Hausnamens, der Adresse

vernachlässigte ihre gesamte Wirtschaft und lebte sozusagen nur für die Franzosen. Dieses Treiben ging soweit, daß sie auch der bei ihr eingesetzten Russin Maria Podusjeko einen Franzosen in die Schlafkammer mitgab, woselbst noch über dies [sic] ihre 13 Jahre alte Ziehtochter R.[249] schlafen mußte."

Der Vorwurf des „sehr intimen" Verkehrs mit mehreren Kriegsgefangenen aus Lend könnte auf gesellige Kontakte untereinander schließen lassen, denn Maria Etzer ermöglichte den Franzosen der Umgebung sonntägliche Treffen auf ihrem Hof, so Enkelin E., was natürlich ebenso wie intime Kontakte verboten war. Der unterzeichnete Postenführer Payerl schreibt weiter:

„Ich habe über diese Vorfälle der Gestapo in Salzburg die fernmündliche Meldung erstattet und zwar am 18.2.1943. Von dieser Stelle erhielt ich den Auftrag, die Etzer der Gestapo vorzuführen, die Zeugen niederschriftlich zu vernehmen und die Niederschriften der Gestapo zu übermitteln. Die Anzeige wird dann von der Gestapo Salzburg erstattet und auch das Einvernehmen mit dem Stalag Markt Pongau gepflogen werden. Dieser Auftrag wurde durchgeführt."

Wer „die Zeugen" sind, wird hier nicht genannt – aber vermutlich ist der Anzeiger bei der Gendarmerie gleichzeitig auch der einzige Zeuge, und der Inhalt dieses Papiers entspricht einer eventuellen Niederschrift an die Gestapo. Im Gerichtsurteil selbst ist dann von einer Zeugenaussage keine Rede mehr – ein Geständnis (unter Zwang) genügt.

Im Schreiben der Gendarmerie folgt der Hinweis auf die weitere Vorgangsweise: Die Gestapo macht selbst die Anzeige bei Gericht, d. h. beim Staatsanwalt, und nimmt bezüglich der Franzosen Kontakt mit dem Stalag auf. Der örtliche Gendarm hat also den ihm erteilten Auftrag durchgeführt:

„Auch habe ich den [sic] Bürgermeister und Ortsbauernführer hievon mündliche Berichterstattung gemacht."

Hier stellt sich die Frage: Warum ergeht z. B. an Bürgermeister Bürgler keine schriftliche Mitteilung? Die „mündliche Berichterstattung" ohne schriftliche Dokumentierung erleichterte es, den Anzeiger zu verschweigen, ja sogar später durch eine andere Person aus der Familie quasi zu ersetzen (siehe Kapitel 6).

Vielleicht war der Verzicht auf schriftliche Information an die Gemeinde eine Gefälligkeit des Gendarmeriepostenführers für den N.-Bauern. Es scheint, dass es Georg N. gelegen kam, seine niederen Instinkte zu verbergen, denn er war selbst ein honoriger Mann in der Gemeinde, der doch seine Nachbarin nicht ins Gefängnis brachte …

---

[249]   Im Original vollständige Nennung von Vor- und Nachname der Ziehtochter

Während Georg N. um seinen eigenen Ruf besorgt ist, hat er keine Hemmungen, den von Maria Etzer zu zerstören. Der Text der Anzeige beginnt und schließt mit Gerüchten, wobei der Denunziant es meisterhaft versteht, von seinem eigenen Interesse an der Sache abzulenken und die Verhältnisse umzudrehen: Nicht er ist „weibersüchtig", sondern sie sei „männersüchtig". So kann er sich zu den „Anständigen" und „Ehrenhaften" zählen:

> „Die Etzer wird hier allgemein als männersüchtig geschildert, während ihre Kinder, ein Sohn ist gefallen, durchwegs als sehr anständig und ehrenhaft gelten."

1943 ist Georg N. also zwar um Geheimhaltung seiner eigenen Initiative bemüht, vielleicht aber noch nicht unbedingt, Tochter Katharina vorzuschieben. Das passiert wie von unsichtbarer Hand erst nach dem Ende des NS-Regimes, als er selbst mit einer Anklage und Gefängnisstrafe rechnen musste.

Unterzeichnet ist das Schreiben von Postenführer Payerl, Meister der Gendarmerie (Bezeichnung zu NS-Zeiten statt Revierinspektor). Ein Stempel bestätigt die Vorprüfung des Schreibens durch den ebenfalls unterzeichneten „Gend. Kreisführer" in Markt Pongau per 22. Februar 1943, bevor es in der Folge beim Landrat zu den Akten kam.

Inhalt und Stil dieses Anzeigeberichts weisen darauf hin, dass sich die beiden etwa gleichaltrigen Männer Georg N. und Anton Payerl (geboren 1886) vermutlich gut verstanden haben. Der Goldegger Ortschronik zufolge[250] war Anton Payerl der erste und am längsten dienende Gendarmeriekommandant, und zwar von der Gründung des Postens am 1. Juni 1930 bis zum 30. Juni 1944. Er kannte die örtlichen Verhältnisse also sehr gut. Wie in Kapitel 2 erwähnt, war er schon zu Verbotszeiten der Partei NSDAP-Mitglied und half die Ortsgruppe aufzubauen.[251]

Der Postenchef wurde jedoch am 20. Juli 1944 abgesetzt, selbst festgenommen und blieb bis 23. Dezember 1944 in Haft. Weil die Deserteure in Weng, am anderen Ende der Gemeinde Goldegg, über längere Zeit nicht gefasst werden konnten, legte man Payerl zur Last, er sei zu „weich" gegen diese vorgegangen.[252]

Die „weiche" Vorgehensweise, oft nicht weniger gefährlich, gehörte eineinhalb Jahre zuvor im Februar 1943 jedenfalls auch zum Stil von Anzeiger Georg N.

Dass der N.-Bauer keiner von den Nazis war, die sich mit Anzeigen brüsten, sondern lieber im Hintergrund blieb, könnte auch erklären, warum er so lang zugewartet hat, bis sich eine günstige Gelegenheit ergab, und dann schnell handelte. Als honoriger verheirateter Bauer und ringsum angesehener „Viehdoktor" wollte er vielleicht ein großes Aufsehen vermeiden, dass also die Gestapo bewaffnet und mit Hunden kommt, Maria Etzer aus dem Bett holt und unter dem

---

250 Gemeindechronik Goldegg, 221
251 Gendarmeriechronik Goldegg, 13. März 1938
252 Telefonischer Hinweis von Gernod Fuchs – siehe auch Literaturverzeichnis; Näheres zu den Goldegger Deserteuren und dem „Sturm" auf Goldegg am 2. Juli 1944 siehe Mooslechner 2010 bzw. www.goldeggerdeserteure.at

Weinen und Schreien ihrer Pflegekinder und dem Brüllen der Haustiere abgeführt, während am Buchberg alle zusammenlaufen und rätseln, wer sie denn verraten haben könnte.

Enkelin E., die als Ziehkind damals ja auf dem Lehenhof war, erinnert sich, dass die Großmutter ins Krankenhaus nach Schwarzach musste, vielleicht länger dort war und dann nicht mehr nach Hause gekommen ist. Vielleicht seien sie als Kinder eine Zeitlang allein gewesen? Sie weiß es nicht mehr. Vielleicht war der Schani (Jean Gramont, M. P. W.) noch da? Oder ihre Tante Kathi dann schon auf dem Buchberg? – Sicherlich wurden jedoch die ausländischen Arbeitskräfte parallel zu Maria Etzers Verhaftung abgezogen.

Was die Ursache für Maria Etzers Krankenhausaufenthalt war, ist ungewiss. Lois Bittner spricht in den Briefen an Margarethe zweimal über eine längere Krankheit ihrer Mutter, Enkelin B. meint, dass die Großmutter ein Geschwür hatte und deswegen ins Krankenhaus musste. Vielleicht war das aber kein für längere Zeit geplanter Aufenthalt, denn B. hat die Situation dramatischer in Erinnerung als ihre Cousine E.:

> „Nachdem die Großmutter im Spital verhaftet worden ist, waren die Kinder am Buchberg ganz allein, die Gans ist entkommen und ist nach Lend hinunter geflogen."

Dies vermutlich, um ihre Besitzerin zu suchen, denn Gänsen sagt man große Intelligenz und eine sehr intensive Beziehung zum Menschen nach.[253]

Es reichte offenbar ein auch nur kurzer auswärtiger Aufenthalt, um Anzeige und Abtransport einzufädeln. Mit Maria Etzers Verhaftung ging es fast unmöglich schnell, wenn man die Daten aus zwei verschiedenen Dokumenten vergleicht. Das spricht für eine „Feinabstimmung" zwischen dem Anzeiger und dem Gendarmen, vielleicht sogar für ein schon länger vorbereitetes Anzeigeschreiben, das nur mehr datiert wurde.

Georg N. kam spätestens am Vortag der Verhaftung, dem 17. Februar 1943, zur Gendarmerie, um Anzeige zu erstatten. Dem oben erwähnten Schriftstück der Gendarmerie zufolge hat diese am 18. Februar 1943 fernmündlich, d. h. telefonisch die Gestapo Salzburg informiert und am Tag darauf, dem 19. Februar 1943, an den Landrat berichtet, dass der Auftrag durchgeführt worden ist.

Quasi sofort nach dem Telefonat, am 18. Februar frühmorgens, muss die Lehenbäuerin von Payerl selbst oder vielleicht von einem Schwarzacher Gendarmen aus dem dortigen Krankenhaus[254] geholt und nach Salzburg ins Polizeigefängnis gebracht worden sein (der Auftrag, „die Etzer der Gestapo vorzuführen"), wo sie der Strafvollzugsanordnung[255] zufolge am selben Tag, dem 18. Februar, schon

---

253 Diesen Hinweis verdanke ich Christina Nöbauer.
254 Patientenakten aus dieser Zeit gibt es leider nicht mehr, nach gesetzlicher Vorgabe werden sie 30 Jahre aufbewahrt (Mail-Information KH Schwarzach vom 8.3.2017).
255 Personalakten M. E. Nr. 189/43 Zuchthaus Aichach, Datum und Zeitpunkt in der Strafvollzugsanordnung

um zehn Uhr vormittags die Untersuchungshaft antrat. (Als Fahrzeit in die Hauptstadt sind damals mindestens zwei Stunden zu rechnen.)

Dass sie ein Gendarm abholt, mag auch für das Krankenhaus nichts Ungewöhnliches gewesen sein; außer Gendarmen hatte damals fast niemand ein Auto zur Verfügung.

Verzeichnis der ins Zuchthaus mitgebrachten Gegenstände. Quelle: Staatsarchiv München

Maria Etzer muss sich vollständig überrumpelt gefühlt haben, in Unkenntnis konkreter Vorwürfe gegen sie. Vielleicht hatte sie früher mit einer Anzeige gerechnet, als Georges Fontaine noch da war. Aber er war ja vor geraumer Zeit ohnehin wieder abgezogen worden, und sonst hatte sie sich ja nichts „zuschulden" kommen lassen – es sei denn, dass sie den Kriegsgefangenen aus der Umgebung auf ihrem Hof sonntägliche Treffen ermöglichte – und das war auch verboten.

Wer sie angezeigt hatte, konnte sie wohl vermuten, von den Details der Vorwürfe in der Gendarmerieanzeige gegen sie hatte sie jedoch keine Ahnung (übrigens auch nicht nach Kriegsende, als sie ihren Fall wieder aufrollen ließ). Sie konnte sich also kaum auf das Verhör vorbereiten und war überdies vermutlich noch krank.

Aus den Zuchthausakten dokumentiert sind die Habseligkeiten, die Maria Etzer am Leib hatte bzw. damals ins Krankenhaus mitnehmen konnte, wobei ein Ring, vielleicht der Ehering, nicht unter „Wertsachen", sondern „Kleider" gezählt wurde:[256]

> „ein Silberring am Finger; 1 schw. Mantel, 1 schw. Weste, 1 kl. Bluse, 1 grau. Rock, 2 Kopftücher, 1 P. schw. Strümpfe, 1 P. schw. Schuhe, 1 br. Hose, 1 bunt. Jäckchen, 1 weiß. Hemd, 2 Taschentücher, 1 Geldbörse, 1 Gebetbuch, 1 P. Strumpfgummi, 1 Brille, 1 Kamm, 1 Zahnbürste."[257]

5.2 Verhöre und das Gerichtsverfahren

Zu den Verhörmethoden gibt Maria Etzer nach dem Krieg an:[258]

> „Bei Vernehmungen durch die Gestapo wurde ich derart unmenschlich geschlagen, dass ich, nur um nicht mehr den Schlägen ausgesetzt zu sein, den Umgang mit Kriegsgefangenen zugab."

Eine andere des Umgangsverbots bezichtigte Frau aus Leogang (Pinzgau), Rosa Buchholzer[259], geb. 1919, Mutter eines damals dreijährigen Sohnes, den sie bei ihren Eltern zurücklassen musste, schildert Jahrzehnte später ihre eigene Verhaftung, die Unterstellungen und die Zermürbungsmethoden der Gestapo:

> „Ich bin anfangs Dezember 1944 von der Gestapo verhaftet worden, ursprünglich wegen Schwarzhören und dabei habe ich gar keinen Radio gehabt."

---

[256] Personalakten, Formular: „Verzeichnis der mitgebrachten Gelder, Wertsachen und Kleider u. s. w.", handschriftlich ausgefüllt für die Zuchthausgefangene Maria Etzer am 4. Mai 1943

[257] Im Original ohne Beistriche, statt Doppel-M ein M mit Oberstrich

[258] SLA, KLs 20/43

[259] Aussagen aus dem Gespräch mit Rosa Buchholzer, aufgezeichnet von Alois Schwaiger in Saalfelden, 10. April 1998, – siehe Internetlink im Anhang. Rosa Buchholzer war eine der wenigen, die offen über ihr Schicksal sprach.

Bei ihren Eltern hörten mehrere französische Kriegsgefangene von den umliegenden Bauern öfters Fremdsender, und so lernte sie vermutlich auch Clement S. kennen. Sie hatte mit

> „den Franzosen eine unschuldige Gaudi. Wir waren doch jung und haben gerne gelacht. Einer von den Franzosen hat an meinem Buben so eine Freude gehabt und ihm Keks gegeben, wenn er ein Paket von zuhause bekommen hat. Ich hab dann dem Buben Zigaretten für den Franzosen gegeben, das ist nicht aufgekommen. Und das andere hat nicht aufkommen können, weil's es nicht gegeben hat."

„Das andere" ist eine (angebliche) Behauptung von Clement, vermutlich von der Gestapo erfunden: Sie habe ein Verhältnis mit ihm gehabt und drei- bis viermal in der Woche mit ihm geschlafen.

> „Das war eine reine Lug und nachdem es nie eine Gegenüberstellung mit dem Clement gegeben hat, konnte ich diese Aussage nicht entkräften. Man hat keine Chance gehabt bei der Gestapo, es ist ihnen nur ums Verhaften gegangen. In der Polizeikaserne in Salzburg war man eine Nummer, die einmal dahin und einmal dorthin gestoßen worden ist. Bei den Vernehmungen bin ich nicht körperlich misshandelt, aber ewig beschimpft worden."

Doch auch körperliche Gewalt war durchaus üblich, nicht nur Maria Etzer spricht davon: Die Gestapo, „zweifellos das wichtigste Instrument zur Unterdrückung aller echten, vermeintlichen oder potentiellen politischen Gegner"[260], war auch im Reichsgau Salzburg wegen ihrer Grausamkeit bekannt. Rosa Buchholzer setzt fort:

> „Einmal habe ich wieder auf eine Vernehmung gewartet vor meiner Zelle und sehe den Andreas R. aus Leogang, den ich flüchtig vom Sehen gekannt habe. Er war auch wegen Schwarzhören eingesperrt. Dieser flüchtige Blick wurde von der Wache bemerkt und schon sind wir als Komplizen bezeichnet worden und nichts hat geholfen."

Wie aus anderen Quellen bekannt ist, wurde Andreas R. aus Leogang Ende 1944 verhaftet und bereits am örtlichen Gendarmerieposten vom Gestapobeamten Fritz Stangl misshandelt, bevor er ins Polizeigefängnis Salzburg gebracht und an den Gestapo-Mann Georg König übergeben wurde. Seine Frau gibt nach Ende der NS-Herrschaft zu Protokoll, König habe ihrem Mann „gleich nach seiner Übernahme die Pistole auf die Brust gesetzt und sich mit folgenden Worten geäußert: ‚Wenn du nicht alles zugibst, mach ich dich nieder.'"[261] Er habe ihren Mann mit dem

---

260   Neugebauer 1995, 714
261   Zitiert mit vollständigem Namen nach Christa Mitterrutzner, NS-Terror, in Hofinger 2016, 206

Schlüsselbund auf den Kopf geschlagen und ihm mit Tritten offene Fleischwunden zugefügt. R. ist am 2. September 1945 an den Folgen von Tortur und Haft verstorben.

Nach den Schlägen bei Vernehmungen, die zu einem entsprechenden Geständnis führten, war für Maria Etzer die nächste Station das Sondergericht am Landgericht (vor und nach der NS-Zeit: Landesgericht) Salzburg. Bei den Sondergerichten handelte es sich, wie schon der Begriff nahelegt, um eine Gerichtsbarkeit außerhalb der traditionellen Form der Justiz. Den Angeklagten wurden die Anklagen nicht zugestellt, sie konnten sich also nicht auf den Prozess vorbereiten. „Eine richterliche Voruntersuchung entfiel, die Stellung des Staatsanwalts wurde gestärkt, die des Verteidigers geschwächt. Das Urteil erhielt sofort Rechtskraft; ein Rechtsmittel war nicht zulässig. Der offen zugegebene Zweck der Sondergerichte war es, den politischen Gegner so rasch als möglich zu vernichten. Als Richter wurden meist junge, entschieden nationalsozialistisch eingestellte Juristen verwendet."[262] Auch bewährte Richter waren jedoch im Dilemma: Bei zu milden Urteilen bestand die Gefahr einer Aufhebung durch den Volksgerichtshof und einer Überstellung der Häftlinge in ein Konzentrationslager, wo die Todesrate wesentlich höher war als im Gefängnis oder Zuchthaus.[263]

Die Gerichtsverhandlung von Maria Etzer fand am 24. März 1943 in Salzburg statt.[264] Die im Urteil genannten Juristen, der Richter und Vorsitzende des Dreiersenats Dr. Meyer sowie der Staatsanwalt Dr. Blum, waren nach Ernst Hanisch NSDAP-Mitglieder.[265] Ein Verteidiger als Prozessteilnehmer ist im Urteil nicht genannt. Beisitzer waren laut Gerichtsprotokoll Amtsgerichtsrat Niedermayr und Landgerichtsrat Dr. Altrichter. Letzterer wurde übrigens im Nachkriegsösterreich Landesgerichtspräsident in Salzburg.[266]

Maria Etzer hat in ihrem Opferfürsorgeantrag nach dem Krieg als Vorsitzenden einen Dr. Wolf in Erinnerung; tatsächlich war Dr. Heinz Wolff [sic] 1942 Gaupropagandaminister in Salzburg.[267] Trotz Verwechslung eines Namens erscheint der Inhalt ihrer Erinnerung durchaus glaubwürdig: „Beim Sondergericht in Salzburg (Dr. Wolf, einer der Beisitzer war Dr. Niedermeier [sic]) tat Dr. Wolf den Ausspruch: ‚Hitlerbande hat sie gesagt, weg damit, eine Schwarze ist sie.'" Maria Etzer

---

[262] Hanisch 1995, 139

[263] Vgl. Waldner 1994, 45

[264] SLA: KLs 20/43

[265] Hanisch 1995, 140; Hans Meyer war schon seit 1915 am Land(es)gericht Salzburg tätig; 1940 war er 65 Jahre alt, politischer Leiter der NSDAP-Ortsgruppe Neustadt und ein „verdienstvoller nationaler Kämpfer", so das Salzburger Volksblatt (SVB, 11. November 1940); er war für die Hinrichtung von mindestens zwölf Menschen bis 1943 verantwortlich – vgl. Bohn 2012, 262; Staatsanwalt Rolf Blum wurde Anfang 1940 von Lörrach am Rhein zur Staatsanwaltschaft beim Landgericht Salzburg versetzt – SVB vom 4. Oktober 1940, 5; er klagte mehr als 85 % jener Fälle an, die mit Todesurteilen vor dem Sondergericht endeten – vgl. Bohn 2012, 262.

[266] Matthias Altrichter (1903–1979) übte dieses Amt von 1958–1968 aus, siehe www.lg-salzburg.at/lg.htm vom 17. November 2016. Auch Altrichter ist im Zusammenhang von mindestens einem Todesurteil wegen Eigentumsdelikten zu nennen – vgl. Bohn 2012, 262.

[267] Als Vorsitzender der NSD-Studentenschaft 1933 Leiter der Bücherverbrennung in Göttingen; von Adolf Scheel 1942 nach Salzburg geholt, Gaupropagandaleiter und Leiter der Salzburger Festspiele; siehe www.bgv-wuppertal.de/GiW/Jg13/9Wolff.pdf (17. November 2016)

ist im Nachhinein (1952) überzeugt, dass das Strafausmaß für verbotenen Umgang allein nicht so hoch ausgefallen wäre: „Dies war nur auf meine politische Einstellung, die ich niemals leugnete und auch stets verteidigte, zurückzuführen."[268]

Im Gerichtsurteil ist von abschätzigen Bemerkungen Etzers gegen den Nationalsozialismus nicht die Rede; allerdings war der verbotene Umgang allein schon ein politisches Delikt, nämlich „Wehrkraftzersetzung".

In ihrem Urteil wird auf das volle Geständnis der Angeklagten verwiesen. Die Qualität solcher Geständnisse erscheint insgesamt zweifelhaft, denn nicht nur nackte Gewalt, sondern auch abstruse Versprechungen spielten eine Rolle: Aus anderen Sondergerichtsurteilen zum Umgangsverbot geht hervor, dass mehrere der Frauen bei der Verhandlung ein zuvor bei der Vernehmung gemachtes Geständnis widerrufen haben. Die Beamten von der Gendarmerie und der Polizei hätten auf sie eingeredet, „alles zuzugeben", dann könnten sie mit mildernden Umständen rechnen. Falsche Tatsachen wurden ihnen vorgespiegelt, z. B. man sei ohnehin über die Sache schon genau informiert. Eine Frau berichtet, das Geständnis nur abgelegt zu haben, „weil man ihr bei der Gestapo gesagt habe, wenn sie angebe, dass sie mit dem Kriegsgefangenen auch einen Geschlechtsverkehr gehabt habe, dann ginge die Angelegenheit nicht mehr an das Gericht und dürfe sie bald wieder zu ihrem Kinde heimfahren".[269] Bei Gericht nahm man das widerrufene Geständnis aber nicht zur Kenntnis, sie bekam eine mehrjährige Zuchthausstrafe.

Zeugen für die Maria Etzer angelasteten „Liebesverhältnisse" und Geschlechtsverkehrsaktivitäten gibt es – im Gegensatz zu ähnlichen Fällen – ihrem Urteil zufolge nicht; das „volle Geständnis" reicht für ein Strafausmaß von drei Jahren Zuchthaus[270] (unter Anrechnung der Vorhaft, d. h. Untersuchungshaft, von 18. Februar 1943, 10 Uhr bis 24. März 1943, 10.30 Uhr, wie das Urteilsprotokoll festhält). In der Urteilsbegründung heißt es:

„Die Angeklagte Maria E t z e r wurde als Tochter eines Zimmermanns geboren und ist in Taxenbach aufgewachsen. 1911 heiratete sie den Bauern Johann Etzer, der vom Weltkrieg als Schwerkriegsbeschädigter heimkehrte und 1925 verstorben ist. Dieser Ehe entstammen 9 Kinder, wovon 4 Töchter noch am Leben sind. Ein Sohn ist im Jahre 1941 an der russischen Front gefallen. Seit 1925 führt die Angeklagte allein die Bauernwirtschaft. Sie ist unbescholten und hat 3 Enkelkinder zu versorgen.
Auf Grund des vollen Geständnisses der Angeklagten wurde als erwiesen angenommen, dass die Angeklagte, obwohl sie schon 52 Jahre und die Mutter zahlreicher Kinder ist, sich an junge französische Kriegsgefangene heranmachte und dieselben zum Geschlechtsverkehr bewog, obwohl sie wusste, dass dies strenge gestraft wird.

---

[268] SLA, KLs 20/43
[269] Vgl. Nußbaumer 2011, 110f (SLA – Urteilsblätter KLs 63/41 bzw. KLs 45/41)
[270] Das österreichische Strafsystem kannte Arrest, strengen Arrest, Kerker und schweren Kerker. Im reichsdeutschen System entsprach die Zuchthausstrafe dem schweren Kerker, der strenge Arrest dem Gefängnis, die Arreststrafe der deutschen Haft – vgl. Garscha/Scharf 2007, 93.

Sie hat in ihrem Haus in Buchberg bei Bischofshofen

a). im Jahre 1940 mit dem bei ihr beschäftigten verheirateten 30 jährigen französischen Kriegsgefangenen George [sic] F o n t a i n e ein Liebesverhältnis unterhalten und mindestens zweimal mit ihm geschlechtlich verkehrt;

b). im Winter 1941/42 mit dem bei ihrem Nachbarn, dem N.-Bauer Georg N.[271], beschäftigten 36 jährigen französischen Kriegsgefangenen S o u s - s e t mindestens zweimal geschlechtlich verkehrt;

c). im Jahre 1942 mit dem bei ihr beschäftigten 36 jährigen französischen Kriegsgefangenen Jean G r a m o n d [sic] ein Verhältnis unterhalten und durch Monate hindurch (*nachträglich eingefügt*: monatlich) mindestens zweimal geschlechtlich mit ihm verkehrt.

Sie hat somit in fortgesetzter Tat vorsätzlich mit Kriegsgefangenen in einer Weise Umgang gepflogen, die das gesunde Volksempfinden gröblich verletzt, wobei ein schwerer Fall vorliegt und hiedurch das Verbrechen nach § 4 der VO. zur Ergänzung der Strafvorschriften zum Schutze der Wehrkraft des Deutschen Volkes vom 25.11.1939 begangen. Mit Rücksicht auf den oftmaligen Geschlechtsverkehr mit drei Kriegsgefangenen liegt ein schwerer Fall vor.
Bei der Strafbemessung war mildernd das Geständnis, die Unbescholtenheit, die Fürsorgepflicht für drei Enkelkinder, erschwerend der Verkehr mit drei Kriegsgefangenen und dass dies in der Oeffentlichkeit [sic] besonderes Ärgernis erregt."

Auch zum Strafkostenersatz wird die Angeklagte schließlich noch verurteilt. Auf Überprüfung der Anschuldigungen verzichtet das Gericht. Wie sich nach meinen Recherchen herausstellte, war Georges Fontaine, mit dem Maria Etzer 1940 (in der Anzeige noch Sommer 1941) geschlafen haben sollte, weder verheiratet noch zu diesem Zeitpunkt überhaupt anwesend; er und Jean Gramont[272] kamen erst 1941 ins Stalag XVIII C in den Pongau[273] und wurden ab September von dort auf Bauernhöfe zugeteilt.

Was die angeblichen sexuellen Aktivitäten der Angeklagten betrifft, fällt ein stereotypes Wiederholen auf, bei jedem der drei Gefangenen heißt es: „mit mindestens zweimaligem Geschlechtsverkehr", nur beim letzten muss offenbar in der Urteilausfertigung noch nachgebessert werden: „durch Monate hindurch – monatlich – zweimal". Die lange Dauer im letzten Fall („durch Monate hindurch") füllt offenbar die Zeit bis zum Einschreiten des Anzeigers erst im Februar 1943.

---

[271] Im Original richtiger Hof- und Nachname

[272] Gramont – exakte Schreibweise des Namens lt. Identitätskarte, desgleichen Georges Fontaine

[273] Unterlagen zu einem Gefangenen Sousset sind in den französischen Archiven nicht vorhanden – für eine Recherche fehlt der Vorname, vielleicht ist auch die Schreibweise des Familiennamens falsch.

IM NAMEN DES DEUTSCHEN VOLKES !
.-.

In der Strafsache

gegen die am 28.7.1890 in Taxenbach geborene, verwitwete

Maria E t z e r
.-.-.-.-.-.-.-.-.-.-.-.

wegen Verbrechens nach §4 der VO. zur Ergänzung der Strafvorschriften zum Schutze der Wehrkraft des Deutschen Volkes vom
25.11.1939

hat das Landgericht Salzburg als Sondergericht auf Grund der

öffentlichen Hauptverhandlung vom 24.März 1943, an der teil-

genommen haben:

Landgerichtsdirektor Dr.M e y e r

als Vorsitzer,

Amtsgerichtsrat N i e d e r m a y r

Landgerichtsrat Dr. A l t r i c h t e r

als Beisitzer,

Staatsanwalt Dr. B l u m

als Vertreter der Anklagebehörde ,

Justizangestellte G e l c z

als Urkundsbeamtin

folgendes

U R T E I L
.-.-.-.-.-.-.-.-.

erlassen:

Die Angeklagte Maria E t z e r wird wegen verbotenen
Umganges mit Kriegsgefangenen und zwar wegen Unterhaltung einer
Liebesverhältnisses mit mindestens zweimaligen Geschlechtsverkehr mit dem französischen Kriegsgefangenen George Fontaine
im Jahre 1940, wegen mindestens 2 maligen Geschlechtsverkehrs

Sondergerichtsurteil (Auszug – erste Seite). Quelle: Staatsarchiv München

B o u s s e t mindestens 2 mal geschlechtlich verkehrt;

c). Im Jahre 1942 mi=t dem bei ihr beschäftigten 36 jährigen französichen Kriegsgefangenen Jean G r a m o n d ein Verhältnis unterhalten und durch Monate hindurch/mindestens zweimal monatlich geschlechtlich mit ihm verkehrt.

Sie hat somit in fortgesetzter Tat vorsätzlich mit Kriegsgefangenen in einer Weise Umgang gepflogen, die das gesunde Volksempfinden gröblich verletzt, wobei ein schwerer/Fall vorliegt und hiedurch das Verbrechen nach § 4 der VO. zur Ergänzung der Strafvorschriften zum Schutze der Wehrkraft des Deutschen Volkes vom 25.11.1939 begangen. Mit Rücksicht auf den oftmaligen Geschlechtsverkehr mit drei Kriegsgefangenen liegt ein schwerer Fall vor.

Bei der Strafbemessung war mildernd das Geständnis, die Unbescholtenheit, die Fürsorgepflicht für 3 Enkelkinder , erschwerend der Verkehr mit 3 Kriegsgefangenen und dass dies in der Oeffentlichkeit besonders Aergernis erregt.

Der Ausspruch über die Einrechnung der Vorhaft gründet sich auf § 55 a StG., der über die Kosten auf §§ 464, 465 RStPO.

Salzburg, am 24.März 1943.

Der Vorsitzer:

Dr. Hans M e y e r e.h.

1.Beisitzer: 2. Beisitzer:
AGR.Niedermayr e.h.   LGR.Dr.Altrichter e.h.

Beglaubigt: Der Urkundsbeamte des Sondergerichtes
beim Landgerichte Salzburg:

Justizinspektor

Sondergerichtsurteil (dritte Seite). Quelle: Staatsarchiv München

Maria Etzer wird als verantwortungslos und ehrlos dargestellt, wie das mehr-malige „obwohl" betont, und ihr Verhalten als einer (asexuellen) deutschen Mut-ter vorgerückten Alters unwürdig: „obwohl sie schon 52 Jahre und die Mutter zahlreicher Kinder ist ... obwohl sie wusste, dass dies strenge gestraft wird". Sie wird in die Nähe der Prostitution gerückt: dass sie „sich an junge französische Kriegsgefangene heranmachte und dieselben zum Geschlechtsverkehr bewog" – während in der Begründung gleichzeitig von einem „(Liebes-)Verhältnis" die Rede ist.

In „fortgesetzter Tat" und „vorsätzlich" hat sie also ein „Verbrechen" begangen und damit „das gesunde Volksempfinden gröblich verletzt": „Mit Rücksicht auf den oftmaligen Geschlechtsverkehr mit drei Kriegsgefangenen liegt ein schwerer Fall vor."

Vollends zynisch erscheint dann noch eine angebliche Berücksichtigung von Milderungsgründen, die gleichzeitig mit der Wiederholung der zuvor angeführten Argumentation sofort wieder aufgehoben wird: „... mildernd das Geständnis, die Unbescholtenheit, die Fürsorgepflicht für drei Enkelkinder, erschwerend der Ver-kehr mit drei Kriegsgefangenen und dass dies in der Oeffentlichkeit besonderes Ärgernis erregt."

5.3 Sondergerichtsurteile im Reichsgau Salzburg – wenige Daten und viele offene Fragen

Ernst Hanisch hat 1995 erstmals die erhaltenen Akten zu den Sondergerichts-prozessen im Reichsgau Salzburg zwischen 1939 und 1945 ausgewertet[274], die damals noch in einem alten Eisenschrank des Landesgerichtes lagerten. Nach sei-nen Erhebungen standen 1254 Personen vor dem Sondergericht Salzburg, wobei er in einer Fußnote bemerkt, die Zahlen seien nach oben und unten korrektur-fähig. Neben Vergehen gegen die Kriegswirtschaftsverordnungen (z. B. Schwarz-schlachtung, Schwarzhandel), gegen das Heimtückegesetz (regimekritische Äuße-rungen) bzw. Verstößen gegen die außerordentlichen Rundfunkmaßnahmen (Hören ausländischer Sender) war auch der verbotene Umgang Gegenstand von Sondergerichtsprozessen. Auch Männer standen dazu vor Gericht, die Zigaretten verschenkt oder Fluchthilfe geleistet hatten – wie viele, geht aus den Erhebungen nicht hervor. Auch sonst können die folgenden Angaben nur eine erste Orientie-rung bieten.

Nach Hanisch wurden im Reichsgau Salzburg wegen verbotenen Umgangs zwischen 1940 und 1945 insgesamt 104 Personen angeklagt, nach seinen Anga-ben „meist Bauerntöchter und Bauernmägde, die mit einem Kriegsgefangenen ein Liebesverhältnis hatten".[275] Das Strafausmaß lag seinen Angaben zufolge zwi-schen einem und viereinhalb Jahren Zuchthaus. Als Beispiel greift er den Fall

---

[274]   Hanisch 1995
[275]   Ebd., 143

der Stallmagd E. A. heraus, „die hungernden Kriegsgefangenen einige Wochen hindurch 8 Liter Milch gegeben hatte und deswegen zu einem Jahr und zwei Monaten Gefängnis verurteilt wurde".[276] Hier wurde also als Strafe Gefängnis und nicht Zuchthaus verhängt, so wie insgesamt zwischen Vergehen (KMs-Akte) und Verbrechen (KLs-Akte) unterschieden wurde. Ein Vergehen war z. B. auch, dass Ilse R. einem französischen Kriegsgefangenen ein Foto von sich im Badekostüm geschenkt hatte, nichts weiter – aber das brachte ihr fünf Monate Gefängnis ein.[277]

In einer Aufstellung zeigt Hanisch die Zahl der Prozesse über die Jahre verteilt:

Jahr	1940	1941	1942	1943	1944	1945
Personen	1	15	39	23	12	14

Der Eindruck, dass mit 1942 der Höhepunkt erreicht war, trügt jedoch. Ab Mai 1943 kam es nämlich im gesamten Deutschen Reich zu einer „Dezentralisierung" der Umgangsprozesse.[278] Das war u. a. durch Personalmangel bedingt, weil nun Juristen vermehrt in den Kriegsdienst eingezogen wurden. Statt des Dreiersenats im Sondergericht kam es zu vereinfachten Verfahren vor einem Einzelrichter.[279] Nach Salzburger Presseberichten gab es in der Folge Gerichtsverfahren in Bezirksgerichten, vielleicht sogar an anderen öffentlichen Orten. So ist noch im Februar 1945 von einem Betrieb in der Stadt Salzburg die Rede, in dem es mehrere Fälle verbotenen Umgangs gegeben hat und in dem als „warnendes Beispiel für andere Betriebe des Gaues eine öffentliche Gerichtsverhandlung am Arbeitsplatz in Anwesenheit aller deutschen Gefolgschaftsmitglieder" abgehalten werden sollte.[280] Urteile aus Bezirks- oder Amtsgerichten zum verbotenen Umgang sind vermutlich großteils nicht mehr erhalten. Im Salzburger Landesarchiv finden sich jedenfalls die entsprechenden Sondergerichtsurteile nur bis zum ersten Halbjahr 1943. Der Verbleib der für 1944 und 1945 von Hanisch genannten Urteile zum verbotenen Umgang ist unklar.

Die Zahlen in Hanischs Aufstellung stellen also vermutlich nur eine Untergrenze dar. Das belegt auch folgende Quelle: In einem Mitteilungsblatt der NSDAP vom April 1942 legt der Salzburger Gaupropagandaleiter eine „Statistik" der „in letzter Zeit", d. h. vermutlich in den ersten drei Monaten 1942, schon erfolgten, aber auch noch offenen Gerichtsurteile zum verbotenen Umgang vor:

---

[276] KLs 26/41

[277] KMs 27/41, nach Weidenholzer 2012, 135

[278] Vgl. Schneider 2010, 187. Sie stellt fest, dass es für das Deutsche Reich Statistiken zum verbotenen Umgang nur bis Mai/Juni 1943 gibt.

[279] Vgl. Garscha/Scharf 2007, 192f

[280] DÖW, Band 2, 416 – Mitteilungsblatt der NSDAP, Gauleitung Salzburg, Folge 2, Februar 1945

„Kreis Salzburg: Aburteilungen: 33 Fälle zu Geldstrafen und mehreren Monaten Gefängnis und Zuchthaus bis zu 4 ½ Jahren. Noch nicht abgeurteilt: 11 Fälle. Unter den Verurteilungen sind 3 Fälle, die Mädchen von 15 bis 16 Jahren betreffen."

Der Bericht liefert weitere Zahlen: Im Kreis Hallein gibt es 3 erledigte Fälle, bei 4 Fällen ist das Urteil offen; Kreis Bischofshofen: 4 Fälle, 5 offen, Kreis Zell am See: 15 Fälle, 3 offen; Kreis Tamsweg: 5 Fälle, 2 offen.[281]

Dieser Quelle zufolge waren bis April 1942 schon 50 Frauen verurteilt, 25 weitere Urteile waren noch offen, was eine Gesamtzahl von 75 ergibt, während Hanisch von 39 für das ganze Jahr 1942 spricht.

Zum Vergleich: Auch in Oberösterreich („Oberdonau") stieg die Zahl der verhandelten Delikte 1942 und in den ersten Monaten des Jahres 1943 rapide an; die Prozesse wegen verbotenen Umgangs machten zu dieser Zeit 35,7 % bzw. 39,8 % aller Sondergerichtsprozesse am Oberlandesgericht Linz aus. Bis Mai 1943 waren es insgesamt 149 Hauptverfahren.[282] Auch hier reicht die Statistik nicht weiter.

Für das Sondergericht Linz stellt Gabriella Hauch genauer ausgewertete Ergebnisse zur Verfügung: Unter den 149 dort wegen des Umgangsverbots Verurteilten waren lediglich sechs Männer und eine Frau nicht wegen Geschlechtsverkehrs angeklagt. Von den verurteilten einheimischen („deutschen") Frauen hatten 85 verbotenen Umgang mit Männern westlicher Herkunft, 48 mit solchen aus dem Osten.[283] Dazu kamen neun Ausländerinnen (Umgangsverbot mit Kriegsgefangenen anderer Nation). Rund ein Drittel der angeklagten deutschen Frauen war in der Beziehung schwanger geworden.

Nur ein geringer Anteil der Fälle wurde der Kategorie „Vergehen" (KMs-Urteile) zugeordnet, sodass „die GV-Delikte in praxi beinahe vollständig als Hauptverfahren wegen Verbrechens (KLs) verhandelt wurden".[284]

Für das Bundesland (bzw. den Reichsgau) Salzburg fehlen bislang leider solche Detailauswertungen der betreffenden Sondergerichtsurteile – was von Umfang und Aufgabe her ein eigenes Forschungsvorhaben wäre.

Auch in Salzburger Sondergerichtsurteilen finden sich Fälle ausländischer Frauen: Am 3. Februar 1943 wurde ein Jahr verschärftes Straflager verhängt gegen die „nicht eindeutschungsfähige" polnische Landarbeiterin Sofia G. wegen verbotenen Umgangs mit einem französischen Kriegsgefangenen, mit dem rassistischen Argument:

---

[281] DÖW, Band 2, 414 – Bericht des Gaupropagandaleiters in Salzburg betreffend Gerichtsverfahren wegen verbotenen Umgangs mit Kriegsgefangenen; Mitteilungsblatt der NSDAP, Gauleitung Salzburg, Folge 4, April 1942

[282] Hauch 2006, 253f. Ab Mai 1943 wurden die Verfahren dezentral in den Amtsgerichten der Bezirke abgehalten.

[283] Eventuell könnten damit Serben gemeint sein; serbische Kriegsgefangene wurden vom Internationalen Komitee des Roten Kreuzes betreut, konnten Pakete mit Nahrungsmitteln von zuhause empfangen, waren also ungleich besser gestellt als Polen, Ukrainer oder Russen – vgl. Garscha/Scharf 2007, 463.

[284] Hauch 2006, 253f

„Die besondere Schwere des Falles, der bei einem Geschlechtsverkehr einer deutschen Frau wegen Verletzung ihrer Frauenwürde angenommen zu werden pflegt, fällt hier weg, weshalb die verhängte Strafe als angemessen erachtet wurde."[285]

Die Ukrainerin Anjuta B. wurde am 21. April 1943 zu acht Monaten Gefängnis verurteilt „wegen verbotenen Umganges mit russischen Kriegsgefangenen, insbesondere durch Wechsel von Liebesbriefen".[286]

Von der Forschung kaum erfasst ist auch eine andere Gruppe vom Umgangsverbot betroffener Frauen, über die gar keine Gerichtsurteile vorliegen: Bei Kontakten mit Kriegsgefangenen oder Zivilarbeitern polnischer oder russischer Herkunft wurden die Frauen von der Gestapo festgenommen und nach Polizeihaft direkt in ein Konzentrationslager (zumeist Ravensbrück) überstellt.[287] Als Quellen dafür dienen vereinzelte NSDAP-Berichte bzw. kann, wenn der Name der Frau bekannt ist (evtl. auch Herkunft, Geburtsdatum), auch über das Dokumentationsarchiv des Österreichischen Widerstandes (DÖW) bzw. die Homepage www.ravensbrueckerinnen.at recherchiert werden. Die beteiligten Männer wurden ebenfalls ohne Gerichtsurteil gehängt.

Wieder zurück zu den Sondergerichtsurteilen: Nußbaumer hat in seinem Buch alle Sondergerichtsurteile aus dem Pinzgau ausgewertet (zusätzlich noch das von Maria Etzer, im Pinzgau geboren, aber im Pongau wohnhaft). Er spricht für die von ihm untersuchten zwölf Fälle von Gefängnis- bzw. Zuchthausstrafen zwischen drei Monaten und drei Jahren; zehn von zwölf Frauen wurde Geschlechtsverkehr angelastet.[288]

Insgesamt standen die angeklagten Frauen, ob sie nun tatsächlich ein Verhältnis gehabt hatten oder nicht, unter enormem Geständnisdruck, ein solches Geständnis kam ihnen aber letztlich kaum mildernd zugute. Auch die Sorge für ein Kind aus der Verbindung oder für andere schon vorhandene Kinder fiel entgegen verbaler Beteuerungen faktisch als Milderungsgrund nicht ins Gewicht, denn die Bestrafung und damit Disziplinierung hatte oberste Priorität. Mildernd konnte sich jedoch auswirken, wenn das Gericht annahm, dass die Frau vom Kriegsgefangenen verführt wurde; einer der Angeklagten, die eine Vergewaltigung durch einen Kriegsgefangenen angab, schenkte man aber dennoch keinen Glauben, sondern betrachtete es als Ausrede der Frau.[289]

An der Wahrheitssuche (Anklagen nach Denunziation!) bestand von Seiten des Gerichts kein ernsthaftes Interesse – denn es galt nicht die Unschuldsvermutung wie in einem Rechtsstaat. Von der Schuldigkeit der Frauen wurde bei Gericht

---

[285] KLs 3/43 – siehe auch DÖW, Band 1, 508. Ebenfalls als ohne Menschenwürde angesehen wurden Kinder von Zwangsarbeiterinnen, die zumeist nicht überlebt haben – ein eigenes Forschungsthema, siehe u. a. auch Nußbaumer 2011, 129ff sowie Kapitel 7.

[286] KLs 29/43 – siehe auch DÖW, Band 1, 509

[287] Vgl. Kerschbaumer 2015, 6

[288] Vgl. Nußbaumer 2011, 111

[289] Vgl. ebd., 118 bzw. KLs 62/41

ausgegangen, was an die Hexenprozesse früherer Jahrhunderte erinnert. Ähnlich wie Dienstboten, die ein Loch in die Wand bohrten, um eine Magd mit ihrem Liebhaber zu „überführen"[290], verhielten sich auch Gestapo-Leute und Richter und erregten sich voyeuristisch an Beschreibungen sexueller Details, die die Angeklagten „zugeben" mussten. Diese versuchten sich irgendwie herauszuwinden ohne Chance, dem ohnehin ungerechten Urteil zu entkommen.

Die Geständnisse sind, so vorhanden, oft unglaubwürdig, die wirklichen Motive kaum zu eruieren. Es waren ledige, verwitwete und auch verheiratete Frauen, die das Umgangsverbot missachteten, was als besonders verwerflich galt, wenn der Mann eingerückt war. Neben intimen Beziehungen, die gar keine waren, und sexueller Nötigung, die trotzdem den Frauen zur Last gelegt wurde, gab es sexuelle Kontakte „im Vorübergehen" genauso wie echte Liebesverhältnisse.

Ein Beispiel für den Charakter solcher Geständnisse liefert eine aus Saalfelden gebürtige Hausgehilfin, die 21-jährige T. A., die in Tirol zusammen mit französischen Kriegsgefangenen in einer Gießerei beschäftigt war. Mit entwaffnender Offenheit steht sie vor der Gestapo erst zu ihren Gefühlen, um dann eine Kehrtwendung zu machen, wie das folgende Gerichtsprotokoll verdeutlicht:

„Ich wußte von allem Anfang, daß jeglicher Umgang mit Kgf. insbesondere der Geschlechtsverkehr mit denselben, verboten ist. In dieser Richtung wurden wir im Werk schon des öfteren belehrt und überall sind auch dementsprechende Bekanntmachungen im Werk angeschlagen. Warum ich dieses Verbot nicht befolgte, kann ich eigentlich nicht so richtig angeben. Ich habe den Franzosen eben gerne gesehen, weil er ein sauberer Mensch ist und ein liebes Gesicht hat. Wie schon oben gesagt, war dies meinerseits eben eine Herzensangelegenheit und da habe ich mich um all diese Ge- bezw. Verbote nicht gekümmert."

Schließlich zeigt sie aber anscheinend Reue und nimmt damit die Position ihrer Verfolger ein:

„Nun sehe ich aber selbst ein, daß ich dadurch die deutsche Frauenehre schwer beschmutzt habe, und sich ein anständiges deutsches Mädchen mit französischen Kgf, die, wie mir bekannt ist, nach wie vor Feinde sind, nicht einlässt [sic]. Nun habe ich aber mein Gewissen in jeder Beziehung entlastet und gebe ausdrücklich an, daß ich die volle Wahrheit gesagt habe."[291]

Maria Etzer hingegen biederte sich – ebenfalls unter Geständnisdruck – dem Nationalsozialismus in keiner Weise an.

Nach längerer Anhaltung im Polizeigefängnis des Landgerichts Salzburg und Verurteilung kam sie per Sammeltransport nach Aichach (Bayern) ins Zuchthaus.

---

[290] Vgl. ebd., 115 bzw. KLs 58/42
[291] Sondergericht Innsbruck KLs 26/42, zit. nach Waldner 1994, 143

Zuchthausstrafen (mit verschärften Bedingungen gegenüber dem Gefängnis und einer Mindeststrafdauer von einem Jahr) zielten ausdrücklich darauf ab, StraftäterInnen „zu entehren und über ihre Entlassung hinaus zu brandmarken".[292] Im Gegensatz zum Konzentrationslager (KZ) lag aber einer Zuchthausstrafe ein Gerichtsurteil zugrunde und war den Gefangenen damit der Zeitpunkt des Strafendes bekannt. Auch ging es im Zuchthaus – zumindest formal – um Bestrafung und Besserung, nicht aber wie in den späten Konzentrationslagern um Vernichtung.

5.4 Transport ins Zuchthaus Aichach und Aufnahmeverfahren

Im Städtchen Aichach mit damals etwa 2000 EinwohnerInnen, 25 Kilometer von Augsburg entfernt an der Bahnlinie Augsburg–Ingolstadt gelegen, gab es schon ab 1909 eine Frauenhaftanstalt, ursprünglich für katholische, später zusätzlich auch für evangelische Delinquentinnen.

Mit Beginn des NS-Regimes begann die Kriminalisierung großer Bevölkerungsgruppen, auch von Frauen. Waren 1939 9 % der Strafgefangenen im „Altreich" Frauen, so waren es 1943 23 %.[293] Die Zuchthausinsassinnen kamen vor allem aus Bayern, Württemberg, dann auch aus der Ostmark (in Österreich gab es kein eigenes Frauenzuchthaus). Im Verlauf des Krieges kamen jedoch Frauen aus anderen Nationen hinzu.

Die Verpflegung war schlecht, das Zuchthaus heillos überfüllt. Um die Häftlinge unterzubringen, wurde z. B. die Sporthalle in einen Schlafsaal umgebaut.[294] Der Anstaltsdirektor Freiherr von Reitzenstein hatte schon 1937 geklagt, dass der damalige Stand von 850 Insassinnen bedenklich sei, im Juni 1943 – etwa zur Zeit der Aufnahme von Maria Etzer – waren es an die 1900.[295] Bis zu den ersten Monaten 1945 stieg die Anzahl auf 2500 Gefangene. Dabei wurden laufend einzelne Häftlinge in KZs ausgeliefert; so wurden 1943 mehr als 350 Insassinnen aus „Sicherheitsverwahrung" (z. B. wegen kleiner Diebstähle) nach Auschwitz deportiert.[296] Wer dreieinhalb Tage im Waggon überlebte, starb oft an Seuchen (Fleckfieber) oder wurde der Vernichtung durch Schwerstarbeit preisgegeben. Aber auch in Aichach konnte man zu Tode kommen – so z. B. die 33-jährige Salzburgerin Therese Flachberger, die dort offiziell an Herzschlag, tatsächlich aber an inneren Blutungen verstarb.[297]

Lange und schwere Zwangsarbeit war im Zuchthaus an der Tagesordnung, schon 1939 hatte das Reichsjustizministerium die Arbeitszeiten verlängert: für Zuchthausinsassen von zehn auf zwölf Stunden, für Gefängnisinsassen von neun

---

[292] Wachsmann 2006, 457 (Fußnote 2). Es gab von Seiten der Justiz InsassInnen von Gefängnis, Zuchthaus und Strafgefangenenlager und von nicht zum Justizapparat gehörenden Organisationen Polizeihäftlinge sowie KZ-InsassInnen.

[293] Ebd., 256

[294] Vgl. ebd., 82

[295] 100 Jahre JVA Aichach, interne Festschrift, zit. nach Stumberger 2013, 205

[296] Stumberger 2013, 198

[297] http://www.stolpersteine-salzburg.at/de/orte_und_biographien?victim=Flachberger, Therese (8.1.2017)

auf elf Stunden.[298] „Schlechte Leistung" wurde streng bestraft, u. a. mit Essensentzug, Arrest und Prügeln. Auch die normale Verpflegung war in den Jahren der Überbelegung und der Spätphase des Krieges äußerst dürftig:

> „Wir haben ja nur die Fischsuppe oder Dürrgemüsesuppe vom KZ (gemeint ist das Zuchthaus, M. P. W.) bekommen und waren furchtbar hungrig."[299]

Unter den Gefangenen gab es verschiedene Kategorien: klassische Kriminelle, zum Teil auch nach kleinen Delikten, in Nazi-Diktion die „Berufsverbrecher" (Urteile z. B. wegen Diebstahl, Kindesmord, damals auch Abtreibung …), „BibelforscherInnen" (ZeugInnen Jehovas) sowie diverse Verurteilungen nach Sondergerichtsprozessen. Dass übrigens auch lesbische Frauen bestraft wurden, zeigt sich an einem Fall in Aichach: Bei der Gefangenen Frieda R. fand man nur einen Liebesbrief an eine Mitgefangene („Öffne dieses Blatt u Du findest mein Herz"), dafür kam sie für zehn Tage in den Arrest bei Wasser und Brot.[300]

Eine wachsende Kategorie im Frauenzuchthaus waren die „Politischen". Zu ihnen gehörten neben Aktivistinnen des organisierten Widerstands, z. B. Kommunistinnen, auch die nach Umgangsverbot verurteilten Frauen. Es waren 40 unter den 206 Frauen, die 1943–1944 in Aichach eingeliefert wurden; 30 wegen Diebstahls von Mangelware, z. B. Zuckerrüben, zehn wegen Schwarzschlachtens, 52 wegen Rundfunkverbrechens, zehn wegen Abtreibung, u. a. auch berufsmäßiger. Aber auch die Unterschlagung von Lebensmittelkarten, einer Pelzjacke oder der unbefugte Verkauf von Strümpfen konnte zwei Jahre Zuchthaus einbringen.[301]

Die „Personalakten der Zuchthausgefangenen Etzer Maria", Gefangenenbuchnummer 189/43 des „Frauenzuchthauses und der Frauenverwahrungsanstalt Aichach, Oberbayern", sind im Staatsarchiv München aufbewahrt, auch elektronisch gespeichert und für Angehörige der während der NS-Zeit internierten Personen zugänglich. B. M. hat mir die Personalakte ihrer Großmutter (ausgedruckt mehr als 80 Seiten) für diese Forschung zur Verfügung gestellt.

Es wird darin „aus Gerichtsurteilen, ärztlichen Berichten, konfiszierten Briefen, ‚kriminalbiologischen' Untersuchungen und Meldungen über Arbeitsfleiß und Betragen ein Frauenschicksal lebendig"[302], das zugleich auch die Geschichte von zunehmender Ausgrenzung und Repression im Nationalsozialismus erzählt.

Am 24. März 1943 wird Maria Etzer verurteilt, am 1. Mai 1943 „mittelst Sammeltransport an die dortige Anstalt überstellt", das teilt der Vorstand der Haftanstalt Salzburg, Schanzlgasse Nr. 1, am 29. April 1943 „an den Herrn Vorstand des Zuchthauses in Aichach" mit. In der Anlage der Mitteilung befinden sich eine Urteilsabschrift und die Strafvollzugsanordnung. Auf dieser, einem vorgedruckten

---

[298] Wachsmann 2006, 240
[299] Buchholzer o. J., 1
[300] Wachsmann 2006, 148
[301] Auszug aus der Deliktstruktur Aichach 1943–1944 lt. Bericht „100 Jahre JVA Aichach", zit. nach Stumberger 2013, 207
[302] Stumberger 2013, 199

Formular, ist neben den persönlichen Daten der Gefangenen die Strafe (drei Jahre Zuchthaus) angegeben, die nach dem Gerichtsprozess (Entscheidung letzter Instanz) am 24. März 1943 um 10 Uhr angetreten wurde und „im Zuchthaus Aichach nach dem 29.4.1943" zu vollziehen ist. Unter Einrechnung der Untersuchungshaft ab 18. Februar, 10 Uhr ist als voraussichtlicher Zeitpunkt des Strafendes (mit Bleistift) 17.2.1946, 24 Uhr notiert.

Am 30. April 1943 wird der „Transportzettel für die Gefangenen-Beförderung" ausgefüllt; links die Personalbeschreibung, neben den Personaldaten noch: „Größe: 170 cm, Haare: braun, Augen: blaugrau, Zähne: lückenhaft, Kleidung: Zivil, Staatsangehörigkeit: deutsch"; rechts oben findet sich der Auftrag, „die nebengenannte Strafgefangene soll auf Ersuchen des Sondergerichtes Salzburg von hier nach Aichach befördert und in das Zuchthaus Aichach eingeliefert werden".

Unten findet sich der Transportweg: 1. Mai 1943 ab Salzburg 14.30 Uhr, an München 19.02 Uhr. Dort verbrachte Maria Etzer zwei Nächte und einen ganzen Tag (2. Mai) im Polizeigefängnis, wie aus der „Bescheinigung über die Übernahme des [sic] Gefangenen" ersichtlich ist, vielleicht sogar ohne Essen und Trinken. Auf dem Formular für „Verpflegung des Gefangenen" ist neben dem Stempel „Polizeigefängnis München, Ettstraße" erst für 3. Mai vermerkt: „1 Brot, 1 „Kaffee usw.". Weitertransport am 3. Mai 1943 ab München 5.27 Uhr, Übernahme um 7 Uhr durch die „Haftanstalten Augsburg, Gebäude 1" (Stempel). Von dort wird für 3. Mai notiert: „erhielt Mittags- und Abendkost".

Als Ankunftszeit in Aichach ist 20.36 Uhr notiert, als Einlieferungszeit ins Zuchthaus 21 Uhr. Nach einem langen Reisetag, der schon vor fünf Uhr morgens begann, wäre ihr wohl ein baldiger Schlaf in „Schlafsaal 2" zu gönnen gewesen. Aber Margarete Schütte-Lihotzky, ebenfalls per Sammeltransport nach Aichach gekommen, beschreibt die Aufnahmeprozedur so:

„Gleich beim Eingang mußten wir in Viererreihen stehenbleiben, sehr lange. … Die ersten Tage als ‚Zugang' gab es für uns nichts als stehen, stehen und wieder stehen, mit dem Gesicht zur Wand, weit getrennt von den Mitgefangenen zur Rechten und zur Linken. … Alleine wurde ich dem Direktor vorgeführt. … Vom Stehen müde, griff ich nach einer Stuhllehne. Untersagt. Der Direktor brüllte mich an. Die Zuchthäuslerin wird mir eingebleut. Bei der Leibesvisitation: stehen. Beim Arzt: stehen. Zum Bad: stehen. Zur Einkleidung: stehen. Warten und stehen, schweigend, stundenlang."[303]

5.5 Die Aufnahmeakten

Die ersten Tage als „Zugang" in Aichach sind unter den Großbuchstaben A bis G in der Personalakte festgehalten und beinhalten eine Reihe von Formularen sowie verschiedenen Schriftsätzen.

---

[303] Schütte-Lihotzky 1985, 151f

Die Aufnahmeverhandlung (Buchstabe B) vom 4. Mai 1943 lässt uns wissen, dass Maria Etzer ein Arbeitsbuch vom Arbeitsamt Bischofshofen besitzt, das sich in ihrer Wohnung „in Goldegg, Post Lent [sic]" befindet. Sie ist Bezieherin einer Witwenrente in der Höhe von 73 Reichsmark monatlich vom Versorgungsamt Innsbruck, die während der Vollzugsdauer an ihre Tochter Katharina S. überwiesen werden soll, und hat zuletzt „als Bäuerin im eigenen Anwesen" gearbeitet.

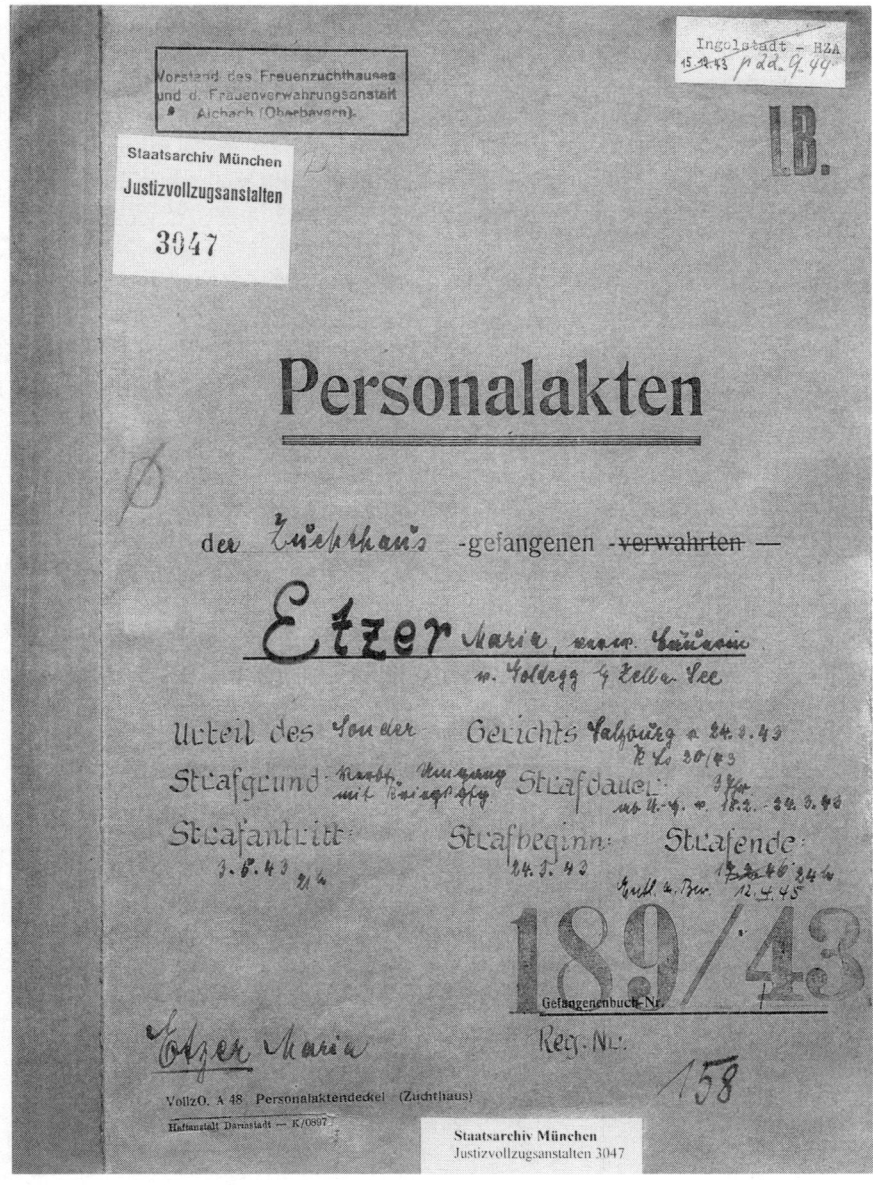

Zuchthausakte Nr. 189/43 – Titelblatt. Quelle: Staatsarchiv München

Sie sei vorehelich (tatsächlich unehelich, M. P. W.) geboren, verwitwet. Es folgen Angaben zu den verstorbenen Eltern und zum verstorbenen Ehemann. Als Religion wird „kath." vermerkt, zu Beteiligung am religiösen Leben: „ja" (Dieses Ja fügte Maria Etzer zum maschinschriftlich ausgefüllten Formular noch handschriftlich mit Bleistift hinzu.) Sie gibt ihre Kinder und deren Aufenthaltsort an: „Katharina S., Goldegg; Regina A., Zell am See; Marianna Etzer, München, Straße nicht bekannt; Grete Etzer, Göllingen bei Thüringen". (Der Aufenthalt der jüngsten Tochter Margarete war ein zeitlich begrenzter Arbeitsdienst, im Juli war sie schon wieder auf dem Lehenhof.) Unter „Geschwister" finden sich ihre Halbgeschwister, die ersten drei in Salzburg, Adresse unbekannt: „Katharina Gassner, Regina Hautzinger, Paula Lugstein"; weiters „Theresia Drüssler", in St. Veit an der Glan, Kärnten, und zwei Halbbrüder: „Josef Gabmeier, Schwarzach" und „Jakob (Gabmeier), Feldpostnummer nicht bekannt". Auch nach einem Geliebten wird gefragt, die Antwort heißt: „nein". Bevor Maria Etzer mit Bleistift die Richtigkeit ihrer Angaben unterschreibt, steht noch folgender Hinweis:

> „Ich habe davon Kenntnis genommen, daß es zur Waffenanwendung keiner vorherigen Warnung des Strafvollzugsbeamten bedarf, wenn ich während eines Fliegerangriffes oder einer Verdunkelung einen Fluchtversuch mache."

Die Aufnahmeverfügung bestimmt als Haftform vorerst: „gemeinsam", „Schlafsaal 2" und als Arbeitszweig „Gartenarbeit" – ein beschönigender Ausdruck auch für schwere Feldarbeit (Buchholzer schreibt, „da haben wir mit den Ochsen aufs Feld hinaus müssen"[304]). Von der Aufnahme in die Haftanstalt werden – das Formular zeigt die Erledigung mit Stempel vom 7. Mai 1943 – noch in Kenntnis gesetzt: Staatsanwalt beim Landgericht Salzburg, Kriminalpolizei Leitstelle München, Arbeitsamt Bischofshofen und Versorgungsamt Innsbruck. Am 7. Mai 1943 findet noch die ärztliche Aufnahmeuntersuchung statt (Buchstabe C). Als körperlicher Befund wird festgestellt: „athletisch", weiters:

> „Zähne defekt, oben Prothese, starker Knotenkropf, Hängeleib, Senkspreizfüße, Hallux valgus, Reflexe gehörig. Gewicht 60 kg, 170 cm".

Unter der Rubrik „gesundheitliche Mängel, Krankheiten, gezeigte Auffälligkeiten" findet sich vor medizinischen Daten zuerst ein sozialer Mangel:

> „Unehelich geboren. Als Kind Masern, Schafplattern [sic]. Menarche mit 17 Jahren, letzte Dez. 42. 8 eheliche Geburten, darunter 2 Frühgeburten, kein Abg. letzte Schwangerschaft 1923. Als Kind Gelenksentzündungen, Lungen-, Nierenentzündung. Mittelohrentzündung. Geschlechtskrankheiten negiert."

---

[304] Buchholzer o. J., 1

Zu letzteren findet sich zusätzlich noch ein negativer Laborbefund vom 24. Mai. Die Rubrik zum „gegenwärtigen Gesundheitszustand" bleibt leer, ebenso diejenige über „seelische und geistige Artung" – solche Befunde konnten einem schnellen Todesurteil gleichkommen. Der Arzt beschließt sein Gutachten mit schriftlichen Antworten auf weitere Fragen des Formulars:

> „Vollzugsuntauglich? – Nein. Für Einzelhaft geeignet? – Ja. Ärztlicher Behandlung bedürftig? – Nein. Seines Zustandes wegen anderen gefährlich? – Nein. Zu Leibesübungen tauglich? – Nein. Arbeitsfähig? In welchem Umfang? Außenarbeitsfähig? Moorarbeitsfähig? – Zu schweren Arbeiten nicht."

Letzteres spielte allerdings in der Praxis keine Rolle, wie sich bald zeigen würde. Ein Stempel auf dem Blatt H enthält den Vermerk: „für Außenarbeiten aus Sicherheitsgründen etc. geeignet" – während die politischen Gefangenen im engeren Sinn nur innerhalb des Zuchthausgebäudes arbeiteten.

Das Formular mit Buchstabe D trägt den Titel: „Vermerk über die Erörterung der Tat und das Vorleben und über den dabei gewonnenen Eindruck". Der

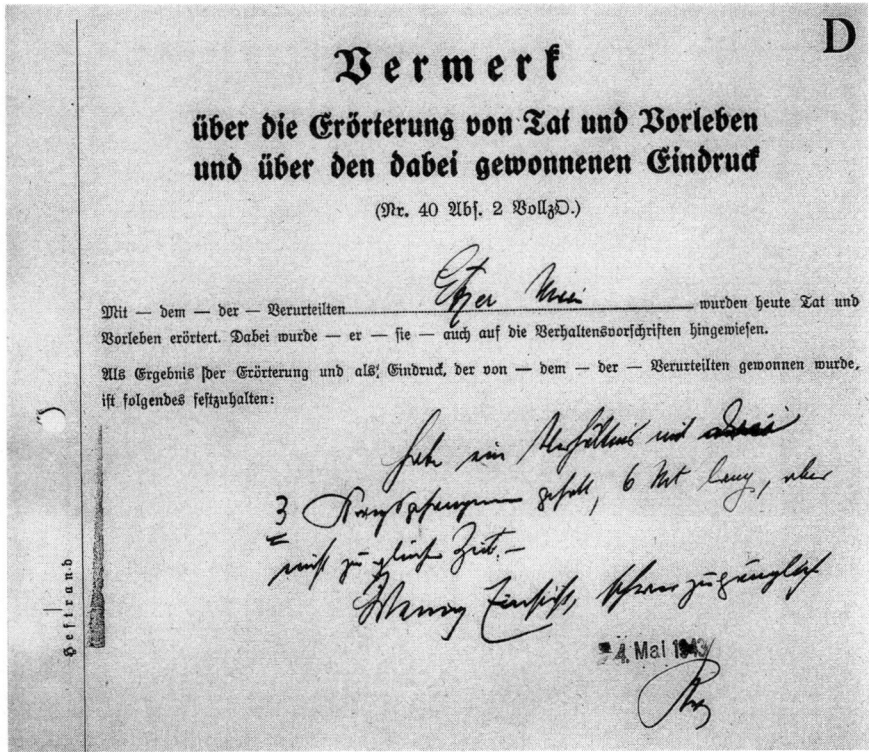

Vermerk über Erörterung der Tat: „… Wenig Einsicht, schwer zugänglich …". Quelle: Staatsarchiv München

Anstaltsleiter Reitzenstein (sein Namenskürzel steht neben einem Stempel vom 4. Mai 1943) hält handschriftlich fest:

> „Habe ein Verhältnis mit 3 (doppelt unterstrichen, M. P. W.) Kriegsgefangenen gehabt, 6 Mt. lang, aber nicht zu gleicher Zeit. – Wenig Einsicht, schwer zugänglich."

Aus drei Jahren werden bei oberflächlichem Blick auf das Urteil sechs Monate, aber das ihr angelastete Verhältnis zu drei Männern wiegt schwer, wie sich im Folgenden noch mehrfach zeigt.

Das Formular E enthält einen handschriftlichen Lebenslauf Maria Etzers, datiert mit 6. Mai 1943. Offensichtlich wurde sie darauf hingewiesen, die Gesundheitsverhältnisse und die Todesursachen ihrer Eltern detailliert zu beschreiben. Sie betont, dass es weder Geisteskrankheiten noch Trunksucht noch Vorstrafen in der Familie gab. Was sie selbst betrifft, schreibt sie, dass sie bei einer Pflegemutter in Taxenbach aufwuchs:

> „Meine Ziehmutter hieß Theresia Hölzl. Die Erziehung war gut, jedoch Mutterliebe vermißte ich. Ich besuchte eine dreiklassige Volksschule. Ich lernte kochen, dann heiratete ich, habe den Beruf nicht gewechselt. Meine Vermögensverhältnisse waren stets sehr gering, habe in dieser Beziehung viel und Schweres mitgemacht. Meine sträfliche Handlung beging ich aus Unüberlegtheit, da mich die Gefangenen besser behandelten als unsere Leute und ich nur mit ihnen arbeiten mußte. Ich habe keine Vorstrafe. War zweimal schwer krank, jedoch nie geisteskrank oder geschlechtskrank. Habe neun Kinder geboren, zwei davon waren tot. Der Mann hieß Johann Etzer, Bauer, ist an einer Kriegsverletzung 1925 gestorben, war unbescholten. Wie ich mich nach verbüßter Strafe fortbringe, ist mir noch unbekannt. Will jedoch jede strafbare Handlung aufs Strengste vermeiden."

Formular G schließlich zeigt drei „Verbrecherfotos" der Gefangenen Maria Etzer. Als „anscheinendes Alter" wird 57 Jahre vermerkt, tatsächlich ist sie 53 Jahre alt. Beruflich wird sie hier degradiert als „landwirtschaftliche Arbeiterin". Die NS-Formulare kennzeichnen u. a. auch noch ihr Gesicht als „oval, hager, faltig", ihre Stirn als „mittelhoch, steil", ihren Mund als „mittel, mit vollen Lippen" und bescheinigen ihr lückenhafte Zähne samt Ersatz. Ihre Haltung: „mittel" – zwischen „stramm" und „schlapp". Ihre Sprache: deutsch, Salzburger Mundart. Sprachunterschiede und sonstige unter den Häftlingen wurden rasch eingeebnet, statt Privatkleidung gab es die der Anstalt. Grete Schütte-Lihotzky schreibt darüber:

> „Die Zuchthauskleidung bestand aus schwarzem Rock, blauer Schürze, schwarzer Bluse. Am Ärmel ein breiter gelber Streifen, fest eingearbeitet, Kennzeichen der Zuchthäuslerin. Nie hätte man mit diesem Mal gezeichnet fliehen können. Kein Mantel, keine Überkleidung, auch nicht im Winter. Derbe Wäsche. Der Rock hatte rechts eine Tasche, die wir jedesmal, wenn

wir die Zelle verließen, umdrehen mußten. … In der Zelle ging man mit Strümpfen, im Hof mit Holzpantinen, vielfach so schlecht, daß man wunde Füße bekam."[305]

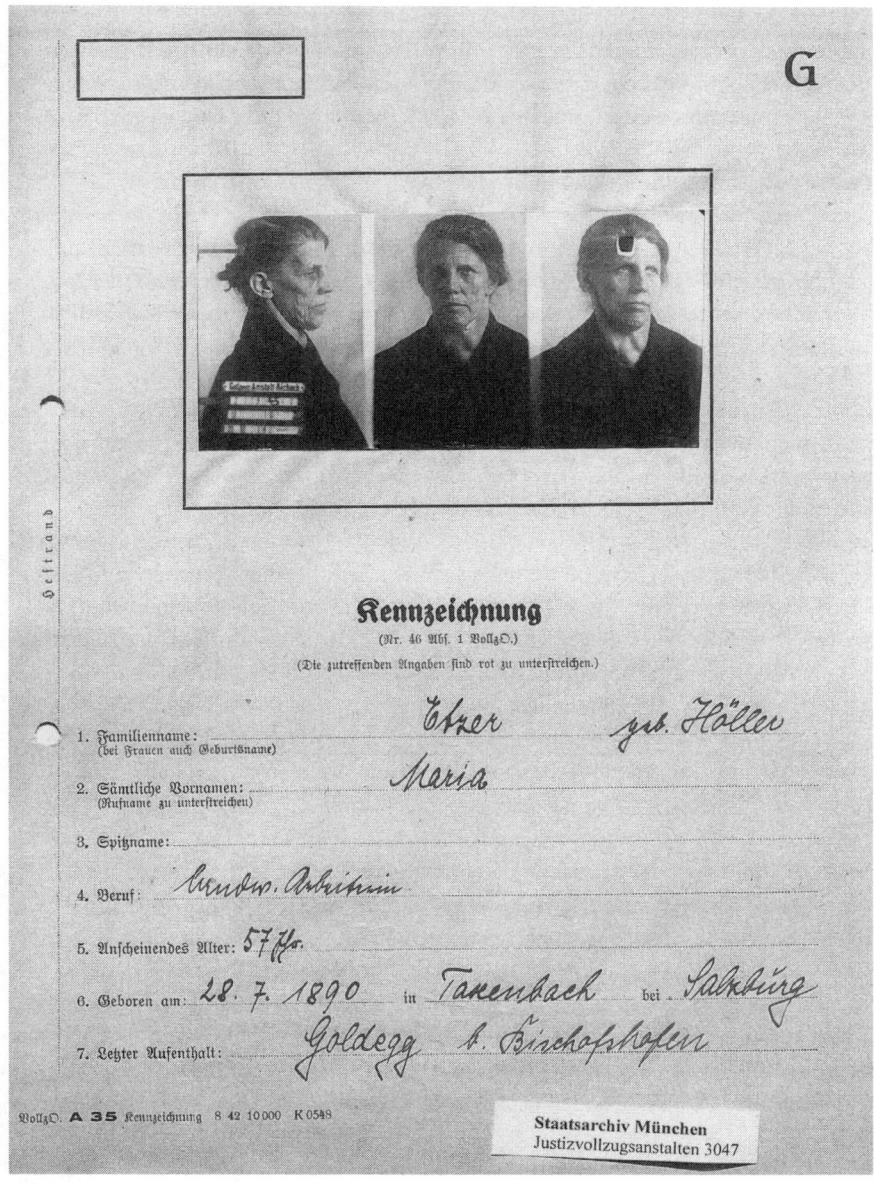

Aufnahmeverfahren: Häftlingsfotos. Quelle: Staatsarchiv München

---

[305]   Schütte-Lihotzky 1985, 152

In der Zelle fiel der spiegelblanke Holzboden auf:

„Jeden Morgen wurde ‚gespult'. Zentimeter für Zentimeter rutschten die Gefangenen auf den Knien über den Fußboden, eine Zwirnspule mit scharfer Holzkante in der Hand, und polierten einen schmalen Streifen nach dem anderen blank. Jahrelang, täglich, und das Holz glänzte wie Parkett. Eine Zuchthausgeneration erbte diese Technik von der anderen. Kamen Spritzer beim Waschen in der kleinen Metallschüssel auf den Fußboden, raste man sofort, eine Spule in der Hand, dahin und putzte sie weg."

Im Gegensatz dazu der Kübel in der Ecke:

„Die Verurteilten müssen ihren Dreck selbst hinaustragen. Zweimal täglich, bei großer Hitze dreimal, mußte man den Kübel in einer Spülzelle leeren und reinigen, zellenweise, damit man nicht mit den anderen sprechen konnte. Der Kübel war schwer, die Spülstelle oft weit entfernt."[306]

Beim „Kübeln" wurden strotz strengster Kontrollen oft ein paar Worte mit Genossinnen aus anderen Zellen geflüstert, und auch beim Weg zur Anstaltskirche, wo sonntags vom Anstaltspfarrer der Wehrmachtsbericht verlesen wurde. Was Kirchgang dort bedeutete, beschreibt Rosa Buchholzer:

„Wir haben in Aichach ‚kirchengehen' müssen, die Katholischen und die Evangelischen getrennt. Da sind wir in einen Raum mit ganz kleinen Zellen wie Hühnernester gekommen und ein Pfarrer hat uns die ganze Zeit nichts als wie beschimpft: wir sind Schwerverbrecher und Landesverräter – das war seine Predigt. Später hat man gesagt, daß es ein Eingeschleuster, kein echter Pfarrer gewesen sein soll. Er hat dann bei der Befreiung noch Lebensmittel geplündert und in seiner Kutte versteckt. Die Lebensmittel haben ihm aber Häftlinge gewaltsam abgenommen."[307]

Sogar die linken Widerstandskämpferinnen hatten sich schon während des Transports nach Aichach zur freiwilligen Teilnahme am Kirchgang verabredet, wie Grete Schütte-Lihotzky berichtet:

„Zum ersten, um einmal wöchentlich längere Zeit aus der Zelle kommen zu können, zum zweiten, um etwas über die Lage zu erfahren. Auf dem langen Weg zur Kirche innerhalb des Hauses konnte man immer einige Worte wechseln, manchmal sogar ‚Gsiberln' befördern."[308]

---

[306] Schütte-Lihotzky 1985, 154
[307] Buchholzer o. J., 1
[308] Schütte-Lihotzky 1985, 156

Die Kommunistinnen hatten aus Jahren der Illegalität und vorherigen Gefängnisaufenthalten reiche Erfahrung damit, Kassiber (Gsiberln), also kleinste Nachrichten, in Druckschrift auf Klopapier oder Zigarettenpapier zu verfassen, zu transportieren und weiterzugeben. Aus aufgetrennter Wolle – sie mussten aus zerschlissenen neue Soldatensocken stricken[309] – verfertigten sie dazu unbemerkt eine kleine zweite Rocktasche, die im Saum eingenäht wurde. Maria Etzer war, was Kassiber betrifft, sicher völlig unerfahren, musste aber anlässlich der Verlegung in eine andere Zelle später einmal unschuldig dafür büßen – was uns zufällig in ihrem Gefangenenakt einen bemerkenswerten Brief an ihre Tochter beschert, den sie nicht absenden durfte.

5.6 Briefe, Besuche und rechtliche Schritte

Aus unterschiedlichen Dokumenten, vereint unter Buchstabe H („Übersicht über Arbeitszuweisung, Sondergewährungen, Hausstrafen, besondere Sicherungsmaßnahmen und Besuche"), und vielen verschiedenen Einzelblättern versuche ich zu rekonstruieren, wie sich der weitere Kontakt Maria Etzers zu ihrer Familie entwickelte.

Im Februar 1943 war Maria Etzer von der Gestapo verhaftet worden und seither nicht mehr auf den Buchberg zurückgekehrt. Dort wohnte inzwischen die älteste Tochter Katharina mit ihrer großen Familie und bewirtschaftete den Hof. Die beiden Franzosen waren strafweise abgezogen und im Mai bzw. Juni 1943 in ein Stalag nach Polen verlegt worden.[310]

Abgesehen von der Arbeitslast muss das schnelle Urteil und der Abtransport der Mutter ins Zuchthaus für eine voraussichtliche Zeit von drei Jahren ein Schock für die ganze Familie gewesen sein. Die nazitreuen Töchter waren plötzlich ebenso wie Maria Etzer selbst mit Ohnmacht geschlagen und mit der grausamen Maschinerie und Bürokratie der nationalsozialistischen Justiz konfrontiert.

Denn ihrer Mutter, die doch ans Arbeiten gewöhnt war, ging es schlecht. Wie später eine Mitgefangene angab, wurde sie „arg mißhandelt, trotz daß Frau Etzer am Felde schwer arbeiten mußte".[311] Ihrer Ziehtochter und Enkelin E. erzählte die Lehenbäuerin später, sie habe einmal mit dem Unkraut auch kleine Karottenpflänzchen mit ausgejätet und sei sofort arg ausgepeitscht worden. Man habe nur auf eine Gelegenheit gewartet, um zu misshandeln. Jedenfalls kam Maria Etzer schon sechs Wochen nach ihrer Ankunft im Zuchthaus für drei Wochen in die Krankenabteilung, und zwar vom 28. Juni bis 22. Juli 1943 (aus welchem Grund, ist unbekannt, vielleicht auch wegen Problemen mit der Lunge, wie ein Jahr später; auch war sie ja zuvor im Krankenhaus Schwarzach in Behandlung gewesen).

---

[309] Im März 1943 nähten, flickten und strickten in Aichach 848 Frauen (von über 1600) für die Wehrmacht, zehn Monate später nur noch 250 (von mehr als 2000 Gefangenen). Ein Großteil der anderen arbeitete nun für die Rüstungsindustrie – vgl. Wachsmann 2006, 244.

[310] Siehe Kapitel 6.3

[311] SLA: Eidesstattliche Erklärung von Frau Katharina Mock, Opferfürsorgeakt M. E.

Während dieser Zeit ist am 12. Juli als Besuch „ihre Tochter Gretl" vermerkt, die entsetzt ist über den Zustand ihrer Mutter und mit Datum 30. Juli 1943 vom Lehenhof aus an den „geehrten Herrn Doktor der Strafanstalt Aichach" in (lateinischer) Handschrift folgenden Brief verfasst:

„Betr: Ansuchen um Strafunterbrechung
Da ich sah wie meine Mutter Maria Etzer, die in der Strafanstalt Aichach untergebracht ist, seelisch und körperlich unter der Strafe leidet, machten wir Kinder ein Gesuch an die Staatsanwaltschaft Salzburg um Strafunterbrechung. Meine Mutter würde ohne Erholung so unmöglich die Strafzeit überdauern können. Ich richte daher die Bitte an Sie, wenn Sie so gut sein möchten und das Gesuch, das von der Staatsanwaltschaft eintrifft begutachten würden.

Heil Hitler
Greti Etzer"

Mit Stempel der Direktion ist der Posteingang im Zuchthaus am 1. August belegt, mit 2. August 1943 geht der Brief mit folgendem maschinschriftlichem Vermerk wieder retour, denn auch die Angehörigen müssen erst gehörig gedemütigt werden – wegen schlechter Handschrift und fehlender Gefangenennummer:

„Zurück. Eine Gefangene Eheu Maria ist hier nicht untergebracht. Immer die Gefangenennummer angeben!"

Darauf am 3. August vom Buchberg die

„Richtigstellung. Die Gefangene ist Maria Etzer Z.189/43. Ich bitte nochmals mein Ansuchen zu berücksichtigen.

Heil Hitler
Greti Etzer"

Bange Wochen des Wartens folgen – es ist keine Antwort aus der Direktion belegt. Vielleicht verschlimmert Margarethes Intervention die Lage sogar, denn sie begeht nicht nur die genannten „Formfehler", sondern bittet auch um Mitgefühl für eine Gefangene, und das ist im NS-System kein Argument und verärgert die Behörde.

Dabei hätte die Aktion chancenreich begonnen. Die einzige stichhaltige Begründung eines Ansuchens um Strafunterbrechung für diesen Fall ist, dass die Gefangene für die „Erzeugungsschlacht" an Nahrungsmitteln unentbehrlich ist und daher möglichst bald zurück an den Hof muss.

Vermutlich argumentiert Maria Etzer selbst so. Denn wie die „Meldungen zum Bittrapport" belegen, bat sie am 3. Juni um die Erlaubnis für „1/2 Brief zwecks Strafunterbrechung", was ihr von der „Abteilung für Gnadengesuch" (Stempel) genehmigt wurde. Am 10. Juni durfte sie übrigens auch „1/2 Brief an Tochter Katharina wegen Landwirtschaft" verfassen.

Das Ansuchen um Strafunterbrechung selbst liegt im Gefangenenakt nicht vor, aber ein Duplikat des Begleitschreibens des Anstaltsleiters. Der Freiherr von Reitzenstein gab darin sein grundsätzliches Einverständnis – ob aus guter Laune oder weil seine Strafanstalt ohnehin aus allen Nähten platzte – und signierte mit

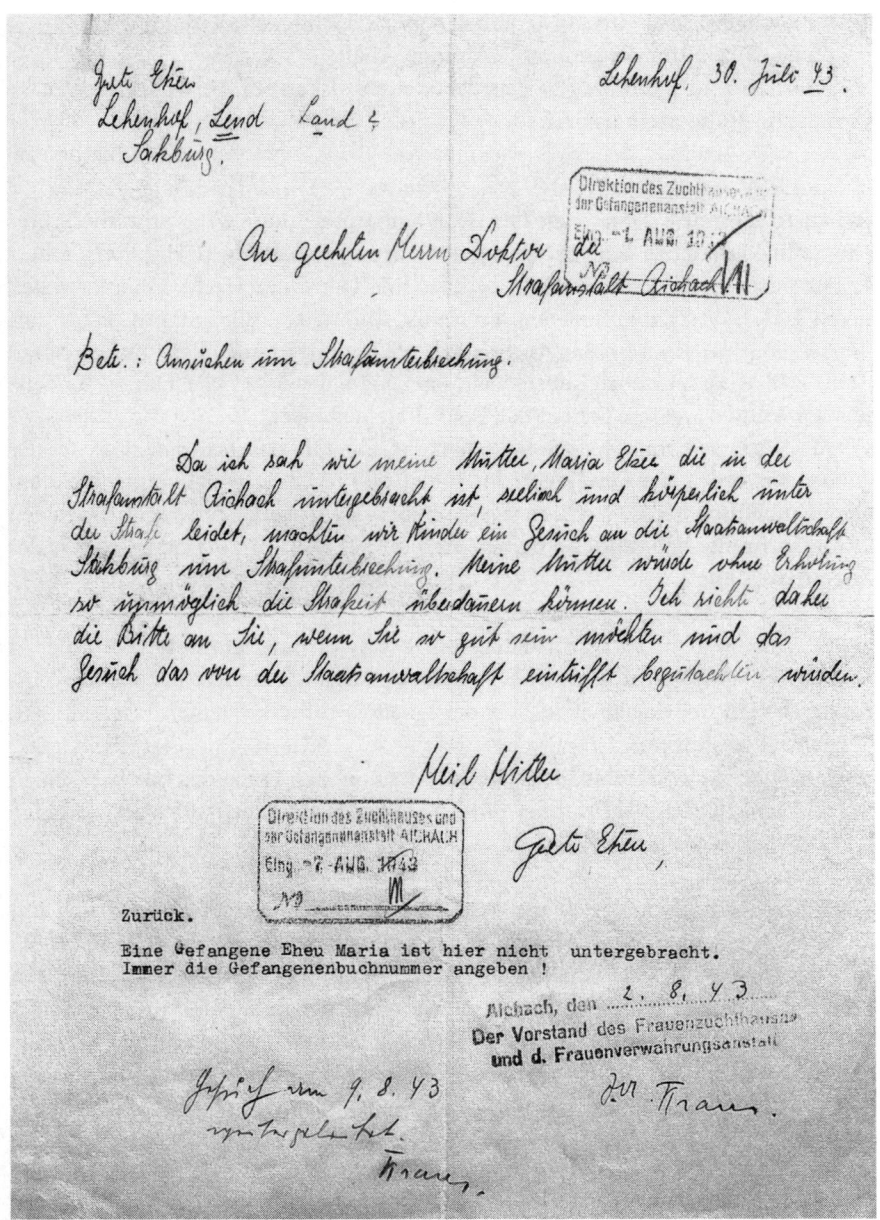

Brief Tochter Margarethe an Zuchthausleitung, 30.7.1943 – „Eine Gefangene Eheu Maria ist hier nicht untergebracht". Quelle: Staatsarchiv München

schwungvollem R. In diesem Schreiben vom 11. Juni 1943 „An die Staatsanwalt-schaft beim Landgericht Salzburg", Betreff Nr. Z 189/43 Etzer Maria KLs 20/43, ist zu lesen:

„Das vorliegende Gesuch um Strafunterbrechung wird befürwortet, falls die Dringlichkeit der Mitarbeit im landwirtschaftlichen Betrieb der Toch-ter nachgewiesen wird, im Hinblick auf die Wichtigkeit der landw. Erzeu-gungsschlacht für die gesamte Kriegswirtschaft.

Führung und Fleiß sind wegen der kurzen bisherigen Verwahrung hier noch nicht beurteilungsreif.

Direktor."

Ein nicht datiertes „Gutachten der Beamtenbesprechung" wegen Strafunterbre-chung für Maria Etzer scheint deren gute Führung zu bestätigen. Härdltein, Ober-inspektor, Dimpfl, Oberlehrer (tatsächlich eine Lehrerin), Hecht, Oberverwalter, Fruth, I. H. HW. (?), und Bollwein, Verwalter, stimmen per Bleistift mit „ja"; Kraus, Pfarrer, fügt als Kommentar noch hinzu „falls die Dringlichkeit nachgewiesen wird." Mit Tinte setzt auch Reitzenstein sein „ja" in die erste Zeile. Die zweite Zeile für den Anstaltsarzt, Dr. Schemmel, R. M. Rat, bleibt leer.

Aus Salzburg kommt jedoch mit Briefkopf „Der Oberstaatsanwalt als Leiter der Anklagebehörde beim Sondergericht"[312], datiert mit 28. Juni 1943, umgehend ein ablehnender Bescheid, den ein riesiger Stempel „Haft!" kennzeichnet. Aus welchen Gründen immer, langt das Schreiben erst am 22. Juli 1943 in der Direktion des Zuchthauses ein.

„1. Das Gesuch der Verurteilten Maria E t z e r um Strafunterbrechung vom 11.6.1943 wird nach Überprüfung der Gründe zufolge der von dem Reichsminister der Justiz in § 35 der Gnadenordnung erteilten Ermächti-gung abgelehnt.

2. Nachricht von 1) an den Herrn Vorstand des Frauenzuchthauses in Aichach, zu Z. 189/43 mit der Bitte, beiliegenden Bescheid auch an Maria E t z e r auszufolgen."

Maria Etzer ist nach drei Wochen am 22. Juli aus der Krankenabteilung zurück und ab 23. Juli wieder im Arbeitseinsatz, als sie von der Ablehnung erfährt.

Nun wird jedoch die Familie aktiv – in Unwissenheit über den ablehnenden Bescheid, denn Maria Etzer darf erst im September wieder nach Hause schreiben. Die jüngste Tochter Margarethe bittet, wie oben erwähnt, am 30. Juli den Direktor um Mitgefühl für ihre kranke Mutter und berichtet vom Gesuch der Familie an die Staatsanwaltschaft Salzburg, das Katharina am 28. Juli dorthin gerichtet hat.

---

[312] Alle ablehnenden Bescheide kamen von Oberstaatsanwalt Balthasar. Dr. Stefan Balthasar war schon zu Zeiten der Illegalität Nationalsozialist, später SS-Mitglied. Bereits vor dem „Anschluss" war er Verfechter der Todesstrafe – vgl. Bohn 2012, 262.

Man muss sich also neuerlich mit einer schon (negativ) erledigten Sache pro forma beschäftigen – eine lästige Angelegenheit für die Zuchthausleitung. In einem „Führungsbogen" vom 3. August werden der Gefangenen jede Menge schlechter Eigenschaften zugewiesen, auf die sich dann Reitzensteins zweiter Brief nach Salzburg bezieht.

Im neuerlichen „Gutachten der Beamtenbesprechung", datiert vom 2. August, stimmen alle Herren sowie die Gefängnislehrerin Dimpfl mit „nein", und die Schreibkraft des Direktors tippt am 9. August an die Staatsanwaltschaft Salzburg unter Maria Etzers Betreff:

„Unter Bezugnahme auf die amtsärztliche Erklärung befürworte ich das Gesuch um Strafunterbrechung n i c h t, da die Haftfähigkeit weiterhin gegeben ist.

Die Führung ist zwar hausstraffrei, der Gesamteindruck ist jedoch höchst ungünstig. Etzer ist eine vorlaute, freche und verlogene Gefangene, die auch ihren Mitgefangenen gegenüber sich rücksichtslos durchzusetzen versucht.

In der Arbeit gilt sie als Drückebergerin, deren Leistungen nur gering sind. Ihre Tat, die Beziehungen zu drei Kriegsgefangenen aufweist, und die daher besonders schwer zu bewerten ist, gesteht sie zwar ein, sie scheint aber nicht allzusehr beeindruckt zu sein."

Ein Führungsbogen aus Ingolstadt, ein paar Monate später, zeigt übrigens einen völlig anderen Charakter der Gefangenen.

Am 23. August 1943 klappert die Schreibmaschine der Oberstaatsanwaltschaft Salzburg noch einmal, nicht für einen Bescheid (der ja schon ergangen ist), sondern für einen

„Beschluss.
Das Gesuch der Tochter der Verurteilten, Katharina S., vom 28.7.1943 um Strafunterbrechung für ihre Mutter Maria E t z e r ist von mir geprüft worden. Ich habe jedoch keinen Anlass gefunden, einen Gnadenerweis zu bewilligen. Diese Entscheidung ergeht aufgrund der mir in § 35 der Gnadenordnung von dem Reichsminister der Justiz erteilten Ermächtigung."

Das Schreiben, eingelangt am 27. August, ergeht – wie schon das vorige – als amtliche Information an den Direktor des Zuchthauses, „mit der Bitte um Eröffnung an die Verurteilte Etzer", die dann mit ihrer Unterschrift die Kenntnisnahme bestätigt hat.

Ob auch die Angehörigen überhaupt ein Schreiben zum Ausgang ihrer Bemühungen bekommen haben? Wir wissen es nicht.

„Außer Spesen nichts gewesen", so könnte man die Bemühungen Maria Etzers und ihrer Familie zusammenfassen, und tatsächlich sollte die Sache auch noch ein finanzielles Nachspiel haben. Ein Salzburger Rechtsanwalt mahnte bei Maria Etzer brieflich ausständige Beträge ein, diese bekam aber bald darauf Briefsperre.

5.7 Zahnersatz, Hausstrafen und Briefsperre

Für alles, was ein freier Mensch einfach tut, wie Briefe schreiben oder Besuche empfangen, gibt es im Zuchthaus schriftliche Anträge auf umfangreichen Formularen. Es kann bewilligt werden – bald, später oder auch gar nicht.

Am 3. September 1943 stellt Maria Etzer auf einem Formular einen „Antrag auf Zahnbehandlung" beim Anstaltszahnarzt. „Es wird folgende Zahnbehandlung vereinbart: vorhandene Prothese ein Zahn anfügen", notiert Dr. Westphal. Die Kosten belaufen sich auf zehn Reichsmark. Ganz oben auf dem Formular steht der Aufdruck: „Auf eigene Rechnung". Maria Etzer unterschreibt, immer mit Bleistift.

Auf einer der vielen Listen ist ihr Verdienst vermerkt: 20 Reichsmark per 16. August 1943. Dies für drei Monate, zum Vergleich: die magere Versorgungsrente betrug 70 Reichsmark monatlich. Am 7. September ist jedenfalls die Vorauszahlung an den Zahnarzt sichergestellt, einen Monat später wurde dann verrechnet.

Am 9. September 1943 sucht Maria Etzer laut Bittrapport um 1/2 Brief an ihre Tochter Katharina an (alle privaten Briefe gehen an diese), am 12. September darf sie diesen absenden. Für die Briefe gab es Papier mit einem Anstaltsbriefkopf und wurde ein Schreibzeug verliehen (Tinte und eine schlechte Feder), nur zensurierte Briefe konnten abgesandt werden, und auch der Posteingang wurde kontrolliert. Eigener Besitz von Papier oder Bleistift war strengstens verboten.

Post war auch deshalb so wichtig, weil die Gefangenen völlig von der Außenwelt abgeschnitten waren, es gab keine Zeitungen, keine Informationen über den Kriegszustand, nur am Sonntag Bücher aus der Zuchthausbibliothek, uralte Zeitschriftenbände und Naziliteratur.[313] Maria Etzer hätte da vermutlich lieber zu ihrem Gebetbuch gegriffen, das man ihr als „ungeeignete" Lektüre und Material für Kassiber aber sicher abgenommen hatte.

Der briefliche Kontakt zu den Angehörigen war also zumeist der einzige zur Außenwelt, zur Familie, zum Geschehen am Heimatort – sofern man davon berichten durfte. Briefe zu lesen und zu schreiben war eine der wenigen Gelegenheiten, aus dem brutalen Alltag von Schwerarbeit und Schikane kurz aufzutauchen und sich als Mensch zu fühlen. Rosa Buchholzer erzählt:

> „Einmal habe ich nach Hause geschrieben: ‚Wenn der Flieder wieder blüht, bin ich bei Euch.' Da bin ich in eine Strafzelle eingesperrt worden, denn ich hätte nicht schreiben dürfen."[314]

„Briefsperre" für zwei Monate ab 15. Dezember 1943 muss auch für Maria Etzer eine furchtbare Strafe gewesen sein, noch dazu, weil sie unschuldig dazu kam. Doch schon vor diesem Zeitpunkt lässt sich keine Regelmäßigkeit der Korrespondenz aus der Liste erkennen.

---

[313] Vgl. Schütte-Lihotzky 1985, 161
[314] Buchholzer o. J., 1

Der erste Brief ging am 16. Mai 1943 ab, kurz nach ihrer Ankunft im Zuchthaus, unter der schlampigen Adresse „Buchberg Nr. 30 b. Salzburg", ebenso wie
der zweite vom 13. Juni 1943. Daraufhin – vielleicht wegen des Wirbels um das zu
Sommeranfang eingereichte Gnadengesuch ihrer Familie – durfte sie drei Monate
lang nicht schreiben, schon vor der Briefsperre. Am 12. September und 31. Oktober ist dann je ein Brief vermerkt, diesmal an Buchberg, Post Lend, Gau Salzburg,
dann war wieder „Sendepause" bis Dezember.

Auf dem Formular „Hausstrafverfahren" gegen Etzer Maria, 189/43, Zuchthaus II, Zelle 22, steht unter der Rubrik „Anzeige" in akkurater Handschrift der
Aufseherin Metzger Franziska:

„Bei einer Visitation fand ich auf Zelle N. 22 einen Bleistift und 2 Säckchen,
die aus Heeresgut angefertigt waren,

den 8.12.43."

Es ist zwar kein Kassiber gefunden worden, aber Material dazu. Maria Etzer, erst
kürzlich in diese Zelle verlegt und dazu verhört, beteuert ihre Unschuld. Es hilft ihr
nichts. Sie wird mit dreimal Kostentzug bestraft, laut Anstaltsarzt steht dem nichts
im Wege, die Strafe ist am 11. und 13. Dezember vollstreckt und unter 333/43 im
Strafbuch vermerkt worden. Dass man sie, die ohnehin schlecht ernährt ist, zusätzlich auch wegen ihrer Zahnprobleme, zwei Tage hungern lässt, hat sie vielleicht
als ein „Adventfasten" hingenommen. Aber sie weiß, dass sie ungerecht behandelt
wird, und wagt es, im Brief an Katharina davon zu schreiben. Der Brief wird eingezogen und verbleibt im Personalakt. Ein Ersatzbrief kann am 19. Dezember 1943
noch geschrieben werden, dann folgt als Strafe für die „Ungeheuerlichkeit" des
Satzes: „Ich bin unschuldig" eine zweimonatige Briefsperre.

5.8 „Ich bin nur zum Unglück geboren" –
besonders traurige Weihnachten

Der durch diesen Zufall nicht verschickte und dadurch erhaltene Brief ist eines der
erschütterndsten Dokumente im gesamten Gefangenenakt. Er belegt die tiefe Einsamkeit einer zu Unrecht verurteilten Frau – schon vom Sondergericht in Salzburg
und gerade wieder, wo sie doch unschuldig ist. Darüber hinaus zeigt er die Wirk-
samkeit der beabsichtigten Brandmarkung. Maria Etzer wird nämlich auch von
ihrer eigenen Familie im Stich gelassen, die sich, wie wir mittlerweile wissen, zwar
für ihre Enthaftung eingesetzt hat, aber, so zeigt der Brief, eine Zuchthäuslerin
lieber nicht bei sich im Haus und im Dorf haben will. „Ich bin nur zum Unglück
geboren", schreibt Maria Etzer, „Weihnachten hier sein, das ist furchtbar". Aber:
„Das Schwerste kommt erst, wenn ich hinauskomme."

Im ersten Teil des Briefes schildert sie die Sache mit dem Bleistift – „für den
Fall, daß einem Gesuch das ein Hinderniß [sic] sein soll", schreibt dann von
Magenschmerzen, um gleich darauf auf die Landwirtschaft einzugehen und im
Kommandoton der Betriebsführerin dazu Anweisungen zu geben.

Gefgb.-Nr. 189/43   Name: Etzer Maria

Frauenzuchthaus und Frauenverwahrungsanstalt Aichach/Obb.

Aichach   Den ... 194 3

[Handschriftlicher Brieftext in deutscher Kurrentschrift, weitgehend unleserlich]

1452

Brief Maria Etzer an Tochter Katharina, 15.12.1943 – „Ich bin nur zum Unglück geboren …",
S. 1. Quelle: Staatsarchiv München

Brief Maria Etzer an Tochter Katharina, 15.12.1943, S. 2. Quelle: Staatsarchiv München

„Gefgb.-Nr. *189/43* Name: *Etzer Maria*
Frauenzuchthaus und Frauenverwahrungsanstalt Aichach/Obb.

Aichach Den *12. Dezember* 1943

Liebe Kati![315]

Nun sind wieder 6 Wochen vorüber. Wie geht's Euch? Seid Ihr gesund? Ich muß dir nun folgendes sagen. Bin durch Arbeitswechsel in eine andere Zelle gekommen, da war ein ganz kleines weißes Säckchen da und ich wußte nicht, dass man das abgeben soll, und unter meinem Bettgestell fand die Wachtmeisterin einen Bleistift, ich hab nie einen gesehen noch in der Hand gehabt, ich bekam Strafe, aber ich bin unschuldig. Für den Fall, daß einem Gesuch das ein Hinderniß [sic] sein soll. Ich bin nur zum Unglück geboren. Habe öfter arge Magenschmerzen. Weihnachten hier sein, das ist furchtbar, die Kuh Kugl wird längst ein Kalb haben – hats euch tüchtig verhaut? Hast eine Ziege gekauft? Das muß sein, und zwar jetzt, damit sie sich im Winter an das Vieh gewöhnt. Dann laß einen Rührkübel machen beim Binder Martin, da mußt aber weißt, die zwei Eisenteile zum Triebel mitbringen, das soll sich Lois beim Berger machen laßen [sic], aber bestimmt und zwar gleich, du wirst mich doch verstehen, nicht wahr?"

Im zweiten Teil bezieht sie sich auf einen Brief, den sie von der jüngsten Tochter sozusagen im Namen der Familie erhalten und der „die von euch gewünschte Wirkung getan" hat, sodass sie nun nicht mehr wie andere Gefangene für die Zeit nach der Haft sagen kann: „Ich geh heim". Die Hoffnung, „irgend jemand wird mich doch noch aufnehmen", kippt in eine Todessehnsucht: „Da ich ja nichts mehr gleich sehe, da bin ich doch früher unter der Erde."

„Gretel Brief hab ich erhalten, er hat die von Euch gewünschte Wirkung getan. Irgendjemand wird mich doch noch aufnehmen, damit Ihr nicht die Zuchthäuslerin sehen müst [sic]. Andere können sagen, ich geh heim, aber ich bin die Ärmste, ich hab kein Heim mehr, das Schwerste kommt erst, wen [sic] ich hinaus komme, vorläufig darf ich an das nicht denken da ich ja nichts mehr gleich sehe, da bin [ich] doch früher unter der Erde."

Sie schließt versöhnlich, mit einem letzten Appell und „recht herzlichen Grüßen" – ein „Heil Hitler" kommt ihr niemals aus der Feder, die sie der Wärterin nun wieder zurückgeben muss.

„Ein Besuch das kostet zu viel u[nd] du kannst nicht abkommen von den Kindern. Schick sie in die Kirche zu Weihnachten, ich weis [sic], du spotest

---

[315] Schreibweise hier Kati statt Kathi

[sic] darüber, sie sollen für mich beten, daß ich es leichter ertrage. Also recht herzliche Grüße, u. an die Kinder, denkt an mich, mir wird jeder Tag noch schwerer.

Herzliche Grüße
Mutter."

Der einbehaltene Brief trägt einen Stempel: „1. Brief beanstandet (unzulässiger Inhalt) 2. Eröffnen 3. Ersatzbrief genehmigt 4. Brief zum Pers.-Akt, 14. Dez. 43".
    Katharina hat am 25. November 1943 50 Reichsmark an ihre Mutter überwiesen, einen Teil von deren Rente, auch im August schon einmal 20 Reichsmark.
    Am 29. November hat sie „An die Direktion der Frauenverwahrungsanstalt in Aichach!" ein Schreiben verfasst, das dort am 2. Dezember eingegangen ist:

„Bitte die Direktion ob es vielleicht doch erlaubt ist, für Frau Maria Etzer Nr. 189/43 ein Weihnachtspäckchen zu schicken, lege eine Antwortmarke bei.

Heil Hitler
S. K.[316] Buchberg 30 Post Lend Gau Salzburg
als Tochter"

Postwendend die Antwort:

„Die Zusendung von Päckchen an Zuchthausgefangene ist untersagt.
J. A., Oberinanwärterin

Unter Verwendung einer Freimarke."

5.9 Haftzeit in Ingolstadt

Nach dem Fund von Bleistift und Säckchen in Zelle 22 und zwei Tage Hungern in der Strafzelle wird Maria Etzer an einen anderen Ort überstellt, denn entstehende Vernetzungen müssen sofort unterbrochen werden. Vielleicht steckt ja die naive Salzburger Bäuerin mit österreichischen Kommunistinnen unter einer Decke?
    Ich vermute es nicht. Hätte sie in dem beanstandeten Brief geschrieben: „Ich bin unschuldig", wenn sie es nicht gewesen wäre? Hätte sie nicht vielmehr dazu geschwiegen, falls tatsächlich geplant war, sie in die hochgefährliche Übermittlung geheimer Nachrichten einzubeziehen? Ich vermute viel eher, dass eine Kommunistin aus Zelle 22 überraschend verlegt wurde und diese das so kostbare Material nicht mehr rechtzeitig retten konnte.
    Maria Etzer wird in das Außenkommando Ingolstadt überstellt und ist dort zusammen mit anderen Häftlingen im Amtsgefangenenhaus untergebracht.

---

[316]   Im Original vollständiger Nachname

Außenlager bzw. Außenkommandos (in den meisten Entscheidungen der Zentrale unterstellt) schossen während des Krieges wie Pilze aus dem Boden, einerseits, um GefängnisinsassInnen in der Nähe von Fabriken unterzubringen, andererseits, um die überfüllten Haftanstalten zu entlasten. Die Häftlinge arbeiteten auch, „indem sie Straßen, Gebäude, Eisenbahntrassen oder Luftschutzbunker errichteten oder reparierten". [317] Das galt auch für Frauen: 1938 waren nur 1,6 % der weiblichen Häftlinge des Altreichs in Außenlagern untergebracht, im Sommer 1944 bereits 25,5 %.[318]

Die Aufnahmeuntersuchung Maria Etzers vom 23. Jänner 1944 in Ingolstadt beschränkte sich auf die Gewichtskontrolle: 58 kg, zwei Kilo weniger als im Mai in Aichach. Das hatte aber keine Auswirkungen auf ihr Arbeitspensum. Vielleicht wurde sie dort sogar zur Zwangsarbeit im Bahnbau eingesetzt, denn eine mitinhaftierte Frau gab nach dem Krieg an, „genannte Etzer mußte auch bei Bauarbeiten Männerarbeiten verrichten, wenn selbe nicht mehr mitkam, wurde selbe mit Fußtritten und Schlägen behandelt".[319] Jedenfalls beginnt Maria Etzer ihre Haft in Ingolstadt mit einem sogenannten Hausstrafverfahren:

„Anzeige – von Amts wegen – weil sie in ihrem Regelbrief ihre Arreststrafe ausführlich schilderte."

Man lügt frei heraus. Tatsächlich hatte sie im Brief an Katharina ja nur erzählt, dass sie unschuldig dazu kam, und weil kein beschriebener Kassiber gefunden wurde, war sie längerem Arrest entgangen: Pritsche ohne Strohsack, tagelang bei Wasser und Brot, körperliche Züchtigung. „Der Verwalter, ein unscheinbarer kleiner Mann mit Ziegenbart, hatte sie übernommen. Er riss an den Haaren, er prügelte und anderes mehr."[320]

Es entsteht der Eindruck, dass Maria Etzer in ihrem neuen Gefängnis gleich als gefährlich und frech präsentiert werden sollte. An „die Lagerleiterin der Frauenzuchthausabteilung Ingolstadt" ging jedenfalls getippt die Benachrichtigung über die Hausstrafe: zwei Monate Briefsperre 15. Dezember 1943 bis 15. Februar 1944; handschriftlich für die Gefangene dieselbe Nachricht, unterschrieben von Brennfleck, Oberverwalter.

Zum beanstandeten Brief gab es ein weiteres Formular. Demnach war unerlaubt und konnten bestraft werden, nicht nur „Ausfällige Äußerungen gegen …" und „Beschwerden über: Gesundheit – Kost – Aufsicht – Behandlung", sondern auch: „über den Rand – zwischen die Zeilen – unleserlich geschrieben".

Neben der akkuraten Unterschrift aus Aichach findet sich auf dem Formular ein großzügiger Bleistiftvermerk „Ingolstadt". Derselbe Bleistift hat mit Schwung den ganzen „Sündenkatalog" abgehakt oder durchgestrichen.

---

[317] Wachsmann 2006, 245
[318] Ebd.
[319] SLA, Opferfürsorgeakt Maria Etzer
[320] Schütte-Lihotzky 1985, 156

Es gibt Anzeichen dafür, dass Maria Etzer in Ingolstadt im Lauf der Zeit besser behandelt wurde – wobei das Außenkommando organisatorisch mit der Zentrale verbunden war und diese in vielfältigen Formularen um diverse Zustimmungen fragen musste, z. B. beim Briefverkehr der Häftlinge.

In Ingolstadt wurde jedenfalls aus gutem Grund die verhängte Briefsperre vorzeitig aufgehoben. Außerdem konnte Maria Etzer schon am 26. Jänner 1944 und daraufhin regelmäßig etwa monatlich bis zum Ende des Jahres 1944 an ihre Tochter Katharina schreiben. Der „Bitt-Rapport" in Ingolstadt zeigt, dass Einsicht in die Dringlichkeit eines bestimmten Schreibens bestand:

> „26.1.44 Die Gefangene bittet um die laufende Zahlungsklage ihres Anwaltes zwecks Zahlung der R.anwaltskosten abzuwenden, um eine Postkarte an R. A. W. und eine Postkarte an ihre Tochter."

Aus der Korrespondenzliste ist ersichtlich, dass die Postkarte an Katharina sowie eine weitere an den Rechtsanwalt Dr. Duschl, Salzburg, Kranzlmarkt, noch am selben Tag abgingen, sodass die weitere Vorgangsweise abgestimmt und die ausstehenden Zahlungen bereinigt werden konnten.

Mit 29. Jänner 1944 gab es einen zweiten Versuch, die Mutter aus der Haft freizubekommen, diesmal unter Federführung von Regina. Das übliche Prozedere nahm wieder seinen Lauf: Führungsbogen (diesmal in Ingolstadt erstellt); daran anschließend „Gutachten der Beamtenbesprechung", Stellungnahme und evtl. Unterstützung des Ansuchens durch die Anstaltsleitung, Entscheidung und Bescheid durch die Oberstaatsanwaltschaft Salzburg. Der Führungsbogen vom 11. Februar 1944 über das Verhalten Maria Etzers im Monat Jänner fiel sehr zufriedenstellend aus (die zutreffenden Eigenschaften wurden auf dem Formular unterstrichen):

> „Zu den Vorgesetzten: bescheiden, natürlich, folgsam, unterwürfig, offen, gerade, vertrauensselig, arglos, dankbar, anhänglich, ehrlich, geduldig – Zu den Gefangenen: gutmütig, hilfsbereit, freundlich, mitleidig, neidlos, geradezu [sic] – Zur Arbeit: besonders fleißig (1), tüchtig, geschickt, rasch, gewissenhaft – Leistung: I, Fleiß: I"

Was beim Lesen sofort auffällt, hat auch damals – wer immer – handschriftlich auf dem Führungsbogen vermerkt: „zum Vorbericht: alles gegenteilig". Dennoch stimmten die Teilnehmer der Beamtenbesprechung in Aichach geschlossen mit „nein" zu einer bedingten Strafaussetzung. Reitzenstein war abwesend. In seiner Vertretung schrieb ein Verwaltungsoberinspektor am 15. Februar 1944 nach Salzburg:

> „Das Gesuch, durch das offenbar bedingte Strafaussetzung erstrebt wird, befürworte ich als verfrüht n i c h t. Die Führung gab zweimal zu kleineren Beanstandungen Anlass. Der Fleiss [sic] hat sich sehr gesteigert, bei der Schwere der Tat, die Beziehungen zu drei Kriegsgefangenen aufweist und bei dem großen Strafrest ist ein Gnadenerweis noch nicht angebracht."

Ein Gnadenerweis steht dem Inspektor in Aichach zwar nicht zu, aber Oberstaatsanwalt Dr. Balthasar aus Salzburg erlässt am 23. März 1944 ohnehin einen negativen Bescheid:

> „Das Gesuch der Regine A., Hausfrau in Zell am See vom 29.1.1944 um Reststrafenerlass bezw. bedingte Strafaussetzung für ihre Mutter Maria E t z e r, zur Zeit Strafhäftling im Zuchthaus in Aichach zum Urteil des Sondergerichtes beim Landgerichte Salzburg vom 24.3.1943 … ist mir zugemittelt worden. Nach Prüfung des Sachverhaltes habe ich keine Veranlassung gefunden, eine Vergünstigung zu befürworten … bescheide ich hiermit das Gesuch … ablehnend.“[321]

Ab Februar 1944 gibt es einen längeren Schriftverkehr von Tochter Regina mit dem Zuchthaus. Sie will ihre Mutter besuchen. Am 11. Februar fragt sie (per Schreibmaschine, das Ehepaar hat ja ein Geschäft) an, ob ihre Mutter „noch in der Anstalt ist, und wo sie andernfalls ist. Heil Hitler!“ Sie bekommt keine Antwort. Am 17. Februar ersucht sie „nochmals freundlichst“ um die entsprechende Antwort:

> „Da ich nur in allernächster Zeit eine Möglichkeit habe, von hier abzukommen, bitte ich um ehesten Bescheid. Heil Hitler!“

Handschriftlich auf dem Brief notiert ist ihre Adresse, falls es daran mangeln sollte: Regina A., „Zell am See, Adolf Hitlerplatz 33“. Am nächsten Tag wird –„unter Verwendung eines Freiumschlags“ – von der Verwaltung in Aichach die Anfrage beantwortet.

> „Ihre Mutter, Z.189/43 Etzer Marie befindet sich zur Zeit in einer Aussenabteilung [sic] in Ingolstadt.“

Vielleicht hat Regina neben dem frankierten Kuvert auch sonst noch etwas beigelegt, z. B. eine Auflistung der Verdienste und Auszeichnungen ihres Ehemannes, Alt-Parteigenosse und Blutordensträger[322], denn mit der Besuchsgenehmigung geht es jetzt schnell. Anfang März (ohne Datum, Eingangsstempel 6. März 1944) schreibt Regina ausführlich:

> „Danke freundlichst für die Auskunft … Ich möchte recht herzlich bitten, mir die Besuchsgenehmigung herzuschicken, weil es sonst so umständlich ist, wenn ich zuerst nach Aichach fahren muß. Meine Schwester, die auch mitfährt, hat 9 Kinder unter 14 Jahren und ich vier unter vier Jahren, da müssen wir unter allen Umständen zusehn, daß wir keine Stunde umsonst

---

[321] Auslassungen: M. P. W.
[322] Den Blutorden bekamen in Österreich u. a. Teilnehmer des Juliputsches 1934, die wegen NS-Aktivitäten zu Zeiten der Illegalität in der Zeit vor 1938 Gefängnisaufenthalte verbüßen mussten. Diese wurden auch als „Alte Kämpfer“ bezeichnet.

fort sind. Auch kann der Besuch nicht mehr hinausgeschoben werden, weil wir sehr dringende wirtschaftliche Fragen mit der Mutter zu besprechen hätten. Ich bitte daher noch einmal mir diesbezüglich entgegen zu kommen, weil ich zu den Kindern niemand Verläßlichen habe. Hoffe, dass Sie dafür Verständniss [sic] haben, und danke im voraus dafür. Heil Hitler!"

Am selben Tag kommt eine respektvolle Antwort des Direktors in Ich-Form:

„Ich gestatte Ihnen, Ihre Mutter Maria Etzer am Sonntag, den 12.3.44 zu besuchen. Der Besuch wird im Gerichtsgefängnis Ingolstadt abgehalten. Dorthin wollen Sie sich am 12.3.1944 begeben. Das Mitbringen von Lebensmitteln und dgl. ist untersagt. Dieses Schreiben wollen Sie nebst Ihrem Lichtbildausweis dort vorzeigen.

Direktor."

Nur auf diesem Durchschlag der Nachricht (sonst keinem einzigen aller im Gefangenenakt erhaltenen Dokumente) findet sich nicht nur ein Unterschriftskürzel, sondern eine Unterzeichnung in lateinischer Schrift: „gez. Dr. Frh. v. Reitzenstein". Ist es Zufall und Laune – oder hat vielleicht der Nazi-Schwiegersohn „dieser Etzer" auf ihn Eindruck gemacht?

Acht Monate waren für die Gefangene Maria Etzer seit dem ersten Besuch ihrer Tochter Margarethe vergangen bis zum zweiten Besuch ihrer Töchter am 12. März 1944. Welche „sehr dringenden wirtschaftlichen Fragen" hatten denn die Schwestern (neben Regina kam dann nicht wie geplant Katharina, sondern Margarethe) mit ihrer Mutter zu besprechen – oder war das nur ein Argument für einen schnellen Besuchstermin?

Es könnte um die Übergabe der Landwirtschaft an Katharina gegangen sein, denn der Bittrapport verzeichnet mit Ende Mai eine Anfrage Maria Etzers, an das Versorgungsamt Salzburg wegen Altersrente schreiben zu dürfen; eine Postkarte (verfasst am 1. Juni) wird genehmigt. Eine Antwort darauf fehlt im Gefängnisakt, aber man kann von einer Ablehnung ausgehen, sonst hätte Maria Etzer nach Kriegsende durch die Rente eine gesicherte wirtschaftliche Existenz gehabt und den Betrieb übergeben können.

Eine Postkarte mit Stempel 10. April 1944 aus Salzburg, Pichlergasse 22, trifft in der Verwaltung in Aichach ein, es fragt Maria Etzers Halbschwester Katharina Gassner an, ob sie und ihre Schwester Regina Hautzinger die Inhaftierte besuchen dürfen:

„Bitte an welchen Tagen ist Besuchszeit, und um wieviel Uhr. Maria Etzer ist unsere Schwester. Freundlichst dankend zeichnet mit Heil Hitler
Gassner Katharina"

Der Besuch wird wegen des erst kürzlich erfolgten Besuches (12. März) von der Verwaltung formlos abgelehnt, der nächste Besuchstermin falle auf Juli 1944. Dringlicher als das Schreiben wegen Altersrente ist für Maria Etzer ein weiteres

Gesuch um Strafunterbrechung. Am 14. Mai 1944 fragt die Abteilung Ingolstadt in der Zentrale an, ob die Gefangene ein solches verfassen darf, was am 15. Mai genehmigt wird. Vielleicht ist es ihre Strategie oder auch die ihrer Familie (in Absprache mit dem Anwalt), nach der letzten Ablehnung erst Ende März schon Mitte Mai das nächste Ansuchen zu stellen und damit in Zeiten großer Überbelegung und Überlastung des Zuchthauses wieder die übliche bürokratische Maschinerie in Bewegung zu setzen, mit Führungsbogen, Beamtenbesprechung, Stellungnahme des Direktors. Möglich war das aber sicher nur, weil Maria Etzer inzwischen durch „sehr gute Führung und Fleiß" am 6. April 1944 eine „Leistungsbelohnung" erhalten hat. Das bedeutete, man konnte öfter schreiben, Post erhalten oder auch Besuch empfangen (nächster geplanter Besuchstermin nach dem im März einer im Juli!).

Die Beamtenbesprechung gibt ein einmütiges Ja zu einer früheren Entlassung, wobei Pfarrer Kraus süffisant anmerkt: „falls nötig?" (ein andermal kommentiert er: „wird sich auch zu Hause anstrengen") und der Direktor am 23. Mai zusammenfassend nach Salzburg schreibt:

„Dem Gesuch auf Strafunterbrechung trete ich nicht entgegen, falls die Notwendigkeit der Mithilfe in der Landwirtschaft bestätigt wird.
Die Gefangene hat sich in letzter Zeit ohne Beanstandung geführt. Arbeitsfleiss und -leistung liegen über dem Durchschnitt, sodass ihr Leistungsbelohnung zugebilligt werden konnte."

Schon mit Datum vom 26. Mai 1944 wird die Ablehnung des Gesuchs von der Staatsanwaltschaft Salzburg formuliert, „da keine stichhältigen [sic] Gründe vorhanden sind". Die Prüfung solcher (im Sinn einer Notwendigkeit für die Landwirtschaft) hat dort niemand interessiert – denn die Zeit für den Postweg eingerechnet, war das Schreiben aus Aichach vom 23. Mai erst frisch eingelangt und sofort negativ beantwortet worden.

So blühte der Flieder auf dem Buchberg, ohne dass Maria Etzer zuhause sein konnte. Der vorhergehende Winter brachte eine weitere Gefahr für die Gegend des Zuchthauses. Am Ende eines eiskalten Februars 1944 waren nach Bombardierung mehrerer deutscher Großstädte auch in Augsburg, 20 Kilometer von Aichach entfernt, die ersten Bomben der Alliierten gefallen – die Nazis hatten schon 1942 mit Bombardierungen begonnen. Am Nachmittag des 25. Februar 1944 starben 130 AugsburgerInnen und 250 KZ-Häftlinge, nach der darauffolgenden Nacht erhöhte sich die Zahl der Todesopfer auf 730.[323] Grete Schütte-Lihotzky erinnert sich an wiederholte Luftangriffe, zumeist nachts.

„Das Getöse war ohrenbetäubend und schreckerregend. Wir saßen im vierten Stockwerk eines Bauflügels in der äußersten Zelle. Hier oben schwankte der Bau. Wir sprangen aus den Betten, kletterten hinauf zum Fenster und sahen unzählige, vielfarbene Lichtpunkte, die langsam zur Erde sanken.

---

[323] https://de.wikipedia.org/wiki/Luftangriffe_auf_Augsburg (6.5.2017)

Diese rot, blau, weiß und grün glühenden Lichter waren das einzige, das sich in weitem Umkreis bewegte – ein wunderschöner Anblick. Doch warum diese Leuchtkugeln? Damit sie uns besser treffen und vernichten könnten? Wir ahnten nicht, daß die Leuchtkugeln unserem Schutz dienten."[324]

Die Architektin Schütte-Lihotzky hatte selbst dazu beigetragen, indem sie in einem verklausulierten Brief an ihren Mann nach Istanbul die Lage des Hauses und den kreuzförmigen Grundriss der Anlage beschrieben hatte. Die Angaben wurden der britischen Botschaft in der Türkei übermittelt und man versprach ihrem Mann, sie sofort nach England weiterzuleiten, damit die Gefangenen nicht geopfert würden – es waren allein mehr als 90 „Politische" aus der Ostmark.[325] Auch die Erhaltung vieler Akten in den Wirren nach der Befreiung des Zuchthauses ist österreichischen Widerstandskämpferinnen zu verdanken.

Maria Etzer war ab Jänner 1944 im Ingolstädter Gefangenenhaus untergebracht und musste dort im Freien arbeiten, auch unter großer Gefahr. Sie hatte sich ausgeschunden, um vielleicht im Mai entlassen zu werden, doch der Sommer verging wie üblich mit schwerer Arbeit, zu einer Enthaftung kam es nicht. Sie wurde aber, wahrscheinlich wegen Entkräftung, in den Innendienst versetzt. Am 2. Juli und 20. August konnte sie jeweils an Katharina schreiben.

5.10 Rückkehr nach Aichach

Am 11. September 1944 wird von Ingolstadt an die Zentrale berichtet:

„Maria Etzer hat in letzter Zeit einen starken Auswurf, sodass sie für das Heeresverpflegungsamt nicht mehr geeignet ist. Bei der letzten ärztlichen Untersuchung am 21.8.44 E. als lungentuberkulose verdächtig [sic] befunden und eine baldige Durchleuchtung angeordnet."

Notiz von Dr. Schemmel auf demselben Blatt: „Kam nach Ingolstadt, war nicht lgf. (lagerfähig, M. P. W.). Untersuchung der Lunge eingeleitet." (Stempel: 13.9.44).

Auf einem eigenen Blatt „an den Vorstand" schreibt der Arzt daraufhin handschriftlich nichts von einem positiven oder negativen Lungenbefund, sondern nur:

„Etzer ist sehr dürftig ernährt. Wegen schlechtem Gebiss. Kauen unmöglich. Zur Gebissbeschaffung angehalten schon mehrfach. Sonst vorläufig kein Grund zur Besorgnis."

Am 22. September kommt Maria Etzer nach Aichach zurück, auf ihren Antrag und ihre Kosten werden ihr am 26. September sechs Zähne ersetzt.

---

[324] Schütte-Lihotzky 1985, 169
[325] Ebd., 185

Zuvor besuchten sie am 16. September 1944 (im Juli war dann doch kein Besuchstag) laut Protokoll „ihre Töchter Gretl und Marianne" – und machten sich Sorgen um den Gesundheitszustand ihrer Mutter. Es schien ratsam, dass wieder Regina schreiben sollte, diesmal an den Anstaltsarzt Medizinalrat Dr. Schemmel, und zwar am 25. September 1944:

„Betrifft: Frau Maria Etzer
Verzeihn [sic] Sie bitte Herr Medizinalrat, wenn ich Sie heute mit diesen Zeilen belästige. Meine Mutter, Frau Maria Etzer aus Goldegg ist seit ca. 14 Tagen wegen Erkrankung von Ingolstadt nach Aichach zurückgekommen. Wie mir meine Schwester, die sie besuchte, mitgeteilt hat, ist meine Mutter am Ende ihrer seelischen und körperlichen Kraft. Ich möchte nun Sie, sehr geehrter Herr Medizinalrat bitten, ihr doch zu helfen so gut Sie können. Vielleicht könnten Sie auf Grund des schlechten Gesundheitszustandes eine Strafunterbrechung oder sonst eine Erleichterung erwirken."

Dann schüttet Regina dem Zuchthausarzt ihr Herz aus. Die Erschöpfung der Mutter führt sie nicht auf deren Ausbeutung in der Anstalt zurück, sondern auf das Schwere, das diese im Leben schon mitgemacht habe.

„Meine Mutter hat so viel Schweres in ihrem Leben durchgemacht, dass das Versagen wohl nur eine Folge der inneren Zermürbung sein kann. Denn die Erziehung, die sie ihren Kindern angedeihen lies [sic], steht im krassen Gegensatz zum Verhalten der letzten Jahre."

Vielleicht spielt Regina mit dem „Verhalten der letzten Jahre" auf das „Delikt" der Mutter an, die „trotzdem" ein guter Mensch sei, weil sie ihre Kinder so gut erzogen habe – aber nun, wie sie weiter schreibt, mit Menschen zusammenkomme, die kein anderes Ziel hätten, als jeden zu zerbrechen – wobei sie vermutlich nicht die Nazi-Chefs und die Aufseherinnen meint, sondern „gewöhnliche" Kriminelle. Regina schreibt:

„Denn wenn eine Mutter ihren Kindern so vieles an inneren Werten mitzugeben imstande ist, wie sie es konnte, dann ist wohl nicht anzunehmen, dass es sich hier um einen Menschen handelt der nichts taugt und nun sein Leben im Zuchthaus beenden soll. Weil man hier mit Menschen zusammenkommt, die kein anderes Ziel haben als Menschen zu zerbrechen."

Zum Schluss des Briefes appelliert sie an menschliches Fühlen und Handeln des Zuchthausarztes und lässt dann noch ihre Beziehungen zur Kanzlei des Führers anklingen:

„Bitte Herr Medizinalrat helfen Sie doch meiner Mutter, sie ist Ihnen auch für jedes gute Wort von Herzen dankbar, es ist ja schon leichter für sie, wenn

sie weiß, dass es auch in diesem Hause Menschen gibt, die noch mensch-
lich fühlen und handeln können. Allzu lange wird es wohl auch nicht mehr
dauern bis mein Gnadengesuch über die Kanzlei des Führers zurückkommt. Bis dahin bitte ich um Ihre Hilfe.

Heil Hitler!
Regina A."

Die Sorge von Regina ist verständlich, aber Maria Etzer hätte sich wohl geschämt
für diese Anbiederung ihrer Tochter, wenn sie vom Tonfall dieses Briefes gewusst
hätte.

Zuchthausarzt Ludwig Schemmel war übrigens kein Mann mit „menschlichem
Fühlen" und guten Worten für seine Patientinnen. Er war für Zwangssterilisatio-
nen verantwortlich, drangsalierte häufig die Insassinnen, teilte Ohrfeigen aus und
sagte zu einer kranken Insassin: „Wegen mir können Sie verfaulen."[326]

Auf Reginas Brief reagiert nicht der Arzt, sondern ein kurzes Schreiben kommt
vom Direktor, signiert diesmal nur mit Namenskürzel R., auch antwortet er nicht
mehr in der Ich-Form:

„Auf Ihre an den Herrn Anstaltsarzt gerichtete Anfrage vom 25.9.44 wird
Ihnen mitgeteilt, dass ein Grund zu einer Besorgnis vorläufig nicht besteht. Es bleibt Ihnen anheimgestellt, ein Gnadengesuch oder Strafunter-
brechungsgesuch zu stellen.

Direktor."

Ein solches Gesuch wurde offenbar bald danach gestellt, aber diesmal ist es wieder
der Direktor, der dagegen ist und am 9. November 1944 an die Staatsanwaltschaft
Salzburg schreibt:

„Das Gesuch um bedingte Strafaussetzung befürworte ich als verfrüht
n i c h t. Die Führung musste zweimal beanstandet werden. Der Fleiss [sic]
ist sehr gross [sic]. Sie ist zwar tatgeständig, zeigt aber wenig Einsicht und
ist schwer zugänglich.

Direktor."

Die mehrfachen Eingaben um Strafunterbrechung während Maria Etzers Haft zeigen die Beliebigkeit, mit der im Zuchthaus mit solchen Ansuchen umgegangen
wird. Einmal fehlt es ihr angeblich an Fleiß, ein andermal ist dieser vorhanden,
aber die Gefangene zeigt zu wenig Einsicht, dann wieder ist ihr „Verbrechen" zu
schwerwiegend, und wenn zufällig einmal die Notwendigkeit einer Enthaftung für
ihren Einsatz in der Landwirtschaft empfohlen wird, scheitert es an der Staatsanwaltschaft. Als totalitäre Institution spiegelt das Zuchthaus in seiner Beliebigkeit
im Umgang mit den InsassInnen und deren Angehörigen das Nazi-System ins-

---

[326] Zit. nach Wachsmann 2006, 84

gesamt, das bei überbordender Bürokratie den Schein des Rechts aufrechterhält, tatsächlich aber völlig willkürlich mit allen ReichsbürgerInnen verfährt.

Das zeigt sich auch am vergeblichen Bemühen von Maria Etzers Töchtern, über den aktuellen Gesundheitszustand ihrer Mutter informiert zu werden.

In ihrer großen Kurrentschrift schreibt Ende November (eingelangt 28. November 1944) auch noch Katharina an das „Strafhaus Aichach", höflich, aber nicht unterwürfig. Sie will eine „wahrheitsgetreue" Auskunft:

> „Erlaube mir anzufragen, ob unsere Mutter Maria Etzer noch krank ist und was ihr eigentlich fehlt und bitte die Fragen wahrheitsgetreu zu beantworten. Zugleich ersuche ich um Auskunft, ob irgend eine Genehmigung auf Strafnachlaß oder Strafunterbrechung dort eingelaufen ist.
> Um baldige Antwort bittet
> S. Kathi, Buchberg 30 Lend Gau Salzburg als Tochter."

Kein „Heil Hitler" mehr von ihr.

Der Medizinalrat macht – offenbar nach Anfrage an ihn vom Direktor – eine kurze handschriftliche Notiz an H(errn) Vorstand: „Hier nichts von einer Krankheit ernsthafter Art bekannt. Kann selber schreiben."

Eine Regierungsrätin J. A. (Abkürzung im Original) antwortet an Katharina:

> „Zur Besorgnis über den Gesundheitszustand Ihrer Mutter besteht kein Anlass. Über das Gesuch um Strafunterbrechung ist von der dazu zuständigen Staatsanwaltschaft noch keine Entscheidung hier eingegangen."

Wenn Regina (als Gattin eines Blutordensträgers) sich tatsächlich direkt an die „Kanzlei des Führers" als letzte Hoffnung um Strafunterbrechung oder Strafnachlass gewandt hat, so ist das sang- und klanglos untergegangen. Die Alliierten dringen von Westen schon vor, was kümmert da den Führer (wenn das überhaupt zu ihm vordringt) das Schicksal einer einzelnen Pongauer Bergbäuerin ...

Schon Ende 1944 wird Hitler nämlich mitgeteilt, dass die Strafanstalten in Aachen und Köln bereits geräumt sind und 8000 Gefangene ins Innere des Reiches verlegt werden müssen.[327]

Maria Etzer bleiben als einzige Lichtblicke die Briefe auf den Buchberg. Am 9. November schreibt sie an Margarethe, als Inhalt ist notiert „wegen Kindverschickung". Es geht hier sicherlich um ihre jugendliche Ziehtochter R., die als Arbeitskraft bei ihrer schon entlassenen Zuchthauskollegin, einer Weinbäuerin in der Wachau[328], untergebracht werden soll. Am 10. Dezember schickt Maria Etzer einen weiteren Brief an Katharina. Es könnte dann Katharina sein, die, beunruhigt über

---

[327] Vgl. Wachsmann 2006, 363
[328] Information aus dem Gespräch mit Enkelin B. Die Weinbäuerin ist Katharina Mock aus Angern, in Aichach und Ingolstadt inhaftiert von 18. Februar 1943 bis 28. Mai 1944 (vgl. Opferfürsorgeakte Maria Etzer).

den Gesundheitszustand ihrer Mutter, ohne Besuchstermin am 23. Dezember 1944 nach Aichach fährt, um sich selbst ein Bild zu machen. Ob ihr das gelingt, ist ungewiss, sie hat dort nur fünf Minuten. Im Besuchsprotokoll steht unter diesem Datum:

„Tochter nur 5 Mt. u. ermahnt, keine Besuchszeit mehr."

In der Zelle hängt für jede Insassin ein kleines Personalschild mit Namen, Urteilsparagraf und voraussichtlichem Entlassungsdatum. Auf der Rückseite sind die Schreibtage notiert, für Maria Etzer sind es für 1945 der 11.2., 15.4., 10.6., 12.8. usw. fortlaufend bis Jahresende. Auch das ganze Jahr 1946 ist in Zweimonatsabständen schon vorausgeplant, bis zum 22. Dezember 1946, obwohl ihre Haftzeit laut Urteil mit 7. Februar 1946 endet.

Aber es kommt anders. Am 7. Februar 1945 genehmigt die „Abteilung Gnadengesuch" mit Stempel noch ein letztes Ansuchen, das von der Anstaltsleitung aber als „verfrüht" nicht befürwortet wird.

Am 11. Februar 1945 folgt ein Brief an Katharina auf den Buchberg. Es wird der letzte aus dem Zuchthaus sein.

Inzwischen gehen „draußen" die Luftangriffe weiter. In München ist das Polizeigefängnis Ettstraße, in dem Maria Etzer während ihres Transports zwei Nächte verbrachte, von Bomben getroffen und der Hauptbahnhof zerstört worden. Margarete Schütte-Lihotzky, die am 22. Februar 1945 von einer Zeugenaussage aus Wien zurückgebracht wird, muss daher in eisiger Kälte in der Ruine des Bahnhofs

Verzeichnis der Schreibtage. Quelle: Staatsarchiv München

nächtigen. In Augsburg tags darauf wieder Alarm und Bombardement, auch auf den Bahnhof, ungeschützt steht der Waggon mit den Gefangenen – der letzte Transport nach Aichach – auf offener Strecke: „Ein Bombenalarm löste den anderen ab, schließlich gab es gar keine Entwarnung mehr". In den chaotischen Zuständen dieser Reise denkt Schütte-Lihotzky kurz an Flucht, aber verwirft die Idee sofort wieder: Denn in diesen letzten Kriegsmonaten ist die Chance, im Zuchthaus drinnen zu überleben, weit größer.[329]

Der Krieg und die Naziherrschaft steuern rasant dem Ende zu, die Alliierten und russische Truppen rücken von allen Seiten vor und, Entlassungsgesuche hin oder her, die KZs und Zuchthäuser werden nach und nach geräumt, die einen InsassInnen auf lange Märsche und ins Gas geschickt, die anderen nach nirgendwo im Bombenhagel entlassen – so auch Maria Etzer.[330]

Am 12. April 1945 um 17 Uhr (nicht etwa am Vormittag) wird Maria Etzer nach „Goldegg 30" entlassen – auf Bewährung bis 1. Dezember 1948.

Eine Fahrkarte, wie das Formular der „Entlassungsverhandlung" nahelegt, erhält sie nicht, aber 58,95 Reichsmark eigene Mittel und 69,49 Reichsmark „Arbeitsbelohnung" (beides bald nichts mehr wert) sowie einen Entlassungsschein und – der Nazi-Bürokratie ist nichts zu blöde – eine „Abmeldung aus der Gemeinschaftsverpflegung".

Marschverpflegung, die das Formular ebenfalls als Möglichkeit vorsieht, bekommt sie aber nicht. Und wo sie die erste ungeschützte Nacht verbringen wird, kümmert die Anstalt auch nicht mehr.

---

[329] Schütte-Lihotzky 1985, 179

[330] Wachsmann spricht von Richtlinien für die Räumung und der Einteilung in drei Gruppen: Eingliederungsfähige Häftlinge sollten vorzeitig entlassen werden, andere in die Wehrmacht überstellt werden, rassische Außenseiter (Juden, Roma und Sinti sowie die meisten Polen) und vermeintlich gefährliche Kriminelle „zur Beseitigung überstellt" oder an Ort und Stelle erschossen werden. – Wachsmann 2006, 363

6. Beschädigte Rückkehr – die Mühlen der Bürokratie

6.1 Das Ende in Aichach

Am 29. April 1945, zwei Wochen nach Maria Etzers Entlassung, wird das Zuchthaus Aichach befreit. „Die deutsche Wehrmacht war während der vorhergehenden Nacht mit ihren Panzern und Geschützen abgezogen. Die amerikanischen Truppen konnten kampflos in das kleine bayrische Städtchen einziehen und die politischen Gefangenen befreien"[331], schreibt Erna Hedrich, Maria Etzers ehemalige Zellengefährtin.

In der Meinung, das Zuchthaus sei ein Gefängnis nur für politische Häftlinge, öffnen kanadische Soldaten sofort die Gitter zwischen den Baukörpern und alle Zellentüren, die meisten Aufseherinnen flüchten.[332] Ein enormes Gewühl und Gedränge von Menschen entsteht, auch Männer sind darunter, die in den letzten Wochen von westlicher gelegenen Haftanstalten hergebracht worden sind. Die Freigelassenen suchen Essbares, plündern die Keller, schleppen Lebensmittel in die Zellen, selbst ungekochte Nudeln. Eine Französin, die am ersten Tag neun Dosen Fleischkonserven verschlungen hat, stirbt fast daran. Auch um die Kleider gibt es Raufereien, sodass wieder Ordnung geschaffen werden muss – es sind ja ein- bis zweitausend Menschen da.

„Es war ein heller, sonniger Apriltag, dieser Befreiungstag. Wir hatten nicht geahnt, welche Schönheiten es auf dem Zuchthausgelände gab. Obstbäume und Fliederbüsche standen in voller Blüte. Trotz aller Schwierigkeiten fanden wir eine Stunde Zeit, um im Grase sitzend, von der Zukunft zu träumen"[333], schreibt Schütte-Lihotzky. Unter den „wir" ist auch die etwa 30-jährige Kommunistin Erna Hedrich. Sie und ihr Mann wurden als Widerstandskämpfer verhaftet, als ihre Kinder ein und drei Jahre alt waren, ihr Mann ist inzwischen hingerichtet worden. Sie will so schnell wie möglich zu ihren Kindern.

Der Krieg ist noch im Gang, „draußen" ist die Gefahr von Tieffliegern und vorrückenden Truppen groß, sodass die meisten keine Eile haben, die sicheren Mauern zu verlassen; und auch sonst ist es noch keine „richtige Freiheit", erinnert sich die Leogangerin Rosa Buchholzer,

> „die Türen der Zellen waren zwar offen, aber wir haben kein Wasser gehabt, weil die Bewacher alles zerschnitten und zerstört haben, bevor wir befreit wurden. Da haben wir von einem Wasser gekostet, das schon monatelang gestanden ist und viele haben dann die Ruhr bekommen.

---

[331] Hedrich o. J., 102
[332] Schütte-Lihotzky 1985, 183ff
[333] Ebd., 184

Und dann war auch die Angst vor den Amerikanern, die sich an den Frauen vergriffen haben. Aber viele Frauen haben sich auch freiwillig herbeigelassen, damit sie etwas zu essen bekommen und gutes Wasser. Die anderen mußten warten, bis sich alles eingerenkt hat."[334]

In der ersten Nacht, so Schütte-Lihotzky,

„tobte es im Haus. Es wurde gesungen und geschrien. Whiskytrunkene Frauen torkelten über Gänge, Männer und Frauen, jahrelang hinter Gittern, waren nun plötzlich beisammen. Nur eine Minderheit blieb diszipliniert."

Damit das Chaos nicht überhandnahm und weil die Fronttruppen weiterziehen mussten und nur wenige der Soldaten vor Ort blieben, richtete die Führung der alliierten Soldaten aus jeweils zwei gewählten Vertreterinnen der einzelnen Nationen eine provisorische Verwaltung ein. Diese traf sich täglich und musste vor allem das Kochen und Verteilen der Nahrung organisieren, sodass schon bald sehr viele wieder an der Arbeit waren – auch die verbliebenen Aufseherinnen wurden eingeteilt. Schütte-Lihotzky als eine der Vertreterinnen wurde von zwei Offizieren über das Leben im Zuchthaus befragt, über den ganzen Betrieb, den Arzt, das Personal und den Direktor. In der ersten Nacht war er übrigens unbehelligt durch das Gewimmel gegangen:

„Kein Mensch kümmerte sich um ihn. Die Devise, die wir schon beim Spaziergang ausgegeben hatten: Keine persönliche Rache, die Schuldigen müssen durch ordnungsgemäße Organe gerichtet werden, hatte offenbar Erfolg. Nur die gemeinste Aufseherin erhielt beim Öffnen der Zellentür von der sanftesten unserer politischen Gefangenen eine schallende Ohrfeige."[335]

Das Kriegsende kam, und nach einer Feier im Zuchthaus wurden ab 9. Mai die ehemaligen politischen Gefangenen abgeholt, Französinnen, Engländerinnen, Amerikanerinnen und Russinnen mit dem Flugzeug.

„Alle ausländischen Zuchthausinsassinnen waren aus Aichach von ihren Regierungen geholt worden, aber um uns Österreicherinnen kümmerte sich niemand aus Wien. Endlich, am 19. Mai 1945, konnten auch wir als die letzten Politischen das Zuchthaus verlassen."[336]

Ein österreichisches Selbsthilfekomitee in München hatte an die Inhaftierten gedacht. Für etwa hundert Österreicherinnen ging es per Lastwagen vorerst nach München, wo die ehemaligen Gefangenen für einige Wochen blieben. Schütte-Lihotzky

---

[334] Buchholzer o. J., 2
[335] Schütte-Lihotzky 1985, 186
[336] Ebd., 191

sollte danach erst am 22. September 1945 wieder in Wien ankommen. Rosa Buchholzer erzählt:

> „Wir sind dann nach München überstellt und in der Babin-Schule interniert [!] worden. Meine Kollegin war eine Münchnerin, aber sie hat München nicht mehr wiedererkannt, weil es so zerstört war. In dieser Schule waren Wanzen und Läuse, und wir haben ja auch schon monatelang immer das gleiche Gewand angehabt."[337]

Schütte-Lihotzky erinnert sich an die Schwerarbeit, das Haus zu säubern, aber erstmals gab es für die rasch aufgestellten Stockbetten frische Bettwäsche und für die Frauen regelmäßige Ernährung. Ebenfalls in München untergebrachte Männer, einige ehemalige (österreichische) Häftlinge aus dem KZ Dachau, hatten aus den Beständen der SS-Männer Wertvolles retten können und brachten zu „gemütlichen Jausengesellschaften" Kekse, Kondensmilch und echten Bohnenkaffee mit; einmal auch zwei Nähmaschinen und einen Ballen weißen Stoff, sodass sich die Frauen weiße Blusen schneidern konnten.[338] – Ein kurzes Aufatmen, ein Hauch von Normalität und gleichzeitig ein besonderer Luxus inmitten der Zerstörung.

6.2 Der Heimweg

Erna Hedrich blieb nur eine Nacht in München. Am nächsten Morgen verabschiedete sie sich von ihren Genossinnen und brach zu Fuß in eine bayrische Ortschaft auf, wo ihre Mutter nach den Bombenangriffen auf Wien mit Hedrichs zwei Kindern lebte. Eine Woche war Erna zu Fuß unterwegs.

Von Maria Etzers Heimweg wissen wir nichts. Der Zugverkehr war unterbrochen, während ihrer Heimkehr wurde noch bombardiert. Wie ist sie weitergekommen? Wo hat sie Zuflucht gefunden, Unterkunft, etwas zu essen? Vermutlich hat sie dennoch – wie Erna Hedrich – auf langen Fußmärschen auch die Schönheit der Natur wahrgenommen:

> „Ich ging durch zerbombte Städte, an verlassenen Bauernhöfen, an Menschen vorbei, die müde mit ihrer Habe dahinzogen. Am besten hatte die Natur den Krieg überstanden. Die Obstbäume blühten in den Gärten, das Getreide stand schon kniehoch und die Wälder hatten nichts von ihrer Schönheit verloren. Unterwegs hatte ich mitleidige Menschen kennengelernt, die von dem wenigen, was sie besaßen, noch etwas entbehren konnten: einen Teller Suppe, ein Stück Brot oder ein Glas Milch. Denn das Geld war fast wertlos geworden. In manchen Bauernhöfen aber wurde gekocht

---

337 Buchholzer o. J., 2
338 Vgl. Schütte-Lihotzky 1985, 195

und gebraten und allen gegeben, die dort anklopften, denn der Krieg war ja zu Ende und man hoffte, daß die Söhne heimkommen und wieder säen und ernten werden.

Ich schloß meine Mutter in die Arme, die vor Freude weinte, denn sie hatte schon fast die Hoffnung aufgegeben, mich wiederzusehen. Endlich konnte ich auch meine Kinder ans Herz drücken, nach denen ich mich in den langen Jahren der Haft so sehr gesehnt hatte. … Die Kinder fragten oft nach ihrem Vater, aber ich hatte noch nicht die Kraft, ihnen die Wahrheit zu sagen."[339]

Rosa Buchholzer wird eines Tages auf einem Lastwagen zusammen mit anderen nach Salzburg transportiert,

„auf kaputten Straßen. Von Salzburg bin ich nach Leogang zu Fuß gegangen durchs Salzachtal, immer ein Stückerl, in Werfen und in Bischofshofen habe ich Verwandte gehabt. Da hat man viel zum Essen bekommen, das man aber sofort wieder brechen mußte, weil man so ausgehungert war.

Dann bin ich nach Leogang heimgekommen und war ganz enttäuscht, weil die Leoganger haben es mich merken lassen, haben hinter meiner getuschelt, haben mir nicht geglaubt, daß ich unschuldig war, sie würden es auch heute (1998, M. P. W.) noch nicht glauben, daß der Clement total unschuldig war und ich auch. Mein Gatte, der es mit der Treue sowieso nie genau genommen hat, wo er war, hat es mir auch nicht geglaubt, als er von der Gefangenschaft heim kam. Drauf wollte ich mich scheiden lassen, damit endlich ein Strich gemacht wird."[340]

In anderer Weise „einen Strich gemacht" hatten Maria Etzers Töchter im Dezember 1943. Wie ein erhaltener Brief belegt (Kapitel 5.8), musste Maria Etzer zur Kenntnis nehmen, dass man sich in ihrer Familie für eine „Zuchthäuslerin" genierte, und wusste schon zu dieser Zeit: „Das Schwerste kommt erst danach", nach der Entlassung. So wird es vermutlich auch gewesen sein.

Maria Etzer hatte in der Stadt Salzburg zwei Halbschwestern, vielleicht konnte sie da zur Rast einkehren und eine Nacht verbringen – aber auch diese Stadt war ja schwer bombardiert worden, mehr als 500 Menschen waren bei fünfzehn Bombenangriffen ums Leben gekommen, mehr als 14.000 Menschen (bei einer Bevölkerung von etwa 80.000) obdachlos geworden.[341]

Irgendwann kam „die Zuchthäuslerin" dann wieder ins Innergebirg, nach Goldegg und auf den Buchberg.

---

[339] Hedrich o. J., 102f, Auslassungen M. P. W.
[340] Buchholzer o. J., 2
[341] https://www.stadt-salzburg.at/internet/bildung_kultur/stadtgeschichte/aus_der_geschichte/bomben_auf_salzburg_392598.htm (10.5.2017)

6.3 Heimkehr der Franzosen – und einer Ukrainerin?

Auf dem Heimweg von Aichach ist Maria Etzer vermutlich vielen Menschen begegnet, die ebenfalls „auf der Reise" waren. Vermutlich hat sie da auch an „ihre" Franzosen und „ihre" Russin gedacht. Was wird wohl aus ihnen geworden sein?

Nach Kapitulation und Zerfall des „Tausendjährigen Reiches", dem Ende der Hitler-Diktatur bzw. des Zweiten Weltkriegs machten sich nicht nur ehemalige Zuchthaus- und KZ-Häftlinge auf den Heimweg. Auch Kriegsgefangene und ZwangsarbeiterInnen verschiedener Nationen konnten bzw. mussten nun heimkehren – denn für manche, z. B. aus der Sowjetunion, war es der Weg in die nächste Diktatur mit dem Risiko einer weiteren Internierung bzw. überhaupt Vernichtung.

Für die beiden französischen Kriegsgefangenen Georges Fontaine und Jean Gramont gibt es über deren Ausweispapiere 70 Jahre später Spuren der Wege im und aus dem Deutschen Reich.

Rekapitulieren wir zuerst, was an Informationen über die Franzosen zum Vorwurf des verbotenen Umgangs vorliegt. Im Schreiben der Gendarmerie Goldegg vom 19. Februar 1943 wurde festgestellt, dass der Gefangene Georges Fontaine vom Lehenhof „abgezogen" und durch einen anderen, nämlich Jean Gramont, ersetzt worden ist. Wann das geschah, ist unklar – irgendwann zwischen dem September 1941, als Fontaine im Pongau eingesetzt wurde und sich in der Folge laut Gendarmeriebericht „ein Gerücht verbreitete", und dem Jahresende 1941, spätestens 1942.

Wohin Georges Fontaine zur Arbeit versetzt wurde, ist unbekannt. Bekannt ist allerdings aus seiner Identitätskarte, dass er bis zum Frühjahr 1943 in der Zuständigkeit des Stalag Markt Pongau verblieb.

Auch sein Nachfolger auf dem Lehenhof, der gelernte Elektriker Jean Gramont, geriet wegen angeblicher sexueller Kontakte zu seiner Dienstgeberin ins Visier der Gendarmerie und wurde vermutlich zeitgleich mit Maria Etzers Verhaftung vom Lehenhof abgezogen.

Der Goldegger Gendarm hatte am 19. Februar 1943 geschrieben: „Die Anzeige wird dann von der Gestapo erstattet und auch das Einvernehmen mit dem Stalag Markt Pongau gepflogen werden. Dieser Auftrag wurde durchgeführt."

Vor ein Militärgericht kamen Georges Fontaine und Jean Gramont nicht, vermutlich bekamen sie wegen Ungehorsams ein paar Tage Arrest im Lager. Sie wurden jedoch im Frühjahr 1943 „versetzt". Ein Befehl des Oberkommandos der Wehrmacht (OKW) vom August 1942 hatte angeordnet, Kriegsgefangene nach Bestrafung wegen verbotenen Umgangs in „Sonderkompanien" im Generalgouvernement zusammenzufassen und bis zum Abtransport dorthin nur mehr im Stalag selbst zu beschäftigen.[342]

Ihren Identitätskarten zufolge kamen die beiden Franzosen in ein Stalag nach Polen, wenn auch nicht gleichzeitig: Die Ankunft für Georges Fontaine ist am 19. Mai 1943, die für Jean Gramont am 2. Juni 1943 belegt, und zwar im

---

[342] Vgl. Speckner 2003, 165. Das Generalgouvernement entsprach den von den Nazis besetzten polnischen Gebieten.

Stalag XX B Marienberg, etwa 45 Kilometer südöstlich von Danzig. Weitere Verlegungen sind dokumentiert. Im Juli bzw. August 1943 ging es für die zwei Franzosen ins Stalag VIII B Lambsdorf im Wehrkreis Breslau, am 5. Dezember 1943 kamen beide im Stalag VIII C Sagan in Niederschlesien an. Dort verliert sich die Spur des mittlerweile 31-jährigen Georges Fontaine – und vermutlich verliert er dort auch sein Leben.

Jean Gramont hat jedenfalls Glück gehabt: Seine Repatriierung, also Rückführung nach Frankreich an seine Heimatadresse, ist auf seiner Identitätskarte für den 28. Mai 1945 belegt.

Am wenigsten bekannt ist über Maria Podusjeko[343], die 17-jährige „Maruschka", Zwangsarbeiterin auf Maria Etzers Hof. Genau bekannt ist weder ihr Alter noch ihre Herkunft, laut Gendarmeriebericht war sie Russin, Enkel H. erinnert sich an sie als Ukrainerin. Nach Ende des Krieges sei sie in ihre Heimat zurückgekehrt. In einer nur für den Pongau in Teilen erhaltenen Kartei russischer ZwangsarbeiterInnen im Salzburger Landesarchiv sind Fotos ganz junger Menschen zu finden und Hinweise auf deren Arbeitseinsatz – in der Landwirtschaft, in den Hotels von Bad Gastein, im Eisenwerk Sulzau-Werfen. Maria Podusjeko ist nicht darunter – die Kartei ist nur bis zum Buchstaben H erhalten.[344]

In den letzten Kriegstagen und danach waren Menschen quer durch Europa unterwegs – Maria Etzer und Rosa Buchholzer südwärts in Richtung Salzburg, Maria Podusjeko und Weronika S. nordwärts weg von Salzburg. Die Polin Weronika S., Zwangsarbeiterin auf einem Hof im Pinzgau, berichtet jedenfalls von einer Bahnfahrt in die Stadt Salzburg und von zwei Monaten Aufenthalt in Kasernen dort, weil durch die Bombardierungen der Stadt die Brücken abgerissen und die Schienen kaputt waren. Danach ging die große Reise los, sie seien drei oder vier Tage in Viehwaggons ohne Dach („nur dass es nicht geregnet hat") nach Polen transportiert worden. Im Repatriierungsamt habe jede nach Abgabe der Arbeitsbescheinigung des Bauern 100 Zloty bekommen.

> „Und danach bin ich zu Fuß gegangen, einen Tag und zwei Nächte. Und in der Nacht habe ich einfach draußen übernachtet, auf Heu. … Und von da ist einfach jeder zu Fuß in seine Richtung gegangen, von Sanok. Also manchmal hat mich einer mit seinem Pferdewagen ein, zwei Kilometer mitgenommen, aber es gab keine Autos, gar nichts."[345]

Nicht jede mehr oder weniger unbeschadete Heimkehr garantierte jedoch das Überleben. ZwangsarbeiterInnen sowjetischer oder auch ukrainischer Herkunft (damals eine Provinz der Sowjetunion) wurden, oft auch gegen eigenen Willen, repatriiert, der Kollaboration mit den Nazis verdächtigt, kamen in Lager oder wurden getötet.[346]

---

[343] Eine Anfrage unter diesem Namen an den Internationalen Suchdienst Bad Arolsen blieb erfolglos.
[344] SLA, Landrat Pongau, Zwangsarbeiterkartei
[345] Interview mit Weronika S. 2008 in Polen, vgl. Nußbaumer 2011, 140
[346] Ebd., 140ff

Primo Levi beobachtete auf seinem Rückweg aus dem KZ Ukrainerinnen auf der Rückkehr, jeweils sechzig bis achtzig Frauen in einem offenen Waggon, „junge, noch gesunde und kräftige Körper, aber verschlossene und bittere Gesichter, unstete Augen, aus denen eine erschreckend animalische Erniedrigung und Abstumpfung sprach; keine Stimme kam aus diesem Gewirr von Leibern, die sich träge erhoben, wenn der Zug auf einem Bahnhof hielt".[347]

Von Maria Etzers Enkel H. stammt der Hinweis, Maruschka sei nach dem Krieg in ihre Heimat zurückgekehrt, aber umgekommen. Auch Enkelin B. ist überzeugt: „Der Stalin hat sie alle ‚putzt'", während Enkelin E. meint, ein Zug mit Heimkehrenden sei gesprengt worden.

6.4 Zurück in der Heimat – und doch nicht daheim

Irgendwann im Mai kam Maria Etzer auf dem Lehenhof an. Die Großmutter war „dünn wie ein Strich", als sie heimgekommen ist, sagt Enkelin E. Katharina hat ihr Palatschinken gemacht, das hätte sie fast umgebracht, nur eine „Brennsuppe" hätte sie vielleicht vertragen.

Ich stelle mir auf beiden Seiten eine riesige Entlastung und eine tiefe Freude vor, dass Maria Etzer das Lager und auch die letzten Kriegswirren lebendig überstanden hatte; gleichzeitig auch Unsicherheit, Sprachlosigkeit, enttäuschte Hoffnungen, Scham, Zukunftsangst. Der unselige Brief ins Zuchthaus, man schäme sich ihrer … Und am Nachbarhof der Denunziant. Manches hatte sich geändert in den mehr als zwei Jahren, in denen die Lehenbäuerin fort war. Manches nicht.

Bald darauf wird Maria Etzer von Dienten am Hochkönig aus auf die Alm gegangen sein, wo sie den Sommer über als Sennerin arbeitete. Die Alm hatte der Lehenhof eine Zeitlang gepachtet.[348] Dort hatte sie ihre Ruhe vor dem Getuschel der Leute, und der Kontakt mit den Tieren und insgesamt der Natur hat ihr vielleicht geholfen, die Alpträume über das Lagerleben auszuhalten. Auch ein Gebetbuch wird sie sich wieder besorgt haben.

Über den Winter und dann in den nächsten Jahren fand sie Arbeit in abgelegenen Gehöften, die zu Mühlbach am Hochkönig und zu St. Veit gehörten. Da es zu dieser Zeit kein verpflichtendes Meldewesen gab, konnten jüngste Umfragen in den Gemeinden Mühlbach und St. Veit keine näheren Angaben liefern. Es gibt nur zwei Fotos von Maria Etzer vor dem Bauernhof in Mühlbach und den Hinweis auf eine „Köckenalm" im Gemeindegebiet von St. Veit.[349]

Nach Angaben der Verwandtschaft arbeitete Maria Etzer als Köchin und Wirtschafterin (was auch landwirtschaftliche Arbeiten umfasste) beim Naglerbauern in Mühlbach, dem Vater von Frau Heinrich, Baumeistersgattin aus Lend. Dort blieb sie vermutlich bis zum Tod des Altbauern, der nicht von seinem Gehöft wegwollte.

---

[347] Levi 2015,139
[348] Goldegger Bauern besitzen seit Generationen, früher als Gemeingut, Almen in Rauris, Dienten, Lend und Gastein – vgl. Gemeindechronik Goldegg 2008, 268.
[349] Auskünfte per Mail von den Gemeindeämtern

Als zweite Arbeitsstelle gilt der Köckenbauer in St. Veit – unterbrochen von einem Winteraufenthalt in der Stadt Salzburg.

Siebzig Jahre später stellt sich die Frage, warum Maria Etzer nach ihrer Gefangenschaft nicht auf dem Lehenhof geblieben, sondern erst Jahre später dorthin zurückgekehrt ist. Enkelin W., Tochter von Regina, meint dazu, es sei ja kein Platz im Haus gewesen bei so vielen Kindern von Katharina, außerdem sei die Großmutter immer gern arbeiten gegangen, sie habe das selbst so gewollt.

Aufs Erste klingt das logisch. Allerdings arbeitete Maria Etzer seit ihrer Verehelichung nicht mehr bei anderen Leuten, sondern als Betriebsinhaberin auf ihrem eigenen Hof, den sie auch nach wie vor besaß. Sie hätte also auf jeden Fall dort ein Wohnrecht gehabt. Mittlerweile 55 Jahre alt und durch Schwerarbeit und Leben unter Zuchthausbedingungen gesundheitlich beeinträchtigt, wäre das wohl naheliegend gewesen.

Man habe die „Schande" gescheut, ist eine weitere heutige Erklärung in der Familie für das damalige Verhalten der Familie Maria Etzer gegenüber, und das trifft es wohl eher. Eine „Zuchthäuslerin" brachte sozusagen Schande über die Familie – auch wenn sie schuldlos in Haft gewesen war. Ein Gemisch aus Scham und Schuldgefühlen bewirkte Distanz und Abwehr gegenüber den Rückkehrenden, die Opfer der NS-Diktatur geworden waren. Von mehreren Frauen, die ihre Haft im Zuchthaus Aichach verbrachten, ist bekannt, dass sie nach der Entlassung nicht mehr in ihr Dorf zurückkehrten[350] oder dort in großer Isolation lebten.

Vermutlich beruhte das auch auf Gegenseitigkeit: Manche aus dem Dorf verachteten die „Zuchthäuslerinnen" tatsächlich, worauf sich diese aus Angst davor auch ihrerseits zurückzogen. So schildert die bereits verstorbene Oberösterreicherin Aloisia Hofinger (1922–2011), die als eine von wenigen später über ihr Schicksal sprach, dass sie von der Bauernfamilie, bei der sie gearbeitet hatte, nach ihrer Rückkehr aus dem KZ Ravensbrück sehr herzlich aufgenommen wurde, von ihren Eltern und vielen Menschen in der Umgebung aber Ablehnung und Vorwürfe zu spüren bekam. Daraufhin zog sie sich jahrelang zurück:

> „Ich habe da gewohnt, und ich bin zehn Jahre nicht durchs Dorf gegangen, weil ich alleweil Angst gehabt habe, dass die Leute hinter mir nachschauen. Ich habe mich nicht daran gewöhnen können. Ich habe alleweil das Gefühl gehabt, die verachten mich."[351]

Während manche, so z. B. heimkehrende Soldaten, sehnsüchtig erwartet und als Helden gefeiert wurden, sah „man" bei anderen nur die „Schande", die sie angeblich über ihre Familie gebracht hätten.

Die wirkliche Schande aber, dass der Nachbar, der Maria Etzer angezeigt hatte, unbehelligt weiter im Dorf lebte, wurde als Normalität hingenommen – und zur Normalität wollte man möglichst schnell wieder zurückkehren und wie einen

---

[350] Vgl. Wolf-Wicha 2016 a, 7
[351] Zit. nach Angerer/Ecker 2014, 194

schlimmen Traum die Nazi-Diktatur vergessen – einen Traum, der für nicht wenige trotz der allmählich und von allen Seiten durchsickernden Gräueltaten der Nationalsozialisten seine Faszination nicht verloren hatte. Als „Zuchthäuslerin" erinnerte Maria Etzer ihre Familie und das Dorf an die Realität des Schrecklichen und auch daran, dass sie der Faszination widerstanden hatte, während ihr die anderen in der Familie und viele DorfbewohnerInnen erlegen waren – wofür man sich aber nicht schämen wollte, denn man war selbst auch irgendwie „Opfer". Der Psychotherapeut Viktor Frankl, ein Heimkehrer aus dem Konzentrationslager, schildert, dass ihm da und dort „mit einem gewissen Achselzucken" begegnet wurde und dass er immer wieder zwei Phrasen zu hören bekam: „Wir haben von nichts gewusst" und „Wir haben auch gelitten".[352] Dass andere Nationen (wie die Amerikaner, die Engländer, die Franzosen und die Russen) in diesem Krieg ihre jungen Leute opfern mussten, „um eine gegen ihre eigene Führerschaft ohnmächtige Nation von dieser Führung zu befreien", kam nicht in den Blick. Unabhängig, ob man sich selbst als mitschuldig oder unschuldig wusste, man fühlte sich jedenfalls nicht „mithaftbar" (Frankl), nicht mitverantwortlich für die Folgen. Man schaute weg und versuchte ein „normales", von Erinnerung ungestörtes Leben zu führen.

6.5 Familienbild in Tracht (und Eintracht?)

Als fotografisches Dokument dieses Bemühens um Normalität erscheint mir das Familienfoto (siehe nächste Seite) anlässlich der Hochzeit der jüngsten Etzer-Tochter Margarethe im Juli 1946 (im November kam dann deren älteste Tochter B. M. zur Welt). Die Familie ist wieder zusammen, es gibt etwas zu feiern, die dunklen Zeiten sind überwunden, so scheint es. Rechts neben dem Bräutigam August M. sitzen seine Eltern, ein bürgerlich gekleidetes Ehepaar aus Krems, seine Mutter mit einem breiten Lachen; auf der linken Bildhälfte, bis über die Mitte reichend, findet sich in Tracht die geballte weibliche Etzer-Linie: vorne neben ihrem Angetrauten die Braut Margarethe mit Blumenkränzchen, neben ihr die Mutter, dahinter stehend die drei Schwestern, Mutter und Töchter in Pongauer Tracht mit dem strengen geraden Hut und dem typischen Halsschmuck („Kropfkette").

Die Brautmutter Maria Etzer sitzt neben der Braut, aber ihr nicht zugewandt, schmal im Gesicht und mit strengem Blick, ohne ein Lächeln. Bald danach wird sie Schmuck und Tracht ablegen – das Einzige, was von ihr noch am Lehenhof aufbewahrt wird –, den Rucksack packen und vielleicht noch am selben Tag wieder in Richtung Mühlbach aufbrechen.

Der Anschein einer „Eintracht in Tracht" der Etzer-Familie trügt. Jede der Töchter hat ihre eigenen Sorgen.

---

[352] Frankl 2015, 147

Hochzeitsfoto Margarethe und August M. (Bildmitte) 1946; v. l. n. r. mit Hut: Maria Etzer und ihre Töchter Moidai (Halbschwester der Braut), Katharina, Regina; hinten links: Katharina Mock, Mitinhaftierte aus Aichach; rechts vom Bräutigam seine Eltern, dahinter Trauzeugen. Quelle: Familienbesitz

Margarethes Schwester **Marianne** ist in München und bei der Hochzeit gar nicht anwesend, statt ihrer auf dem Foto ist die Halbschwester Maria („Moidai"), uneheliche Tochter von Johann Etzer (und spätere Patin von Margarethes erster Tochter B. M.).

Katharina bewirtschaftet inzwischen den Lehenhof, ist aber dort nicht Eigentümerin (und wird es auch nie werden). Auf die Hilfe ihrer Mutter auf dem Hof und bei den Kindern „muss" sie sozusagen verzichten. Vielleicht kann sie dort nun aber auch endlich eigene Entscheidungen treffen, nachdem ihre Mutter sogar aus dem Zuchthaus noch in die Wirtschaft „hineinregiert" hat, wie deren einziger noch erhaltener Brief belegt (Kapitel 5.8).

Regina in Zell am See ist zuerst mit der Haft ihrer Mutter konfrontiert worden, nun ist sie es mit der Internierung ihres Mannes im Entnazifizierungslager Glasenbach, denn er ist ein „Belasteter". Die Familie muss zuerst in Zell am See die schöne Wohnung am „Adolf-Hitler-Platz Nr. 33" verlassen – der nun auch nicht mehr so heißt – und in eine viel zu kleine andere übersiedeln, Regina muss neben vier Kindern allein das Elektrogeschäft führen.

Die junge Braut **Margarethe** schließlich ist nach den Kriegswirren und dem Platzen der ersten Verlobung endlich verheiratet und im Begriff, Mutter zu werden. Ein Glück auch, dass ihr zweiter Wunschkandidat Gustl lebendig und unversehrt aus dem Kriegseinsatz in Dänemark zurückgekommen ist und dass sich dessen Eltern offensichtlich über die Heirat freuen, die Schwiegermutter auch besonders auf ihr erstes Enkelkind, ein Mädchen – während B. M. für die andere, die Etzer-Großmutter, „nur" die neunzehnte Enkelin ist.

Margarethe M. wollte nun auch am liebsten zur Normalität zurückkehren und alles vergessen – vielleicht mit Ausnahme des aufregenden Gefühls, von mehreren Männern gleichzeitig verehrt und begehrt zu sein. (Jedenfalls hob sie bis zu ihrem Lebensende deren Briefe auf.) Aber es drängte sich auch etwas anderes in ihr Leben, was das junge Glück trübte. Es scheint, dass sie ihrer Mutter gegenüber das schlechte Gewissen plagte. – Sie hatte jedenfalls „im Namen der Familie" in einem Brief nach Aichach geschrieben, die Mutter solle zwar bald freigehen, aber als Zuchthäuslerin nicht zu ihnen nach Hause kommen.

Alle waren also bemüht zu vergessen, nur die Mutter vergaß nicht, kehrte nicht auf den Hof und nach Goldegg zurück, das hatte sich nach der Hochzeit wieder deutlich gezeigt. Dafür hätte es wohl eine gemeinsame Einladung der Schwestern gebraucht, aber jede von ihnen war mit ihren eigenen Angelegenheiten und Sorgen beschäftigt, und es war sicher unmöglich, über diese letzten Jahre mit der Mutter oder miteinander zu reden.

„Erinnerung ist ja auch eine Last. Das Erleben ist die Last und danach die Erinnerung … Die meisten im Dorf haben nicht gesprochen. Die haben überhaupt nie über sich gesprochen, auch nicht über anderes, was sie betraf. Das hätte das Leben nur aufgehalten, da hätte die Arbeit stagniert, die ganzen ungeschriebenen Normen und Dorfgesetze. Es war ein festgefügter äußerer Rahmen, in dem die Menschen waren. Und etwas Eigenes, das diesen Rahmen irgendwie in Frage stellt, war unvorstellbar."[353]

Margarethes schlechtes Gewissen ist nicht erfunden. Erst viele Jahre später, Maria Etzer war schon längst verstorben, erzählte Vater August M. auf einem Spaziergang schwer atmend seiner Tochter B., die mittlerweile etwa 20 Jahre alt war, dass ihre Mutter Margarethe einmal eine Schuld auf sich geladen habe. Auf Genaueres ging er aber gegenüber seiner nun schon erwachsenen Tochter nicht ein, es blieb bei dieser Andeutung.[354]

In den Nachkriegsjahren bemühte sich die jüngste Etzer-Tochter zusammen mit ihrem Mann August M. jedenfalls, der vom Zuchthaus geschädigten Mutter zu ihrem Recht zu verhelfen und sie im Schriftverkehr zu ihrem Opferfürsorgeansuchen zu unterstützen. Vielleicht hatte Maria Etzer selbst im Radio davon gehört, vielleicht haben auch August und Margarethe in den Salzburger Nachrichten gelesen, dass Opfer des Nationalsozialismus ein Anrecht auf Entschädigung haben, die Mutter genauer informiert und sie bewogen, diesen Weg des Ansuchens zu gehen – immerhin musste dafür die „Schande", d. h. in diesem Fall die Demütigung durch ein ungerechtfertigtes und sexuell gefärbtes Urteil, wieder aufgerollt werden.

August M. hatte zu dieser Zeit als Förster der Blühnbach'schen Gutsverwaltung zusammen mit seiner Familie im Ortszentrum von Werfen eine Dienstwohnung.

---

[353] Herta Müller über die Erfahrungen mit der Diktatur in Rumänien – siehe Müller 2009, 16
[354] Erinnerung B. M.

B. M., damals ein Vorschulkind, erinnert sich, dass die Etzer-Großmutter dorthin mehrfach zu Besuch kam, ohne ein Geschenk für das Enkerl wie die Kremser Großmutter, in abgetragenen Kleidern, und besonders vom Vater sehr respektvoll behandelt wurde. Die Erwachsenen zogen sich zu anscheinend wichtigen Gesprächen ins Büro des Vaters zurück, manchmal hörte das Kind noch eine Zeitlang die Schreibmaschine klappern, bis alle wieder herauskamen und die Großmutter sich verabschiedete. – Bis 1952/53 gingen auf diese Weise immer wieder Schreiben aus dem Pongau hinaus nach Salzburg bzw. Wien und von dort wieder zurück.

6.6 Das Bemühen um Anerkennung als Opfer des Nationalsozialismus – das Opferfürsorgegesetz

In zwei Richtungen versuchte die junge Zweite Republik die Nazi-Diktatur und die Ereignisse des Zweiten Weltkriegs „abzuarbeiten": durch Gesetze und Maßnahmen zur Entnazifizierung und durch solche der Fürsorge für die Opfer des Nationalsozialismus. Auf beides gehe ich hier – in unterschiedlicher Reihenfolge und Gewichtung – ein, denn beides beschäftigte die Etzer-Verwandtschaft.

Das erste Opferfürsorgegesetz (OFG) wurde schon am 17. Juli 1945 von der provisorischen Staatsregierung beschlossen und zeigt in seinem Namen schon seine Begrenzungen: „Als Teil der Sozialgesetzgebung war es seiner Intention nach eine Fürsorgemaßnahme, keineswegs eine ‚Wiedergutmachung' und ursprünglich auch keine Grundlage für Entschädigungsleistungen."[355] Bailer-Galanda erklärt, warum: „Dieser Grundzug der NS-Opfer-Gesetzgebung geht zurück auf die Position Österreichs, das Land – sich selbst pauschaliter als Opfer des NS-Regimes sehend – habe keine Verantwortung für die Verfolgung zu tragen und daher auch keinerlei Verpflichtung zur Entschädigung oder ‚Wiedergutmachung'."[356]

Nur humanitäre Hilfe und soziale Überlegungen seien Motive zur Unterstützung in Not geratener Verfolgter, so damals die offizielle Position. Erst in den späten 1980er Jahren kam das Verständnis Österreichs als Opfer ins Wanken. Mitschuld und Mitverantwortung kamen in den Blick. Es brauchte, schon mit 1947 beginnend, unzählige Novellierungen, um bis 2009 immer wieder noch vergessene Opfergruppen einzubeziehen.

Das OFG 1945 inkludierte zunächst nur die „Opfer des aktiven Kampfes um ein freies, demokratisches Österreich", also die WiderstandskämpferInnen[357] (bzw. deren Hinterbliebene), und schloss die zahlenmäßig größte Opfergruppe aus, die nicht durch ihr Tun, sondern durch ihr Sein betroffen war: die österreichischen Jüdinnen und Juden.

Die Maßnahmen waren bescheiden: Wenn keine eigene Krankenversicherung bestand, konnte eine Versicherung bei der jeweiligen Gebietskrankenkasse erlangt

---

[355] Für den ganzen Abschnitt vgl. Strutz 2006, 11ff, Bailer 1993, 23ff

[356] Bailer-Galanda 1995, 90; grundlegend dazu Bailer 1993, Galanda 1986

[357] Auf die Schwierigkeiten rund um eine adäquate Definition von Widerstand gehe ich in Kapitel 7 ein.

werden. Es gab bei Anerkennung eine Option auf bevorzugte Behandlung bei der Zuweisung von Wohnungen, Kleingärten und Trafiken bzw. Hilfestellung für die Wiedergründung einer Existenz. Rentenunterstützung wurde nur gewährt, wenn der Lebensunterhalt der Opfer oder der Hinterbliebenen nicht ausreichend gesichert war.

Die Beschränkung auf den sogenannten aktiven, d. h. organisierten Widerstand war von Anfang an problematisch, denn man hätte eigentlich vom „ganzen Spektrum von Widerstand, Opposition und Unzufriedenheit, von Diskriminierung und Verfolgung" ausgehen müssen: „Von der Gestapo wurde jede irgendwie geartete Opposition als Widerstand gewertet ... Und im Endeffekt war es für den Betroffenen gleichgültig, ob er als Bagatellfall oder als aktiver Widerstandskämpfer in einem Konzentrationslager umkam"[358] – bzw. ob er oder sie im Gefängnis einsaß.

Schon zwei Jahre nach der Erstfassung erfolgte die erste Novellierung: Das Opferfürsorgegesetz 1947 (OFG/47) sah nun auch Fürsorgemaßnahmen für Opfer rassistischer Verfolgung vor (allerdings nur für österreichische StaatsbürgerInnen, d. h. nicht für vertriebene oder ausgewanderte Jüdinnen und Juden). Es benannte weiterhin die „aktive" Opfergruppe – laut Gesetzestext Menschen, die „um ein unabhängiges, demokratisches und seiner geschichtlichen Aufgabe bewußtes Österreich, insbesondere gegen die Ideen und Ziele des Nationalsozialismus, mit der Waffe in der Hand gekämpft oder sich rückhaltlos in Wort und Tat eingesetzt haben", aber auch eine zweite, „passive" Opfergruppe, nämlich „Opfer der politischen Verfolgung". Neben Gründen der Abstammung, Religion oder Nationalität werden hier u. a. auch Maßnahmen von Gerichten, Staatspolizei und NSDAP genannt, durch die Menschen in erheblichem Ausmaß zu Schaden gekommen sind: durch Verlust des Lebens, der Freiheit (mindestens dreimonatige Haft), schwere gesundheitliche Schäden, Verlust oder Minderung des Einkommens, Abbruch oder Unterbrechung der Lehre oder des Studiums.[359]

Bei Anerkennung des Antrags bekamen die „passiven" Opfer einen „Opferausweis", der nur Steuererleichterungen und eine Begünstigung bei der Vergabe von Wohnungen oder Arbeitsstellen begründete; eine „Amtsbescheinigung", die den Zugang zu Rentenleistungen und Heilfürsorge ermöglichte, erhielten ursprünglich jedoch nur die „aktiven" Opfer.[360] Nicht nur die Gesetzeslage, sondern auch die Anwendungspraxis sorgte für erhebliche Hürden im Zugang.

Schon ab 1946 herrschte im Vergleich zu 1945 ein verändertes politisches Klima, die Parteien ÖVP und SPÖ bemühten sich um die Integration der ehemaligen Nationalsozialisten, und so stellte damals der kommunistische Abgeordnete Ernst Fischer pointiert im Nationalrat fest:

„Für wehklagende Nationalsozialisten wird noch und noch interveniert, es wird eine ganze Legion von Schutzengeln aufgeboten, aber die notleidenden

---

[358] DÖW, Band 1, zit. nach Galanda 1986, 139; Auslassungen im Original
[359] Vgl. Strutz 2006, 24f
[360] Ebd., 25

Opfer des Nationalsozialismus laufen von Amt zu Amt und werden mit einem Achselzucken, mit eisiger Gleichgültigkeit und manchmal sogar mit Hohn und Grobheit abgefertigt."[361]

Das musste auch Maria Etzer erleben, deren Bemühungen um Opferfürsorge 1948 begannen.

6.7 Maria Etzers Opferfürsorgeansuchen – ein langer Weg durch die Mühlen der Bürokratie

Es dauerte ein Jahr zwischen dem Beschluss des OFG/45 und der dazugehörigen Verordnung: In den Salzburger Nachrichten (SN) vom 8. August 1946 wurde auf der Anzeigenseite[362] eine „Kundmachung betreffend die Durchführung des Opferfürsorge-Gesetzes" verlautbart, mit dem Wortlaut der Verordnung. Die Kundmachung beschrieb auch den Behördenweg, den Maria Etzer schließlich in voller Länge gehen musste:

> „Der Antrag auf Gewährung von Fürsorgemaßnahmen oder Begünstigungen ist von den im Land Salzburg wohnhaften anspruchsberechtigten Personen bei der zuständigen Bezirkshauptmannschaft … schriftlich einzubringen. Der Antrag hat die Voraussetzungen nach Punkt 1 dieser Kundmachung nachzuweisen und die Art der beantragten Fürsorgemaßnahmen oder Begünstigungen anzugeben. Dem Antrag ist ein Lichtbild in der Größe 4 1/2 x 5 1/2 cm anzuschließen. Die Nachweise für das Zutreffen der Voraussetzungen nach Punkt 1 dieser Kundmachung sind dem Antrag beizuschließen. Doch kann über Einschreiten des Antragstellers das Beweismaterial auch von Amts wegen eingeholt werden.
> Die Bezirkshauptmannschaft … stellt fest, ob die Voraussetzungen nach Punkt 1 dieser Kundmachung zutreffen und berichtet hierüber der Landeshauptmannschaft Salzburg, die mit Bescheid über den Antrag erkennt. Gegen einen ablehnenden Bescheid der Landeshauptmannschaft steht die Berufung an das Bundesministerium für soziale Verwaltung offen. Wird hingegen dem Antrag stattgegeben, so wird von der Landeshauptmannschaft Salzburg … eine Amtsbescheinigung über das Zutreffen der Voraussetzungen nach Punkt 1 dieser Kundmachung ausgestellt."

Zwei Jahre später, am 2. März 1948, war in den Salzburger Nachrichten auf der Anzeigenseite[363] neuerlich eine Information. Neben der Rubrik Wohnungsmarkt: „Amerikaner sucht Zimmer für seine Braut gegen beste Bezahlung" und „zu verkaufen": „Knickerbockeranzug, grau" oder „Volkswagenmotor mit Fahrgestell"

361 Zit. nach Bailer 1993, 29
362 SLA, SN vom 8. August 1946, 6, Auslassungen: M. P. W.
363 SLA, SN vom 2. März 1948, 4

wurde von amtlicher Seite mit allen dazugehörigen Details auf die „Erfassung der Anspruchsberechtigten nach dem Opferfürsorgegesetz vom 4. Juli 1947" hingewiesen.

Unterstützt von ihrem Schwiegersohn – zum Teil sind Briefe in seiner Handschrift erhalten –, begann Maria Etzer nun den umfangreichen und langwierigen Kampf mit den Behörden: durch das Ausfüllen von Formularen, die Einholung von Bestätigungen, das Bemühen um Ersatz für verloren gegangene Dokumente, die Suche nach glaubhaften und amtlich bestätigten Zeugenaussagen. Fast ein Jahr brauchte Maria Etzer bei ihrem ersten Ansuchen zur Einholung der erforderlichen Unterlagen, die erste datiert vom August 1948, die letzten vom Juni 1949. Das mag vielleicht auch mit mehrfachen Ortswechseln zu tun haben: Im Dezember 1948 war sie in der Gemeinde Mühlbach, im Juni 1949 in der Gemeinde St. Veit wohnhaft (rekonstruiert aus an sie gerichteten Schreiben).

Abgesehen von wenigen Dokumenten (Passfoto, Auszug aus der Heimatrolle) ist der gesamte Schriftverkehr in der Sammlung der Opferfürsorgeakten im Salzburger Landesarchiv[364] erhalten, ihre Akte unter den abgelehnten Ansuchen. Die Abschriften bzw. Kopien aus Maria Etzers Akte hat mir deren Enkelin B. M. zur Auswertung anvertraut.

Formulare als „Lückentexte" dienten der Informationsbeschaffung für die Behörden als Voraussetzung für die Entscheidungsfindung. Die AntragsstellerInnen werden so „der Logik der Verwaltung unterworfen, ihre eigene Sprache wird dennoch sichtbar."[365] Mehr oder weniger – denn ein ganz individuelles Schicksal musste auf „harte Fakten" (Gefängnisaufenthalt) und ein paar Zeilen (u. a. von ZeugInnenaussagen) reduziert werden, in der Hoffnung, dass der Lebenszusammenhang dahinter für eine Anerkennung als Opfer des Nationalsozialismus ausreichen würde.

Auf einem vorgedruckten Formblatt reicht Maria Etzer einen „Antrag auf Ausstellung einer Amtsbescheinigung nach § 4 des Opfer-Fürsorgegesetzes" ein, und zwar datiert mit Goldegg, am 7. Juni 1949. Es hilft ihr dabei sicherlich der Schwiegersohn, denn das Formular ist mit Schreibmaschine ausgefüllt.

Vorerst sind Daten zu ihrer Person und zu ihren Kindern anzugeben sowie zu ihrer Staatsbürgerschaft, damals noch die „Österreichische Bundesbürgerschaft", nachgewiesen laut Auszug aus der Heimatrolle.[366] Das Heimatrecht wurde bei Ehepaaren zuerst für den Ehemann eingetragen (Ehefrau und Kinder mitgenannt), am 14. April 1925 erwarb Maria Etzer (früher Heimatrecht in Taxenbach) das Heimatrecht in Goldegg als Witwe nach Johann Etzer.

Unter <u>Bericht des Antragstellers</u> steht: „Wegen verbotenen Umgang [sic] mit Kriegsgefangenen und schimpflichen Äußerungen gegen den Nationalsozialismus".

364 SLA, Opferfürsorgeakt Etzer Maria, im Folgenden alle Zitate daraus
365 Saurer 2005, 353
366 Einsichtnahme im Gemeindeamt Goldegg am 27.2.2017. Das Heimatrecht, 1849 eingeführt und in der Heimatrolle der Gemeinde dokumentiert, beinhaltete das Recht auf Wohnsitznahme und Armenfürsorge in einer Gemeinde. Durch Umzug allein wurde es nicht berührt. 1939 wurde das bisherige Heimatrecht abgeschafft, ab 1945 durch die Staatsbürgerschaft ersetzt.

Art der beantragten Fürsorgemaßnahmen oder Begünstigungen: Hier ist von den Vorgaben des Formulars zur Auswahl unterstrichen: Hilfe bei Gründung, Wiederaufrichtung oder Stützung der wirtschaftlichen Existenz, dabei in Klammer eigens hinzugefügt: „Unterstützung zum Bau des Wohnhauses im landw. Betrieb"; weiters unterstrichen: Zuerkennung von Renten zur Sicherung des Lebensunterhaltes.

Bemerkenswert, dass es also nicht nur um eine eigene Rente für Maria Etzer ging (sie war zum Zeitpunkt dieses Ansuchens 59 Jahre alt), sondern auch um Unterstützung für den Hof (Bau, d. h. vermutlich Neubau des Wohnhauses). Vielleicht sollte öffentliches Geld für Maria Etzer auch Tatsachen schaffen, damit ohne viele Worte der Riss in der Familie gekittet werden konnte?

Eine positive Erledigung des Ansuchens hätte jedenfalls die Rückkehr auf den Lehenhof und zu ihrer Familie erleichtert, ja nahegelegt – staatliche Fürsorge für eine wirtschaftliche und soziale Reintegration der Opfer, ganz im Sinn des Gesetzes – und hätte Maria Etzer für die nächsten Jahre ein Leben als Gelegenheitsarbeiterin erspart.

Neben dem erforderlichen Foto und dem Auszug aus der Heimatrolle gab es nach eigenen Angaben folgende Beilagen: Haftzeitbescheinigung, eidesstattliche Erklärung von Mithäftling, Auszug aus dem Strafregister, Politisches Vorleben. Am 7. August 1948 bestätigt der Goldegger Bürgermeister Mittersteiner, dass Maria Etzer,

„wohnhaft gewesen in Goldegg, Buchberg 30, in der Zeit vom 18.2.1943 bis 12.4.1945 in Aichach u. Ingolstadt Oberbayern in politischer Haft war".

Datiert vom 15. Dezember 1948 wird eine eidesstattliche Erklärung beigefügt, „(b)ezüglich der Rentenangelegenheit der Frau Maria Etzer Mühlbach a. Hochkönig Pongau". Frau Katharina Mock, geboren 6. November 1891, wohnhaft in Angern Nr. 7, Bezirk Krems, erscheint vor ihrem Bürgermeister, der nach ihrer Aussage Folgendes zu Protokoll gibt:[367]

„Frau Etzer und Frau Mock waren von 18. II. 1943 bis 28.5.1944 im Politischen [sic] Lager in Aichach und dann in Ingolstadt beisammen; wie Frau Mock angibt, wurde Frau Etzer arg mißhandelt, trotz daß Frau Etzer am Felde schwer Arbeiten [sic] mußte, wurde selbe noch ausserdem [sic] mißhandelt, genannte Etzer musste auch bei Bauarbeiten Männerarbeiten verrichten, wenn selbe nicht mehr mitkam, wurde selbe mit Fußtritten und schlägen [sic] behandelt. Verpflegung in den beiden Lagern war wie frau [sic] Mock sagt wie in allen K.Z. Lagern sehr schlecht."

---

[367] Siehe OF-Akt Maria Etzer. Mocks Delikt war das „Schwarzschlachten": Nach Auskunft des DÖW vom 15. März 2017 wurde Frau Katarina [sic] Mock vom Sondergericht Wien nach der Kriegswirtschaftsverordnung wegen § 4,5 des Schlachtsteuergesetzes angeklagt; Akt im Stadt- und Landesarchiv Wien.

Die eidesstattliche Erklärung ist handschriftlich verfasst und unterzeichnet von Rohrhofer Jos., Bürgermeister, sowie der Zeugin.

Beide Bürgermeister, der von Goldegg und der von Angern in Niederösterreich, bestätigen also fraglos eine „politische Haft" bzw. eine Inhaftierung im „politischen Lager". Auch der Bürgermeister von Dienten am Hochkönig bestätigt für eine andere betroffene Frau, dass diese als Politische, nicht aber als Kriminelle verurteilt wurde (siehe Kapitel 7).

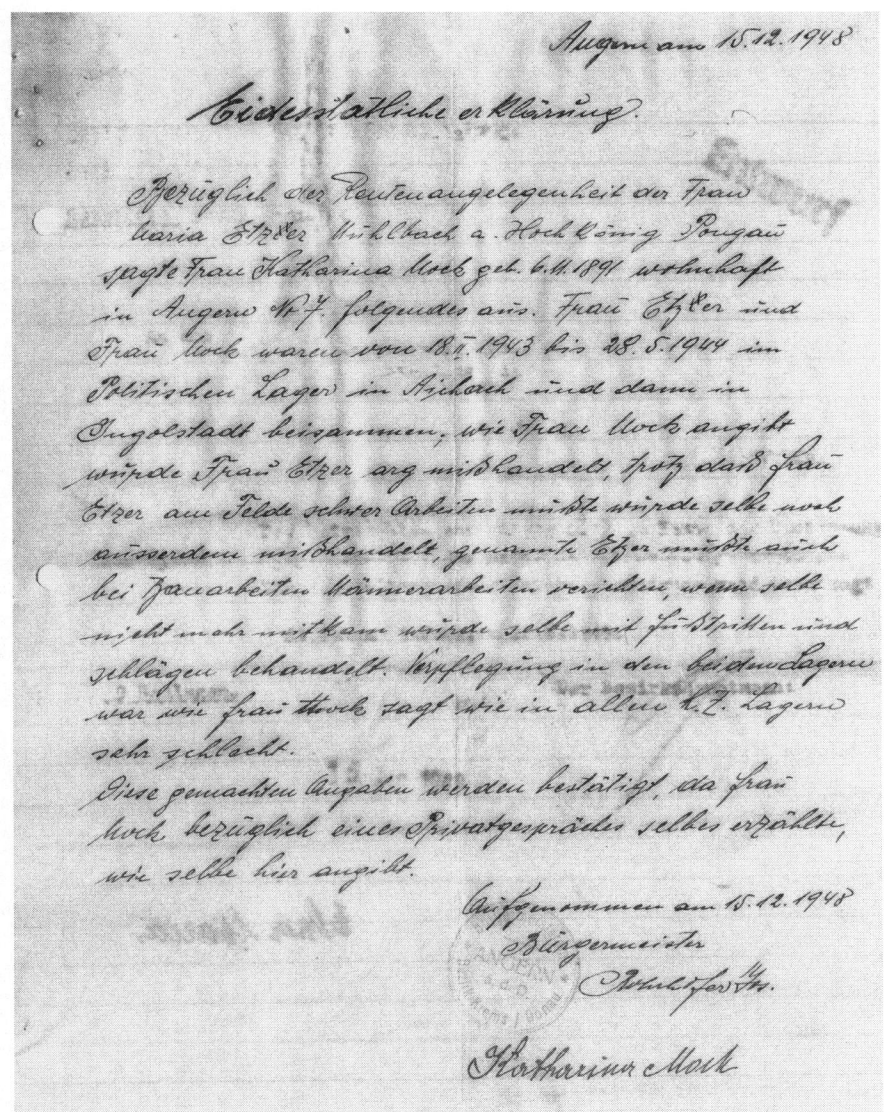

Eidesstattliche Erklärung Katharina Mock: „... wurde Frau Etzer arg mißhandelt ...".
Quelle: Salzburger Landesarchiv

Datiert mit 7. Juni 1949, dem Einreichdatum des Ansuchens, werden am Gemeindeamt in Goldegg noch folgende Bestätigungen angefügt:

- Eidesstattliche Erklärung, dass „Etzer Maria, geb. 28.7.1890 in Taxenbach, verw. Bäuerin in Goldegg, Buchberg 30, dzt. wh. in St. Veit i. Pg. … nie bei der NSDAP oder deren Gliederungen war" – von ihr unterschrieben, mit Stempel Goldegg und Unterschrift des Gemeindebeamten
- Bestätigung, dass Maria Etzer „vor dem Jahre 1938 bei der katholischen Frauenorganisation war und nach dem Jahr 1938 bei keiner politischen Partei [sic] sich betätigt hat", ebenfalls mit Gemeindestempel und Unterschrift des Goldegger Bürgermeisters (Mittersteiner)

Ein Strafregisterauszug ist nicht unter den Anlagen.

Am 12. Juni 1949 leitet die Bezirkshauptmannschaft (BH) St. Johann unter der Zahl 9168/12/49 und dem Betreff Etzer Maria – OFG den Antrag weiter an das Amt der Landesregierung, Abteilung VII (Eingangsstempel 20. Juni 1949):

„Der beigeschlossene Antrag wird im Sinne der Bestimmungen des Opferfürsorgegesetzes mit der Bitte um Entscheidung vorgelegt. Die Ausstellung einer Amtsbescheinigung wird beantragt."

Mit 24. Juni 1949 folgt von der in Salzburg zuständigen Abteilung ein handschriftlicher Entwurf (Aktennotiz) für ein Schreiben zurück an die BH St. Johann, z. H. Bezirkshauptmann Dr. Kainzbauer

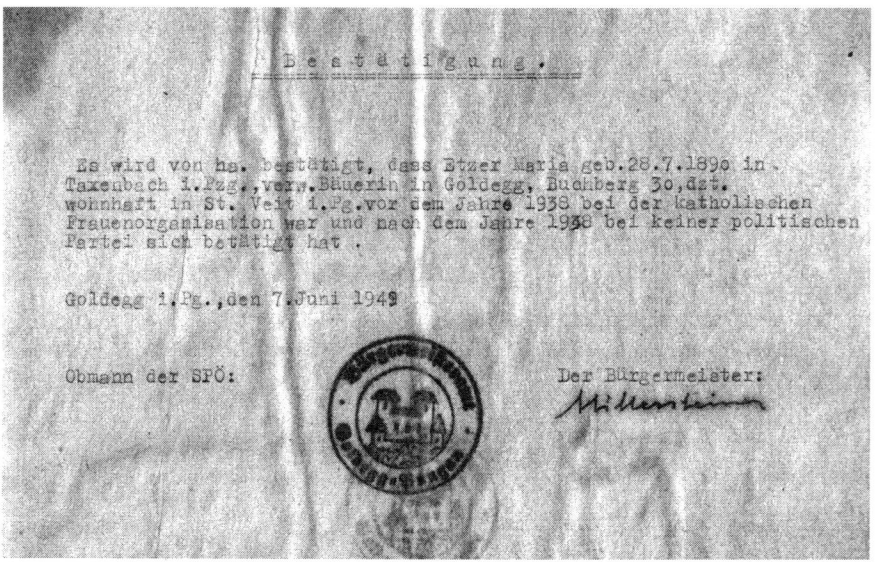

Bestätigung über Mitgliedschaft bei der katholischen Frauenorganisation. Quelle: Salzburger Landesarchiv

„… zur ergänzenden genaueren Erhebung des Haftgrundes rückgemittelt. Worin bestand der im Vorlagebericht nicht näher erläuterte ‚Umgang mit Kriegsgefangenen und die schimpflichen Äußerungen' … etc.?
Durch die Gendarmerie wäre zu erheben, aus welchen Gründen Etzer Maria verhaftet wurde. Von welchem Gericht wurde Frau Etzer verurteilt? Im allgemeinen wird bemerkt, daß die Ansuchen nicht entsprechend instruiert, insbesondere hinsichtlich des kämpferischen Einsatzes der Antragsteller nicht erschöpfend überprüft sind. Auf die Bestimmungen des § 3 Abs. 3 OFG/47 wird zur besonderen Beachtung verwiesen.“

Der letzte Satz ist unterstrichen, auch sonst klingt ein Ärger durch, dass „die Ansuchen“, also auch andere, nicht „entsprechend instruiert sind“ – wobei die Republik den Betroffenen als geschädigten Opfern ja auch unentgeltliche Rechtshilfe anbieten oder zumindest ihre Beamten auf der BH „besser instruieren“ hätte können.

Auf Unwissen oder Schlamperei deutet jedoch tatsächlich manches hin. Denn schon der Bürgermeister hätte genauer Auskunft geben können und müssen, wie er es im zweiten Anlauf nachholte, denn das Strafregister mit allen Informationen lag ihm offenbar vor – und damit der genaue Straftatbestand nach NS-Gesetzgebung und das verurteilende Gericht.

Am 15. Juli 1949 wird diese zweite Bescheinigung des Bürgermeisteramts Goldegg nachgereicht, dass für die verwitwete Goldegger Bäuerin, derzeit wohnhaft in St. Veit,

„im ho. Strafregister eine Strafe vom 24.3.1943 Sondergericht Salzburg, KLs 20/43, verbot. Umganges mit Kriegsgefangenen (§ 4 Ergänz. Verordn. v. 25.11.1939) zu 3 Jahren Zuchthaus vorliegt.“

Die BH St. Johann wird von der OF-Abteilung aufgefordert zu erheben, aus welchen Gründen Maria Etzer verhaftet wurde. Auch hier ist eine gewisse Nachlässigkeit, selbst im zweiten Anlauf, zu bemerken: Es werden keine schriftlichen Dokumente angefordert, die BH begnügt sich mit mündlichen Angaben („Berichten“) – obwohl zwischen 1943 (Verurteilung) und 1949 sechs Jahre vergangen und in der Nachkriegszeit als Auskunftspersonen nun andere als die damals Verantwortlichen zuständig sind.

Als Ergebnis dieser Recherchen schreibt der Bezirkshauptmann von St. Johann Folgendes an die Salzburger Landesregierung, Abteilung VII:

„Auf obigen Bezug wird berichtet:
1.) Das Bürgermeisteramt der Gemeinde Goldegg meldet:
Frau Etzer Maria, Besitzerin des Buchberglehengutes, derzeit wohnhaft in St. Veit, hat in den Kriegsjahren einen frazösischen [sic] Kriegsgefangenen als Arbeiter auf ihren [sic] landwirtschaftlichen Betrieb zugewiesen erhalten und ist mit diesem in [sic] ein intimes Verhältnis eingegangen. Von ihrer Tochter wurde hierüber die Anzeige erstattet. (Verbotener Umgang mit Kriegsgefangenen)

2.) Das Gendarmeriepostenkommando Goldegg teilt im Gegenstande mit, dass Maria Etzer von ihrer Schwester, Katharina S.[368] wegen verbotenem Umgang [sic] mit Kriegsgefangenen zur Anzeige gebracht wurde. Hierüber

Bezirkshauptmannschaft St.Johann i.Pong.

Zahl   9168/12/1949.

Betrifft: Etzer Maria- OFG.

Bezug: Erl.d.Amtes der Landesregierung, Zahl 9973-VI/49 vom 24.6.49.

An das

Amt der Landesregierung
Abteilung VII

in

Salzburg.

Auf obigen Bezug wird berichtet:
1.) Das Bürgermeisteramt der Gemeinde Goldegg meldet:
Frau Etzer Maria, Besitzerin des Buchberglehengutes, der=
zeit wohnhaft in St.Veit, hat in den Kriegsjahren einen frazösischen
Kriegsgefangenen als Arbeiter auf ihren landwirtschaftlichen Betrieb
zugewiesen erhalten und ist mit diesem in ein intimes Verhältnis
eingegangen. Von ihrer Tochter wurde hierüber die Anzeige erstattet.
(Verbotener Umgang mit Kriegsgefangen)
2.) Das Gendarmeriepostenkommando Goldegg teilt im Gegen=
stande mit, dass Maria Etzer von ihrer Schwester, Katharina ██████
wegen verbotenen Umgang mit Kriegsgefangenen zur Anzeige gebracht
wurde. Hierüber wurde vom Gendarmerieposten Goldegg unter E.Nr.72
vom 19.2.1943 an die Gestapo in Salzburg die Anzeige erstattet, worauf
die Genannte von der Gestapo verhaftet wurde. Die Etzer wurde laut
Strafnachrichtenblatt Nr 779, Art. 24742/43 vom Sondergericht Salz=
burg am 24.3.1943, KLs 20/43,-verbotener Umgang mit Kriegsgefangenen-
(§4 d.V.v.25.11.1939) zu 3 Jahren Zuchthaus verurteilt.

St.Johann i.Pong, am 10.8.1949.

er Bezirkshauptmann:

Amt der Landesregierung
Salzburg
Eing. 18 AUG 1949
Nr. 10.233

BH St. Johann an Opferfürsorgereferat Salzburg (nachträgliche Markierung, geschwärzt): „Von ihrer Tochter wurde … die Anzeige erstattet“. Quelle: Salzburger Landesarchiv

---

[368] Im Dokument Familienname ausgeschrieben

wurde vom Gendarmerieposten Goldegg unter E.Nr. 72 vom 19.2.1943 an die Gestapo in Salzburg die Anzeige erstattet, worauf die Genannte von der Gestapo verhaftet wurde. Die Etzer wurde laut Strafnachrichtenblatt Nr. 779, Art. 24742/43 vom Sondergericht Salzburg am 24.3.1943, KLs 20/43, – verbotener Umgang mit Kriegsgefangenen – (§ 4 d. V. v. 25.11.1939) zu 3 Jahren Zuchthaus verurteilt.

St. Johann i. Pong., am 10.8.1949
Der Bezirkshauptmann (Stempel und Unterschrift)

Eingangsstempel: Amt der Landesregierung Salzburg, 18. Aug. 1949, Nr. 10.233, Blg 11"

Im Stil des Schreibens fällt zuerst die Respektlosigkeit auf: „Die Etzer" heißt es hier – genauso wie zu NS-Zeiten. Die Kriminalisierung der Opfer wird fortgeschrieben.

Inhaltlich kann man auf Unstimmigkeiten schließen. Das Schreiben bezieht sich auf zwei Quellen, erstens die Meldung des Bürgermeisteramts mit dem Hinweis auf einen Kriegsgefangenen als Arbeiter auf ihrem Hof und darauf, dass ihre Tochter (ohne Namensnennung) über das „intime Verhältnis" Anzeige erstattet habe. Die zweite Quelle, die Mitteilung des Gendarmeriepostenkommandos, nennt eine Anzeigerin namentlich, Katharina S., bezeichnet diese aber als Maria Etzers Schwester (es gibt eine Schwester mit gleichem Vor-, aber nicht Nachnamen, diese lebt allerdings in der Stadt Salzburg, damals mehr als zwei Stunden entfernt). Aus dem Verhältnis mit einem wird der verbotene Umgang „mit Kriegsgefangenen", also mehreren.

Die beiden „Berichte" sind also ähnlich, aber nicht deckungsgleich, vor allem im Bezug auf das Delikt. Beide irren jedoch in der Person des Anzeigers.

So kommt 1949 eine Familienangehörige (Katharina) gleich doppelt in die Opferfürsorgeakten und damit auch rückwirkend als Anzeigerin in den Kriminalfall hinein: in den Aussagen des Bürgermeisters und des Gendarmen. Maria Etzers älteste Tochter erscheint damit noch 70 Jahre später hauptverdächtig, während der eigentliche Täter und Anzeiger nach 1945 schriftlich nirgends mehr aufscheint (und bis vor kurzem verborgen blieb). Die Tochter Katharina hat aber die Anzeige nicht erstattet (vgl. Kapitel 5.1).

Die Gendarmerie „irrt" absichtlich oder aus Unwissenheit im amtlichen Schriftverkehr, denn sie nennt eine falsche Person als Anzeigerin – obwohl sie auf Datum und Eintragungsnummer im eigenen Protokollbuch verweist. Die wahrheitsgemäße Auskunft hätte heißen müssen: keine Eintragung im Protokollbuch vorhanden, oder: ein Duplikat des Anzeigeberichts vorhanden – mit vollem Namen und Adresse einer anderen Person als Anzeiger.

Die Gendarmeriechronik des Postens Goldegg[369], heute im Keller des Bezirkspolizeikommandos St. Johann aufgehoben, ist ein gebundenes Buch mit hand-

---

[369] Chronik des Gendarmeriepostens Goldegg

schriftlichen Eintragungen. Diese Chronik berichtet in kurzen Sätzen über auffällige Ereignisse, über die sogenannten oder tatsächlichen Vergehen einzelner Personen und die darauf folgenden Konsequenzen bzw. Amtshandlungen. Ergänzende maschinschriftliche Blätter mit Details zu den erfolgten Anzeigen sind 2017 nicht mehr vorhanden. Im Zeitraum zwischen 1938 und 1943 finden sich im Chronikbuch Eintragungen zu verschiedenen „unbotmäßigen" Personen: kritische Priester, arbeitsverweigernde Kriegsgefangene, stehlende „Zigeuner" und ein betrügerischer Ortsbauernführer – nicht aber der Name oder die Verhaftung von Maria Etzer am 18. Februar 1943, also die Amtshandlung, über die der damalige Gendarmeriemeister an den Landrat in Markt Pongau am 19. Februar 1943 maschinschriftlich berichtet hat.

Der zum Zeitpunkt der Anfrage 1949 im Dienst stehende Gendarm konnte auf Anfrage der BH St. Johann also gar keine Eintragung im Protokollbuch finden. Woher kannte er Nummer und Datum des Anzeigeberichts? Und woher nahm er die Information über eine angebliche Schwester von Maria Etzer namens Katharina S. als Anzeigerin? Von seinem Vorgänger 1943?

Auch das Bürgermeisteramt hatte seit Kriegsende nach demokratischer Wahl eine andere Person inne. Woher wusste der 1949 amtierende Bürgermeister, worüber sein früherer Amtskollege anlässlich der Verhaftung der Lehenbäuerin mündlich informiert worden war? Also dass eine Tochter der verurteilten Bäuerin diese angezeigt haben sollte? Vom 1943 amtierenden Vorgänger Bürgler? Oder vom 1944 abgesetzten Gendarmeriemeister Payerl?

Zwei Dinge fallen auf.

Erstens.

Es gibt trotz Entnazifizierung eine starke Kontinuität zwischen den Funktionsträgern. Bürgermeister und Gendarmeriekommandant von 1949 erscheinen auf gleicher Linie mit ihren Amtsvorgängern der NS-Zeit. Der jeweilige Nachfolger übernimmt offenbar ungeprüft die (mündliche) Version seines Vorgängers. Schriftliche Spuren der NS-Zeit, so noch vorhanden, werden verwischt.[370] Das Interesse an der Wahrheitssuche im Dienst ehemaliger Opfer des Nationalsozialismus ist gering. Auf diese Weise werden Verbrechen nicht aufgeklärt, Täter (hier der Denunziant und Anzeiger) nicht überführt, sondern Gerüchte als Tatsachen an Behörden weitergegeben – fast wie zu NS-Zeiten.

Zweitens.

Hatte der Anzeiger Georg N. aus verschiedenen Gründen schon 1943 großes Interesse, anonym zu bleiben, muss dieses Interesse 1949, als Denunziation strafrechtlich verfolgt werden konnte, noch viel größer gewesen sein. Er hatte 1943 eine Eintragung in die Gendarmeriechronik verhindern können, vielleicht sogar die Aufbewahrung des Duplikats des Anzeigeberichts an den Landrat. Wenn es keine Spur gab, konnte man leicht eine andere erfinden. Und weil jemand aus der

---

[370] Nach mündlicher Auskunft des 2017 amtierenden Bürgermeisters Fleißner gibt es im Gemeindearchiv keine Aufzeichnungen mehr aus der Zeit von 1938 bis 1945, die Archivierung beginne erst wieder mit 1. Jänner 1946.

Familie längst vor seiner Anzeige den Ball ins Rollen gebracht hatte, konnte er gezielt Verdachtsmomente streuen (eine Tochter, eine Schwester), ohne jemanden konkret zu belasten. Es scheint, er hatte in der Sache auch nach Kriegsende noch die Hand im Spiel.

Anlässlich der Anfrage der BH St. Johann 1949 erscheint also manches nicht nur als Schlamperei oder Ahnungslosigkeit, sondern könnte sogar als Komplott gedeutet werden: Der Gendarm und der Bürgermeister schieben beide eine Angehörige vor. Der Gendarm schützt den Anzeiger, der Bürgermeister ebenfalls – und schützt damit den Gendarmen, der, sollte das Schreiben an den Landrat noch vorhanden sein, es unter Verschluss hält – weil der Bezirkshauptmann ja auch keine schriftlichen Dokumente angefordert hat. Schützt auch er noch diesen oder jenen? In kleinräumigen Sozialstrukturen, wo jeder jeden kennt …

Maria Etzer als Opfer der Denunziation schützt jedenfalls niemand. Auch nicht nach Ende der NS-Herrschaft.

In Goldegg, wo sie nun nicht mehr leben kann, hatten in den Nachkriegsjahren jedenfalls „die NS-Eliten des Ortes rasch wieder ihre dominierende und meinungsbildende Rolle als Gastwirte und Hoteliers eingenommen".[371]

Der Gendarmeriechronik zufolge scheint schon ab 1948 die Kriminalität vollständig versiegt zu sein: Der (aktuelle) Chronist – die Handschriften wechseln – berichtet von gemeinschaftsstiftenden Ereignissen: dem 50-jährigen Jubiläum der Musikkapelle mit Gedächtnisrede vor dem Kriegerdenkmal (!) (15. August 1948), dem Jugendschitag (9. Jänner 1949) und (am 4. Juli 1949) davon, dass das „berühmte Filmschauspieler-Ehepaar Paula Wessely und Attila Hörbiger samt ihren drei Kindern zum Sommeraufenthalt eingetroffen und im Gasthof Seehof abgestiegen" sei.

Auch die Glockenweihe vom 16. Oktober 1949 ist einen Eintrag in die Gendarmeriechronik wert. Am selben Tag finden auch Gemeinderatswahlen statt: Die ÖVP erhält neun Mandate, die SPÖ fünf, der VDU (Verband der Unabhängigen) drei Mandate.[372] Im letzteren, der Vorgängerorganisation der späteren FPÖ, aber nicht nur dort, finden viele frühere Nazi-Sympathisanten ihre politische Heimat.

Inzwischen arbeitet man in der Verwaltung des Landes Salzburg am abschlägigen Bescheid zu Maria Etzers Opferfürsorgeantrag. Mit 22. August 1949 (handschriftlicher Entwurf im Akt, ausgefertigt und überprüft am 30. August) wird festgestellt, dass bei der Antragstellerin „die Voraussetzungen … über die Fürsorge der Opfer des Kampfes um ein freies und demokratisches Österreich … nicht vorliegen".[373] Begründung:

> „Die Anspruchswerberin war in der Zeit vom 18.2.1943 bis 12.4.1945 wegen verbotenem Umgang [sic] mit einem französischen Kriegsgefangenen in Haft."

---

[371] Mooslechner 2010, 172
[372] Gemeindechronik Goldegg, 146
[373] Auslassungen: M. P. W.

Es folgt ein anschließend wieder durchgestrichener Absatz:

> „Sie wurde zu drei Jahren Zuchthaus verurteilt. Etzer Maria unterhielt mit einem ihr zugeteilten französischen Kriegsgefangenen ein intimes Verhältnis, weshalb Verwandte bei der Gendarmerie die Anzeige erstatteten."

Der Sachbearbeiter, sicher ein Jurist, korrigiert sich. Er denkt daran – entgegen seinem ersten Impuls –, nicht mehr im Sinn der Nazi-Gesetze zu argumentieren, und knüpft an den ersten Satz an:

> „… wegen verbotenem Umgang … in Haft. Dieses freundschaftliche Verhalten einem Kriegsgefangenen gegenüber kann keineswegs als ein Kampf für die Wiedererrichtung eines freien, demokratischen Österreichs bezeichnet werden. Die Inhaftierung stellt zweifellos ein hartes Schicksal dar, kann aber auf Grund vorliegender Tatsachen nach dem OFG/47 nicht beurteilt werden."

Nochmals muss er sich korrigieren, es gibt ja keine „vorliegenden Tatsachen", er streicht den letzten Nebensatz und formuliert neu:

> „Die Inhaftierung stellt zweifellos ein hartes Schicksal dar, ist aber nicht nach dem OFG/47 als ‚politische' Maßregelung zu werten."

Diese Begründung ist einerseits formal korrekt, andererseits kennt schon das OFG/47 im Gegensatz zum OFG/45 nicht mehr nur den „aktiven Widerstand", sondern auch „Opfer der politischen Verfolgung" als „passive" Opfergruppe (siehe oben), die, wenn zwar keine Amtsbescheinigung, doch einen Opferausweis und damit zumindest eine hauptsächlich symbolische Anerkennung als Opfer erhalten konnte. Aber diese Perspektive war noch weit jenseits männlicher juristischer Denkmöglichkeiten, und die betroffenen Frauen hatten als Einzelgängerinnen zumeist auch keine Lobby wie z. B. KZ-Verbände oder jüdische Organisationen.

Ein Mangel an Bewusstsein – rechtlich noch bis in die 2000er Jahre, faktisch bis heute andauernd – sorgte dafür, die vom Umgangsverbot betroffenen Frauen gründlich zu „vergessen". Als „Politische" etikettiert und inhaftiert – Wehrkraftzersetzung war ein politisches Delikt –, galten sie dennoch nicht als Opfer politischer Verfolgung.

Maria Etzer, unterstützt von Tochter und Schwiegersohn, gab noch nicht auf. Es war nämlich binnen vierzehn Tagen nach Zustellung des Bescheids eine Berufung an das Bundesministerium für soziale Verwaltung zulässig, einzubringen bei der Landeshauptmannschaft Salzburg. Und sie legte Berufung ein.

6.8 Entnazifizierung!? – Über Maria Etzers Nachbarn Georg N. und ihren Schwiegersohn Josef A.

Es gab nicht nur Opfer des Nationalsozialismus, sondern auch MitläuferInnen und TäterInnen. Die Entnazifizierung begann in Österreich schon unmittelbar nach dem Krieg mit „schwarzen Listen" und wurde Anfang 1946 gesetzlich geregelt, und zwar einstimmig von allen Parteien im Nationalrat beschlossen.[374] Wesentliche juridische Instrumente dafür waren das Kriegsverbrechergesetz und das Verbotsgesetz.

Das Verbotsgesetz (VG) sah u. a. vor, alle ehemaligen Nationalsozialisten (Männer und Frauen) zu erfassen, es wurden ihnen das Wahlrecht entzogen und Sühneleistungen auferlegt (z. B. Schuttbeseitigung). 1946 wurden 536.000 ehemalige Nationalsozialisten (Mitglieder der NSDAP und zugehöriger Organisationen) registriert, 100.000 davon waren „Illegale", also schon vor 1938 tätige Parteimitglieder.

1947 verabschiedete man ein neues Gesetz mit der Unterscheidung zwischen „belasteten" und „minderbelasteten" Nationalsozialisten, die letzteren einfache Parteimitglieder oder -anwärter, die als Mitläufer eingestuft wurden. Im Land Salzburg waren es 27.000 Parteimitglieder, mit ihren Familien gerechnet mehr als ein Viertel der Bevölkerung: „Sie auf Dauer aus dem politischen Prozess auszuschalten, war praktisch unmöglich."[375]

In Goldegg, so die örtliche Chronik, „gab es 84 Personen, die nach dem Verbotsgesetz als Nazi registriert wurden; 72 davon galten als minderbelastet, zwölf als belastet".[376] Vermutlich zählte Maria Etzers Denunziant Georg N. zu den Minderbelasteten[377], obwohl er die wirtschaftliche Existenz einer Frau ruiniert, ihre körperliche und seelische Gesundheit geschädigt und ihren guten Ruf vernichtet hatte. Denn seine Verantwortung dafür konnte er gut verstecken, so gut, dass er im Nachkriegsösterreich nicht angeklagt und verurteilt werden konnte.[378] Nach § 7 des Kriegsverbrechergesetzes (KVG) 1947 war nämlich zu bestrafen,

„wer zur Zeit der nationalsozialistischen Gewaltherrschaft in Ausnützung der durch sie geschaffenen Lage zur Unterstützung dieser Gewaltherrschaft oder aus sonstigen verwerflichen Beweggründen andere Personen durch Denunziationen bewusst geschädigt hat".[379]

Das Kriegsverbrechergesetz sollte alle Verbrechen erfassen, „die im Zuge des Krieges, aus politischer Gehässigkeit oder in Ausübung dienstlicher Gewalt begangen

---

[374] Für die folgenden Angaben siehe Stiefel 1986, 29f
[375] Hanisch 1986, 326
[376] Gemeindechronik Goldegg, 146
[377] Von der Gemeinde Goldegg erhielt ich dazu keine nähere Auskunft.
[378] Kein Urteil unter seinem Namen. Das Volksgericht Linz verhandelte Anklagen nach Kriegsverbrecher- und Verbotsgesetz und war zuständig auch für Personen aus dem Land Salzburg. Die Dokumente der Volksgerichtsprozesse befinden sich im Oberösterreichischen Landesarchiv (OÖLA) in Linz.
[379] Wortlaut des Gesetzestextes, zit. nach Mooslechner 2012, 290

worden waren. Eine höhere Funktion in der Partei unterlag an sich schon einer Bestrafung, da angenommen wurde, dass damit zwangsläufig Kriegsverbrechen verbunden waren.“[380] 1947 wurden in Österreich nach KVG 1435 Personen zu teils mehrjährigen Strafen als „Kriegsverbrecher" verurteilt, davon 762, also mehr als die Hälfte, wegen Denunziation.[381]

Viele Denunziationen blieben aber ungesühnt, auch solche, die für die Opfer tödlich geendet hatten. 67 Todesurteile hatte das Sondergericht Salzburg von 1939 bis 1945 ausgesprochen: „Auch in diesen Prozessen war Denunziation oft die Ursache der Verhaftung gewesen, aber keiner dieser Fälle wurde offenbar in den Volksgerichtsprozessen nach 1945 abgehandelt.“[382]

Bald konnte Georg N. endgültig aufatmen, und mit ihm quasi gleichzeitig auch der Chronist in Goldegg: „Erst 1949", so schreibt dieser wörtlich, „verfügte die Bezirkshauptmannschaft, dass alle Personen, die als minder belastet registriert waren und keine Sühneabgabeschuld hatten, aus der Registrierungsliste zu streichen sind.“[383] Vermutlich galt das auch für Anton Payerl, den früheren Gendarmeriekommandanten, der 1943 „nur seine Pflicht getan" hatte, indem er eine aus Gerüchten gestrickte Anzeige eines Denunzianten aufgenommen und Maria Etzer der Gestapo „vorgeführt" hatte.

Anders war das für Josef A., Maria Etzers Schwiegersohn und Ehemann ihrer Tochter Regina. Er war ein „Illegaler" schon vor 1938, sein Volksgerichtsakt liegt vor.[384] Es geht hier nicht darum, ein Urteil über ihn zu fällen, das haben die dafür zuständigen Gerichte schon getan. Es ist seiner Familie, ihm selbst und auch vielen anderen auch die 1957 erfolgte Amnestierung zu vergönnen, die zweifellos, nicht nur bei ihm, auch zum wirtschaftlichen Wiederaufbau nötig war[385], unabhängig von einem damit zusammenhängenden Gesinnungswandel, der durch obrigkeitliche Maßnahmen allein ja niemals zu erzielen ist.

Der Vergleich, wie das Nachkriegsösterreich Täter und Opfer (wie hier in derselben Familie vereint) juristisch behandelt hat, drängt sich dennoch auf, daher ein Blick in die Volksgerichtsakten von Maria Etzers Schwiegersohn, eines „Belasteten", die ich hier zusammenfasse.

Josef A., geboren am 24. Februar 1900, Elektromeister in Saalfelden, trat 1930 der NSDAP bei und blieb auch nach dem Verbot der Partei illegal Mitglied.

Nach dem gescheiterten Nazi-Putschversuch in Wien im Juli 1934 wurde Josef A. wegen Sprengstoffschmuggels (bzw. -besitzes und -verteilung) von Bayern nach Österreich standgerichtlich zum Tod durch den Strang verurteilt, dann vom Bundespräsidenten zu lebenslangem schwerem Kerker begnadigt. Er verbüßte drei Jahre Haft in Stein (Niederösterreich) und wurde durch Amnestie am 23. Dezember 1937 bedingt, mit einer Probezeit bis 24. Dezember 1942, entlassen.

---

[380] Stiefel 1986, 32
[381] Vgl. Mooslechner 2012, 290
[382] Ebd., 288
[383] Gemeindechronik Goldegg, 146
[384] OÖLA, Strafsache Josef A – siehe Quellen im Anhang
[385] Vgl. Stiefel 1986, 34f

In der Gerichtsverhandlung im Dezember 1948 vor dem Volksgericht Linz bekannte sich A. diesbezüglich schuldig und begründete sein Verhalten so:

„In einer Weise war es mir bewusst, dass ich eine hochverräterische Handlung beging, andererseits aber war es der blinde Gehorsam. ... Unser Ziel war eine bessere Regierung durch den Nationalsozialismus bei einem selbständigen Österreich."[386]

Nach der Heimkehr aus der Haft zu Weihnachten 1937 wurde ihm schon drei Monate später mit dem „Anschluss" im März 1938 eine Fortsetzung seiner Tätigkeit möglich. Er bekam für seine Haftzeit den Blutorden[387], zog nach Zell am See in eine größere Wohnung am „Adolf-Hitler-Platz" und eröffnete dort ein Elektrogeschäft. 1940 wurde A. zum Hauptsturmführer ernannt.

Nach Ende der NS-Herrschaft folgte im Mai 1945 die Internierung im Lager Marcus W. Orr, dem von den Amerikanern geführten Entnazifizierungslager in Glasenbach bei Salzburg, wo A. bis zum Juli 1947 verblieb. Nach Anzeige von Revierinspektor (Rvi.) Brandstätter (Gendarmerie Zell am See) wurde A. ans Landesgericht Linz zur Untersuchungshaft überstellt und wegen Verbrechens des Hochverrates nach § 58 StG (Strafgesetz) in der Fassung der §§ 10 und 11 VG (Verbotsgesetz) am 3. März 1948 angeklagt.

In der Anzeigebegründung schrieb Brandstätter über Josef A., dass er schon als Illegaler die NSDAP auch finanziell unterstützt und nach Kriegsausbruch diesen intensiv propagiert habe, und weiter:

„Nach der Machtergreifung der NSDAP in Österreich ging er ganz besonders gehäßig [sic] gegen die Nichtnazi und insbesondere die Exekutive vor und war auch maßgebend an der Verhaftung des damaligen Rvi. jetzt Stabsrittm. Gebetsroiter [sic] beteiligt. ... Er war ein gefürchteter Nazi und man mußte sich ihm gegenüber sehr vorsichtig in politischen Redensarten hüten [sic]. ... A. gehört zu jenen Personen, die auch nach Strafverbüßung in ein Anhaltelager abzugeben wären, da er seine Gesinnung keineswegs geändert hat und eine Gefahr für den noch immer im Aufbau befindlichen Staat bildet."

Nach Angabe des DÖW wurde der genannte Josef Gebetsroither, christlichsozialer Gendarmeriepostenkommandant von Zell am See, im Zuge von „NS-Säuberungen" bereits am 12. März 1938 verhaftet und in das Polizeigefangenenhaus Salzburg eingeliefert. Schließlich landete er im KZ Dachau, von wo er, durch Misshandlungen schwer verletzt, am 13. März 1939 entlassen wurde.[388]

---

[386] OÖLA, Strafsache Josef A., Auslassungen: M. P. W.
[387] Siehe Fußnote 322
[388] Opferfürsorgeansuchen J. Gebetsroither in DÖW, Band 2, 24f. Nach telefonischer Auskunft von Gernod Fuchs (siehe auch Literaturhinweis) war Josef Gebetsroither, geb. 1891, entschiedener Gegner des Nationalsozialismus und daher sofort im Visier von NS-begeisterten Gendarmeriekollegen.

Der Angeklagte erklärte sich im Gerichtsprozess nicht schuldig, an der Verhaftung des Gendarmen Gebetsroither beteiligt gewesen zu sein. Er sei erst danach, im Lauf des Monats März 1938, nach Zell am See gekommen und habe mit April sein Geschäft dort eröffnet.

Das Volksgericht verzichtete offenbar auf weitere Schritte zur Wahrheitsfindung, z. B. indem man Gebetsroither selbst oder andere Personen als Zeugen vorgeladen hätte.

A.s Frau Regina, die schon zwei Jahre lang neben vier Kindern allein das Geschäft führen musste (dessen Enteignung sie vielleicht noch befürchtete), stellte Monate vor der Hauptverhandlung ein Enthaftungsgesuch für ihren Mann und legte dazu eine Erklärung der Bezirksleitung der ÖVP Zell am See vom 21. Jänner 1947 vor. Darin hieß es über den Angeklagten, er sei

„… seit dem Jahr 1938 Inhaber eines Elektrogeschäftes in Zell am See (früher Saalfelden) … Josef A. hat für Frau und 4 minderjährige Kinder im Alter von 4–8 Jahren zu sorgen. Hinsichtlich des persönlichen Leumundes wird mitgeteilt, dass Josef A. als ein sehr offener Charakter angesehen werden kann. … tüchtiger Geschäftsmann … Während seines Aufenthaltes in Zell am See ist in polizeilicher Hinsicht nichts Nachteiliges bekannt. A. hat sich als Parteiangehöriger demzufolge nach ha. Wissen immer loyal verhalten und ist nichts bekannt, dass er jemanden [sic] einen Schaden zugefügt hätte."

Unter dem Punkt „Vorstrafen" im auszufüllenden Formular schrieb die ÖVP ganz salomonisch:

„Josef A. hat während der Zeit zwischen 1933 bis 1936 politische Strafen erlitten. In den ha. Aufzeichnungen scheinen die Art und das Ausmaß der Strafen nicht auf, da er damals in Saalfelden wohnhaft und auch nach Saalfelden zuständig ist [sic]."

Die Bezirksleitung der ÖVP Zell am See machte sich also ungeniert die Sicht der Dinge des überwunden geglaubten NS-Regimes zu eigen: A. habe seine Strafe für Hochverrat und für die Gefährdung der Bevölkerung durch Vorbereitung eines Sprengstoffanschlags nicht rechtmäßig erhalten und verbüßt, sondern als „politische" Strafe (ungerechterweise) „erlitten".

Das Gerichtsurteil vom 12. Dezember 1948 des Volksgerichtssenates Salzburg am Volksgericht in Linz, gefällt von zwei Berufsrichtern und drei Schöffen (Laienrichtern), fiel sehr milde aus: Unter Bedachtnahme auf das Urteil von 1934 wurde keine weitere Strafe verhängt. Laut Strafprozessordnung verfiel nur das Vermögen von A. (ca. 6.000 Schilling) zugunsten der Republik Österreich.

Ab 1945 war er als stellvertretender Gendarmeriekommandant Salzburgs der wesentlichste Partner der Amerikaner bei der Entnazifizierung, wofür er 1946 unter Kritik geriet und versetzt werden sollte. 1947 ging er in Pension.

Der Oberste Gerichtshof (OGH) hob das Urteil jedoch – mit Ausnahme des Vermögensverfalls – am 25. Juni 1949 wieder auf. Zusammengefasst argumentierte der OGH so: Weil ein Teil der Tat vor der Verurteilung 1934, ein anderer Teil aber erst nach 1938 begangen wurde, der aber strafrechtlich noch nicht erledigt sei, sei es nicht zulässig, beides zusammenzuziehen.

Eine neuerliche Hauptverhandlung am 8. Dezember 1949 in Linz, mit neuem Richter und neuen Schöffen, verurteilte Josef A. zu 22 Monaten schweren Kerkers, verschärft durch ein hartes Lager vierteljährlich, unter Anrechnung der Vorhaft vom 1. Oktober 1945 bis 1. September 1947. Das neuerliche Urteil war zwar formal ein Schuldspruch, kam aber faktisch dem aufgehobenen gleich: Die Internierung in Glasenbach und zwei Monate Untersuchungshaft entsprachen nämlich zeitlich genau den 22 Monaten „schweren Kerkers". Somit war die verhängte Strafe bereits verbüßt.

Unter allen Volksgerichtshöfen sprach übrigens allein das Linzer Volksgericht (an dem die meisten Salzburger Prozesse geführt worden) mehr Frei- als Schuld-sprüche aus.[389] „Nach der Auflösung der Volksgerichte im Staatsvertragsjahr 1955 wurden mit dem NS-Amnestiegesetz 1957 endgültig alle Verfahren eingestellt. Auch die Sühnefolgen wurden aufgehoben."[390] Josef A. bekam sein eingezogenes Vermögen zurück, abzüglich von ca. 950 Schilling Haftkosten, worüber er mit den Behörden jedoch noch verhandelte. Seine beiden Urteile, das vom 8. Dezember 1949 und das zuvor aufgehobene vom 21. Dezember 1948, waren, so der Stem-pel vom 20. Dezember 1957, „getilgt mit Beschluss des Landesgerichtes Linz". Im Strafregister hatte Josef A. nun eine weiße Weste.

6.9 Mangelnde geistige Entnazifizierung und weitere Schritte im Opferfürsorgeverfahren

Maria Etzer hatte ein paar Jahre nach dem Krieg im Gegensatz zu ihrem Schwie-gersohn weder eine Chance auf finanzielle Entschädigung noch einen guten Leu-mund in den Gerichtsdokumenten und in der Öffentlichkeit.

Dass die geistige Entnazifizierung kaum stattgefunden hatte, ist einer der Gründe dafür. Herbert Steiner, späterer Leiter des DÖW, meint, es sei kein Zufall, dass der Nationalsozialismus 1938 bei der Okkupation Österreichs auf sehr frucht-baren Boden gefallen sei. Er baute nämlich auf schon lange vorhandenen Einstel-lungen wie Antisemitismus, Antislawismus, Großdeutschtum und Antikommu-nismus auf. Diese Einstellungen waren in der Bevölkerung verbreitet, aber auch bei den höchsten Verantwortungsträgern in Politik und Kirche. Mit Verweis auf den Staatskanzler und späteren Bundespräsidenten Dr. Karl Renner sowie auf den Wiener Erzbischof und Kardinal Theodor Innitzer formuliert Steiner: „Kein Zufall

---

[389] Bericht des Justizministeriums über Volksgerichtsbarkeit und Verfolgung von NS-Gewaltverbre-chen (1945–1972) o. J., vgl. Hanisch 1986, 330
[390] Mooslechner 2012, 290

ist auch, dass jene, die mit zu den ideologischen Wegbereitern dieser Entwicklung hin zum März 1938 gehören, dass die symbolischen Figuren Karl Renner auf der einen und Theodor Innitzer auf der anderen Seite nach der Befreiung niemals kritisch zu ihrer Vergangenheit Stellung genommen haben, um zu einer notwendigen geistigen Entnazifizierung den eigenen Beitrag zu leisten."[391]

```
An die                        Schwarzach im Pg.  den 26. 9.49

Landeshauptmannschaft
in Salzburg


Betrifft : Berufung gegen den Bescheid der Landesregierung
           Salzburg Abtlg. VII – Zl. 10,233 – VII/1949
           vom 22.8.1949 (Opferfürsorgegesetz)


           Am 10. September 1949 bekam ich durch die
Gemeinde St.Veit im Pg. den ablehnenden Bescheid der Landes=
regierung Salzburg über mein Ansuchen um Ausstellung einer
Amtsbescheinigung zugestellt.
           Ich erhebe dagegen Einspruch, weil während der
Naziherrschaft schon ein menschliches Verhalten gegenüber
Kriegsgefangene als verbotener Umgang bezeichnet und auch schwer
bestraft wurde.
           Dieser Kriegsgefangene (Franzose) war mir als
Hilfskraft für meine Landwirtschaft zugeteilt und war ein
sehr fleißiger und williger Arbeiter.
           Ich habe Ihn daher auch so behandelt wie einen
Heimischen Arbeiter, der fleißig und Arbeitsam ist.
           Bei meiner Verurteilung hat entschieden auch mein
offenes religiöses Bekenntnis eine Rolle gespielt und ist daher,
glaube ich, als politische Maßregelung nach dem OFG / 47
zu werten.

           Ich ersuche daher, um Berücksichtigung meiner
                                              Berufung.


                         Maria Etzer
                         Wirtschafterin
                         St. Veit im Pg.
                         Oberlehen Nr 6
```

Berufung gegen Opferfürsorgebescheid: „weil während der Naziherrschaft schon ein menschliches Verhalten ... bestraft wurde". Quelle: Salzburger Landesarchiv

[391] Herbert Steiner als Zeitzeuge bei einem Symposium zu „Entnazifizierung" 1985, zit. nach Meissl u. a. 1986, 352

So fehlte auch bei der Bevölkerung eine tiefergehende Auseinandersetzung, wovon ein kurioses Detail zeugt: In Goldegg wurden auf dem Dachboden der Schule zwei Kisten mit NS-Fremdenverkehrsprospekten gefunden, die der gefallene Oberlehrer und Ortsgruppenleiter Kriechhammer hinterlassen hatte. 1942 gab es die dritte, aktualisierte Ausgabe unter dem Titel „Arische Sommerfrische Goldegg".[392] 1948 wurden die noch vorhandenen Prospekte kurzerhand versandt. Ob es die Goldegger selbst waren oder ein Auswärtiger, jedenfalls ließ das Gespött der Presse nicht auf sich warten. Der Kurier schrieb sinngemäß: „Es gibt in Österreich noch ein hinterschattiges Bauerndorf, an dem der Krieg mit seinen schrecklichen Ereignissen spurlos vorüber gegangen ist", so ein Goldegger Wirtssohn in seinen Erinnerungen.[393]

Spurlos vorübergegangen war die Nazi-Herrschaft jedenfalls an Maria Etzer nicht, aber den von ihr erlittenen Schaden musste sie erst noch beweisen. Über die Bezirkshauptmannschaft St. Johann wurde ihr am 10. September 1949 der abschlägige Bescheid zu ihrem Opferfürsorgeantrag zugestellt. Datiert vom 26. September 1949, Schwarzach im Pongau, legt sie jedoch maschinschriftlich Berufung dagegen ein, wie vorgesehen an die nächsthöhere Instanz, die Landeshauptmannschaft in Salzburg, welche die Eingabe dann an das Sozialministerium weiterleitete:

„Am 10. September 1949 bekam ich durch die Gemeinde St. Veit im Pg. den ablehnenden Bescheid der Landesregierung Salzburg über mein Ansuchen um Ausstellung einer Amtsbescheinigung zugestellt.
Ich erhebe dagegen Einspruch, weil während der Naziherrschaft schon ein menschliches Verhalten gegenüber Kriegsgefangene [sic] als verbotener Umgang bezeichnet und auch schwer bestraft wurde.
Dieser Kriegsgefangene (Franzose) war mir als Hilfskraft für meine Landwirtschaft zugeteilt und war ein sehr fleißiger und williger Arbeiter. Ich habe Ihn [sic] daher auch so behandelt wie einen Heimischen [sic] Arbeiter, der fleißig und Arbeitsam [sic] ist.
Bei meiner Verurteilung hat entschieden auch mein offenes religiöses Bekenntnis eine Rolle gespielt und ist daher, glaube ich, als politische Maßregelung nach dem OFG/47 zu werten.
Ich ersuche daher, um Berücksichtigung meiner Berufung.

Maria Etzer
Wirtschafterin,
St. Veit im Pg.
Oberlehen Nr 6"

Etwa zu diesem Zeitpunkt wird, vermutlich im internen Behördenweg, eine Abschrift ihrer Haftbestätigung aus Aichach aufgefunden, die 1945 an die Staatsanwaltschaft Salzburg gerichtet war. Deren Richtigkeit wird – im Gegensatz zu den

---

[392] Gemeindechronik Goldegg, 283
[393] Gesinger 2014, 119. Nach seinen Angaben hat ein pensionierter Schuldirektor aus der Oststeiermark den Prospekt verschickt.

früher eingereichten Unterlagen – nämlich nicht von der Gemeinde Goldegg, sondern mit Stempel von der Marktgemeinde Schwarzach beglaubigt.

Im genannten Dokument bestätigt eine Vollzugsbeamtin des Frauenzuchthauses Aichach in Ausfüllung eines Vordrucks (nicht vollständig leserlich):

> „Die Etzer Maria aus Goldegg, geboren am 28.7.90 zu Taxenbach, war von 24.3.43 bis 12.4.45 in Strafhaft. Sie war mit Aussenarbeiten [sic] beschäftigt. Sie wurde heute nach Bewilligung bedingten Straferlasses für den Rest mit Probezeit bis 1.5.48 entlassen. Sie hat keine Kleiderkarte erhalten.
>
> Aichach, den 12.4.45
Der Vorstand des Frauenzuchthauses.
Im Auftrage
gez. Baumann e. h.
Verw. Angestellte"

Ein Entwurf in derselben Handschrift wie für den Bescheid liegt vom zuständigen Bearbeiter auch zum Berufungsschreiben vor. Er ist an das Sozialministerium gerichtet und verweist darauf, dass die Berufung nicht fristgerecht eingereicht wurde.

Der Behördenweg wird immer länger, so auch die Bearbeitungszahl für den neuerlichen Bescheid, diesmal der Republik Österreich, Bundesministerium für soziale Verwaltung, vom <u>12. Juli 1950</u>:

> „Mit Bescheid des Amtes der Salzburger Landesregierung vom 22.8.1949, Zl. VII-10.233-VII/1949, wurde ausgesprochen, daß bei Maria Etzer die Voraussetzungen des § 1 Abs. (2) bzw. (3) und (4) des OFG, BGBl. Nr. 183/1947, nicht vorliegen. Die dagegen von M. E. eingebrachte Berufung wird gemäß § 66 Abs. (4) AVG als verspätet zurückgewiesen."

In der Begründung gibt es keine inhaltlichen Argumente, es reicht, dass das Schreiben zwei Tage (!) zu spät eingereicht worden ist:

> „Dieser Bescheid wurde, wie die Bw. selber angibt, am 10. September 1949 zugestellt. Die Berufungsfrist endete daher am 24.9.1949. Die Berufung wurde jedoch erst am 26.9.1949 eingeschrieben zur Post gegeben und ist somit verspätet. Es mußte daher ohne weiteres Verfahren spruchgemäß entschieden werden.
>
> Ergeht an 1.) Frau Maria Etzer in St. Veit i. Pongau, Sbg.; 2.) Amt der Salzburger Landesregierung zur Kenntnis unter Aktenrückschluß."

Warum ist die Berufung nur zwei Tage, aber immerhin zu spät eingelangt? Hat der Schwiegersohn etwas versäumt? Oder hatte er den Brief schon fertig und fehlte einfach noch Maria Etzers Unterschrift? Ihr abgeschiedenes Leben brachte weite Wege mit sich, vom Hof ins Dorf nach Mühlbach, dann mit dem Postbus aus dem langen Tal heraus und bis nach Werfen, oder von der Köckenalm erst einmal hinunter nach St. Veit und weiter nach Schwarzach. Maria Etzer hatte inzwischen ja die Stelle gewechselt. Enkelin B. erinnert sich, dass sie als Kinder von ihrer Mutter Katharina mit einer schweren Ladung Obst auf dem Rücken vom Lehenhof zur Großmutter geschickt wurden – nach Lend hinunter, mit dem Zug nach Schwarzach/St. Veit und von dort zwei Stunden bergauf.

Auch die Zustellung des Bescheides der Landesregierung hatte gedauert, vom 30. August 1949 in Salzburg laut Stempel „bestellt" und per Post an die BH St. Johann gesandt, von dort aus nach St. Veit und zugestellt am 10. September, wie Maria Etzer in der Berufung angibt.

Jedenfalls war nicht nur die Enge des Opferbegriffs im Gesetz ein Problem, sondern auch die faktische Handhabung der Verfahren, die häufig dem Buchstaben und nicht dem Geist des Gesetzes folgte. Fristversäumnisse machen Andrea Strutz zufolge einen der Gründe aus, warum Opfer nicht zu ihrem Recht kamen, das betraf allein in der Steiermark fünfzig von ihr untersuchte Opferfürsorgeanträge. Sie beschreibt den Fall eines Mannes, der im KZ Mauthausen inhaftiert war. Wegen Fristversäumnisses legte er Berufung ein und gab an, dass er mit seiner Familie sehr abgeschieden lebe, infolge eines Unfalls sein Sehvermögen geschwächt sei und er keine Tageszeitung lesen könne. Er sei auch seelisch und körperlich nicht in der Verfassung gewesen, einen Antrag zu stellen, und habe erst im Herbst 1953 von dieser Möglichkeit erfahren. Die Frist für einen ersten Antrag nach dem OFG endete jedoch nach Festlegung der 7. OFG-Novelle mit Dezember 1952. Das Ministerium lehnte seine Berufung ab, mit der Begründung, das sei kein unabwendbares oder unvorhergesehenes Ereignis und er hätte schon vor Fristablauf die Rundfunkverlautbarung über dieses Bundesgesetz hören können.[394]

Bitter war sicherlich auch für Maria Etzer die neuerliche Ablehnung ihres Ansuchens, diesmal nicht aus Salzburg, sondern aus Wien. Es muss sie an die endlosen – und aussichtslosen – bürokratischen Schikanen erinnert haben, die sie und ihre Familie während der Zeit im Zuchthaus mit den Gesuchen um Haftunterbrechung und vorzeitige Entlassung erleben mussten. Damals war sie anscheinend nicht fleißig genug, nun nicht pünktlich genug. Es gab offenbar immer Gründe, warum arme und unschuldige Leute ständig an eine höhere Instanz Briefe und Bittgesuche schreiben, vielleicht auch noch Kosten für einen Rechtsanwalt aufbringen mussten – alles umsonst. Die Zweite Republik schien ihr, was die Bürokratie betrifft, nicht viel anders zu funktionieren als der Nazi-Staat, nur dass sie selbst nun nicht mehr gefangen war. Nach dem Ringen um die richtigen Worte und der Schreiberei bei Tochter und Schwiegersohn konnte sie auf langen Rückwegen wieder auf die Alm oder einen abgelegenen Hof zurückkehren. Dort hatte sie ihre Ruhe und ein bescheidenes Auskommen, solange sie ihre Kräfte nicht verließen.

Sie kämpfte noch um ihr Recht, zumindest um eine Anerkennung ihrer ungerechten Verurteilung. Vermutlich hat sie nach der Ablehnung ihrer Berufung am 12. Juli 1950 noch ein „Gnadengesuch" an den Bundespräsidenten gerichtet (Schriftliches dazu liegt nicht vor). Maria Etzer wird auch dieser Begriff in unangenehmer Erinnerung gewesen sein.

---

[394]   Vgl. Strutz 2006, 172

Er wird jedoch im internen Schriftverkehr verwendet, mehr als ein Jahr nach abgelehnter Berufung. Am 10. November 1951 berichtet der für die Bearbeitung zuständige Abteilungsleiter über den bisherigen Verlauf des Verfahrens an den „Landesamtsdirektor wirkl. Hofrat Dr. Hanifle im Hause", und zwar zum „Gnadengesuch der Maria Etzer wegen Zuerkennung einer Amtsbescheinigung nach § 4 Abs. (1) …". Er bezieht sich auf ihren ersten Antrag vom 7. Juni 1949 und die

Ablehnung der Berufung, S. 1: „… keinesfalls als Kampf gegen den Nationalsozialismus … zu werten". Quelle: Salzburger Landesarchiv

Angabe der Gründe: wegen eines verbotenen Umgangs mit einem Kriegsgefangenen und schimpflichen Äußerungen gegen den Nationalsozialismus. Sie habe aber nur das Erstere (verbotener Umgang) nachgewiesen. Mit Bescheid vom 22. August 1949 habe das Amt der Salzburger Landesregierung daraufhin ausgesprochen,

> „dass bei der Genannten die Voraussetzungen für die Ausstellung einer Amtsbescheinigung nicht vorliegen. Der Umgang mit Kriegsgefangenen ist keinesfalls als Kampf gegen den Nationalsozialismus oder Einsatz für die Wiedererrichtung eines freien und demokratischen Oesterreichs [sic] zu werten.
> Gegen den Bescheid des Amtes der Landesregierung Salzburg, hat die Genannte eine um zwei Tage verspätete Berufung eingebracht. Das Bundesministerium für soziale Verwaltung hat mit Bescheid vom 12. Juli 1950 Zl … die eingebrachte Berufung gemäß § … als verspätet zurückgewiesen. Laut dem Bericht der Bezirkshauptmannschaft St. Johann vom 10.8.1949 ist Maria Etzer Besitzerin des Buchberglehengutes.
> Die Ausstellung einer Amtsbescheinigung war mangels eines aktiven Einsatzes für die Wiedererrichtung eines freien und demokratischen Oesterreichs [sic], insbesondere mangels eines Kampfes gegen den Nationalsozialismus, nicht möglich."

So versichert der Abteilungsleiter sich selbst und seinem Vorgesetzten nochmals und abschließend den Ausgang der Sache, wie er meint. Außerdem schaut für eine „Besitzerin des Buchberglehengutes" vermutlich ohnehin keine Fürsorge aus öffentlichen Geldern heraus, könnte er sich gedacht haben. Umgekehrt könnte Maria Etzer gerade das erhoffte Geld für den Hausbau motiviert haben, an diesem unerquicklichen Schriftwechsel mit Landesregierung und Republik dranzubleiben. Dann könnte sie was mitbringen, wenn sie wieder auf den Buchberg zurückkommt – statt irgendwann als verbrauchte Bittstellerin auftreten zu müssen.

Auf dem Schreiben ist der Vermerk z. d. A. – und „zu den Akten" geht ein Duplikat dieses Schreibens, aber noch nicht die Sache selbst.

Inzwischen bemüht sich Maria Etzer um eine Witwenrente.[395] Am <u>10. Dezember 1951</u> richtet die BH St. Johann an das Gemeindeamt Goldegg eine Aufforderung, diesbezüglich mit Herrn S., Schwiegersohn von Maria Etzer, einen Fragebogen über die Einkommens- und Vermögensverhältnisse am Lehenhof auszufüllen. Maria Etzer selbst ist ja nicht vor Ort. Die Gemeinde retourniert den Fragebogen (Duplikat im Archiv nicht vorhanden) mit der Bemerkung,

> „dass S. angibt, er verfüge über die Bewirtschaftung des Gütls in Goldegg, Buchberg 30 nicht mehr, weil dieses Gütl durch die Besitzerin Etzer an seinen Sohn H. verpachtet ist und (dieser) auch voraussichtlich der angehende Besitzer wird".

---

[395] Archiv der Gemeinde Goldegg, Dokumente in Kopie übermittelt von Bürgermeister Fleißner

Das Landesinvalidenamt für Salzburg schreibt am 5. Februar 1952 zum Betreff Maria Etzer, dzt. wohnhaft in Mühlbach am Hochkönig, Witwenversorgung, dass der Pachtvertrag einzusenden sei und der genaue Viehstand sowie der Besitzer des Inventars bekanntgegeben werden müsse.

> „Außerdem hat Frau Etzer wiederholt angegeben, dass der Schwiegersohn (S.) für eine zwölfköpfige Familie zu sorgen hat. Da aber in dem von dort ausgefüllten Fragebogen (…) nur sieben Kinder (…) angegeben wurden, wolle Name, Geburtsdatum, Beruf, Einkommen, Familienstand und Anschrift der übrigen Kinder noch mitgeteilt werden.“[396]

Am 15. März 1952 antwortet der Goldegger Bürgermeister nach Befragung von Katharina, zugleich Mutter der zwölf Kinder, an das Landesinvalidenamt, Wolf-Dietrich-Str. 12 in Salzburg:

> „Wie von Frau S., Tochter der Etzer Maria und Mutter des S. H. angegeben wird, liegt kein notarieller Pachtvertrag vor. (…) Der Viehbestand gehört der Frau Etzer, jedoch hat der Enkel das Nutzungsrecht. Es sind folgende Tiere auf dem Hof, welche der Frau Etzer gehören: 4 Kühe, 3 Jungrinder, 3 Schweine, 9 Schafe, 9 Hühner.“

Im Anschluss gibt Katharina noch die Daten ihrer Kinder an, die zwischen 19. August 1928 und 1. Februar 1952 geboren sind, darunter auch Sohn Richard, der im Alter von zwei Jahren 1950 verstorben ist. Nur der älteste Sohn, zu dieser Zeit in Vorarlberg in Arbeit, habe als Tischler ein Einkommen. Sohn H., geboren 1931 und Pächter der Landwirtschaft, sei zum Zeitpunkt der Auskunft in der Landwirtschaftsschule in Bruck im Pinzgau, so das Schreiben.

Ob bzw. wann Maria Etzer vom Landesinvalidenamt in der Folge eine Witwenrente zugesprochen bekam, ist unbekannt.

Im September desselben Jahres 1952 gibt es einen neuerlichen, letzten Versuch in Sachen Opferfürsorge. In der 7. OFG-Novelle wurde erstmals eine Haftentschädigung (für BesitzerInnen einer Amtsbescheinigung oder eines Opferausweises) vorgesehen, eine Anspruchsanmeldung darauf musste jedoch binnen eines Jahres, bis 5. September 1953, erfolgen.[397] Diesmal wollte Maria Etzers Schwiegersohn nicht zu spät dran sein, und so sind in dieser Sache vom 19. Dezember 1952 und 21. Dezember 1952 zwei Briefe in seiner Handschrift erhalten. Vermutlich hat er nun selbst (ohne seine schwere Schreibmaschine, aber vielleicht mit Weihnachtskeksen seiner Frau) die Schwiegermutter aufgesucht, die sich zu dieser Zeit in der Stadt Salzburg, „bei Reicher, Ignaz-Harrer-Straße 30“ aufhielt, und von ihr noch verschiedene Details erfragt.

August M. muss sich zuvor persönlich bei der Landesregierung, Abteilung VII für Opferfürsorge, genauer erkundigt haben, und jemand hat ihn instruiert, wie

---

[396] Unterstreichungen im Original, Auslassungen: M. P. W.
[397] Strutz 2006, 31

er argumentieren muss. Davon zeugt der Inhalt des ersten der beiden genannten Briefe. Es geht um Details von Maria Etzers Aussagen bei der Gestapo und vor Gericht und die Einholung der Sondergerichtsakten.

Der erste Brief, datiert Salzburg, 19. Dezember 1952, ist unvollständig, endet mitten im Satz und ist auch nicht unterschrieben, trägt aber trotzdem einen amtlichen Vermerk, nämlich einen Eingangsstempel vom 30. Dezember 1952.

An das „Amt der Landesregierung, zuhanden Herrn Hofrat Dr. Hanifle, Lds. Amtsdirektor in Salzburg" schreibt August M. in Maria Etzers Namen handschriftlich:

> „Ich bitte um Ausstellung eines Opferfürsorgeausweises oder Amtsbescheinigung, sowie Wiederaufnahme des Verfahrens unter Einholung der Gerichtsakten beim Sondergericht unter Leitung des Oberstaatsanwaltes in Salzburg.
> Ich wurde am 18. Mai 1943 in das Polizeigefängnis in Salzburg eingeliefert. Bei Vernehmungen durch die Gestapo wurde ich derart unmenschlich geschlagen, dass ich, nur um nicht mehr den Schlägen ausgesetzt zu sein, den Umgang mit Kriegsgefangenen zugab.
> Beim Sondergericht in Salzburg (Dr. Wolf, einer der Beisitzer war Dr. Niedermeier) tat Dr. Wolf den Ausspruch ‚Hitlerbande' hat sie gesagt, weg damit, eine Schwarze ist sie.
> Dies ist auch bezeichnend für den Urteilsspruch, der auf 3 ½ Jahre lautete. Wegen verbotenem Umgang mit Kriegsgefangenen, wäre das Ausmass [sic!] der Strafe niemals so hoch gewesen. Dies war nur auf meine politische Einstellung, die ich niemals leugnete und auch stets verteidigte, zurückzuführen. Ich werde auch eidesstattliche Erklärungen von polit. Mithäftlingen beibringen, dass ich im KZ besonders streng behandelt wurde, was auf einen Aktenvermerk als unverbesserliche Schwarze zurückzuführen …"

Soweit der unvollständige Brief, der wesentliche Änderungen in der Argumentation und erklärende Hinweise zu den „schimpflichen Äußerungen" beinhaltete, damit diese eventuell doch als verbale Widerstandshandlung gelten konnten. Dass ein unvollständiger, nicht persönlich unterzeichneter Brief Grundlage für eine neuerliche Aufnahme des Verfahrens wurde, könnte auf ein Bemühen und Entgegenkommen seitens der Behörde schließen lassen – die bald selbst in die Einholung von Unterlagen verwickelt werden sollte.

Vermutlich war dieser Brief aber nur als Zwischenschritt, als Entwurf für ein nächstes Ansuchen geplant, denn es mussten zuerst noch genauere Informationen eingeholt werden, um die Argumentation zu untermauern. Manche Dokumente hatte die OF-Abteilung schon, z. B. die Haftbestätigung von 1945 (beglaubigt vom Schwarzacher Bürgermeister). Warum ließ man nun Maria Etzer persönlich in Aichach anfragen und ersparte ihr diese Zumutung nicht? Auch die Prozessnummer des Sondergerichts war ja bekannt. Waren vielleicht die Sondergerichtsurteile selbst verschollen? In Kisten gelagert auf irgendeinem Dachboden wie in Goldegg die Tourismusprospekte aus der Nazi-Zeit?

Jedenfalls geht bereits zwei Tage später, am 21. Dezember 1952, Maria Etzers Brief nach Aichach ab, in ihrem Namen handschriftlich verfasst von August M. und gleich auch in seiner Handschrift als Maria Etzer unterzeichnet. Ich kann mir

Ansuchen an das ehemalige Zuchthaus um Haftbestätigung, S. 1 (Handschrift: August M.). Quelle: Salzburger Landesarchiv

gut vorstellen, dass sie ihren Schwiegersohn aufgefordert hat: „Unterschreib doch du für mich, ich will in Aichach um nichts mehr bitten." Im Brief heißt es:

> „Ich bin 2. oder 3. Mai 1943 im dortigen Zuchthaus als politischer Sträfling eingeliefert worden. Ich wurde dort unter der Nr. 189 geführt. Ich war bis 15.12.1943 in Aichach, vom 15.12.1943 bis 12. September 1944 in Ingolstadt, kam von dort wegen Krankheit wieder nach Aichach, wo ich am 12. April 1945 entlassen wurde. Ich wurde zu einer Haft von drei Jahren vom Sondergericht in Salzburg verurteilt und habe davon 26 Mte im dortigen Zuchthaus und Ingolstadt abgebüßt. Da ich in Aichach am 12.4.1945 entlassen wurde, bitte ich die dortige Direktion dringend, mir eine Haftbescheinigung und Entlassungsbestätigung zu übersenden. Ich benötige diese Papiere dringend für eine hiesige Behörde. Den Entlassungsschein, den ich damals bekam, musste ich zum Bezug von Lebensmittelkarten bei meiner Heimatgemeinde abgeben, wobei er in Verlust geriet.
> Bei einem Ansuchen um Haftunterbrechung, dem nicht stattgegeben wurde, war im Schreiben vom hiesigen Sondergericht die Zahl 20/43 SG vom 26.5.1943 angegeben.
> Ich bin am 28.7.1890 in Taxenbach, Ld. Salzburg, Oesterreich [sic] geboren.
> Nochmals bitte ich um Erledigung meines Ansuchens.

Frau Maria Etzer
bei Reicher Salzburg
Ignaz Harrerstraße 30 Oesterreich"

Das zuletzt genannte abgelehnte Ansuchen um Haftunterbrechung (tatsächlich vom 26. Mai 1944) ist inzwischen, mit (unleserlichen) handschriftlichen Notizen versehen, offenbar als einziger Teil des früheren Sondergerichtsakts aufgetaucht (und im Opferfürsorgeakt enthalten).

6.10 Frühere Nationalsozialisten wieder im Dienst und ein Opferfürsorgeansuchen „zu den Akten"

Vom ausführlichen Brief in Maria Etzers Namen lässt sich die „Strafanstalt Aichach", wie sie nun heißt, nicht beeindrucken und antwortet ihr am 29. Dezember 1952 in gewohnt kurzer Manier, ohne persönliche Anrede:

> „Betreff: Haftbestätigung
> Nach den bestehenden Bestimmungen dürfen Haftbestätigungen nur an Behörden gegeben werden. Veranlassen Sie die Behörde, die sie benötigt hier darum anzusuchen – unter der Angabe der Gef. Nummer Z 189/43."

Die Salzburger Landesregierung, Abteilung VII, ersucht ihrerseits am 6. Februar 1953 zuerst das Landesgericht Salzburg um Überlassung des Sondergerichtsaktes zu Maria Etzer. Von dort kommt am 16. Februar 1953 die Antwort

„mit Hinweis zurück, dass der Akt KLs 20/43 nach Mitteilung der Staatsanwaltschaft vor Einmarsch der alliierten Truppen vernichtet wurde".

Vielleicht wurden Sondergerichtsakten vernichtet, jedenfalls nicht der von Maria
Etzer. Konnte oder wollte man bei Gericht, mehr als sechs Jahre nach dem Ende
der NS-Herrschaft, den Akt nicht finden? Deshalb, weil hier wieder Personen am
Werk waren, die selbst Unrechtsurteile gefällt oder an ihnen mitgewirkt hatten?
     Bei den Richtern (wie z. B. auch bei LehrerInnen und anderen BeamtInnen)
mangelte es im Nachkriegsösterreich an qualifiziertem Personal. Ende 1945
musste der Landesgerichtspräsident in Salzburg feststellen, dass von 44 Richtern
30 NSDAP-Mitglieder gewesen waren.[398] Fast ein Drittel aller BeamtInnen mussten im Land Salzburg im Zuge der Entnazifizierung aus dem öffentlichen Dienst
ausscheiden, etwas mehr als im österreichischen Durchschnitt. Hanisch stellt aber
fest, dass im Vergleich zum übrigen Österreich in Salzburg „seit 1948 die Wieder-
einstellung weitaus lockerer gehandhabt wurde".[399]
     Weil die Anfrage beim Landesgericht und auch Maria Etzers Brief erfolglos
blieben, war der nächste Schritt für die Opferfürsorgeabteilung, das Urteil und
andere Daten aus der Strafanstalt Aichach anzufordern. Das geschah am <u>19. März
1953</u>. Unter selbstverständlich korrekter Angabe der Gefangenennummer und
wichtiger Personendaten die Klientin betreffend – geboren in Taxenbach, zuständig nach Goldegg, nun wohnhaft in St. Veit i. Pg. (der meiste Schnee ist weg und
Maria Etzer ist wieder aus der Stadt hinausgezogen), heißt es im Schreiben:

„Das Amt der Salzburger Landesregierung bittet um Übersendung einer
Haftbestätigung. Für den Fall, dass dort Strafakten über die Genannte auf-
liegen, wird um kurzfristige Überlassung gebeten."

„Nicht nötig", ist der handschriftliche Kommentar der „Strafanstalt" dazu – das
Schreiben sowie die Antwort darauf liegen nämlich doppelt vor: im OF-Akt Salzburg und im Gefangenenakt des Zuchthauses Aichach, aufbewahrt im Staatsarchiv
München, der für Maria Etzer bis zu dieser Korrespondenz im Jahr 1953 reicht.
An Inhalt und Stil hat sich erschreckenderweise zwischen 1943 und 1953 nichts
geändert.
     Das hängt unter anderem auch damit zusammen, dass beim Personal in
Aichach, bis auf Direktor Reitzenstein, der 1945 als 64-Jähriger pensioniert wurde,
die meisten wieder „an Bord" sind, die schon namentlich auf Maria Etzers Füh-
rungsbögen aufscheinen.[400]
     Der katholische Gefängnispfarrer Kraus, der auf diesen Bögen mehrfach zyni-
sche Bemerkungen über sie gemacht hatte, konnte als Einziger direkt nach der
Befreiung 1945 bleiben, nur weil er nie in die NSDAP eingetreten war, obwohl er
anderen NS-Organisationen angehört hatte.

---

[398] Zahl nach Hanisch 1986, 322f
[399] Ebd., 323
[400] Vgl. Kapitel 5 sowie Wachsmann 2006, 397f

Er setzte sich bald für die sozusagen bewährten Mitglieder des alten Teams ein. Gefängnislehrerin Anni Dimpfl, die im Sinn der NS-Propaganda indoktriniert hatte, kam 1947 zurück, der protestantische Pfarrer Ernst Stark, „das fanatischste Parteimitglied in der Führungsriege von Aichach"[401], 1948. Schon 1947 wurde Gefängnisarzt Schemmel wieder in Dienst genommen, der sich Kraus zufolge im Dritten Reich angeblich tadellos verhalten hatte, tatsächlich aber für Zwangssterilisierungen und grausames Verhalten gegenüber den weiblichen Häftlingen verantwortlich war. Er wurde neben seiner Tätigkeit als Strafanstaltsarzt „zu einer Stütze der Aichacher Gemeinde und wirkte dort jahrelang als Stadtrat. Aber es fiel ihm offenbar schwer, seine alten Gewohnheiten abzulegen, denn in den fünfziger Jahren wurden erneut Vorwürfe wegen Gefangenenmisshandlungen laut. Dennoch blieb er bis zu seiner Pensionierung 1962."[402]

Auf Anfrage der Salzburger Abteilung für Opferfürsorge liefert die nunmehrige Strafanstalt Aichach am 27. März 1953 exakte Formaldaten zu Untersuchungshaft, Strafbeginn, Entlassung etc., gibt aber unter dem internen Motto „nicht nötig" weder das Sondergerichtsurteil noch hauseigene Unterlagen aus dem Gefangenenakt heraus. Stattdessen wird in Zuchthausmanier quasi in Eigenregie ein Urteil gefällt:

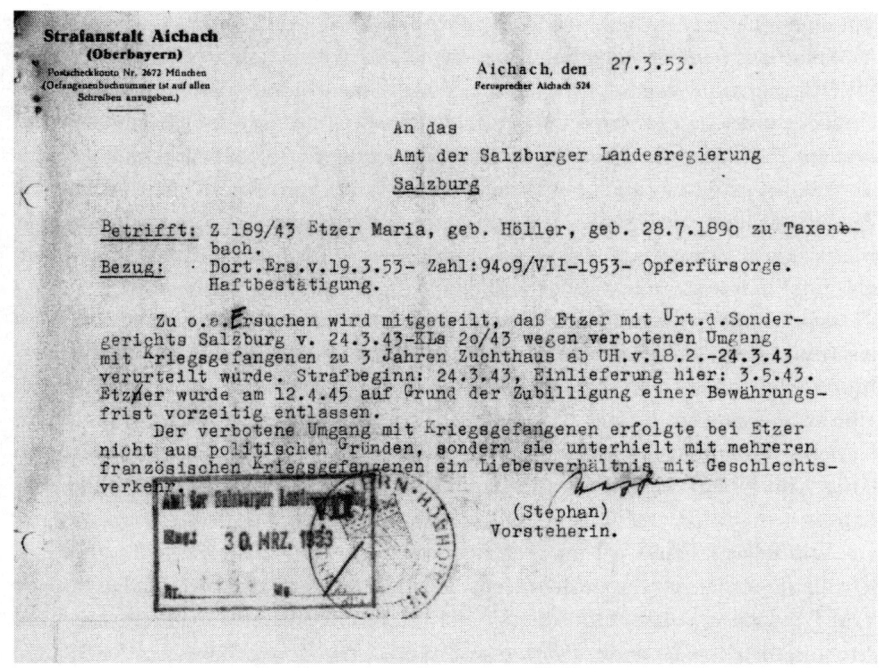

Strafanstalt Aichach an Salzburger Landesregierung: „… erfolgte bei Etzer nicht aus politischen Gründen". Quelle: Salzburger Landesarchiv

---

401 Wachsmann 2006, 398
402 Ebd.

„Zu o. a. Ersuchen wird mitgeteilt, daß Etzer mit Urt. d. Sondergerichts Salzburg v. 24.3.43 – KLs 20/43 wegen verbotenen Umgang [sic] mit Kriegsgefangenen zu 3 Jahren Zuchthaus ab UH. v. 18.2.–24.3.43 verurteilt wurde. Strafbeginn: 24.3.43, Einlieferung hier: 3.5.43. Etzer wurde am 12.4.45 auf Grund der Zubilligung einer Bewährungsfrist vorzeitig entlassen.

Der verbotene Umgang mit Kriegsgefangenen erfolgte bei Etzer nicht aus politischen Gründen, sondern sie unterhielt mit mehreren französischen Kriegsgefangenen ein Liebesverhältnis mit Geschlechtsverkehr.

(Stephan)
Vorsteherin.“

Fast acht Jahre nach Kriegsende fehlt in diesem Schreiben jegliches Unrechtsbewusstsein und der Respekt (z. B. die Anrede Frau) für Maria Etzer, die nach wie vor als Verbrecherin dargestellt wird, obwohl sie nach inzwischen aufgehobenen NS-Gesetzen inhaftiert war.

Eine Justizbeamtin macht sich als „Vorsteherin" zur Richterin über die Motive einer ehemaligen Gefangenen österreichischer Herkunft, zugleich bevormundet sie auch österreichische Behörden (wie wenn sie immer noch dem untergegangenen „Deutschen Reich" unterworfen wären). Sie gibt vor zu wissen, dass die Haft „nicht aus politischen Gründen" erfolgte, und argumentiert in unerhörter Weise mit einem Unrechtsurteil.

Sollte das frühere Zuchthaus also das letzte Wort behalten? Jedenfalls gab es im Opferfürsorgeverfahren 1953 keine schriftlichen Belege, dass Maria Etzer aus explizit politischen Motiven (Widerstand in Wort und Tat) in Haft gewesen war und als „Schwarze, die wegmuss", bezeichnet worden wäre. Schriftliche Belege für diese Aussage gibt es auch heute nicht, obwohl das Sondergerichtsurteil und die Zuchthausakten vorliegen. Das sagt jedoch nichts über den Wahrheitsgehalt in Maria Etzers Erinnerung aus; es zeugt nur von der Mühsal, ja Aussichtslosigkeit, als Opfer nationalsozialistischer Verfolgung zu seinem Recht zu kommen.

Am 15. Juli 1953 wird Maria Etzer der neuerlich negative Bescheid auf ihr zweites (und letztes) OF-Ansuchen zugestellt, nach Mühlbach „beim Kölzenbauer" (der Köckenbauer war allerdings in St. Veit). Vor dem Holzhaus in Mühlbach gibt es übrigens zwei Fotos von ihr, ausnahmsweise mit einem Lächeln auf dem Gesicht: Auf einem steht sie neben dem hölzernen Brunnen, aus dem Wasser in einen Kübel fließt, auf dem zweiten tränkt sie sitzend mit einer Flasche ein kleines Lamm.

Aber das Lächeln wird ihr vergangen sein, als sie den Brief erhielt, und vielleicht kam ihr wieder der düstere Gedanke wie damals im Zuchthaus: „Ich bin nur zum Unglück geboren". Oder hat sie die Nachricht einfach hingenommen, weil ohnehin nichts anderes zu erwarten gewesen war?

„Bescheid.

Frau Maria Etzel [sic], geb. 28.7.1890, wohnhaft in Mühlbach, a. Hkg. Kölzenbauern [sic] hat am 19.12.1952 beim Amt der Salzburger Landesregierung neuerlich einen Antrag auf Ausstellung eines Opferausweises bezw. einer Amtsbescheinigung eingebracht. Über dieses Ansuchen ergeht folgender

<u>Spruch.</u>

Gemäß § 48 Abs. 1 AVG wird der Antrag vom 19.12.1952 wegen entschiedener Sache zurückgewiesen.

<u>Begründung.</u>

Maria Etzer hat erstmalig am 9.7.1949 bei der Bezirkshauptmannschaft St. Johann/Pongau einen Antrag auf Ausstellung einer Amtsbescheinigung eingebracht. Im Ermittlungsverfahren wurde festgestellt, dass die Genannte vom 18.2.1943 bis 12.4.1945 wegen verbotenen Umganges mit einem französischen Kriegsgefangenen in Haft war.
Da diese Handlungsweise keinesfalls als Einsatz für die Wiederherstellung eines freien, demokratischen Österreichs gewertet werden kann, hat das Amt der Salzburger Landesregierung den Antrag mit Bescheid vom 22.8.1949 Zl. 10.233/VII/49, abgewiesen. Das Bundesministerium für soziale Verwaltung hat der gegen diesen Bescheid nicht fristgerechten [sic] eingebrachten Berufung keine Folge gegeben und die Berufung wegen Fristversäumnis als verspätet eingebracht zurückgewiesen.
Mit dem neuerlichen Antrag vom 19.12.1952 hat Maria Etzer keine neuen Tatsachen unter Beweismittel angeboten, die im Verfahren ohne Verschulden der Partei nicht geltend gemacht werden konnten und allein oder in Verbindung mit dem sonstigen Ergebnis des Verfahrens voraussichtlich einen im Hauptinhalte des Spruches anders lautenden Bescheid herbeigeführt hätte.
Es war sohin spruchgemäss [sic] zu entscheiden."

Gegen diesen weiteren negativen Bescheid vom Juli 1953 beruft Maria Etzer nicht mehr. Der gesamte Schriftverkehr wird „zu den Akten" gelegt – und damit ein langwieriger erfolgloser Versuch, im Nachkriegsösterreich (zehn Jahre nach ihrer Verhaftung) entschädigt oder zumindest als Nazi-Opfer anerkannt zu werden.
Fünfundzwanzig Jahre nach diesem Bescheid wurden offenbar nicht mehr aktive Akten aussortiert. Am 31. Juli 1978 ging eine Anfrage der Salzburger Landesregierung an die Gemeinde Mühlbach, ob für Maria Etzer die folgende Adresse noch stimme: „Mühlbach a. Hkg., Kölzenbauer". Für die Gemeinde antwortet deren Bürgermeister am 8. August 1978:

„Zu obigem Ersuchen wird mitgeteilt, daß Maria Etzer, wohnhaft gewesen in St. Veit i. Pg., Köckenbauer, bereits vor Jahren verstorben ist. Der genaue Zeitpunkt ist uns leider nicht bekannt."

Achtzehn Jahre nach Maria Etzers Tod wird ihr Opferfürsorgeakt „ausgetragen“, handschriftlicher Vermerk dazu: „verstorben, daher Ablage Ld. Archiv Salzburg“. (Stempel: 28. Aug. 1978)

6.11 Maria Etzers letzte Lebensjahre und ihr Tod

Wann genau die Lehenbäuerin wieder nach Goldegg und auf ihren Hof zurückkehrte, ist unbekannt. Es gab ja in den 1950er Jahren noch kein exaktes Meldewesen. Nach Erinnerungen eines Nachbarn, damals ein kleiner Bub[403], und Angabe von Enkelin B., zu dieser Zeit als halbwüchsige Tochter von Katharina auf dem Lehenhof, könnte es um 1953 gewesen sein. Angeblich kam die Großmutter wegen Leberschmerzen nach Hause, so Enkelin B. Enkelin E. meint hingegen, der Köckenbauer sei gestorben und damit ihr Arbeitgeber ausgefallen. Jedenfalls war acht Jahre nach Kriegsende schon einigermaßen „Gras über die Sache gewachsen“. Der Zeitpunkt würde auch zur endgültigen Ablehnung von Leistungen aus der Opferfürsorge passen. Maria Etzer, damals 63 Jahre alt, hätte gern „etwas mitgebracht“: eine Opferfürsorgerente für sich selbst und Geld für eine Erweiterung bzw. den Neubau des Bauernhauses. Damit hätte sie wieder mehr das Geschick des Hofes bestimmen können, was sicher in ihrem Naturell und in den Erfahrungen ihrer Lebensgeschichte lag. Aber da war jetzt nichts mehr zu erwarten. Vielleicht war sie aber auch schon in ihrer Entschlusskraft geschwächt, weil gesundheitlich angeschlagen.

Maria Etzer stand vermutlich ziemlich ohne finanzielle Mittel da, abgesehen vom Besitz des Lehengutes, das sie vor dem Krieg über schwierigste Zeiten hinübergerettet hatte und das ihr auf dem Papier noch gehörte. Es wäre zu erwarten gewesen, dass sie anlässlich ihrer Heimkehr den Hof an die mittlerweile 41-jährige Katharina übergeben hätte, die nun schon zehn Jahre dort wirtschaftete. Aber das war nicht der Fall. Sie habe sich mit Lois, deren Ehemann, nicht vertragen, meint Enkelin E. als Motiv dafür, dass Katharina nicht Besitzerin wurde. Oder hatte die Lehenbäuerin auf irgendwelchen Wegen erfahren, dass ihre Älteste damals 1943 etwas unternommen hatte, damit Georges Fontaine versetzt wurde? Vielleicht war es aber für Maria Etzer nur eine Frage des Selbstwerts, noch „was zu haben“, auch als Pfand, um doch noch irgendwie mitentscheiden zu können? Vermutlich hat sie sich aber schließlich doch in ihre Rolle als Altbäuerin hineinfinden können – weil ihre Kräfte nachließen und Katharina und ihr Mann nun schon lange gewohnt waren selbstständig zu entscheiden.

Welche Erinnerungen gibt es an die spät heimgekehrte Großmutter?

Enkel H., einer der Söhne Katharinas und damals Pächter des Hofes, erzählt, sie sei in ihren letzten Lebensjahren gut versorgt worden: „Sie musste nichts mehr

---

[403] Nach Gidi Außerhofer, 1951 geboren, wohnte Maria Etzer als Altbäuerin auf dem Lehenhof.

Maria Etzer als Wirtschafterin in Mühlbach, ca. 1952. Quelle: Familienbesitz

arbeiten und hat oben in ihrer Kammer gelesen." Eine andere Enkelin, Schwester von H., sieht es weniger idyllisch: Die Großmutter schälte Äpfel, die Kinder hätten wegen irgendwas gelacht, da habe sie mit einem faulen Apfel auf die Kinder geschossen. Sie sei hart gewesen und streng: „Wir haben uns gefürchtet. Mit unserer Mutter Kathi hat sich die Großmutter aber gut verstanden, sie haben sich nicht gestritten."

Enkelin W. erzählt, die Großmutter habe mit einer Person in Amerika Briefe gewechselt, über religiöse Fragen. Enkelin B. spricht ebenfalls von Briefen, die nach Maria Etzers Tod in einer Truhe gefunden worden seien, neben einer Zeitungsausgabe „An meine Völker" (Aufruf von Kaiser Franz Josef zu Kriegsbeginn 1914). Es gab in der Truhe aber auch die Liebesbriefe ihrer Tante. Für die jugendliche B. war es interessanter, in diese ein wenig hineinzuschmökern, bevor ihre schon verheiratete Tante Margarethe die Briefe abholte, zusammen mit Dingen, die ihr gar nicht gehört hätten, so Enkelin B. Es klingt damit (übertragen auf die nächste Generation der Cousinen) eine Rivalität zwischen den Etzer-Töchtern Katharina und Margarethe an: Während die Älteste am Hof schuften musste, hatte die Jüngste

Maria Etzer in Mühlbach, ein Lamm tränkend. Quelle: Familienbesitz

Verehrer und konnte, statt am Lehenhof zu arbeiten, immer wieder mit dem Zug aus dem Tal hinaus und zur Ausbildung fort, sie nahm sich also „etwas heraus", indem sie „studieren" ging. Vielleicht nahm sich Margarethe auch sonst etwas heraus und nahm tatsächlich Dinge mit, die ihr nicht gehörten – B. M. hält das für durchaus möglich.

Die Briefe aus Amerika in Maria Etzers Nachlass interessierten jedoch niemanden und seien sicher eingeheizt worden. Enkelin E., in ihrer Kindheit Ziehtochter bei der Großmutter, spricht vom Briefpartner als einem Flüchtling, der nach dem Krieg im Innergebirg gestrandet und hungrig war. Nach Mühlbach sei er zum „Schwarzbeerbrocken", also zum Sammeln von Heidel- oder Blaubeeren gekommen. Er sei ein sehr gescheiter Mann gewesen, ein „Doktor-Doktor". An seinen Namen erinnert sich E. nicht. Bei Maria Etzer am Hof habe er Milch geholt. Jedenfalls habe er sie nicht vergessen und ihr später geschrieben, „liebe gute Mutter", er habe sich bedankt für die Butter, die in der Milch geschwommen sei. Sie habe ihm nämlich als Draufgabe ein dickes Stück Butter in die Milch gegeben, um ihn aufzupäppeln. So sei der Briefwechsel mit Amerika entstanden, der Mann sei später an multipler Sklerose erkrankt, habe ihr immer wieder geschrieben und zum Schluss vielleicht auch noch Geld geschickt.

Neben den Aktivitäten im Oberstock wie Lesen und Briefeschreiben ging es aber auch darum, die Dinge zu ebener Erde zu regeln. Da war der Nachbar, der sie angezeigt hatte und als „Viehdoktor" bei gegebenem Anlass ins Haus kam. Da sei Maria Etzer gleich in ihre Kammer gegangen, erinnert sich eine Enkelin. Die erwachsenen Hofbewohner hätten Bescheid gewusst, warum.

Enkelin E. spricht aber auch von Konfrontation statt Rückzug: Die beiden seien sich einmal bei einer Wegkreuzung begegnet. Da habe der Altbauer vom N.-Hof zur Altbäuerin vom Lehenhof gesagt: „Mirl, dös han i nit so gmoant" (Maria, das hab ich nicht so gemeint), und sie habe ihm ins Gesicht gespuckt und sei weitergegangen. Der Satz mag sicher als Entschuldigung sehr bescheiden gewesen sein und keine klare Übernahme von Verantwortung als Täter beinhaltet haben; andererseits waren Menschen dieser Generation, besonders Männer, in solchen Dingen kaum wortmächtig. Vielleicht hat Georg N. aber auch an Marias Reaktion gemerkt, dass so ein Satz zu wenig ist.

Die Großmutter sei geholt worden bei verschiedenen Krankheiten, heißt es. Da habe ein schwerkranker Jugendlicher lange nicht sterben können, und sie sei immer wieder zu ihm hingebracht worden, erzählt Enkelin E. Neben spirituellem Beistand habe sie auch von Kräutern etwas verstanden.

Maria Etzer war sehr religiös, sie habe täglich gebetet und im Gebetbuch gelesen. Auch den „Rupertiboten", die Salzburger Kirchenzeitung, habe sie ausgiebig gelesen, so E., und um den „Hansei", ihren gefallenen Sohn, richtig getrauert.

1958, zwei Jahre vor ihrem Tod, übergab Maria Etzer den Lehenhof an ihren 23-jährigen (noch ledigen) Enkel H., einen der ältesten Söhne von Katharina. Mit dem jungen Eigentümer wollte Maria Etzer auf möglichst lange Zeit hinaus die Zukunft des von ihr so geliebten Hofes sichern. Es ist ihr zweifellos gelungen, bis heute. Enkel H. war mit Leib und Seele Bauer, ging schon als 12-Jähriger nach Maria Etzers Verhaftung mit zum Viehkauf. Auf einem Foto zu seinem

80. Geburtstag ist seine Torte mit Figuren verziert, die ihn als Bauern mit seinen Rindern zeigen.

H. baute später nahe am Ortskern von Goldegg ein komfortables neues Haus samt Fremdenzimmern als zweitem Erwerb und bewirtschaftete von dort aus den Hof, fand eine Gattin und wurde noch spät Vater. Sein Jüngster, Maria Etzers Urenkel, wirtschaftet heute im Nebenerwerb auf dem Lehenhof, hält schwarze japanische Rinder und lebt zusammen mit seiner Frau und den zwei Kindern im neuerrichteten Wohngebäude auf dem Buchberg. Einen Teil des alten Holzhauses hat er nebenan aufgestellt, und so können künftige Feriengäste in Maria Etzers Oberstübchen schlafen.

1958 kam also der Lehenhof an den Vater des jetzigen Besitzers. Datiert mit 3. September bzw. 9. September 1958 finden sich folgende Grundbucheinträge:[404]

„Auf Grund des genehmigten Übergabevertrages vom 16. Jänner 1958 wird das Eigentumsrecht 1/1 für H. S. einverleibt.
Auf Grund des genehmigten Übergabevertrages vom 16. Jänner 1958 wird die Dienstbarkeit der Wohnung zu Gunsten und auf Lebenszeit der Maria Etzer einverleibt."

H. bekam den Hof. Was bekamen andere EnkelInnen? Maria Etzer hat niemals viel Bargeld besessen. Dennoch schenkte sie ihrer Enkelin B., die sich offenbar um die kranke Großmutter besonders kümmerte, als „Erbe" ein teures Wiener Kochbuch, das diese heute noch besitzt und in Ehren hält. Auch Enkelin E., die später in einem Lokal Küchenchefin wurde, bekam, abgesehen von dieser ererbten Begabung, ein Geschenk, sie weiß jedoch nicht mehr, was es war. Enkelin B. M. hat als handfestes Erbe von der Großmutter nur einen Strähn handgesponnener Schafwolle, den Maria Etzer ihrer Tochter Margarethe anlässlich B.s Geburt geschenkt hatte – aber gerade diese Enkelin nahm den Faden zur Geschichte Maria Etzers auf. Auch ein Foto mit ihrer Großmutter gibt es, als B. M. und ihr Vater August diese, vermutlich in deren letztem Lebensjahr, auf der Alm besucht haben.

In ihren späten Jahren ist Maria Etzer immer wieder krank. Sie empfängt auch mehrmals die Sterbesakramente, wie auf ihrem Totenbild vermerkt ist. Rund um ihr siebzigstes Lebensjahr spürt die Altbäuerin, dass es mit ihr wirklich zu Ende geht. In den letzten Wochen bekommt sie noch Besuch von ihrem Halbbruder. Enkelin B. ist gerade allein im Haus, die Großmutter, immer noch Gastgeberin, schafft ihr an, sie soll ihm ein Paar Würstel richten.

Auch der Nachbar, Georg N., der sie vor einem Vierteljahrhundert angezeigt hat und sie sieben Jahre überleben wird, kommt noch vorbei. Er darf jetzt vielleicht in ihre Kammer (was er sich vor Jahrzehnten ersehnt hat) zu einer letzten Aussprache hinter verschlossenen Türen. Anschließend wird die Großmutter ihrer Tochter Katharina mitteilen, dass er „ob'bitt hot", Abbitte geleistet hat.

---

[404] SLA, Grundbuch Goldegg / Buchberg

In ihren letzten Tagen will die Großmutter nichts mehr essen, obwohl Katharina ihre Tochter B. extra um Kalbsschnitzel für sie geschickt hat. Die Großmutter weiß: „Ich bin nimmer lang." Sie bittet Enkelin E., ihre frühere Ziehtochter: „Mäiz (Mädchen), tuast mi nu frisier'n." E. sagt Jahrzehnte später: „Sie war klar bis zum Schluss."

Es versammeln sich die Töchter auf dem Lehenhof, die Enkelkinder sind auch dabei und tollen irgendwo herum, während die Erwachsenen den Rosenkranz für die sterbende Mutter beten. Enkelin B. M. ist damals dreizehn Jahre alt.

Als fast 70-Jährige stellt sie in einem literarischen Text die Ereignisse um den Tod der Etzer-Großmutter dialogisch dar und lässt die Sterbende, die zu Lebzeiten eine „Scharfe" und „Strenge" war, nochmals die Zuchthausgeschichte aufrollen und mit ihren Töchtern abrechnen: „Ich hab' abg'schlossen mit euch. Mit der Familie ist man betrogen." Es spricht zuerst die Großmutter zur Enkelin B. M., dann die Enkelin selbst.

„Jetzt kommst du daher, wo du selber so alt bist wie ich, als sie mir im Oberstock meiner Wirtschaft droben am Buchberg gnädig den letzten Rosenkranz herg'sagt haben. Die Töchter saßen an meinem Totenbett, auch die, die mich angezeigt hat. … (und) die, die mir ins Zuchthaus geschrieben hat, ich solle gefälligst nicht glauben, dass ich mich wieder blicken lassen kann, wenn ich entlassen werde. Eine Zuchthäuslerin können sie daheim nicht brauchen, stand da. Und die andern haben es gelten lassen, keine hat widersprochen. Ich hab' abg'schlossen mit euch. Mit der Familie ist man betrogen. Nur die, die mit mir im Orkus sind, wissen von mir."

„Ich war dort, an deinem letzten Tag, auf dem Buchberg. Sie haben dich wenigstens zu Hause sterben lassen. Aber das macht's auch nicht besser. Ich war dreizehn und übermütig, ich hab' mit meinen Cousins und Cousinen Verstecken gespielt. Das dumpfe Gemurmel von droben konnten wir nicht deuten. Manchmal hat eine Tante heruntergeschrien, wir sollen eine Ruh' geben. Dann haben sie uns ausgejagt. Bis es dann geheißen hat: ‚De Muatta is gschtorm.' – Die Erleichterung darüber hat alle erfasst. Im Haus, wo du mehr als dreißig Jahre lang gewirtschaftet, wo du deine Kinder geboren hast, wo dein Mann und einige deiner Kinder gestorben sind. Es war auch der Ort deines bewussten Vergehens, als du dir die Freiheit genommen hast, dich auf eine verbotene Liebe einzulassen."[405]

Maria Etzer, „gewesene Lehenbäuerin am Buchberg in Goldegg", stirbt, so der Vermerk am Totenbildchen, „am 21. Oktober 1960 nach langer Krankheit und öfterem Empfang der Hl. Sterbesakramente im 71. Lebensjahr".[406]

[405] B. M. 2016, 6, Auslassung im Text
[406] Totenbildchen, Privatbesitz B. M.

Der Leichnam der Verstorbenen wird im Haus aufgebahrt. Zum „Totenwachen", einem gemeinsamen Beten, kommen auch die Nachbarn. Der neunjährige Bauernbub Gidi erfährt da von seiner Mutter, dass die Lehenbäuerin zeitlebens eine „gottbezogene" Frau war und dass sie von den Nazis ungerecht in Deutschland ins Gefängnis gebracht worden ist.[407]

Maria Etzer wird am Pfarrfriedhof in Goldegg begraben. Im „Rupertiboten", der Salzburger Kirchenzeitung, erscheint in der Ausgabe vom 27. November 1960 unter „Todesanzeigen" folgende Notiz:

„Maria Etzer, verwitwete Austragsbäuerin zu Lehen am Buchberg, 70 Jahre."[408]

---

[407] Gespräch mit Gidi Außerhofer
[408] AES, Rupertibote Nr. 48 vom 27. November 1960, 13

7. Späte Gerechtigkeit?
Was bleibt von Maria Etzer?

Was bleibt von Maria Etzer? Und was bleibt offen nach der Beschäftigung mit ihrem Leben, ihrem Schicksal? Was bleibt an offenen Fragen zu den Frauen, die wie sie wegen verbotenen Umgangs denunziert, geschmäht, inhaftiert wurden (und ihren Kindern)? Haben andere eine Entschädigung erhalten? Sind sie alle „nur" passive Opfer oder haben sie auf ihre Weise, durch ihr Sein und durch ihr Handeln, Widerstand geleistet, ein Unrechtssystem sabotiert, vielleicht auch „einen Millimeter aufgehalten" – wie ein neuerer Buchtitel[409] nahelegt? Gibt es so etwas wie späte Gerechtigkeit, Rehabilitierung? Diesen Fragen wende ich mich im Schlusskapitel zu.

7.1 Andere Opferfürsorgeansuchen nach Verfolgung wegen verbotenen Umgangs

Maria Etzer hat – als eine von wenigen aus dem Kreis betroffener Frauen – 1949 ein Ansuchen um Opferfürsorge gestellt, das nach mehreren Anläufen und Berufung 1953 abgelehnt wurde. Es war schwierig, sich um Entschädigung zu bemühen, weil dazu die erlittene „Schande" einer sexuell konnotierten Verurteilung wieder aufgerollt werden musste, die Erinnerungen an die Haft wieder aktiviert wurden und das Unterfangen aufwändig, aber praktisch chancenlos war. Fast alle dieser Ansuchen wurden abgelehnt – wie in den folgenden Beispielen beschrieben.

Für das Bundesland Salzburg gibt es keine systematische Studie über Opferfürsorgeanträge und deren positive oder negative Resultate. Ich konnte daher nur auf Zufallsfunde im SLA selbst bzw. aus der Literatur zurückgreifen. Namensänderungen nach Verheiratung oder Scheidung und abgekürzte Familiennamen in der Sekundärliteratur (im Sinn des Opferschutzes) erschwerten die Suche.

In einer quantitativ und qualitativ angelegten Studie für die Steiermark (mit einer Zufallsstichprobe von mehr als 2600 aus insgesamt knapp 10.000 Opferfürsorgeakten)[410] finden sich nach Andrea Strutz in der Kategorie verbotener Umgang 22 Personen, darunter auch zwei wegen Kontakts mit Fremdarbeiterinnen inhaftierte Männer, die um Opferfürsorge angesucht haben. Nur ein einziger Fall endet nach mehrjährigem Verfahren mit der Ausstellung eines Opferausweises (der im Gegensatz zur Amtsbescheinigung aber keine Opferrente begründete). In diesem Fall hatte sich die SPÖ beim steirischen Opferfürsorgereferat für die betroffene Frau eingesetzt.[411]

---

[409] Kanzler/Korotin/Nusko 2015
[410] Strutz 2006, 76
[411] Ebd., 236 bzw. 241

Nußbaumer berichtet für den Pinzgau neben dem Fall von Maria Etzer nur noch von einem einzigen OF-Ansuchen, dem der Veronika P.[412] Diesen und vier weitere Salzburger Fälle stelle ich hier vor, für manche konnte ich die OF-Akten im Salzburger Landesarchiv finden und einsehen.[413]

Veronika P., geboren 1916, Haushälterin, später Mutter eines Sohnes, wurde 1941 wegen verbotenen Umgangs zu zwei Jahren Zuchthaus verurteilt (KLs 63/41) und in Bernau am Chiemsee interniert. In ihrem OF-Ansuchen vom 21. Dezember 1952 schreibt sie:[414]

„Ich musste die zwei Jahre unter allerschlimmsten Verhältnissen schwerste Arbeit im Freien, Forst u. Holzarbeit, bei strengster Kälte leisten ohne geeignete Kleidung und litt daher an der Gesundheit schweren Schaden. Sodass ich heute noch daran zu leiden habe, und nicht jede Arbeit übernehmen kann."

Auch für ihren damals knapp einjährigen Sohn sucht sie um vorübergehende Fürsorge an,

„weil mein Kind K. durch das Herausreißen aus der Familie und schlechte Unterbringung gesundheitlich so gelitten hat, dass er heute noch sehr schwach und untergewichtig ist".

Die zuständige Bezirkshauptmannschaft Zell am See ersucht „das Gesundheitsamt im Hause",

„die Obengenannte amtsärztlich zu untersuchen und den Grad der Minderung der Erwerbsfähigkeit festzustellen, bzw. die Zeit der Erwerbsminderung zu begutachten und ausserdem [sic] sich zu äussern [sic], ob zwischen den derzeit behaupteten Gesundheitsschädigungen ein kausaler Zusammenhang mit der Haft besteht".

Der Amtsarzt und Leiter des Gesundheitsamtes der BH Zell am See, Dr. Josef Zillner, war bereits unter den Nationalsozialisten in dieser Funktion und an der Erfassung von Personen zwecks Kinder-Euthanasie und Zwangssterilisierung beteiligt.[415] Er registriert zwar Gefäßstörungen nach Erfrierungen an beiden Füßen und dadurch bedingt eine jahresdurchschnittliche Erwerbsminderung von 20–30 %, in der kalten Jahreszeit stärker als in der wärmeren, sieht jedoch keinen kausalen Zusammenhang mit der Haft.

---

[412] Vgl. Nußbaumer 2011, 122ff. Aus Gründen weiterer Anonymisierung – was jedoch auch Verwirrung schafft – nennt er sie Notburga M.

[413] Sofern nicht andere Quellen angegeben, alle aus SLA, OF-Akten abgelehnt

[414] SLA, OF-Akt Veronika P.

[415] Vgl. Nöbauer 2016, 13

Der Bürgermeister von Dienten bestätigt übrigens für Frau P., dass sie „nicht krimminell [sic] sondern nur politisch …" verurteilt wurde. Ihr Ansuchen wird jedoch mit Bescheid vom April 1953 abgelehnt, mit der Begründung:

„Die Anspruchswerberin war … wegen eines verbotenen Umganges mit einem Kriegsgefangenen in Haft. Diese Handlung kann nicht als Einsatz für die Wiedererrichtung eines freien und demokratischen Oesterreichs [sic] gewertet werden. Da ausserdem [sic] keine Feindbegünstigung stattgefunden hat, war der Antrag auf Ausstellung einer Amtsbescheinigung mangels gesetzlicher Voraussetzungen abzuweisen."

„Feindbegünstigung" gilt aber in anderen Fällen keineswegs als Widerstandshandlung für ein freies Österreich. Die Salzburgerin **Anna M.**, 1942 vom Sondergericht Salzburg wegen verbotenen Umgangs zu einem Jahr Zuchthaus verurteilt, weil sie einem Kriegsgefangenen zur Flucht verholfen hatte[416], beruft gegen die Ablehnung ihres OF-Ansuchens am 3. April 1949 und gibt an,

„daß ihr Umgang mit einem Kriegsgefangenen nicht die Anbahnung von Liebesbeziehungen zum Ziel gehabt hätte, sondern daß es ihre Absicht gewesen sei, dem ihr als Angehörige der Sozialdemokratischen Partei verhaßten nationalsozialistischen Regime soweit als möglich Abbruch zu tun und ihrem Heimatland Österreich zur Freiheit zu verhelfen. Zu diesem Zwecke habe sie versucht, mit Kriegsgefangenen Verbindung aufzunehmen, um ihnen Fluchtmöglichkeiten zu verschaffen."

Anna M.s Ansuchen geht durch mehrere Instanzen und wird am 11. Juni 1959 unter der Zahl 626/59-2 vom Verwaltungsgerichtshof endgültig abgelehnt.[417] Der Verwaltungsgerichtshof konnte nämlich nach Ausschöpfung des Instanzenzuges noch angerufen werden.[418]

Maria Magdalena G. aus St. Johann, geboren am 19. November 1901 (KLs 68/41), stellt am 22. Dezember 1952 einen Antrag auf Amtsbescheinigung und Haftentschädigung und beantragt Invalidenrente.

Wegen verbotenen Umgangs mit einem Franzosen zu 18 Monaten Zuchthaus verurteilt, verbrachte sie ihre Haftzeit in den Zuchthäusern Aichach und Anrach.

Sie beantragt auch einen Ersatz ihrer Haft- und Gerichtskosten in Höhe von 250 Schilling sowie der Kosten für einen Anwalt, der sie 1941 und 1942 vor dem Sondergericht verteidigt hat. Dieser bestätigt, von Frau G.s Gatten einen Betrag von damals 250 Reichsmark in vier Teilbeträgen erhalten zu haben.

Im April 1953 bekommt Frau G. den abschlägigen Bescheid, dass bei ihr die Voraussetzungen nach dem OF-Gesetz nicht vorliegen:

---

[416] Vgl. Bailer 1993, 166. Aufgrund des abgekürzten Nachnamens (vielleicht auch wegen Namensänderung) konnte ich im SLA keinen OF-Akt für sie finden.

[417] Ebd. – siehe dort auch Fußnote 183

[418] Berger u. a. 2004, 24

„In dem Umgang mit einem Kriegsgefangenen ist ein Eintreten für die Wiederherstellung eines freien, demokratischen Oesterreichs nicht zu erblicken. Der Nachweis einer politischen Handlung wurde nicht erbracht."

Daher wird zusätzlich auch ihr Antrag auf Haftentschädigung bzw. Ersatz von Haft- und Gerichtskosten abgelehnt.

Die oben genannte **Veronika P.** beruft im Juli 1953, auch ihre Berufung wird abgelehnt: Weil sie keine Amtsbescheinigung besitzt, kann sie keine Haftentschädigung bekommen.

Vier Jahre später, 1957, erhält Veronika P. die vermutlich überraschende Nachricht, dass ihr damaliges Gerichtsurteil als „nicht erfolgt" gilt:

> „Das Landesgericht Salzburg hat heute nach Anhöhrung [sic] der Staatsanwaltschaft beschlossen: Es wird festgestellt, daß die mit dem Urteile des Sondergerichtes Salzburg vom 12.11.1941 GZL. KLs 63/41 ausgesprochene Verurteilung wegen verbotenen Umgangs mit Kriegsgefangenen ...
> – 2 Jahre Zuchthaus, der Veronika P. ... gem. § 1 und 8 des Ges. v. 3. Juli 1945, StGBl. Nr. 48, in Verbindung mit Pkt. b) d. VO. v. 5. September 1945, StGBl. Nr. 155 für das Gebiet der Repuplick [sic] Österreich als nicht erfolgt gilt.[419]
>
> Landesgericht Salzburg
am 20.12.1957"

So probiert sie es ein halbes Jahr später, im Juli 1958, noch einmal, vorerst mit einem Brief an den Bezirkshauptmann von Zell am See, indem sie den bisherigen Schriftverkehr vorlegt und um seine persönliche Unterstützung ersucht. Dieser teilt ihr mit, dass ihre Eingabe nur dann Erfolg haben würde, wenn sie Fluchthilfe nachweisen könnte, auch durch Namhaftmachung von Zeugen.

Veronika P. antwortet, legt als einfache Frau dabei mit Hausverstand ein Dilemma nach dem anderen offen und zeigt, wie wirklichkeitsfremd solche Forderungen sind:

> „Meine Verhaftung am 18.10.1940 erfolgte aus rein politischer Gehässigkeit. Wie aber soll ich nun Zeugen dafür nennen, diejenigen Menschen von denen ich denunziert wurde und so viel Leid und Unglück über mich brachten könnte ich das nicht verlangen dazu kommt daß Menschen die um diese Vorgänge damals wussten [sic] nicht mehr am leben [sic] sind."

Als Beweismittel nennt sie die Anklageschrift (Zersetzung der deutschen Wehrkraft, § 4 Umgang mit Kriegsgefangenen). Das folgende letzte Argument ist logisch nachvollziehbar und eigentlich das entscheidende:

---

[419] Auslassungen: M. P. W.

„Laut Beschluß wurde mir von der Stattsanwaltschaft [sic] … mitgeteilt das [sic] ich die Strafe des Sondergerichtes in Salzburg als nicht erfolgt sehen möchte. Ich meine dass auch damit bewiesen ist das [sic] ich wirklich nichts getan habe womit ich mir eine Strafe von 2 Jahren verdient hätte."

Es mutet wahrhaft zynisch an, wenn ihr daraufhin geantwortet wird,

„daß Sie seinerzeit lediglich wegen verbotenen Umganges mit Kriegsgefangenen …, nicht aber wegen Zersetzung der deutschen Wehrkraft verurteilt wurden. Außerdem war es Ihnen nicht möglich, Beweismittel beizubringen, aus denen hervorgeht, daß Sie seinerzeit aus politischen Gründen mit Kriegsgefangenen in nähere Verbindung getreten sind, bzw. daß Sie einem Kriegsgefangenen Beihilfe zur Flucht geleistet haben."

Da sich in der Gesetzeslage seit 1953 nichts geändert habe, sei es unwahrscheinlich, dass ihr eine Haftentschädigung noch zugesprochen werde, sie könne aber dennoch ein neuerliches Ansuchen stellen, das beigelegte Formular ausfüllen, eidesstattliche Erklärungen sowie eine Aufenthaltsbescheinigung des Gemeindeamtes und ein Lichtbild im Passformat beilegen.

Nochmals reicht Veronika P. alles ein und zahlt sogar für einen Rechtsanwalt, der ein wohlbegründetes Schreiben vorlegt und für die Verhaftung aus politischen Gründen sogar die Seitenzahl aus dem damaligen Reichsgesetzblatt anführt. Mithilfe eines sprachlichen Tricks werden abschließend auch Veronika P.s Erfrierungen neuerlich geltend macht. In ihrem Namen schließt der Anwalt (Auszug):

„Mein Leidensweg nahm aber auch 1945 noch kein Ende, weil ich mir während der zweijährigen Haft schwere Erfrierungen an beiden Füßen zuzog und noch immer darunter leide (dies wurde schon 1955 [sic] vom Amtsarzt in Zell am See festgestellt u. bestätigt)."

In Ablehnung auf dieses Schreiben wird Veronika P. beschieden, dass sie keine neuerlichen Beweismittel vorgebracht habe, und:

„Ihre Handlungsweise liegt rein in der privaten Sphäre und waren hiefür auch keine politischen Gründe maßgebend …"

Veronika P. wendet sich noch an den Bundespräsidenten und erhält am 1. Oktober 1959 schließlich vom Sozialministerium nochmals einen ablehnenden Bescheid.

Von 1953 bis 1959 hat sie sechs Jahre ihres kostbaren Lebens in neuer Freiheit im Ringen mit den Behörden um Anerkennung ihrer körperlichen Schäden durch die Haft verbracht, von den seelischen gar nicht zu reden – ohne Erfolg. Veronika P. stirbt 1978 im Alter von 62 Jahren. Bis zum Schluss werden sie ihre erfrorenen Füße geschmerzt haben.

Wurde Veronika P. durch den Amtsarzt diskriminiert, so Anna H. durch einen Gendarmen.

Anna H., geb. 31. Mai 1912, geschiedene Z., Hilfsarbeiterin, wohnhaft in Hallein, wurde zu vier Jahren Zuchthaus verurteilt (KLs 37/42), nach zwei Jahren am 23. März 1944 entlassen. (OF-Antrag vom 8. Mai 1962)

Der Gendarmeriebericht Hallein (sie ist eine Zugezogene) zeigt ausführliche Recherchen nicht zur damals erfolgten Verurteilung, sondern zur gesamten Lebensführung von Frau H. Er beschreibt ihre Arbeit während der Haft in einem Rüstungsbetrieb in Nymphenburg bei München (Außenstelle des Zuchthauses Aichach), ihre Arbeitsstellen danach sowie ihr Privatleben. Der Gendarm verfasst eine dem Anschein nach positive Bewertung – in der er jedoch die zu NS-Zeiten erfolgte Diskriminierung fortführt und noch verstärkt (eigene Hervorhebung):

„Während ihres bisherigen Aufenthaltes in Hallein ist Anna H. in keiner Hinsicht nachteilig in Erscheinung getreten. Auch konnte über sie, *abgesehen von ihrem Lebenswandel während der Kriegszeit, ihrer Verurteilung und ihrer zwei geschiedenen Ehen*, nichts Nachteiliges in Erfahrung gebracht werden. Von ihrem Arbeitgeber Z. wird sie als sehr gute und fleißige Arbeiterin bezeichnet."

Der ablehnende Bescheid vom 14. September 1962 verwickelt sich in Widersprüche und übernimmt offen die Position des damaligen Zuchthauses:

„Als aus politischen Gründen verfolgt sind Personen anzusehen, deren Verhalten – auch ohne daß darin ein Kampf für ein freies, demokratisches Österreich zu erblicken ist – als Verstoß gegen die Grundsätze der Staatsgewalt gewertet wurde und die deshalb durch gesetzliche oder willkürliche Maßnahmen von Behörden – oder Parteistellen zu Schaden gekommen sind. Für die Beurteilung der politischen Verfolgung ist daher nicht ausschlaggebend, ob das Verhalten des Opfers aus politischen Gründen erfolgt ist, sondern nur, daß sein Verhalten, weil es den staatspolitischen Grundsätzen der damaligen Machthaber widersprach, zur Verfolgung geführt hat. Anna H. wurde wegen Umganges mit Kriegsgefangenen zu einer 4-jährigen Zuchthausstrafe verurteilt. In der zur Verurteilung führenden strafbaren Handlung hat der damalige Machthaber kein politisches Delikt erblickt. Über dies [sic] hat auch die Antragstellerin nicht behauptet bzw. nachgewiesen, daß sie die Kriegsgefangenen aus politischen Gründen betreut habe. Vielmehr geht aus der Mitteilung der Frauen-Strafanstalt Aichach hervor, daß die Antragstellerin eine intime Beziehung zu ~~ihrem~~ (durchgestrichen, M. P. W.) einem Kriegsgefangenen gesucht und gefunden hat."

Gegen den Bescheid berufen hat Frau H. nicht. Sie ist 1977 im Alter von 65 Jahren verstorben.

Ein „leichtsinniger und liederlicher Lebenswandel" wurde auch der Steirerin P. T. vorgeworfen, welche Kriegsgefangene mit Kleidung, Fahrkarten und Kompass versorgt hatte. Sie betonte im Opferfürsorgeverfahren ausdrücklich, dass sie mit diesen Ausländern keine intimen Beziehungen gepflegt hatte. Da sie laut Erkundigungen des Gendarmeriepostens allerdings als „männernarrisch" bekannt sei (in Maria Etzers Anzeige steht „männersüchtig"), könne man ihr eine „nähere" Beziehung zu einem „Fremden" zwar nicht beweisen, „jedoch wäre ihr dies auf Grund ihres damaligen Verhaltens zuzumuten".[420] Selbstredend wurde ihr Ansuchen abgelehnt.

Sei es in den Bundesländern, sei es im Sozialministerium als nächster Instanz[421], das von einer Opferfürsorgekommission mit Vertretern der verschiedenen KZ-Verbände, später auch der Israelitischen Kultusgemeinden, beraten wurde: Österreichweit wurden in Übereinstimmung die Ansuchen der betroffenen Frauen abgelehnt: Unter Berufung auf die Judikatur des Verwaltungsgerichtshofs wies Ministerialrat Birti 1958 in seinem Kommentar zum OFG darauf hin, „dass das Delikt des verbotenen Umgangs mit Kriegsgefangenen keinen Anspruch nach Opferfürsorgegesetz begründe".[422]

Zusammenfassend erleiden damit die Antragstellerinnen eine „Verdopplung" der Diffamierung:[423]

– Die Verfolgung von Personen, die während der NS-Herrschaft verbotenen Umgang mit „Fremden" pflegten, wird in der Regel nicht als „politisch" im Sinne des OFG anerkannt.
– Mit dem Hinweis auf eine mutmaßlich rein „persönliche" Motivation zur Tat lehnt die Behörde den Großteil der untersuchten OF-Anträge ab.
– Was den Kontakt betrifft, wird auch nach 1945 quasi selbstverständlich von sexuellen Beziehungen ausgegangen, auch wenn keine Beweismittel dafür vorliegen.
– In Inhalt und Sprache setzt sich eine Diskriminierung fort, weil und insofern es eine Kontinuität der Personen vor und nach dem Nationalsozialismus gibt: medizinische Gutachter, Zuchthauspersonal, Juristen etc.
– Wenn eine Frau einen „liederlichen Lebenswandel" führt oder, wie im Beispiel oben, auch nur zweimal geschieden ist, wird das zu ihren Ungunsten ausgelegt; eine Vorstrafe verwirkt überhaupt jeglichen Anspruch auf Opferfürsorge. Nur die „gute" Frau kann also ein Opfer von Verfolgung gewesen sein – so gehen traditionell patriarchale Frauenbilder, in der NS-Zeit noch zugespitzt, im Nachkriegsösterreich bruchlos weiter.

Es fällt auch (sofern deren Alter bekannt ist) die kurze Lebensdauer der betroffenen Frauen auf: 62 Jahre (Veronika P.), 65 Jahre (Anna H.), 70 Jahre (Maria Etzer). Langwierige Verfahren und Verzögerungen „hatten schwerwiegende Folgen für die potentiellen Anspruchswerber. Der Kreis der Opfer *(hier gemeint: alle Opfer nationalsozialistischer Verfolgung, M. P. W.)* wies auch nach der Befreiung noch

---

420 Zit. nach Berger u. a. 2004, 241
421 Ebd., 24
422 Zit. nach Bailer 1993, 166
423 Für diesen Begriff und die ersten drei der im Text genannten Punkte: Berger u. a. 2004, S. 243f

eine überdurchschnittlich hohe Sterblichkeitsrate auf, so daß [sic] für viele von ihnen die Maßnahmen schlicht zu spät kamen."[424]

Maßnahmen der Opferfürsorge, die spät, aber gerade nicht zu spät kamen – das gilt für einen der ausnahmsweise positiv beschiedenen OF-Anträge, gestellt von einer gebürtigen Salzburgerin aus dem Innergebirg, die nach Vorarlberg geheiratet hatte.

Im Salzburger Landesarchiv gibt es nur wenige Angaben dazu, der Antrag gehört in die Zuständigkeit der Vorarlberger Landesregierung.

Rosalia H., verheiratete M., geb. am 24. November 1924 in Taxenbach, früher wohnhaft in Taxenbach, zur Zeit des Ansuchens wohnhaft in Lorüns, Vorarlberg, Antrag auf Amtsbescheinigung bei der Bezirkshauptmannschaft Bludenz vom 23. Februar 1961. Dem OF-Akt zufolge Haft vom 29. Oktober 1943 bis 9. März 1944 im Polizeigefängnis Salzburg und vom 10. März 1944 bis 29. Dezember 1944 im KZ Ravensbrück wegen eines Liebesverhältnisses mit einem Polen.

Laut Bearbeiter des Ansuchens seien verschiedene Unterlagen und Zeugenaussagen einzuholen, die dann, so der Akt, am 9. Mai 1961 an die Vorarlberger Landesregierung übermittelt wurden. Über den Ausgang des Verfahrens wird nichts berichtet.

Aufgrund der Aktenzahl 168/435 ist der Fall jedoch ident mit dem von Karin Berger geschilderten.[425] Frau M. lebt während der NS-Zeit bei Verwandten, denen 1940 ein polnischer „Fremdarbeiter" für die Landwirtschaft zugeteilt wird. Frau M. beginnt ein Liebesverhältnis mit dem Mann und bekommt ein Kind (im SLA ist ein Krankenhausaufenthalt in Salzburg dokumentiert, der die Haft unterbricht). Der Kindesvater wird in der Haft ermordet.

1961 wurde Frau M. ein Opferausweis ausgestellt und eine Haftentschädigung zugesprochen. 26 Jahre später, 1987, beantragte Frau M. den Umtausch des Opferausweises in eine Amtsbescheinigung, nachdem der KZ-Verband sie darauf aufmerksam gemacht hatte, dass ihr eine solche wegen der langen Haftdauer zustünde. Die Abteilung IVa der Vorarlberger Landesregierung lehnte jedoch ab. Die Frau blieb beharrlich, der Fall ging an das Sozialministerium als nächste Instanz, „welches 1989 festhielt, dass der Anspruch auf eine Amtsbescheinigung bereits 1961 bestanden hätte! Der beauftragte Gutachter stellte außerdem das Vorliegen einer kausalen Gesundheitsschädigung fest, sodass Frau M. vier Jahre nach ihrem Antrag – bzw. 30 Jahre zu spät – eine Amtsbescheinigung sowie eine Opferrente, welche sie bis zu ihrem Tod im Jahr 1997 bezog, zugesprochen bekam."[426]

Es sei ihr von Herzen vergönnt. In den späten 1980er Jahren bröckelte die These von Österreich als Opfer des Nationalsozialismus und weitete sich damit der Blick auf die tatsächlichen NS-Opfer: „Im sogenannten ‚Bedenkjahr' 1988 erfuhr das Opferfürsorgegesetz (OFG) eine neuerliche Novellierung, womit *allen* Personen, die mindestens ein Jahr einer Freiheitsbeschränkung unterworfen waren,

---

[424] Galanda 1986, 145
[425] Berger 2004, 243
[426] Ebd.

eine Amtsbescheinigung zuerkannt wurde."[427] Für Maria Etzer (verstorben 1960) und viele ihrer Altersgenossinnen kam das 30 Jahre zu spät. – Dass der zuständige Sachbearbeiter Rosalia M. die Amtsbescheinigung aber schon für ihr Erstansuchen aus 1961 zusprach, deutet auf eine neue Generation von Juristen mit unbefangenerem Blick auf den Nationalsozialismus hin.

Frau M. wurde vom KZ-Verband gut beraten und unterstützt. Das war aber keineswegs selbstverständlich, wie das folgende Beispiel zeigt. Waren zu NS-Zeiten im KZ Ravensbrück schon Frauen wegen verbotenen Umgangs als „Bettpolitische" verächtlich gemacht worden (siehe Einführung), so konnte ihnen das auch im Nachkriegsösterreich passieren. Für Frau **Anna G.**, Hilfsarbeiterin aus Salzburg, scheint im internen Schriftverkehr zu ihrem abgewiesenen OF-Antrag ein negatives Leumundszeugnis auf, das sozusagen von ihrer eigenen Interessensvertretung kam. Der „Bund der politisch Verfolgten" (mit Vertretern aus ÖVP, SPÖ und KPÖ) schrieb am 11. März 1948 in der Begutachtung ihres Ansuchens: „Frau G. war unser Mitglied, ist jedoch auf Grund mehrerer uns zukommender Informationen ausgeschlossen worden, weil sie wegen Umgang [sic] mit Kriegsgefangenen, nicht aus politischen Gründen inhaftiert war …"[428]

7.2 Kinder aus „verbotenen" Beziehungen

Frauen mit „verbotenen" Beziehungen zu Fremden waren also nirgends und zu keiner Zeit vor Diffamierung sicher, von welcher Seite auch immer sie kam. Unter „Vorarlbergerinnen in Ravensbrück" wird übrigens berichtet, dass die zuvor genannte Rosalia M. von der Vorarlberger Landesregierung geehrt wurde und eine Zeitung daraufhin schrieb, seit wann denn Huren ausgezeichnet würden.[429]

Die Diffamierung betraf nicht nur die Frauen selbst, sondern auch deren Nachkommen, seien es überlebende Kinder aus Beziehungen mit Zwangsarbeitern oder Kriegsgefangenen, seien es Nachkommen aus später geschlossenen Ehen, die sich nicht offen zur Geschichte ihrer Mutter oder früh verstorbener Halbgeschwister bekennen konnten. Neben der Nachforschung in den Herkunftsfamilien ist auch für die wissenschaftliche Forschung zu diesem Thema noch viel zu tun.

Unter den – zumindest politisch – unerwünschten Kindern der NS-Zeit waren auch solche von Zwangsarbeiterinnen.[430] Diese hatte man in großer Zahl aus Polen, der Ukraine und Russland geholt, nicht nur zur Ausbeutung ihrer Arbeitskraft, sondern auch im Sinne eines „sexuellen Schutzwalls" für den „deutschen Volkskörper":[431] Sexuelle Kontakte zwischen Ausländern und Ausländerinnen waren erlaubt, mit arischen InländerInnen jedoch strengstens verboten. Mit Schwangerschaften, auch aus verbotenen Kontakten, hatte das Regime vorerst nicht gerechnet.

---

427 Embacher 2012, 396; Hervorhebung im Text
428 Zit. nach Kerschbaumer 2015, 6
429 www. ravensbrückerinnen.at (9.4.2017)
430 Vgl. zu den Zwangsarbeiterinnen und deren Kindern Nußbaumer 2011, 129ff
431 Zit. nach Nußbaumer 2011, 129

Zunächst wurden nach einem Erlass des Reichssicherheitsamts von 1942 schwangere „nicht eindeutschungsfähige" polnische Zivilarbeiterinnen in ihre Heimat abgeschoben, sofern nicht der jeweilige Betriebsführer die Frau als Arbeitskraft behalten wollte (vielleicht auch, weil er selbst das Kind gezeugt hatte). Kurze Zeit später sah man von Rückführungen ab, weil man annahm, die Frauen wollten eine Schwangerschaft gezielt herbeiführen, um der Arbeit im Deutschen Reich zu entgehen. An den polnischen und russischen Frauen wurden Abtreibungen vorgenommen oder man nahm ihnen die Kinder nach der Geburt weg: Die „gutrassigen" sollten als „Deutsche" erzogen, die „schlechtrassigen" in Kindersammelstätten gebracht werden, wo sie zumeist aufgrund von Vernachlässigung, mangelhafter Pflege und Ernährung verstarben. Manch eine der – zumeist sehr jungen und ledigen – Mütter versuchte, für ihr Kind einen guten Platz zu finden, und wenn nicht sie selbst, dann eine engagierte Fürsorgerin, wie es aus dem Pinzgau berichtet wird. Eine Polin hatte gerade entbunden, der Vater war ein 18-jähriger Ukrainer, sie mussten das Kind irgendwo unterbringen. Die Fürsorgerin nahm mit der Mutter der Interviewpartnerin Kontakt auf,

> „… und dann Weihnachtszeit (das Kind wurde am 4. Dezember 1943 geboren) ist es gewesen und dann ist das Büberl bei uns daheim oben, da oben am Berg zum Christbaum hingelegt worden, zu die anderen bescheidenen Geschenke und wir haben alle eine riesige Freude gehabt, wir sind viele Geschwister gewesen. Jetzt haben wir da so einen Findling gehabt und die Mutter von dem Kind ist (…) nicht mit dem Burschen (dem ukrainischen Zwangsarbeiter) zusammengeblieben, sondern ist mit einem Franzosen dann auf Frankreich gezogen. (…)"[432]

Nicht alle hatten es so gut wie das „Ukrainer-Büberl", obwohl das Kind zweimal abgeholt wurde, um in ein Lager zu kommen, und nur durch Zufall und Geschick trotzdem in der Familie bleiben konnte.

Auch einheimische Frauen wurden häufig nach sexuellen Kontakten mit Zwangsarbeitern und Kriegsgefangenen schwanger. Nach Gabriella Hauchs Erhebung zu den Frauen des verbotenen Umgangs für Oberdonau (Oberösterreich) bekam etwa jede dritte dieser Frauen aus der Beziehung ein Kind[433], entweder als erstes lediges oder als außereheliches neben schon vorhandenen. Neben dem Problem der Trennung von erst kurz zuvor geborenen oder von Kleinkindern wurde die Frage der Versorgung des Kindes oder der Kinder während oft mehrjähriger Haft der Mutter virulent. Die Kinder blieben häufig verstört zurück, hinkten körperlich und seelisch in ihrer Entwicklung nach (wie es Veronika P. für ihren Sohn schildert) und waren oft schwer traumatisiert, ebenso wie deren Mütter, die manchmal nach den Erfahrungen von Zuchthaus und KZ große Schwierigkeiten hatten, wieder Beziehungen zu ihren Kindern aufzubauen – sofern diese überhaupt überlebt hatten.

---

[432] Zit. nach Nußbaumer 2011, 135, Auslassungen im Text
[433] Hauch 2006, 254

Nicht zu vergessen sind auch Geburten während eines Gefangenentransportes oder in Haft – so auch im Zuchthaus Aichach. Frauen wurden schwanger eingeliefert, den Müttern wurden die Babys nach der Geburt sofort weggenommen und häufig zur Pflege den verurteilten Kindesmörderinnen anvertraut, oft armen Bauernmädchen, die aus Angst vor der „Schande" eine Tat begangen hatten, die sie dann später bitter bereuten und sich um die fremden Kinder rührend kümmerten.[434]

Ein schweres Schicksal haben auch Kinder, die in den Wirren um die Enthaftung 1945 verlorengingen oder verlassen wurden. Einem dieser Mädchen, nun eine etwa siebzig Jahre alte Frau, begegnete ich anlässlich der Tagung zum verbotenen Umgang in der Gedenkstätte KZ Ravensbrück im Jahr 2016. Im Lager selbst geboren und von mehreren Frauen dort relativ gut versorgt, ließ ihre Mutter nach der Befreiung das Mädchen als Kleinkind unterwegs zurück, es wurde gefunden und wuchs bei Adoptiveltern auf. Vom Jugendalter an suchte die Tochter dann zuerst viele Jahre nach ihrer leiblichen Mutter (der sie noch begegnete, die aber ungenaue Angaben zum Vater machte) und dann nach dem leiblichen Vater, einem Polen, den sie erst Jahrzehnte später nach dessen Tod ausfindig machen konnte.

Es ist hoch an der Zeit, die Schicksale solcher Nachkommen zur Sprache zu bringen. Die Kinder der „Ami-Bräute", die aus sexuellen Beziehungen während der Besatzungszeit stammen, tauchen in Büchern, Internetforen und auch persönlich zunehmend aus der Tabuisierung auf. Demgegenüber sind die Kinder aus „verbotenen" Beziehungen während der NS-Zeit immer noch gesellschaftlich stigmatisiert – ebenso wie deren Mütter. Vielleicht treten in nächster Zeit auch sie vermehrt aus dem Dunkel der Verdrängung: Enkel und Enkelinnen eines Großvaters, der nicht im Krieg gefallen oder verschollen ist, wie man ihnen lange erzählte, sondern als französischer Kriegsgefangener auf dem Bauernhof lebte, oder einer Großmutter, die als polnisches Zimmermädchen in einem Gasteiner Hotel arbeiten musste.

7.3 Späte Gerechtigkeit:
Was ist Widerstand, „weiblicher" Widerstand?

Warum haben sich Menschen, vor allem Frauen, damals überhaupt auf solche Beziehungen eingelassen? War es Zufall (weil kaum Einheimische als Partner da waren), war es die große Liebe, ein Aufbegehren, genau das Verbotene zu tun? War es ein tiefes Bedürfnis, sich deklassierten Menschen als Mitmensch zu erweisen? War es vielleicht – in einer noch zu definierenden Form – Widerstand?

Seit den 1960er Jahren des vorigen Jahrhunderts gibt es in der Widerstandsforschung kontroverse Debatten über diesen Begriff. „Für die historische Frauenforschung hat sich schließlich gezeigt, dass ein enger Widerstands-Begriff, der sich auf militärischen und politischen Widerstand konzentriert, den Blick auf Frauen

---

[434] So Schütte-Lihotzky 1985, 165f

und ihre Aktivitäten mitunter verbaut."[435] Selbst im organisierten politischen Widerstand agierten Frauen vielfach im Hintergrund, übernahmen Versorgungstätigkeiten und Kurierdienste und integrierten ihre Tätigkeiten in vorhandene Alltagsverpflichtungen. Nur selten verschriftlichten sie jedoch in der Nachkriegszeit ihre damalige Beteiligung und Mitverantwortung. Heldengeschichten männlicher Widerstandskämpfer erschienen jedoch bereits Ende der 1940er Jahre und wurden bis in die 1970er Jahre neu aufgelegt.[436]

Im Rahmen des DÖW schrieb 1967 erstmals Tilly Spiegel über „Frauen und Mädchen im Widerstand". 1985 erschien das Buch „Der Himmel ist blau. Kann sein". Frauen im Widerstand. Österreich 1938–1945, herausgegeben von einem Autorinnenkollektiv:[437] Lebensgeschichten von Frauen als Organisatorinnen oder Unterstützerinnen verschiedenster Aktivitäten in kommunistischen, sozialdemokratischen, katholisch-konservativen und anderen religiös motivierten Widerstandsgruppen; von slowenisch-kärntnerischen Partisaninnen, von Emigrantinnen in Frankreich und Belgien, die Wehrmachtssoldaten von der Sinnlosigkeit des Krieges überzeugen wollten, von Frauen, die jüdische und andere verfolgte Menschen versteckten, und solchen, die in Rüstungsbetrieben die Arbeit sabotierten.

Für die Widerstandsforschung in Österreich hat bereits in den 1960er Jahren Karl Stadler einen relativ breiten Widerstandsbegriff formuliert, der dann auch Basis für das 1963 gegründete DÖW wurde:

„Angesichts des totalen Gehorsamkeitsanspruches der Machthaber und der auf seine Verletzung drohenden Sanktionen muss jegliche Opposition im Dritten Reich als Widerstandshandlung gewertet werden – auch wenn es sich um einen vereinzelten Versuch handelte, ‚anständig zu bleiben'."[438]

Die Theoriediskussion ging in den 1990er Jahren weiter über die Begriffe „Resistenz" und „Dissens". Der Resistenz-Begriff (Martin Broszat) stellte die Wirkungsgeschichte einer Handlung in den Mittelpunkt, die „wirksame Abwehr und Begrenzung der NS-Herrschaft, gleichgültig von welchen Motiven her". Dissens (Ian Kershaw) dehnte nonkonformes Handeln auch auf „spontane und unbewusste Handlungen und Äußerungen aus."[439] Die Gefahr einer gewissen Beliebigkeit war allerdings dadurch gegeben. Gerhard Botz unterscheidet politischen Widerstand (im engeren Sinn) von „sozialem Protest" und weiters von „abweichendem Verhalten".[440] Von Letzterem spricht Erika Dzeladini in ihrer Untersuchung über individuellen, nicht organisierten Widerstand anhand von Akten des Sondergerichts Wien. Für den verbotenen Umgang verneint sie die Einordnung als Widerstand, denn es gehe dabei nicht um religiöse, politische, weltanschauliche Gegnerschaft

---

[435] Gugglberger 2015, 148
[436] Vgl. ebd., 149
[437] Berger u. a.1985
[438] Stadler 1966: Österreich 1938–1945 im Spiegel der NS-Akten, zit. nach Bailer 1993, 164
[439] Zit. nach Gugglberger 2015, 149f
[440] Zit. nach Neugebauer 2013, 225

zum Regime. Es sei „abweichendes Verhalten", denn die Motivation dafür sei „darauf ausgerichtet, persönliche Bedürfnisse zu befriedigen".[441] Das ebnet die unterschiedlichen Motivationen zu einem banalen Egoismus ein, und deshalb stimme ich ihr nicht zu. Den Begriff „abweichendes Verhalten" (der aus der Kriminalsoziologie stammt) halte ich insgesamt in diesem Zusammenhang für wenig zielführend. Denn wer im Sinn von Menschenrechten handelt, weicht nicht ab – im Gegensatz zu einem Regime, welches rassistische Normen setzt.

Aus der historischen Frauenforschung kommt die Differenzierung von Christl Wickert (1994) zu weiblichen Widerstandshandlungen im Nationalsozialismus in drei Ebenen: Alltagsdissens (gesellschaftliche Verweigerung), weltanschaulicher Dissens und politischer Widerstand – wobei die Kategorien auch ineinander übergehen können.[442]

Ich gehe zunächst von Wickerts Begriffen aus, die sie mit Blick auf die Lebensverhältnisse von Frauen konzipiert, bis ich – im Anschluss an die Darstellung widerständiger Praxis in Maria Etzers Leben – einen eigenen Widerstandsbegriff entwerfe.

Alltagsdissens, das waren „individuelle Widersetzlichkeiten von Frauen im alltäglichen Umfeld"[443], wie z. B. die Verweigerung des Hitlergrußes.

Auch kritische Äußerungen, als Heimtücke verfolgt, können zum Alltagsdissens gerechnet werden, ebenso wenn Mütter versuchten, ihre Kinder von der Hitlerjugend oder vom BdM fernzuhalten. Alltagsdissens konnte also, musste aber nicht unbedingt mit einer grundsätzlichen Ablehnung des Regimes einhergehen.

Auch der verbotene Umgang kann als „weiblicher" Widerstand in Form von Alltagsdissens gedeutet werden, denn die „Messlatte der Systemloyalität" (Wickert) war hoch, deshalb musste „jeder Ansatz von Kritik, Dissens und Normverletzung ausgeschaltet werden".[444]

Auch weltanschaulicher Dissens war nicht immer vorrangig gegen den nationalsozialistischen Staat gerichtet, sondern konnte sich beispielsweise nur gegen Begrenzungen der religiösen Praxis wenden. Ernst Hanisch, der Resistenz im bäuerlichen Milieu erforschte, kommt zum Schluss, dass es „vor allem die Frauen waren, die sich gegen Einschränkungen des religiösen Lebens wehrten".[445] Sie hielten ihre religiöse Praxis aufrecht, kamen in Gebets- und anderen Gruppen zusammen, sammelten für abgesetzte Geistliche. Besonders zu erwähnen sind hier auch die ZeugInnen Jehovas, zur NS-Zeit „Bibelforscher" genannt. Sie verteilten religiöse Schriften, verweigerten aber sogar noch im KZ die Arbeit für die Rüstungsindustrie, sodass sie oft nicht nur im weltanschaulichen Dissens, sondern durch grundsätzliche Regimekritik auch politisch widerständig waren.

Politischer Widerstand richtete sich gegen das NS-System als Ganzes, so Wickert, ging über Teilopposition aus weltanschaulichem Dissens oder gesell-

---

[441] Dzeladini 2015, 47
[442] Vgl. Gugglberger 2015, 149f, Grebing/Wickert 1994, 21
[443] Überschrift in Bauer 2008, 20
[444] Ebd.
[445] Zit. nach Gugglberger 2015, 155

schaftlicher Verweigerung hinaus und zielte auf Herrschaftsbegrenzung: „Denken und Handeln waren global und grundsätzlich gegen die NS-Diktatur gerichtet und stellten dessen [sic] Wertsystem, Ideologie und Herrschaftspraxis total in Frage. Denken und Handeln gingen über die Verteidigung von Gruppeninteressen hinaus und waren auf die *Erhaltung oder Wiederherstellung von elementaren Grundvoraussetzungen menschenwürdigen Lebens* gerichtet."[446]

Auch die Grenze vom Alltagsdissens zum politischen Widerstand ist fließend; und manchmal wurde das eine (Begegnungen im Alltag) für das andere (gezielte politische Tätigkeit) genützt. Umgekehrt konnte auch gezielt politische Widerstandtätigkeit durch vergleichsweise harmlosen Alltagsdissens verschleiert werden, wie das folgende Beispiel illustriert.

Theresia V. aus Judendorf-Straßengel (Bezirk Graz-Umgebung, Steiermark) wurde als 21-Jährige wegen Wehrkraftzersetzung zu einem Jahr Gefängnis verurteilt, das sie u. a. in Aichach verbrachte. Ihrem Opferfürsorgeantrag zufolge war sie Mitglied der Widerstandsgruppe Graz-Nord und hatte die Aufgabe, Nachrichten an Kriegsgefangene in Judendorf zu übermitteln. Der OF-Antrag 1946 wurde abgelehnt mit dem üblichen Argument, sie sei nicht aus politischen Gründen inhaftiert gewesen. Nach fünfzehn Jahren stellte Theresia V. einen neuerlichen Antrag, und ein männliches Mitglied der damaligen Widerstandsgruppe bestätigte alle Angaben und gab an, dass Frau V. die Instruktion gehabt hätte, sich bei einer Verhaftung auf eine „Liebelei" herauszureden. Diese Ausrede hatte ihr – neben ihrem jugendlichen Alter – eine längere Haft erspart. Die Opferfürsorgebehörde lehnte aber das genannte Ansuchen 1961 neuerlich ab und ignorierte damit sowohl den angeführten politischen Hintergrund der Verhaftung wie auch die Zeugenaussage dazu.[447]

Selbst wenn, wie im letzten Beispiel, ein sehr enger Widerstandsbegriff zutrifft (in organisierten Gruppen, zielgerichtet, auf der Basis (partei-)politischer Konzepte und Strategien), ist dieser in den Köpfen auf männliche „Heldenfiguren" zugeschnitten.

7.4 Versuche einer Einzelperson, anständig zu bleiben – Widerstand in Haltung und Handlungen bei Maria Etzer

Im Blick auf Maria Etzer, wie sie sich mir zum Schluss meiner Nachforschungen darstellt, zeichne ich die verschiedenen Facetten von Widerständigkeit in ihrem Leben nach, die sich in ihren Lebensbedingungen und -entscheidungen zeigen. Ich verwende im Folgenden den Begriff „widerständige Praxis", den Lucyna Darowska geprägt hat (auch in der Mehrzahl). Handlungen, die nur das eigene Überleben zum Ziel haben, grenzt sie ab, jedoch: „Handlungen der Verweigerung von Kollaboration, und solche, die über Verweigerung hinausgingen – Rettung von Menschen, Aufruf zur Verweigerung, Protest und weitere Verhaltensformen, die dem

---

[446] Grebing/Wickert 1944, 21, Hervorhebung: M. P. W. – siehe auch Kapitel 7.6: Widerstand neu denken
[447] Strutz 2015, 292ff

Regime Schaden zufügen – nenne ich widerständige Praxen."[448] Es gehe dabei um ein ganzes Spektrum verschiedener Aktivitäten und Aktionen, die über den Begriff des organisierten Widerstandes oder Widerstandskampfes hinausreichen. Darowska erarbeitet diesen Begriff anhand mehrerer Biografien über die Prager Journalistin und KZ-Inhaftierte Milena Jesenská und reichlicher zeitgeschichtlicher Bezüge.

Aus der Lebensgeschichte mit ihren schönen und schweren Seiten, aus der Verbundenheit mit anderen, aus dem Überwinden von Krisen, so Darowska, entstünden potenzielle Ressourcen: Kraftquellen, die sich dann realisieren können, wenn widerständiges Handeln nottut.

Ich beschreibe im Folgenden drei Prägungen, die bei Maria Etzer aus ihren Lebensumständen, auch den schwierigen, Kraftquellen für „widerständige Praxis" hervorbrachten.

Prägend war für sie erstens das bäuerlich-konservativ-katholische Milieu des Innergebirgs, in das sie hineingeboren wurde und das sie, abgesehen von den Jahren im Zuchthaus, ein Leben lang nicht verließ. Es war gekennzeichnet durch eine intensive Verbundenheit mit der Natur, mit ihren lebenserhaltenden, aber auch lebensbedrohlichen Aspekten während ihres Schaffens als Bergbäuerin. Ohne schwere Arbeit gab es keine Ernte, ein Gewitter konnte alles zunichtemachen. Der Umgang mit den Früchten (den Kirschen!), den vielen Tieren und den Menschen auf ihrem Hof war eingebettet in den Kreis der Jahreszeiten. In einem dörflichen Milieu wurde Maria Etzer religiös-konservativ erzogen und erwarb sich bleibende Werthaltungen.

Geburt und Tod waren ihr vertraut: Ihr Mann starb in ihrem Haus, ebenso ihr Vater. Auch eine Pflegetochter starb früh. Maria Etzer gebar acht Kinder, von denen die Zwillinge sofort verstarben und ein Sohn knapp einjährig. Sie zog auch drei Enkelkinder auf, nach dem Motto: „Ein Kind mehr ist kein Unglück, aber ein Kind verlieren schon." Die Sorge um das Lebendige in allen Formen war dominanter Lebensinhalt.

Prägend waren zweitens auch ihre Lebensumstände und -begrenzungen: In einfachsten Verhältnissen als lediges Kind einer Bauernmagd geboren, erlernte sie dennoch den Beruf der Köchin, heiratete und wurde Bäuerin. Bereits drei Jahre später war sie mit einer unehelichen Tochter ihres Mannes und zwei eigenen Kindern allein und gebar gerade ein drittes, als ihr Mann als Soldat in den Ersten Weltkrieg zog. Nach Jahren kehrte er krank heim. Schon mit 35 Jahren wurde Maria Etzer Witwe, sie hatte also die längste Zeit ihres Lebens keinen Mann, auf den sie sich stützen konnte, aber auch keinen, den sie fragen musste. Von 1925 bis 1943 war sie fast zwanzig Jahre Chefin des Hofes und der Familie. Als „alleinstehende" Frau wusste sie sich privat wie öffentlich durchzusetzen und Respekt zu verschaffen und erwarb sich große wirtschaftliche Kompetenz. In schwierigen Zeiten (Weltwirtschaftskrise, Inflation) konnte sie ihren Hof als Wirtschaftsbetrieb und Lebensgrundlage erhalten. Selbst in Abwesenheit ihres Mannes als Soldat gelang es ihr, Schulden zurück-

---

448   Darowska 2012, 80ff

zuzahlen. Das muss ihr viel Zuversicht gegeben haben. Um eine Subvention für die Landwirtschaft suchte die Lehenbäuerin zwar 1934 an, nicht aber 1938 unter den Nationalsozialisten – ein selbstbewusster, widerständiger Akt der Verweigerung. Es hätte Einsichtnahme ins Grundbuch und Kontrollen auf dem Hof bedeutet.

Prägend waren für Maria Etzer drittens – und nicht zuletzt – zwei Weltkriege, durch welche sie zuerst ihren Mann (nach einer kriegsbedingten Verletzung 1925) und dann ihren noch verbliebenen einzigen Sohn (an der russischen Front 1941) verlor. Schließlich kam sie – infolge von Denunziation an der „Heimatfront" – auch noch persönlich schwer zu Schaden. Maria Etzer kann als entschiedene Kriegsgegnerin betrachtet werden. Diesbezüglich muss man zur Zeit des NS-Regimes von schweren „innerfamiliären" Auseinandersetzungen ausgehen: gegen die Kriegsbegeisterung ihres Schwiegersohns Josef, gegen die Naivität ihres Sohnes Johann, der sich von seinem Schwager für das todbringende Abenteuer gewinnen ließ, und gegen die Verblendung ihrer Töchter, die der Nazi-Ideologie, manche auch konkreten Nazis zugeneigt waren – sodass neben Regina auch Margarethe, die Jüngste, einen „Ober-Nazi" heiraten wollte, einen angehenden Offizier der Wehrmacht. Maria Etzers Versuche, „den Vormarsch dieses Regimes einen Millimeter aufzuhalten"[449], gerade in der Familie, verdienen Würdigung, auch wenn sie ohne Erfolg blieben.

In den genannten drei Kontexten – dem konservativ-katholisch-bäuerlichen Milieu und dessen Werthaltungen, der Lebensform als von Männern weitgehend unabhängiger Frau, die eigene Entscheidungen trifft, und der klaren Gegnerschaft zu nationalsozialistischem Gedankengut und Kriegstreiberei – verorte ich Maria Etzers Widerstand als Alltagsdissens, weltanschaulichen Dissens und politischen Widerstand, wobei das nachträgliche Differenzierungen einer ganzheitlichen Praxis sind.

Das bäuerliche Leben im Innergebirg in den ersten Jahrzehnten des zwanzigsten Jahrhunderts war stark vom Glauben und der (katholischen) Kirche wie auch von der Natur und den Jahreszeiten geprägt. Beides fand im Brauchtum, dem Rhythmus von Geborenwerden und Sterben, Arbeiten und Beten, Werk- und Feiertagen zusammen. Die unwidersprochene Autorität der katholischen Kirche und ihrer Würdenträger war Tradition, bot aber neben aller moralischen Enge und Strenge auch Orientierung – und, im Gegensatz zum katholisch verbrämten autoritären „Ständestaat", viele Reibungspunkte mit dem sich rasant etablierenden NS-Regime.

Ein schönes Beispiel für die „Waffen der Frau" – und für die verschwimmende Grenze zwischen Alltagsdissens und politischem Widerstand – ist die Wenger Bäuerin Maria Zegg, die in der Goldegger Ortschronik erwähnt wird.[450] Sie schleuderte dem vorbeikommenden Gendarmen, der drohte, ihr das „richtige" Grüßen noch beizubringen, die nasse Windel ihres Kindes ins Gesicht mit den Worten: „Nur Gott allein ist heilig!"

---

[449] Vgl. Buchtitel Kanzler/Korotin/Nusko
[450] Gemeindechronik Goldegg, 130

Auch Maria Etzer verweigerte, soweit man weiß, mündlich und schriftlich den Hitlergruß, auch in den Briefen aus dem Zuchthaus und ihren Ansuchen um Haftverkürzung.

Die Mehrheit der bäuerlichen Bevölkerung war anfangs aus Tradition und Loyalität zur katholischen Kirche den neuen Machthabern gegenüber viel zurückhaltender als etwa die Gewerbetreibenden, z. B. die Goldegger Wirte. Man ging nicht zu den Partei-, sondern zu den Kirchenfesten, verweigerte die Mitarbeit in landwirtschaftlichen Gremien, kämpfte um Feiertage. Dennoch gab es auch unter der bäuerlichen Bevölkerung MitläuferInnen bzw. (Mit-)TäterInnen (wie Maria Etzers Töchter und ihr Denunziant).

Maria Etzer aber war nicht nur herkömmlich katholisch, sondern lebte und handelte aus einem tiefen Glauben heraus. Eine Nachbarin bezeichnete sie ihrem neunjährigen Sohn gegenüber als „gottbezogene" Frau.

Vielleicht auch deshalb war die Lehenbäuerin eine klare Gegnerin des NS-Regimes. „In Wean ham die Nazi beim Erzbischof ei'broch'n und den Herrgott obag'schoss'n", stellte Maria Etzer 1938 fest. Damit war für sie klar, dass die neuen Machthaber Gewalt gegen Andersdenkende ausübten und duldeten. Und sie war überzeugt: Ein Regime, das keinen Respekt vor kirchlichen Würdenträgern, ja sogar vor dem „Herrgott" hat, kann nicht von Dauer sein.

Sie selbst blieb Mitglied der katholischen Frauenorganisation, nahm vermutlich an deren großer Wallfahrt nach Maria Kirchenthal 1939 teil und hielt auch unter Druck am Kirchgang fest, obwohl in Lend der Ortsgruppenleiter alle Gläubigen notierte, die das Gotteshaus betraten. Eine moralische Stütze waren sicher die Geistlichen von Goldegg und Lend, die es an klaren Worten dem Regime gegenüber nicht fehlen ließen. Zwei Kapläne und ein Pfarrer kamen deshalb ins KZ, ein weiterer bekam Unterrichtsverbot.

Ein Bekenntnis zu ihrer kirchlichen Praxis legte Maria Etzer sogar im Zuchthaus ab. Während der Aufnahmeformalitäten wurde maschinschriftlich ein Formular mit diversen persönlichen Daten ausgefüllt, das die neue Gefangene dann zu unterzeichnen hatte. Die Frage nach der Teilnahme am religiösen Leben, die die Beamtin offenbar vergessen hatte, ergänzte Maria Etzer handschriftlich mit einem „Ja", bevor sie unterschrieb. In einem Brief aus dem Zuchthaus an ihre älteste Tochter forderte sie sogar im Dezember 1943 noch zum Kirchgang auf: „Ich weiß, du spottest, aber schick die Kinder zu Weihnachten in die Kirche, sie sollen für mich beten." Dieser Satz allein hätte für die Zensur schon genügt, die sich aber dann an einem anderen Satz störte: „Ich bin unschuldig", und den Brief einzog. Unschuldig, das hieß, keinen Bleistift in die Zelle geschmuggelt zu haben. Allein dieses Bekenntnis brachte Maria Etzer zwei Tage Hungern und Arrest und zwei Monate Briefsperre ein.

„Ich bin unschuldig", davon war Maria Etzer jedoch auch in Bezug auf das ihr angelastete „Verbrechen" überzeugt, auch wenn sie sich unter Schlägen im Gestapo-Verhör als schuldig bekannt hatte. Ihrem Opferfürsorgeakt zufolge gibt sie auch an, nur deshalb eine so hohe Strafe erhalten zu haben, weil sie sich deutlich gegen den Nationalsozialismus gestellt habe: „Hitlerbande hat sie gesagt, eine Schwarze ist sie, weg damit!", habe einer der Richter im Sondergerichtsprozess gesagt. Ein „Heimtücke"-Delikt (regimekritische Aussagen, Beschimpfungen, regimefeindliche Witze) ist zwar in ihrem Urteil nicht belegt, aber eine Erinnerung aus zweiter Hand weist Maria Etzer als couragiert, ja tollkühn und offen politisch widerständig aus. Enkelin E. erzählt, sie habe von ihrer Tante Regina gehört, dass die Großmutter, als Hitler an die Macht kam, zu Fuß nach Goldegg gegangen

```
Nummer:   Z.189/43

Name: Etzer Maria              geb. Höller

geboren am: 28.7.90      in: Taxenbach

Landkreis: Salzburg      Regierungsbezirk od.Gau:  Salzburg
                                                   Bischofshofen
zuletzt polizeilich gemeldet:            L.Kreis: ▮▮▮▮▮▮▮
       Goldegg bei ▮▮▮▮▮▮▮▮▮            Reg.Bez.:  Salzburg
                   Bischofshofen

ehelich,unehelich, vorehelich geboren?

ledig, verheiratet, geschieden, verwitwet, getrennt lebend?

Staatsangehörigkeit:   DR.          Religion:  kath.

Erlernter Beruf:  Bäuerin           Beteiligung am rel.Leben? ja

Zuletzt gearbeitet als: Bäuerein im eigenen Anwesen

Ehemann Name:   Johann Etzer, Bauer, ▮▮▮▮▮ Goldegg  schon gestorben

Eltern:     Johann Mittersteiner u. Regina Höller, Zimmermann, Schwarzach
                    beide   schon gestorben

Mutter: eine geborene   Höller

Kinder:   Katharina ▮▮▮▮▮,     Goldegg
          Regina    ▮▮▮▮,      Zella.See
          Marianna  Etzer,     München Strasse nicht bekannt
          Grete     Etzer,     Göllingen bei Thüringen


Geschwister:  Katharina Gassner, Salzburg Str. nicht bekannt
              Regina    Hautzinger, "    "    "    "
              Paula     Lugstein,   "    "    "    "
              Theresia  Drüssler, St. Veit a.Glan/Kärnten
              Josef ▮▮▮▮▮ Gabmeier, Schwarzach
              Jakob     "        , Feldpostnummer nicht bekannt.



Geliebter:  nein
```

Aufnahmeverfahren Zuchthaus Aichach 4.5.1943, S. 2: „Beteiligung am religiösen Leben: ja". Quelle: Staatsarchiv München

sei, sich wie der Gemeindebeamte, der die aktuellen Nachrichten verlautbarte, auf ein „Podestl" gestellt und gegen Hitler und die Nazis geredet habe. Ob es so war, ist ungewiss, vielleicht wäre sie da sofort verhaftet worden. Gewiss ist hingegen, dass Maria Etzer aus ihrer Überzeugung kein Hehl machte, weder innerhalb noch außerhalb der Familie.

Das bestätigt auch Enkelin H., wenn sie sich an das Verhalten der Großmutter in der NS-Zeit mit folgenden Worten erinnert: „Sie war so frech, sie konnte nicht ruhig sein." Und darum, meint Enkelin H., war sie „wohl auch ein wenig selber schuld".

Ihr „Verbrechen", weswegen sie zu drei Jahren Zuchthaus verurteilt wurde, ist jedoch nicht einem Zufall oder einer Unvorsichtigkeit zuzuschreiben. Die Vorschriften waren ihr bekannt.

Ich sehe Maria Etzers vorrangiges Motiv für die Übertretung des Umgangsverbots in einer entschiedenen Anti-Kriegs-Haltung. Sie betrachtete zwar den Krieg als Feind, nicht aber Soldaten eines fremden Landes, die genauso wie die des eigenen Landes gezwungen wurden, ihr Leben zu riskieren, nur weil Nazi-Deutschland diesen Krieg vom Zaun gebrochen hatte. Selbst erst gerade vom Tod des Sohnes erschüttert, setzte sie alles in ihrer Macht Stehende daran, dass die kriegsgefangenen Männer, mit denen sie tun hatte, die Gefangenschaft heil überlebten, weil auch in ihren Heimatländern eine Mutter auf ihren Sohn, weil Familienangehörige, Geliebte und Freunde auf einen unersetzlichen Menschen warteten. Weil es eine Katastrophe war, wenn auch nur ein Einziger nicht zurückkehrte – in Abwandlung eines Ausspruchs, den Maria Etzer über ihre Kinder zu sagen pflegte: „Ein Mensch mehr ist kein Unglück, aber einen Menschen verlieren schon."

Deshalb behandelte sie nicht nur Georges Fontaine gut, sondern auch die anderen Männer; auch deren körperliches und seelisches Überleben hatte sie im Blick. Wie Enkelin E. erzählt, ermöglichte sie sonntags den Kriegsgefangenen aus der Umgebung (französischen, aber auch polnischen), sich bei ihr zu treffen, auszuspannen, sich in der eigenen Sprache zu unterhalten, Nachrichten auszutauschen. Ich bezeichne das weiter unten als „Lebenssorge". Dafür wurde sie sicher geschätzt: Maria Etzer hat jedenfalls im Zuchthaus angegeben, sie sei von den Kriegsgefangenen (in der Mehrzahl!) besser behandelt worden als von den Einheimischen.

Vielleicht war dieser gesellige und vertraute Umgang mit den gefangenen Soldaten der Kern des Vorwurfs ihres Anzeigers, sie stehe mit mehreren französischen Kriegsgefangenen „in sehr intimem Kontakt".

Warum Maria Etzer in ihren Opferfürsorgeansuchen nicht erwähnt hat, dass sie Kriegsgefangenen Treffen auf ihrem Hof ermöglicht hat, kann ich mir schwer erklären. Das wäre wohl am ehesten als „politischer Widerstand" zu werten gewesen. Vielleicht sah sie das aber nicht als ein politisches Statement, sondern als ihre persönliche Initiative und selbstverständliche Mitmenschlichkeit. Möglicherweise hätte ihr jedoch selbst die Argumentation mit solchen Treffen (die sie aber nicht beweisen konnte) als Basis für ihre Denunziation nicht geholfen, denn auch nach dem Krieg waren die Opferfürsorgebeamten, wie sich rückblickend zeigt, auf die angeblichen „Bettgeschichten" fixiert.

Das Motiv, auch unter widrigsten Umständen und unter eigenem Risiko für das Leben und Überleben anderer, d. h. hier konkret kriegsgefangener Menschen zu

sorgen, passt nicht in die vorgegebenen Widerstandskonzepte, weder der Opferfürsorge noch der verschiedenen Arten von Dissens.

Es überschreitet die Trennungen zwischen privat und politisch bzw. macht
neben dem engeren auch einen weiteren Begriff von Politik nötig, der vorerst „eine
moralische Geste" ist. Maria Etzer hatte einfach „das Bedürfnis, trotz aller lebens-
lästigen Konsequenzen anständig zu bleiben", wie es Herta Müller formuliert.

7.5 Widerstand: „im Anfang eine moralische Geste"

Die aus Rumänien stammende deutschsprachige Schriftstellerin und Literatur-
nobelpreisträgerin Herta Müller hat ihre eigenen Erfahrungen mit Diktatur und
Widerstand so formuliert:

> „In den späteren Jahren der Diktatur sah ich immer deutlicher, dass Wider-
> stand oder das, was man allgemein so nennt, im Anfang keine politische
> sondern eine moralische Geste war. Instinktives Ausscheren aus Überdruss
> am Ticken der Norm. Es hatte mit den Wörtern ‚Wahrheit' und ‚Lüge'
> zu tun, mit ‚Aufrichtigkeit' und ‚Betrug'. Je eigentlicher, je zuverlässiger
> Widerstand war, umso mehr war er nichts anderes als eine moralische
> Geste. Er begann im eigenen Schädel, im Alleinsein mit seinem eigenen
> Bild. Er kam aus dem Festhalten an moralischen Vorstellungen von sich
> selbst. Aus dem Bedürfnis, trotz aller lebenslästigen Konsequenzen anstän-
> dig zu bleiben."[451]

Neben den moralisch bedeutsamen Wörtern „Wahrheit und Lüge" findet sich hier
auch das „instinktive Ausscheren aus Überdruss am Ticken der Norm". Übersetzt
für Frauen mit verbotenem Umgang bedeutete das ein vielleicht ganz spontanes
Verhalten, einen Blick der Sympathie, der Fürsorge und/oder des Begehrens auf
einen Fremden, der in diesem Moment in erster Linie als Person, als Individuum,
gesehen und angesehen wird, also ein Ansehen hat und nicht mehr (vorrangig)
ein Rollenträger ist – Gefangener, politischer Feind, auszubeutende Arbeitskraft,
Rassenfeind. „Im Alleinsein mit seinem eigenen Bild" (Herta Müller), entgegen
den vorgefertigten Bildern politisch erwünschten Verhaltens, den Schwarz-Weiß-
Bildern von Herrenrasse und Untermenschen (als Kollektiv) beginnt der Widerstand, noch vor konkreten Handlungen. Vielleicht hilft dann die eine Frau spon-
tan, vielleicht stürzt sich die andere in eine Affäre.

Widerständiges Verhalten braucht nicht immer einen Plan, eine Strategie. Auf
einer bewussteren Ebene kommt es aber, zumindest in der Reflexion danach, zu
einem Erschrecken über dieses Allein- und Exponiertsein mit dem eigenen Bild
(der Lage). In einem zweiten Schritt heißt widerständige Praxis dann „Festhalten an moralischen Vorstellungen von sich selbst" aus dem „Bedürfnis, trotz aller

---

451   Müller 1994, 3 – siehe Internetlink im Anhang

lebenslästiger Konsequenzen anständig zu bleiben", das heißt, „Wahrheit von Lüge", „Aufrichtigkeit von Betrug" (H. Müller) zu unterscheiden.

Der Mitläufer (die Mitläuferin) hingegen schert nicht aus der von außen und oben diktierten Norm aus, selbst wenn diese den eigenen ethischen Vorstellungen, den eigenen Wahrnehmungen und Gefühlen nicht entspricht. Dann geht, so die Psychoanalytikerin Thea Bauriedl, der Bezug zwischen dem, was wir tun, und dem, was wir wollen oder fühlen, verloren:

> „Der Verlust des Bezugs zwischen Person und Handlung bedingt den Verlust, *persönlich* verantwortlich zu sein. Die Normen, nach denen man sich scheinbar richtet, können nach Bedarf umgeändert oder auch uminterpretiert werden, und so entsteht unter dem Kleid persönlicher Rechtschaffenheit zugleich gewalttätige Willkür und Gewalt hinnehmende Gleichgültigkeit."[452]

Dieser moralisch begründete Widerstand als Festhalten an der persönlichen Verantwortung trotz Repression muss mit dem politischen Widerstand im engeren Sinn verknüpft werden, wie es Lucyna Darowska formuliert:

> „Widerstand ereignet sich im lebenspraktischen und allgemeinmenschlichen Kontext und ist nicht den politisch und militärisch wirksamen Subjekten vorbehalten. Je nach situativer Verflechtung kann er aus einer politischen Überzeugung hervorgehen oder eine menschliche Reaktion auf Unmenschlichkeit sein. *Das Mitfühlen, die Sorge können Motivationen für eine Widerstandshandlung sein.* Insofern sind widerständige Praxen auch unmittelbare und nicht geplante Reaktionen, die sich punktuell gegen das Regime richten und ihm auf diese Weise schaden, ohne dass das (möglicherweise zu anspruchsvolle) Ziel der Überwindung des (ganzen) Systems verfolgt wird. Allerdings ist die Unmenschlichkeit eines faschistischen Regimes eine systematische; gegen die Formen dieser Unmenschlichkeit gerichtete Handlungen können somit in vieler Hinsicht als politisch gelten."[453]

7.6 Widerstand neu denken:
Der Versuch eines Konzepts von Widerstand als Lebenssorge

In Anlehnung an Lucyna Darowskas Arbeit zu „Widerstand und Biografie" und das feministische Konzept der Lebenssorge versuche ich, die widerständige Praxis des verbotenen Umgangs als Lebenssorge zu beschreiben und einzuordnen. Lebenssorge umfasst nach Cornelia Klinger ein weites semantisches Feld:

---

[452] Thea Bauriedl (1988) zit. nach Ziegler/Kannonier-Finster 2016, 205, Hervorhebung M. P. W.
[453] Darowska 2012, 88

„… be-, ent-, ver-, vor-, umsorgen; zwischen Für-, Vor- und Obsorge, von der Sorgfalt bis hin zur Besorgnis und zurück zum Gegenteil: zur Sorglosigkeit. … Sorge betrifft alle theoretischen Reflexionen von und alle praktischen Relationen zwischen Menschen, die sich aus den Bedingungen der Kontingenz, das heißt aus dem Werden und Vergehen des Lebens ergeben. Den großen Grenzen von Anfang und Ende sowie den dazwischen liegenden Fährnissen …, an denen sich die ständige Präsenz der Lebensgrenzen auch innerhalb der Zeit manifestiert, gilt Sorge."[454]

Ich verwende den deutschen Begriff, denn das englische Wort „care" ist für dieses breite Spektrum von Lebenssorge nur sehr verkürzend und außerdem eng mit dem Begriff „Care-Ethik" (Carol Gilligan)[455] verknüpft. Lebenssorge ist auch in Friedenszeiten nötig und allgegenwärtig; im Kontext eines totalitären Regimes wird sie im Anlassfall zu widerständiger Praxis. Obwohl Sorge auch die Selbstsorge beinhaltet (z. B. für das Überleben im Zuchthaus oder KZ), lässt sich Lebenssorge abgrenzen vom einfachen Bemühen, „nur die eigene Haut zu retten", besonders, wenn dadurch andere zu Schaden kommen könnten. So gibt es „zahlreiche Beispiele widerständiger Handlungen, die bezeugen, dass Frauen (und Männer) ihre empathischen Bindungen zu Fremden aktivierten, sie retteten und gegen die Unrechtsherrschaft protestierten, womit sie ihre Nächsten in Gefahr brachten".[456] Maria Etzer konnte Georges Fontaine nicht „retten", aber sie entschied sich, soweit es in ihrer Möglichkeit war, für ihn wie für ein Familienmitglied zu sorgen.

Lebenssorge als eine Form widerständiger Praxis im Nationalsozialismus betrachte ich als weiblich konnotierte Fähigkeit und Bereitschaft, Leben zu ermöglichen, weiterzugeben und unter allen Umständen ein Überleben zu sichern, auch quer zu den ideologischen Konzepten von Religion und Politik, Freund und Feind, Rasse oder Klasse. Lebenssorge gerade auch für die „Fremden" unterscheidet sie von der traditionell ebenfalls weiblich konnotierten Sorge nur für die Eigenen, die eigene Familie.

Das patriarchale Geschlechterarrangement enthält den an die Frauen gerichteten und von ihnen zumeist fraglos wahrgenommenen Auftrag, für die Lebenssorge, den „Dienst am Leben", zuständig zu sein – und spielt zugleich die Männerwelt von der Sorge um das Lebendige frei, um sich um anderes (auch um sich selbst) zu kümmern.

Die NS-Ideologie spitzte dieses Arrangement noch zu. Demzufolge waren die Frauen weiterhin für den „Dienst am Leben" zuständig, nun aber nur mehr für den am deutschen, arischen, rassisch „hochstehenden", „erbgesunden" Leben. „Ausscheren aus dem Ticken der Norm" (Herta Müller) konnte lebensgefährlich werden. Nicht nur, aber auch deshalb gab es so viele MitläuferInnen, MittäterInnen, sodass „unter dem Kleid persönlicher Rechtschaffenheit zugleich gewalttätige

---

[454] Klinger 2013, 82f. Auslassungen: M. P. W.
[455] Zur kritischen Rezeption vgl. Darowska 2012, 146
[456] Darowska 2012, 147f

Willkür und Gewalt hinnehmende Gleichgültigkeit" (Thea Bauriedl) ein enormes Ausmaß annahmen. Wenige leisteten Widerstand, der in den meisten Fällen den Rahmen des beschriebenen Geschlechterarrangements nicht sprengte, aber dennoch die NS-Normen – gerade auch im Lebenskontext der Frauen – wissentlich unterlief.

Lebenssorge auch für die „Fremden" betrachtete der Nationalsozialismus zu Recht als „Zersetzung der Wehrkraft" und damit als politisches Delikt, das man zwar in Merkblättern beispielhaft beschreiben, als widerständige Praxis aber letztlich nicht auf den Begriff bringen und in den Griff bekommen konnte.

Lebenssorge als weiblich konnotierte widerständige Praxis war auch im Nachkriegsösterreich mit seinem engen Widerstandsbegriff nicht fassbar, sodass auch die Opferfürsorgebeamten den verbotenen Umgang nicht als Widerstand, sondern als Privatsache abtaten. So bekam Veronika P. auf ihr Ansuchen von der Behörde die Antwort:

„Ihre Handlungsweise liegt rein in der privaten Sphäre und waren hiefür auch keine politischen Gründe maßgebend ..."

Wo fängt der verbotene Umgang einer Frau mit einem „fremden" Mann (und damit potentieller Widerstand) an? Bei einem Lächeln? Bei einem Paar Wollsocken, das eine Klosterschwester einem barfüßig im Schnee arbeitenden Kriegsgefangenen aus dem Fenster wirft?[457] Und wohin führt er? Immer ins Bett? Dieser absurden Logik waren zuerst die Nazi-Denunzianten und -Richter verfallen, später auch die meisten Juristen der Opferfürsorgekommissionen und einige männliche Mitglieder von KZ-Verbänden. Dabei ist es egal, wo er hinführt, wenn diese Art von Lebenssorge-Widerstand nur überhaupt anfängt.

Lebenssorge fängt dort an, wo eine (einer) sich selbst Mitgefühl erlaubt, obwohl es von einem totalitären Regime verboten ist, ja wo eine (einer) sich überhaupt erlaubt zu fühlen, vielleicht auch ein Begehren, statt im Dienst todbringender Normen und Gesetze zu funktionieren. Der Blick der Liebe im weitesten Sinn gilt einem Individuum, einem Menschen, der oder die mir im Jetzt als besonders und einzigartig nahe kommt, zum Nächsten wird – auch wenn ihn oder sie eine willkürlich gesetzte Norm als minderen Menschen oder Untermenschen definiert, dem kein Ansehen, keine Sorge und Fürsorge zusteht – und auch keine Sorglosigkeit: keine Freizeit, kein Fest und keine Torte (siehe unten), kein sexuelles Glück, kein Leben, kein Überleben.

Dabei hat die beschriebene Lebenssorge der Frauen nicht nur deren eigenes körperliches, aber auch seelisches Überleben und das anderer Menschen in Zuchthäusern und KZs gesichert. Als Fähigkeit und Bereitschaft, das jeweils aktuell Richtige, Notwendige und begrenzt Mögliche zu tun, hat sie Leben und Überleben heute, als Vor-Sorge aber auch das Leben von morgen im Blick. Ich denke dabei an

---

[457] Die 33-jährige Schwester Kamilla aus dem Kloster der Ursulinen in Linz wurde deshalb zu vier Wochen Gefängnis verurteilt – vgl. DÖW, Band 2, 105f bzw. Gugglberger 2006, 301.

die Geistesgegenwart von Margarete Schütte-Lihotzky und ihrer Genossinnen, im Chaos der Befreiung des Zuchthauses Aichach nicht nur an Essen und Frischluft zu denken, sondern auch (nach einer Stunde an der Sonne) an die Sicherung der Gefangenenakten für die etwa 90 österreichischen politischen Häftlinge – sonst wären auch Maria Etzers Dokumente heute nicht erhalten.

Lebenssorge als Widerstandspraxis – das gilt nicht exklusiv für den verbotenen Umgang. Manche (Frauen und Männer) haben jüdische Menschen versteckt, „fremdländische" Kinder als eigene ausgegeben, manche sind für andere ins Gas gegangen.

Lebenssorge zeichnet jedoch nicht nur ausdrückliche NS-Gegnerinnen aus. Eine Pinzgauer Parteifunktionärin, Blockleiterin der NS-Frauenschaft und Ortsbäuerin, verheiratet, Mutter eines sechsjährigen Sohnes, hat vermutlich ein Verhältnis mit einem Kriegsgefangenen. Andere Knechte sind eifersüchtig, bohren in die Holzdecke ein Loch, um von oben bei der Frau im Schlafrock „beischlafähnliche Bewegungen" zu beobachten, vom Franzosen habe man nichts sehen können, weil das Loch zu klein war. Eindeutig beobachtet werden konnte jedoch,

„die Angekl. habe sich mit dem Kriegsgefangenen sehr viel unterhalten, sei mit ihm viel mehr als notwendig beisammen gewesen und habe ihn auch beim Essen bevorzugt".[458]

Ein zweiter Zeuge betont, dass er viermal gesehen habe, wie sie dem Franzosen sonntags Torte gegeben habe. Die Bäuerin muss sich rechtfertigen und betont, das sei nur als Sonderentlohnung gedacht gewesen, weil er drei Personen die Haare geschnitten habe.

In einem demokratischen Regime lächelt man dazu, sie bekam aber fünfzehn Monate Zuchthaus. Dieser Fall (wie auch viele andere) wurde mit vollem Namen der Frau als abschreckendes Beispiel auch in der „Salzburger Landeszeitung" veröffentlicht: „Obwohl ein Schuldspruch hinsichtlich der besseren Verpflegung nicht erfolgte, kann man in dem Artikel lesen, dass man der Bäuerin zur Last legte, den französischen Kriegsgefangenen an Sonn- und Feiertagen *sogar* mit *Torte* verköstigt zu haben."[459]

In derselben „Salzburger Landeszeitung" vom 23. März 1943 steht ein Artikel mit dem Titel: „Hassen lernen":

„Wie unsere Liebe zum eigenen Volk schrankenlos ist, so ist auch unser Haß gegen unsere Feinde unbegrenzt. Er steigert unsere Kräfte, er stählt unseren Willen und er sichert uns den Sieg. Wir wollen hassen lernen wie noch nie ein Volk in der Geschichte aller Zeiten gehaßt hat."[460]

---

[458] KLs 58/42
[459] Nußbaumer 2011, 115f
[460] https://www.stadt-salzburg.at/internet/websites/nsprojekt/ns_projekt/materialien/zeitungsdokumentation/zeitungsdokumentation_ab_1938_317474.htm (8.5.2017)

Es gab Menschen, die diesem Irrsinn, nur weil staatlich verordnet, nicht folgen wollten. Maria Etzer stand deshalb zwei Tage später, am 25. März 1943, vor dem Sondergericht.

„Zum Hasse nicht, zur Liebe bin ich." So spricht in der gleichnamigen Tragödie Antigone, die sich der Staatsräson (König Kreon) widersetzt, um ihren gefallenen Bruder zu begraben. „Vor allem ist der Widerstand Antigones einer der Liebe. Die Liebe ist eine äußerst widerständige Kraft, weil sie allen Menschen zuteil werden kann, weil sie nicht nur den Bruder zum Menschen macht, sondern den Menschen zum Bruder und zur Schwester, weil sie Schranken überwindet, die zwischen verschiedenen Völkern, zwischen verschiedenen Religionen, zwischen verschiedenen Klassen, zwischen verschiedenen Kasten errichtet werden."[461]

In diesem Sinne ist Liebe als Lebenssorge (unter autoritärer Herrschaft ist auch ein würdiges Begräbnis ein Aspekt davon) zugleich persönliche wie auch politische Praxis. Die Weigerung zu hassen, sich von der eigenen Wahrnehmung und den eigenen Emotionen abschneiden zu lassen im Dienste einer angeblich höher stehenden abstrakten Norm (dem Umgangsverbot) wird als Mitgefühl, aber auch als Begehren wahrgenommen, das Lebenssorge bewirkt.

Für die vielen Frauen, die sich über das Umgangsverbot hinwegsetzten und deshalb in Gefängnissen, Zuchthäusern und KZs interniert waren, könnte das von mir hier skizzierte Konzept der Lebenssorge ihrer persönlich gelebten Weise von widerständiger Praxis einen Rahmen geben. Ihr Verhalten hat (soweit es in ihrer Macht stand) zumindest für eine begrenzte Zeit körperliches und seelisches Leben und Überleben der FremdarbeiterInnen ermöglicht, sei es durch einige stille Stündchen inmitten der Kriegshysterie, durch ein Paar Wollsocken im Schnee, ein ziviles Gewand auf dem Fluchtweg, durch Torte an ein paar Sonntagen. Einige HeimkehrerInnen konnten gerade durch diese Lebenssorge von ihren Angehörigen in vielen Ländern der Welt lebendig, vielleicht sogar seelisch gesund, in die Arme geschlossen werden. Andere, wie Georges Fontaine, überlebten leider nicht.

So haben sich Frauen, die wegen verbotenen Umgangs und sogenannter Geschlechtsverkehrsverbrechen verfolgt wurden, in unspektakulärer und vielfach missverstandener Weise für das Leben und Überleben gefährdeter Menschen verdient gemacht. Sie haben durch Lebenssorge entgegen der NS-Rassenideologie gehandelt, im Sinn der Menschenrechte als Basis jedes demokratischen Staates, so auch der Republik Österreich.

Obwohl sie sich auf ihre Weise für „ein unabhängiges, demokratisches und seiner geschichtlichen Aufgabe bewusstes Österreich, insbesondere gegen die Ideen und Ziele des Nationalsozialismus ..." eingesetzt haben (Definition des OFG 1947 für politischen Widerstand), steht für sie – wie auch für Maria Etzer – eine Rehabilitierung noch aus.

---

[461] Rabinovici 2008, 37f

7.7 Späte Gerechtigkeit:
Rehabilitierung und ein Platz im kollektiven Gedächtnis

Die meisten der wegen verbotenen Umgangs und „Geschlechtsverkehrsverbrechen" diffamierten Frauen sind inzwischen längst verstorben, ohne dass sie zu Lebzeiten noch Gerechtigkeit erfahren hätten. Die persönliche Rehabilitierung kommt für diese zu spät, Rehabilitierung betrifft jedoch nicht nur konkrete Personen in ihrem privaten Umfeld, sondern muss auch ein öffentliches Bekenntnis sein.

Noch zeitnah zu den Verfolgungen des NS-Regimes sprach das Viktor Frankl, selbst KZ-Opfer, in einem Vortrag 1946 pointiert an, dass nämlich

> „jede Rehabilitierung von vornherein nur eine höchst fragmentarische sein
> kann – das Leben verlorener Angehöriger oder die eigenen verlorenen Jahre
> sind schließlich unwiederbringlich. So lässt sich einigermaßen mit Fug und
> Recht behaupten: mit der Schadenswiedergutmachung und Rehabilitie-
> rung von Opfern rehabilitiert ein Staat immer nur sich selbst! Nämlich in
> den Augen aller Rechtsstaaten, in den Augen der ganzen Kulturwelt."[462]

Rehabilitierung bedeutet „die offizielle, öffentliche und individuelle Wiederherstellung der Rechte und auch der persönlichen Ehre der Opfer. Im juristischen Sinn versteht man darunter die Beseitigung des Makels einer Strafe durch offizielle Aufhebung der Verurteilung."[463]

Für die rechtliche Seite der Rehabilitierung beziehe ich mich im Folgenden auf einen Artikel von Barbara Wolf-Wicha.[464]

Schon im Juli 1945 wurde von der Provisorischen Staatsregierung die Aufhebung von Strafurteilen und die Einstellung von Strafverfahren beschlossen (Aufhebungs- und Einstellungsgesetz StGBl. 48/1945 bzw. ergänzende Verordnung StGBl. 155/1945). Demnach galten Verurteilungen als „nicht erfolgt", wenn sie aufgrund bestimmter NS-Gesetze ausgesprochen wurden und zugleich die „Handlung gegen die nationalsozialistische Herrschaft oder auf die Wiederherstellung eines unabhängigen Staates Österreich gerichtet war".[465]

In den Jahrzehnten bis zum Aufhebungs- und Rehabilitationsgesetz 2009 wurde der Kreis der Verfolgungsopfer „in unterschiedlichen politischen Regierungs- und Parlamentskonstellationen schleppend und lange Zeit halbherzig erweitert".[466]

Mit diesem Gesetz von 2009 gelten nicht nur bestimmte, sondern alle Urteile nach NS-Rechtsvorschriften zwischen 12. März 1938 und 8. Mai 1945 rückwirkend als nicht erfolgt (§ 1 Abs. 2), und zwar von allen Gerichten, den Sonder- und Standgerichten, vom Volksgerichtshof, von Oberlandesgerichten, weiters die Anordnungen zu Zwangssterilisierungen, Schwangerschaftsabbrüchen sowie ver-

---

[462] Frankl 2015, 153

[463] Rechtswörterbuch, zit. nach Wolf-Wicha 2016 b, 10

[464] Wolf-Wicha 2016 b

[465] Zit. nach ebd., 10

[466] Ebd., 12

urteilende Entscheidungen wegen gleichgeschlechtlicher Handlungen, auch alle sonstigen verurteilenden Entscheidungen „mit dem Ziel der Durchsetzung oder Aufrechterhaltung des nationalsozialistischen Unrechtsregimes".[467] Auch Deserteure werden unter § 4 Abs. 1 explizit genannt und rehabilitiert, nachdem es im Vorfeld intensive Bemühungen in dieser Sache gegeben hatte.

Die Opfer des verbotenen Umgangs und der „Geschlechtsverkehrsverbrechen" hat jedoch niemand ausdrücklich in die Formulierung des Gesetzes hinein reklamiert. So gelten zwar in diesem Gesetzespaket von 2009 per definitionem alle Urteile nach NS-Rechtsvorschriften als „nicht erfolgt"; weiters auch „alle sonstigen verurteilenden Entscheidungen", also implizit auch Gestapo-Anordnungen, die Frauen wegen „GV-Verbrechen" ins KZ brachten.

Beide Opfergruppen (verbotener Umgang, GV-Verbrechen) werden aber nicht genannt, und dadurch ist die „Beseitigung des Makels" nicht geglückt. In der Folge wurde deren rechtliche Rehabilitierung im Gesetz von 2009 weder im privaten Umfeld dieser Opfergruppen noch in einer breiteren Öffentlichkeit überhaupt wahrgenommen.

Eine rechtliche Rehabilitierung allein kann allerdings überhaupt ins Leere gehen, wie der Fall von Veronika P. zeigt (siehe Kapitel 7.1). Dieser hatte man in einem juristischen Alleingang auf der Basis des Gesetzes bzw. der Verordnung von 1945, wohl infolge ihrer Hartnäckigkeit im Opferfürsorgeverfahren, schon 1957 geschrieben, ihr Urteil gelte als nicht erfolgt. Das hatte jedoch keinen positiven Effekt auf ihren neuerlichen Opferfürsorgeantrag. Gesundheitlich, finanziell und in ihrem Ruf beschädigt starb sie früh.

Für den Umgang mit dem Nationalsozialismus zeigt sich damit die Notwendigkeit wechselseitiger Verknüpfung individueller Lebensschicksale mit dem gesellschaftlichen Bewusstsein, dem sogenannten „kollektiven Gedächtnis".[468] Solange die Schuldlosigkeit von Frauen wie Veronika P. und Maria Etzer und damit deren Status als Opfer nationalsozialistischer Verfolgung nicht in einer breiten öffentlichen Rezeption anerkannt ist, bleibt deren individuelle Rehabilitierung unmöglich. Dadurch erscheinen wiederum in der persönlichen Erinnerung, z. B. der Verwandtschaft, die betroffenen Frauen als „moralisch mangelhaft" oder aus anderen Gründen „irgendwie selber schuld", wie es auch im Verlauf der vorliegenden Forschung deutlich wurde.

Im kollektiven Gedächtnis der Republik Österreich hat das Schicksal von Frauen wie Veronika P. oder Maria Etzer bislang noch kaum Platz gefunden, es gibt weder einen Gedenkort noch offizielle Gedenkakte. Auch in Büchern für Unterricht und Erwachsenenbildung wie z. B. der aktuellen Reihe „Nationalsozialismus in den Bundesländern" ist Bedarf an Lebensgeschichten solcher Frauen.[469]

Im Bundesland Salzburg gibt es Ansätze für eine kollektive Erinnerung zu diesem Thema: Die emeritierte Politikwissenschafterin Barbara Wolf-Wicha sprach

---

[467] Wolf-Wicha 2016 b, 12
[468] Begriff von Maurice Halbwachs, Erläuterung dazu vgl. Ziegler 1995, 41ff
[469] Im Band zu Oberösterreich findet sich etwa mit Aloisia Hofinger ein Beispiel, im Band zu Salzburg nicht.

am 27. Jänner 2016 anlässlich des „Internationalen Tages des Gedenkens an die Opfer des Holocaust und des Nationalsozialismus" vor dem Antifa-Mahnmal am Salzburger Bahnhof über „Frauen im Widerstand gegen den Nationalsozialismus". Als „Unrecht im Unrecht" bezeichnete sie die Tatsache, dass die Schicksalsverläufe von Männern und Frauen ganz unterschiedlich ins Blickfeld gerückt werden: „So sind viele von ihnen einfach als *namenlose Opfer* in eine *symbolische Gruft des Vergessens* gestürzt worden." Ausführlich widmete sie sich auch dem Themenkomplex der „Frauen mit verbotenen Kontakten zu ‚Fremdvölkischen'" und stellte fest, dass deren Sondergerichtsurteile „im Befreiungsjahr" sogar aufgehoben wurden, aber ihre zu NS-Zeiten strafbaren Handlungen „offensichtlich als Moraldelikte an den betroffenen Frauen haften blieben".[470]

In der Pongauer Gemeinde Goldegg, wo Maria Etzer gelebt hat und denunziert wurde, ist ihr Schicksal nur ganz wenigen bekannt. Ihre Rehabilitierung – das Erzählen ihrer Geschichte, ihre Anerkennung als NS-Opfer und die offizielle, öffentliche und individuelle Wiederherstellung ihrer persönlichen Ehre – steht noch aus. Ich hoffe, das vorliegende Buch, selbst ein „Erinnerungsort", kann einen Beitrag dazu leisten.

---

[470] Wolf-Wicha 2016 a, 9. Hervorhebung als Zitat von Gert Kerschbaumer im Text

Nachwort der Enkelin Brigitte Menne

„Über den Sternen gibt's eine Macht,
die fügt es oft anders als du dir's gedacht."[471]

Die Geschichte der Annäherung an eine verfemte Familienangehörige ist auch eine Selbstvergewisserung; sie spiegelt den eigenen Reifungsprozess. Ich kann diese Geschichte nicht erzählen, ohne mir jahrelange Versäumnisse einzugestehen, falsche Rücksichten, Mutlosigkeit, Ausweichmanöver. Vor allem aber tue ich das erst spät – nach dem Tod meiner Mutter.[472] Ich kann sie also nicht mehr mit irgendwelchen Rückwirkungen konfrontieren, und zudem bin ich jetzt exakt in jenem Alter, in dem deren Mutter, meine Großmutter Maria Etzer, gestorben ist. Erst seit etwa sieben Jahren fühle ich mich in der Lage, das Versäumte nachzuholen, um *dem unglaublichen Geschick* der Großmutter womöglich mehr als bloß familiäre Beachtung zu schenken. „Geschick" will ich dabei in seiner doppelten Wortbedeutung gelten lassen: als „verhängnisvolles Schicksal" und als „geniale Geistesverfassung", weil ich mir ja erhofft habe, dass sich bei den Nachforschungen herausstellen würde, sie hätte die Gabe gehabt, dem Schlimmsten zu widerstehen. Was aber ist das Schlimmste?

Ich habe schon mehrmals Anstrengungen gemacht, mich an sie zu erinnern. Was geht da vor, wenn man anfängt, sich zu *erinnern*? Erinnern heißt ja nicht bloß, *sich etwas gemerkt* zu haben. Jedenfalls geht es beim Erinnern nicht um einen Wettbewerb „Wer hat sich mehr gemerkt?". Interessant wird es erst mit der Frage „Wer hat sich was gemerkt?". Es wird ja vorausgesetzt, dass das Erinnerte einmal wirklich (da) war: „Ich erinnere die Gegend. Das Haus. Ihre Gesichtszüge." Als wäre alles „neutral" in eine Festplatte, mein Gedächtnis, eingebrannt. Manche fühlen sich mit dem, was in ihr Gedächtnis *eingebrannt ist,* auch geschlagen, sie kommen über gewisse Erinnerungen nicht hinweg. Es gibt Konditionierungen – als UntergebeneR, als Zögling, als VerführteR, als von allen guten Geistern VerlasseneR, als TäterIn, die das Erinnern erschweren: Wir sagen, wir hätten mentale Narben davongetragen. Wozu also – erinnern, wenn es manchmal so wehtut? Reflexiv, also das nach-denkende Subjekt mit einbeziehend, wird Erinnern beim *Sich*-Erinnern. Ich erinnere nicht nur eine Person, ich erinnere *mich* an sie, wie ich selbst ihr gegenübergestanden bin. „Alle Erinnerung ist Gegenwart", heißt es bei Novalis. – Was, wenn ich mich nicht erinnere? Weil ich mich nicht erinnern will? Bin ich dann gar nicht wirklich anwesend? Mangelt es mir ohne Erinnerung an Da-Sein?

Andererseits halte ich jemanden für freimütig und klug, wenn er oder sie *sich traut*, sich zu erinnern. Ja, Mut gehört dazu beim *Freiheraus-Zugeben, was war.* Wer sich erinnert, zeigt sich mehr anwesend als jemand, der oder die sich nicht

---

[471] Eintragung meiner Großmutter M. E. in mein Poesiealbum, als ich ein Kind war
[472] Sie starb 91-jährig im Juli 2014.

Enkelin B. M. mit Maria Etzer vor ihrer Sennhütte auf der Alm in Mühlbach am Hochkönig, ca. 1958. Quelle: Familienbesitz

erinnert. Wer sich erinnert, baut auf etwas – auf Vergangenes, und erhofft sich etwas – für die Zukunft. In diesem *Gewärtigsein des Unglaublichen*, zwischen dem Vergangenen und dem Vorgestellten, spielen sich auch meine Erinnerungen an die Großmutter ab. Maria Etzer war klug und „frei heraus", wie sie im Innergebirg sagen; sie hätte es vielleicht so ausgedrückt: „Wos um mi umi is, des geht mi oess wos oo. Und do schau i drauf."[473] Was um eine und einen herum ist, ist nicht nur das Hier und Jetzt, da gibt es auch einen Boden des Herkünftigen. Sie wurde ja nicht nur vergessen, sie wurde vergessen gemacht! Wurde das Unrecht, das ihr widerfahren ist, in irgendeiner Form beglaubigt oder ist ihr nur recht geschehen im Sinne von „Recht gschicht's da!"[474] als Häme dafür, dass sie zur falschen Zeit unbotmäßig in Erscheinung getreten ist? Was war und wie alles gekommen ist, sollte endlich zur Sprache kommen: So wollte ich die eigenen mit den familiären und den kollektiven Erinnerungen zusammenbringen und mit alldem einen offenen Umgang finden. Jedenfalls gibt allein das Erzählen ihrer Geschichte schon eine Richtung.

Unde origo inde salus: „Wo ich herkomme, da genese ich."[475] Ihr hätte das auch gefallen. Habe ich nicht von ihr gelernt, dass es Hand in Hand geht, *ein spiritueller Mensch* zu sein und *politischen Widerstand* zu leisten? Für sie waren Erinnern-

---

[473] Pinzgauerisch = Was um mich herum da ist, geht mich etwas an. Und da schau ich drauf.
[474] Pinzgauerisch: Recht soll dir geschehen! – in drohendem Ton gesagt
[475] Zentrale Inschrift am marmornen Mosaikboden in der Votiv(=Erinnerungs)kirche Santa Maria della Salute in Venedig

an-etwas UND Widersachern-Widerstehen zunächst spirituelle Impulse. Sie hätte vielleicht gesagt: „Des is oa Ding. I bin katholisch!"[476] Dieses eine Ding, ihr Respekt vor dem Lebendigen, den sie verinnerlicht hatte, wenn sie die aufgezwungenen Schranken zwischen sich und dem Fremden ignorierte, machte sie als Widerständige der NS-Doktrin verdächtig – da halfen ihr die eigenen Kinder wenig, die alle zu ihrem Leidwesen bereits mehr oder weniger zu NS-ParteigängerInnen oder Profiteuren „aufgestiegen" waren: Sie wurde zu einer, die „in der Öffentlichkeit besonderes Ärgernis erregt".[477] „Wehrkraft" macht nicht Halt vor dem Lebendigen. Maria Etzer, jahrelang alleinverantwortlich für eine Berglandwirtschaft, war Witwe, Mutter, Pflegemutter und Großmutter, Unterstützerin von Zwangsarbeitern, Warnerin vor Krieg, Herrenmenschentum und Aussonderung, Hitlerhasserin. Sie war keine Idealistin, sondern Realistin: „Wirklich ist, was vorhanden ist. Und was vorhanden ist, mit dem fange ich etwas an" – nach diesem Motto hatte sie, meiner Einschätzung nach, ihr Leben ausgerichtet. 1943 wegen eines „Verbrechens", das die *Wehrkraft des deutschen Volkes zersetzte*, von der Gestapo verhaftet, wurde sie zu drei Jahren Zuchthaus verdonnert. Aber in Wirklichkeit wurde sie abgeführt, weil sie sich erinnerte, wer sie ist und wozu sie auf der Welt ist.

Einige von den Cousinen *wissen alles*, wurde mir gesagt, *denn sie waren dabei, aber es mache keinen Sinn nachzufragen, denn sie würden mir nichts sagen.* Als ich eine der „Wissenden" dann doch fragte, musste ich mir einiges anhören, die Vorwürfe kamen in einem scharfen Schwall wie aus einem Staudamm, in den man soeben ein Loch gebohrt hatte. *Was einmal war, könne jemand von heute gar nicht beurteilen. Ja, sie wisse alles*, sagte sie, *ihr Gedächtnis sei intakt, darüber zu reden oder die alten Geschichten wieder aufzuwärmen, mache jedoch keinen Sinn, da käme nichts dabei heraus als Unfug und Geschwätz, sie sollten es alle bleiben lassen; man könne es nicht mehr ändern, man solle die Vergangenheit ruhen lassen.* – So ähnlich habe ich sie oft reden hören. Ich antwortete, dass es mir wichtig wäre, gerade *ihre* Erinnerungen erzählt zu bekommen. Das brachte sie erst recht in Rage, *ich solle sie in Ruhe lassen*, „es soll mir ja niemand damit kommen!" Ich fühlte mich nach dem Telefonat vor den Kopf gestoßen: Jemand behauptet zuerst, alles noch *ganz gut* zu wissen – will sich dann aber an nichts erinnern – ein bekanntes Phänomen. Habe ich nicht richtig gefragt? Ich habe doch nach unserer gemeinsamen Großmutter gefragt!

Ein intaktes Gedächtnis zu haben ist ein Geschenk der Natur, sich zu erinnern aber hat etwas Generöses, Freigiebiges, jemand macht auf, lässt teilhaben am selbst erlebten Geschehen und verschenkt damit etwas:[478] Was lange im Gedächtnis verankert war und bis dahin nur ihm oder ihr gehört hatte, wird ein kleines Schiff, mit dem herumzurudern nun zur gemeinsamen Erfahrung von Tiefen und Untiefen des Vergangenen werden kann. Man erlebt Befreiendes: *So kann es gehen*, dass etwas Schweres losgesprochen wird und abgeht, dann drückt es weniger.

---

[476] „Das ist ja EIN Ding – ich bin katholisch!"
[477] Handschriftliche Ergänzung von Unbekannt in der Rubrik „Gründe" im Urteil des Landgericht Salzburg als Sondergericht vom 24. März 1943
[478] Ein Souvenir, franz. „se souvenir", i. e. „sich erinnern"

Sich-Erinnern kann auch eine Form der Relativierung von Tatbeständen sein, man sieht, es gibt verschiedene Zugänge, und es wird unwillkürlich leichter, sich zu distanzieren: *Ich war dabei, ich habe diese und diese Rolle gespielt, heute ist mir das gar nicht mehr recht.* Und nicht: *Du hast leicht reden, du hast ja diese Zeit nicht erlebt.* Das Unternehmen des Nachfragens[479] bei den noch lebenden Verwandten sowie in den Archiven entwickelte sich schnell in Richtung „kriminologische Untersuchung", weshalb ich schon bald einsehen musste, dass ich mein Ziel einer symbolischen Rehabilitation meiner Vorfahrin nicht aus Eigenem würde schaffen können – fehlte es mir doch an der für seriöse Nachforschungen notwendigen Distanz. Der Stein aber war losgetreten.

Niemand vor mir hatte sich je darum gekümmert herauszufinden, was mit unserer Großmutter wirklich los war; niemand hatte jemals ein Archiv aufgesucht. Ich habe immer nur unter vorgehaltener Hand von ihr reden hören, nichts Genaues. Ja, *Furchtbares hat sie mitgemacht,* aber was? Irgendwann in den Achtzigerjahren des vorigen Jahrhunderts war dann die Liebesgeschichte mit einem Franzosen bekannt geworden, der an ihrem Hof ein Kriegsgefangener war: Georges Fontaine. Der Nachbar, der selber ein Auge auf sie geworfen hatte, habe „die Gspusi" angezeigt, so meine Mutter. Dann die zwei Jahre Haft in Aichach – eine peinliche Geschichte für eine Familie, die zum Großteil aus ParteigängerInnen bestand; und umso peinlicher, nein peinigender für mich selbst, die ich mich, was meinen Werdegang betrifft, so ganz und gar nicht „von so einer Familie" herleiten wollte. Mit einem Kopfsprung stürzte ich mich also hinein ins zweifelhafte Vergnügen dieses Familienkrimis, wobei möglicherweise nicht (nur) externe, unbekannte TäterInnen aufgedeckt werden könnten, sondern TäterInnen in unmittelbarer Nähe.

Ich lernte Fotos mit neuen Augen betrachten, neuerdings das Hochzeitsfoto meiner Eltern vom 27. Juli 1946 in Zell am See. Da ist die ganze Mischpoche drauf, wie sie sich extra zu diesem einmaligen Anlass zusammengefunden haben. Dies ist mein „Ground-Zero-Foto", weil ich hier erstmals, und sogar ganz zentral, vorgestellt werde: im Schoß meiner Mutter. In dieser kontrastreichen Zusammenkunft einer Hochzeitsgesellschaft war ich unter der blauseidenen Schürze meiner Mutter *le petit rien,* das ausschlaggebende kleine Etwas, auf das sie ihre Hände mit dem Blumenstrauß gelegt hatte. Bei diesem obligatorischen Fototermin machten ja mehr oder weniger alle „gute Miene", bis auf Maria Etzer und die hinter ihr stehende, mit ihr gleichaltrige Person, die am weitesten angereist war: Katharina Mock aus Angern in Niederösterreich, ebenfalls Bäuerin. Die Bekanntschaft oder vielleicht Freundschaft der beiden resultierte aus der gemeinsam verbrachten Haft im Zuchthaus in Aichach. Erst mit den Nachforschungen, die unsere Erinnerungsarbeit auslöste, konnte ich dieses Foto „lesen": Nicht nur ich war schon da und

---

[479] Primo Levi beschreibt in seinem autobiografischen Roman „Atempause" aus dem Jahr 1963 auf Seite 242 das Verweigern der Auskunft von der umgekehrten Seite, von der Seite der Opfer: „… Mir war, als müsse jeder uns Fragen stellen, uns an den Gesichtern ablesen, wer wir waren … Aber niemand sah uns in die Augen, niemand nahm die Herausforderung an: Sie waren taub, blind und stumm, eingeschlossen in ihre Ruinen wie in eine Festung gewollter Unwissenheit".

gleichzeitig zugedeckt, auch Maria Etzer wurde als Brautmutter präsentiert, als ob die „glückliche Hochzeit" die anklagende Dramatik ihrer Anwesenheit mitsamt den erst kürzlich abgewickelten Hintergrundgeschichten unkenntlich und unschädlich machen könnte.

Vier Monate nach der Hochzeit meiner Eltern kam ich in der Geburtenabteilung des Krankenhauses Schwarzach zur Welt. Die Großmutter, an die ich mich lange Zeit nicht so gern erinnern wollte, nannte mich *a schwoschze Mäiz*[480] und freute sich über mein Aussehen. Was *ich* von *ihr* mitbekam, war für eine Heranwachsende alles andere als ein Renommee. Sie stand dauerhaft im Schatten des von ihr Erlebten, war bitterarm und alles, was sie betraf, war mühsam und gab so gar nichts her für ein Kind. Was ich mit ihr dennoch zu schaffen hatte, sollte ich erst viel später erfahren. *De Muatta* war eine große, ausgemergelte Erscheinung. Über einem abgetragenen, ungebügelten Dirndl mit extra tiefen Kittelsäcken trug sie ein Männersakko, über dem grauen, aufgesteckten Haarkranz aus dünnen Zöpfen ein Kopftuch und an den Füßen Goiserer, hohe, genagelte Schuhe. Am Halsansatz hatte sie eine große Narbe von einer Kropfoperation, ihre Hände waren abgearbeitet. Selten kam ihr ein Lächeln aus. Geschenke bekam ich sowieso nie welche von ihr, aber ich war ja auch ihr neunzehntes Enkelkind. Wenn sie zu uns nach Werfen auf Besuch kam, brachte sie in ihrem großen, rupfernen[481] Rucksack ein paar Lebensmittel mit: Speck, Eier, Topfen und gelegentlich auch einen Obstler. Nicht, dass das alles nicht gefragt war in der Nachkriegszeit, aber es war eben nicht etwas speziell für ein Kind. Wenn sie erschöpft bei der Tür hereinkam und sich nach einem kurzen Gruß sogleich hinsetzte, nahm ihr mein Vater den schweren Rucksack ab und fragte: „Muatta, magst an Oabier[482]?" Seufzend nickte sie. Mein Vater nahm ein großes Henkelglas, leerte Bier hinein, schlug ein Ei auf, gab den Dotter und einen Löffel Zucker ins Bier und verrührte das Ganze mit einem hölzernen Sprudler zu einem – „Energydrink" – würde man heute dazu sagen. Das schlürfte sie und erholte sich mit der Zeit. Sie sprach einen starken Pinzgauer Dialekt. Sie war Sennerin beim Köckn in Dienten am Hochkönig. Dort, in ihrer primitiven Sennhütte, habe ich sie mit meinem Vater ein paar Mal besucht. Das war aufregend für mich, weil sie dort hoch oben auf der Alm ganz allein mit den Rindern und Geißen wirtschaftete. Ich sah sie auf offenem Feuer in einer schweren, rußigen Pfanne Muas[483] für uns zubereiten …

Als ältestes Kind habe ich von den Familiengeschichten einiges mitbekommen, also sicherlich viel mehr als meine jüngeren Brüder. Ich entwickelte früh ein Sensorium für Unterschwelliges: Wenn es um etwas ging, das ich nicht wissen sollte – was ich am Heimlich-Reden der Erwachsenen sofort erkannte –, dann spitzte ich die Ohren. Ich begriff, dass es um wichtige familiäre Dinge ging, wenn die Goldegger Großmutter da war und mein Vater Sachen für sie in die Schreibmaschine tippte. Sie saß blass und angespannt vor ihm, die Finger auf ihrem Schoß unruhig

---

[480] Ein schwarzes Mädchen
[481] Rupfern, ugsprl. österr. = „aus Leinen"
[482] Oabier = Eierbier
[483] Muas = in Fett geröstetes Mehlmus

verschränkt, wenn er an seiner Schreibmaschine saß, manchmal fragte er sie etwas oder er las ihr den Inhalt seines Schreibens vor. Mein Vater nickte hin und wieder, anscheinend versuchte er, Hoffnung zu vermitteln. Hoffnung worauf? Wie sollte sich da ein Kind auskennen? Es war aber eine der eindrucksvollsten Szenen meiner Kindheit. Ich spürte die Spannungen zwischen ihr und meiner Mutter, andererseits aber waren mir diese Geschichten unheimlich, denn ich habe sie nur „mitbekommen": Niemand hat mir erklärt, worum es geht.

Jahrzehnte später hielt ich im Landesarchiv Salzburg die mit Schreibmaschine geschriebenen Opferfürsorge-Anträge, lautend auf ihren Namen, in Händen – und erkannte das Schriftbild meines Vaters. Diese Opferfürsorge-Akten trugen den Vermerk „abgelehnt". Klar, sage ich mir heute, inzwischen selbst Großmutter, dass ich mich als lesehungrige Elf-Zwölfjährige mit einer in totaler Einsamkeit im eisigen Spitzbergen überwinternden Frau identifizieren konnte.[484] Spitzbergen, war das nicht Werfen? Mein Isoliertsein inmitten der Heimlichkeiten der Eltern war ja auch eine Art Packeis, denn soviel ich weiß, bekam ich auf meine Fragen keine oder nur ausweichende Antworten und rettende Ausflüchte gab es nur in der Fantasie.

Als im Herbst 1960 meine Großmutter Maria Etzer in ihrer Austragstube im Oberstock des Lehengutes in Goldegg im Sterben lag, war ich bereits gerettet. Ich hatte den Absprung aus jener Schneise geschafft, wo es nur zwei Ausrichtungen gab und damit zwei Wahlmöglichkeiten: die eine zurück, wo die Salzach entspringt, in Richtung Pinzgau, die andere über Stegenwald hinaus, das noch zu Werfen gehört, wo ich aufgewachsen bin. Ich war dreizehn und hatte bereits meine Wahl getroffen. Ich hatte die Aufnahmeprüfung für die Stadt geschafft: Ich war *Lehramtskandidatin*, wie das damals hieß. Erst viele Jahre später stellte ich fest, dass ich auch damals, vermutlich wie sonst keineR ihrer dreiundzwanzig Enkelkinder, geradezu traumwandlerisch ihrer Spur gefolgt war. Noch heute, wenn ich in Salzburg durch die Schanzlgasse gehe und zu den vergitterten Fenstern hinaufschaue, bin ich erschüttert: Berufsbedingt hatte ich über viele Jahre dort zu tun – ganz und gar unwissend, dass meine Großmutter im Februar 1943 hier über einen Monat in Untersuchungshaft war, bevor sie dann als Strafgefangene über München Richtung Aichach abtransportiert wurde.

2011 erschien in der Tageszeitung *Der Standard* ein Artikel über ZwangsarbeiterInnen im Pinzgau; ich kaufte mir das empfohlene Buch.[485] In dieser ersten fundierten Auseinandersetzung von Alois Nußbaumer mit den ZwangsarbeiterInnen im Innergebirg fand ich im Teil „Wehrkraftzersetzung" unter „GV-Verbrechen" („Geschlechtsverkehrsverbrechen") zwar anonymisiert, aber für mich doch deutlich erkennbar, die Erwähnung der Großmutter als einen „besonders drastischen Fall": Sie sei „schon älter" gewesen und habe trotzdem Beziehungen zu gleich drei (!) ihr zugeteilten französischen Zwangsarbeitern unterhalten. Ich musste erst schmunzeln, weil ich den abgelegenen Lehenbauernhof meiner Großmutter

---

[484] Ritter 1938
[485] Nußbaumer 2011

kannte, und versuchte mir vorzustellen, wie sie in ihrem heftigen Pinzgauer Dialekt dort mit ihren Franzosen palavert haben würde. Mir fiel auf, wie sehr diese Geschichten untergründig mit mir zu tun hatten, sogar mit meinen privaten und beruflichen Entscheidungen: Die Annäherung an sie würde mich auch an meine eigenen Wurzeln bringen. Es war um mich geschehen. Und was geschehen ist, sollte ans Licht.

2009 bin ich nach Wien übersiedelt. Beim Auspacken des Übersiedlungsguts fand ich den Wollsträhn[486], den meine Großmutter Maria Etzer auf ihrem Spinnrad gesponnen hatte. Ich erinnerte mich, dass ich sie als Volksschulkind in Werfen beim Spinnen gesehen habe. Mit einem Fuß auf und ab bewegte sie das Rad, zog aus dem Bauschen Schafwolle immer wieder etwas heraus, das sie dann mit den Fingern zu einem regelmäßigen Faden drehte, der sich unverzüglich wie von selber auf einer Spule des Spinnrades aufwickelte. Das Geräusch des Spinnens, das Klappern des Holzes und das Surren der Spule hörte ich gern, es war wie eine urtümliche Musik. Die Großmutter war dabei entspannt und konzentriert, ein Inbegriff von Großmutter, schweigsam und freundlich. – Und nun dieses Relikt von ihr in Wien, ihre versponnene Wolle in einem dicken, schönen Strähn, zum Verstricken für mich aufgehoben. Ich war bereit ihr zu begegnen, wollte *den Faden aufnehmen*; wollte wissen, was für ein Mensch das war, diese Maria Etzer. Im Hintergrund stand die Frage, was das wohl macht mit mir, ihr Leben, wie in einer Textur verwirkt in meinem: Das wäre dann wirklich – sich erinnern.

„Du bist insara Großmuatta gonz gleich"[487], flüsterte mir 2014 eine meiner viel älteren Cousinen am Grab meiner Mutter zu. „Danke für das Kompliment", war meine Antwort. Dann sagte ich leise, aber bestimmt: „Wenn du sagst, dass ich ihr gleich bin, ehrt mich das." Ich war nun selbstbestimmt ihre Nachfahrin, hatte schon angefangen mit dem Nachfragen. Maria Etzer sollte ihr menschliches Antlitz, das ihr die Nazis mit den „Verbrecherfotos" in Aichach genommen hatten, posthum zurückerlangen. Es ging mir aber nicht darum, eine unscheinbare, ihrer Zeit verhaftete Frau, die sicher auch Schattenseiten hatte, posthum auf ein Podest zu stellen und als Heldin zu glorifizieren, denn das war sie nicht. Hervorzuheben ist sie aber doch, weil sie erdgebunden, hilfsbereit und dem vorhandenen Leben zugewandt war. Und sie war nicht gleichgültig, sondern empörte sich heftig gegenüber den Überheblichen und Intoleranten. Jetzt, wo ihr Leben schriftlich vorliegt, wissen wir: Sie ist ein ganzer Mensch geblieben. Ihre Religiosität kann ich nicht teilen, was sie aber aus ihrem von schweren Prüfungen gezeichneten Leben gemacht hat, rührt mich. Nunmehr leuchtet ihre Gestalt, und wie es hier beschrieben ist, macht ihr Leben Sinn.

Weil ich für dieses Buch den Anstoß gegeben habe, möchte ich auch meine persönlichen **Danksagungen** anbringen: Das vorliegende Werk ist im Prinzip aus

---

[486] Der lange Wollfaden wird von der Spule des Spinnrades abgewickelt und zugleich am Unterarm wieder aufgewickelt. Ein Strähn entsteht, wenn die gleich langen Schleifen der Wolle am Ende zusammengedreht werden. Wollsträhnen haben ein bestimmtes Gewicht und eine vorbestimmte Fadenlänge.

[487] „Du gleichst unserer Großmutter sehr!"

einem *affidamento*[488] zwischen mir und **Maria Prieler-Woldan** hervorgegangen: Im Frühjahr 2016 fragte sie mich, ob ich ihr das Forschungsprojekt über meine Großmutter Maria Etzer und die Zeit, in der sie lebte, anvertrauen wolle. Sie hatte mich schon bei meinen wiederholten Anläufen, *diese lange Geschichte* aufzuarbeiten, unterstützt. Nun bot sie sich als Projektträgerin an und stürzte sich mit Begeisterung in die Sondierung der vorhandenen Unterlagen. Von da an war es meine Aufgabe, ihr zu assistieren. Zusammen haben wir lange Autofahrten hinein ins Salzburgische zu meinen mütterlichen Verwandten unternommen, auch hinauf auf den ehemaligen Lehenbauernhof und nach Goldegg, und immer waren diese Fahrten für alle Beteiligten, besonders aber für unser Projekt, ergiebig. Maria Prieler-Woldan gewann neue Erkenntnisse und bewies Weitblick und Durchhaltevermögen, um selbst bei Widrigkeiten voranzuschreiten, sodass das exemplarische Leben meiner Großmutter mit diesem Buch eine angemessene Öffentlichkeit erhält. Mein größter Dank gilt ihr, sie hat mir einen Herzenswunsch erfüllt.

Ohne meine Partnerin **Sonja Sewera** hätte ich die Anspannungen während dieser Spurensuche nicht leicht überstanden. Sie hat mich bestärkt, wenn ich nervlich oder computertechnisch an meine Grenzen gelangt war, und das war nicht selten.

Hannah Menne, meine Tochter, hat mich in allen Stadien tatkräftig unterstützt – durch ihre Fragen und Ideen als junge Zeitgenossin, durch lebhafte Diskussionen. Wie gut, dass nun ein Dokument des Widerstandes unserer Vorfahrin an meine Kinder und Enkelkinder weitergereicht werden kann.

Besonderer Dank gilt meinen **Cousinen** und meinem **Cousin,** die alle ungenannt bleiben wollen, für die Mitteilung ihrer Erinnerungen zur Familiengeschichte und für wertvolle Familienfotos. So hat uns die gemeinsame Großmutter auf unsere alten Tage noch einmal zusammengeführt, denn aller Wahrscheinlichkeit nach hätten wir uns sonst nicht mehr getroffen. Einer Cousine danke ich wegen eines aufschlussreichen Telefonats – auch wenn sie unsere Recherchen nicht unterstützen wollte.

Theresia Oblasser, einer Freundin aus Taxenbach im Pinzgau, verdanke ich das älteste bekannte Foto von meiner Großmutter, das wir durch Zufall in ihrem Vorhaus entdeckt haben, weil es eine Verwandtschaft unserer Familien über sieben Ecken gibt. Schon zu Beginn der Nachforschungen über Maria Etzer hat mich Theresia im Mailverkehr bestärkt, dabei nicht lockerzulassen.

Dem Historiker **Alois Nußbaumer** (Zell am See) danke ich für die Initialzündung zu dieser Forschungsarbeit, weil ich in seinem Buch über die Fremdarbeiter im Pinzgau Hinweise zu meiner Großmutter gefunden habe, darüber hinaus für wertvolle Hinweise auf Archive und Hintergrundinformationen; Frau **Prof. Helga Embacher** (Universität Salzburg) und einigen Mitgliedern des Vereins **„Freunde des Deserteurdenkmals in Goldegg"** für ideelle Unterstützung.

---

[488] *Affidamento* ist ein Pakt zwischen zwei Frauen, die sich stark unterscheiden und trotzdem gemeinsam etwas realisieren. Diese Praxis der Differenz haben politisch interessierte Frauen in den frühen Neunzigerjahren des vorigen Jahrhunderts in Italien entwickelt. *Affidamento* (zu Deutsch: Anvertrauen, Zumutung) wurde eine bekannte Strategie der Frauenbewegung.

Christina Nöbauer (Zell am See) hat mir wertvolle zeit- und kulturgeschichtliche Informationen zur Region Innergebirg gegeben: besonderen Dank!

Elisabeth Hedrich (Wien) danke ich dafür, dass sie mir das Manuskript von „Untergang und Wiedergeburt Österreichs" von ihrer Mutter Erna Hedrich zur Verfügung gestellt hat: Weil sie als junge Frau im Untergrund mit den KommunistInnen für die Befreiung Österreichs gekämpft hatte, war Erna Hedrich mit Maria Etzer zur selben Zeit im Trakt der „Politischen" im Frauenzuchthaus in Aichach inhaftiert. Sie hat einmal ihrer Tochter von einer zahnlosen „alten" Frau berichtet, die auf die Frage, warum sie denn hier sei, mit einem einzigen Wort geantwortet haben soll: „Franzosenliebchen".

Den Frauen vom **Margarete Schütte-Lihotzky Raum** und von der **Frauenhetz** in Wien verdanke ich wichtige Hinweise zur zentralen Frage „Was ist Widerstand?".

Zu guter Letzt möchte ich mich verneigen vor der prominenten Zeitzeugin und Schriftstellerin **Ruth Klüger,** die mir im Juni 2015 per E-Mail geantwortet hat, nachdem ich ihr das Manuskript von „Oui, Marie"[489] überreicht hatte: „… die Geschichte Ihrer Grossmutter ist sicher wichtig und interessant genug, um nicht vergessen zu werden. Sie ist auch anruehrend und wirft ein schraeges Licht auf Ungerechtigkeit und Diskriminierung, die man in diesem Rahmen normalerweise nicht wahrnimmt. Sie haben ganz recht, Maries Schicksal festhalten und veroeffentlichen zu wollen." Nichts hat mich mehr ermutigt als diese wenigen Sätze. Zum Ausklang deshalb die Zeilen aus ihrem Gedicht *Morgenlied*: „Alles was leuchtet hat Sinn. Willst du was lernen?"[490]

(Wien, im Herbst 2017)

---

[489]   „Oui, Marie", eine fiktive Begegnung mit M. E. von B. M.
[490]   Klüger 2013, 89

Quellen

a) schriftliche Quellen

aus privater Herkunft:

Brigitte Menne: Oui, Marie (eine fiktive Begegnung mit Maria Etzer). Beitrag 2015 für die Literaturzeitschrift Sterz (Graz), überarbeitet 2016

Briefe von Alois Bittner, Offiziersanwärter und späterer Verlobter der jüngsten Etzer-Tochter Margarethe – aus dem Nachlass von Margarethe M., geb. Etzer, im Besitz ihrer Tochter B. M. (Transkription und Zusammenfassung B. M.)

aus Archiven:

Archiv der Erzdiözese Salzburg (AES):
- Pfarrmatriken, online über http://data.matricula-online.eu/de/oesterreich/ salzburg/ bzw. Spezialrecherchen geschützter Daten im Archiv

Bayrisches Staatsarchiv München:
- Personalakten von Maria Etzer, Gefangenen-Nummer 189/43 des Zuchthauses Aichach, ca. 80 Seiten; auf CD gespeichert

Gendarmeriechronik Goldegg:
- handschriftlich geführtes Chronikbuch der Gendarmerie Goldegg von 1930 (Postengründung) bis 1966 (Postenschließung); aufbewahrt im Archiv des Polizeikommandos St. Johann im Pongau, Einsichtnahme in der Bundespolizeidirektion Salzburg am 3. April 2017

Oberösterreichisches Landesarchiv:
- Merkblatt über das Verhalten deutscher Volksangehöriger gegenüber Kriegsgefangenen (1940): Politische Akten, Ordner OÖ 26-1, Mikrofilm 5080
- Strafsache Josef A., Landesgericht Linz, Schachtel 339 (Volksgericht): VG 10 552/47

Service historique de la défense – division des archives des victimes des conflits contemporains, Caen, Frankreich:
- Identitätskarten der französischen Kriegsgefangenen Georges Fontaine und Jean Gramont (in Kopie)

Salzburger Landesarchiv:
- Sondergericht Salzburg KLs 1939–1943, vor allem Urteilsblätter 11, KLs 20/43: Urteil gegen Maria Etzer (Urteilsbegründung teils handschriftlich und unvollständig; Urteilsabschrift mit vollständiger maschinschriftlicher Begründung in Maria Etzers Zuchthausakten)
- Grundbuch Goldegg, Catastralgemeinde Buchberg, 1. Band, EZ 33 (Gut Lehen)
- Landrat Pongau 1939, März bzw. Juni 1939, Karton 398
- Landrat Pongau 1943 Zl. 3411, Karton 604

- Landrat Pongau: Zwangsarbeiterkartei: Rußland
- Stalag Markt Pongau: Lageberichte zur Rüstungsinspektion RW 20-18/27, Blatt 27/53 (Bundesarchiv-Militärarchiv Freiburg)
- Salzburger Landesregierung, Abt. III, Opferfürsorgeakten A-Z, abgelehnt: Opferfürsorgeakte Maria Etzer sowie OF-Akten anderer Frauen nach Sondergerichtsurteilen

b) mündliche Quellen

Telefonate bzw. Gespräche mit:
Enkelin B., Tochter von Katharina
Enkelin H., Tochter von Katharina
Enkel H., Sohn von Katharina
Enkelin W., Tochter von Regina
Enkelin E. (inzwischen verstorben), Tochter von Marianne
Enkelin B. M., Tochter von Margarethe
und einer weiteren Angehörigen

Sowie Gespräche mit:
Gidi Außerhofer, Pfarrer, ehemaliger Nachbar am Buchberg
LAbg. Hans Mayr, ehemaliger Bürgermeister von Goldegg
Johann Fleißner, Bürgermeister von Goldegg
Emmi Klettner, Heimatmuseum Goldegg

Literatur

Angerer, Christian/Ecker Maria: Nationalsozialismus in Oberösterreich. Opfer. Täter. Gegner (= Nationalsozialismus in den Bundesländern, hg. v. Horst Schreiber im Auftrag von _erinnern.at_, Band 6). Studienverlag Innsbruck – Wien – Bozen 2014

Arnaud, Patrice: Die deutsch-französischen Liebesbeziehungen der französischen Zwangsarbeiter und beurlaubten Kriegsgefangenen im „Dritten Reich": vom Mythos des verführerischen Franzosen zur Umkehrung der Geschlechterrolle. In: Frietsch/Herkommer 2009, 180–196

Bailer, Brigitte: Wiedergutmachung kein Thema. Österreich und die Opfer des Nationalsozialismus. Löcker Verlag Wien 1993

Bailer-Galanda, Brigitte: Die Opfergruppen und deren Entschädigung. In: Forum Politische Bildung 1999, 90–95

Bauer, Ingrid/Hämmerle, Christine/Hauch, Gabriella (Hg): Liebe und Widerstand. Ambivalenzen historischer Geschlechterbeziehungen (= L'Homme Schriften. Reihe zur Feministischen Geschichtswissenschaft Band 10). Böhlau-Verlag Wien – Köln – Weimar 2005

Bauer, Ingrid: „Nein, habe ich gesagt, so lange es geht, halte ich meinen Schnabel nicht". Widerstand und Alltagsdissens von Frauen im Nationalsozialismus. In: Steinthaler, Evelyn (Hg): Frauen 1938. Verfolgte – Widerständige – Mitläuferinnen. Milena Verlag Wien 2008, 16–26

Bauriedl, Thea: Die Wiederkehr des Verdrängten. Psychoanalyse, Politik und der Einzelne. Piper-Verlag München – Zürich 1988

Berger, Karin/Holzinger, Elisabeth/Podgornik, Lotte/Trallori, Lisbeth N.: Der Himmel ist blau. Kann sein. Frauen im Widerstand. Österreich 1938–1945. Promedia-Verlag Wien 1985

Berger, Karin/Dimmel, Nikolaus/Forster, David/Spring, Claudia/Berger, Heinrich: Vollzugspraxis des „Opferfürsorgegesetzes". Analyse der praktischen Vollziehung des einschlägigen Sozialrechts. Oldenbourg Verlag Wien – München 2004

Bohn, Patrick: Todesurteile gegen straffällige „Asoziale" am Salzburger Sondergericht 1942–1945. Zwischen individuellem Widerstand und sozialer Ausgrenzung. In: Weidenholzer/Lichtblau (Hg.) 2012, 260–277

Buchholzer, Rosa: im Gespräch mit Alois Schwaiger, Saalfelden, 10. April 1998, http://ortsgeschichte-leogang.at/og/politische-entwicklung/nationalsozialismus/buchtext-leogang-1938-1945/zeitzeugenberichte/buchholzer-rosa/datei-20644/ (31.1.17)

Darowska, Lucyna: Widerstand und Biografie. Die widerständige Praxis der Prager Journalistin Milena Jesenská gegen den Nationalsozialismus. Edition Politik, Band 4, Bielefeld 2012

Diwald-Kerkmann, Gisela: Politische Denunziation im NS-Regime oder Die kleine Macht der Volksgenossen. Verlag J. H. W. Dietz Nachf. Bonn 1995

Dohle, Oskar/Slupetzky, Nicole: Arbeiter für den Endsieg. Zwangsarbeit im Reichsgau Salzburg 1939–1945. Böhlau-Verlag Wien – Köln – Weimar 2004

DÖW (Dokumentationsarchiv des Österreichischen Widerstandes) (Hg): Widerstand und Verfolgung in Salzburg 1934–1945, Band 1 bzw. Band 2, Österr. Bundesverlag Wien und Universitätsverlag Anton Pustet, beide Salzburg 1991

Dzeladini, Erika: Die Verfolgung des individuellen und nicht organisierten Widerstandes 1939–1945 dargestellt anhand einer Untersuchung von Akten des Sondergerichtes Wien. In: Kanzler/Korotin/Nusko 2015, 27–51

Embacher, Helga: Der Kampf um die Opferrolle. Verfolgte des Nationalsozialismus im österreichischen Bewusstsein nach 1945. In: Weidenholzer/Lichtblau 2012, 374–403

Eschebach, Insa: „Verkehr mit Fremdvölkischen". Die Haftgruppe der wegen „verbotenen Umgangs" im KZ Ravensbrück inhaftierten Frauen. Manuskript (10 Seiten), zugleich veröffentlicht in: Dies. (Hg.): Das Frauen-Konzentrationslager Ravensbrück. Neue Beiträge zur Geschichte und Nachgeschichte (= Forschungsbeiträge und Materialien der Stiftung Brandenburgische Gedenkstätten Band 12), Berlin 2014, 154–171

Forum Politische Bildung (Hg): Wieder gut machen? Enteignung, Zwangsarbeit, Entschädigung, Restitution. Österreich 1938–1945/1945–1999. Studienverlag Wien 1999

Frankl, Viktor E.: Es kommt der Tag, da bist du frei. Unveröffentlichte Briefe, Texte und Reden, hg. von Alexander Batthyani. Kösel-Verlag München 2015

Frietsch, Elke/Herkommer, Christina (Hg.): Nationalsozialismus und Geschlecht. Zur Politisierung und Ästhetisierung von Körper, „Rasse" und Sexualität im „Dritten Reich" und nach 1945 (= GenderCodes Band 6). Transcript Verlag Bielefeld 2009

Fuchs, Gernod: Die Salzburger Gendarmerie von der „Kampfzeit" der NSDAP bis zur Entnazifizierung. In: Mitteilungen der Gesellschaft für Salzburger Landeskunde, Salzburg 2003, 273–336

Galanda, Brigitte: Die Maßnahmen der Republik Österreich für die Widerstandskämpfer und Opfer des Faschismus – Wiedergutmachung. In: Meissl u. a. 1986, 137–149

Garscha, Winfried R./Scharf, Franz: Justiz in Oberdonau (= Oberösterreich in der Zeit des Nationalsozialismus Band 7). Hg. u. Verleger: Oberösterreichisches Landesarchiv, Linz 2007

Gärtner, Christiane: Schutzgemeinschaften – die Lender Handelsbader und Ärzte. In: Gemeinde Lend (Hg. u. Verleger): Lend/Embach – eine Gemeinde im Wandel der Zeit, o. J., 191–193

Gehmacher, Johanna/Hauch, Gabriella: Frauen- und Geschlechtergeschichte des Nationalsozialismus. Fragestellungen, Perspektiven, neue Forschungen. Studienverlag Innsbruck – Wien – Bozen 2007

Gesinger, Raimund (geb. 8. November 1928 in Goldegg): Für meinen Marillenstrudel brauche ich keine Werbung. In: „Das war unsere Zeit!" Eine Generation im Pongau erinnert sich …, hg. vom Salzburger Bildungswerk. Edition Tandem Salzburg – Wien 2014

Grebing, Helga/Wickert, Christl: Widerstandsarbeit von Frauen gegen den Nationalsozialismus, in: Schriftenreihe der Hessischen Landeszentrale (Hg.): Polis

Analysen – Meinungen – Debatten, Heft 7/1994: Frauen im Nationalsozialismus, S. 19–28; online unter http://www.hlz.hessen.de/publikationen/polis.html (vom 8.5.2017)

Gugglberger, Martina: Versuche, anständig zu bleiben – Widerstand und Verfolgung von Frauen. In: Hauch 2006, 281–343

Gugglberger, Martina: Weibliche Namen des Widerstands im „Reichsgau Oberdonau". In: Kanzler/Korotin/Nusko 2015, 148–169

Hanisch, Ernst: Nationalsozialistische Herrschaft in der Provinz. Salzburg im Dritten Reich. (= Schriftenreihe des Landespressebüros – Reihe „Salzburg Dokumentationen" Nr. 7). Landespressebüro Salzburg 1983

Hanisch, Ernst: Politische Prozesse vor dem Sondergericht im Reichsgau Salzburg 1939–1945. In: Weinzierl u. a. 1995, 139–149

Hanisch, Ernst: Braune Flecken im Goldenen Westen. Die Entnazifizierung in Salzburg. In: Meissl u. a. 1986, 321–336

Hauch, Gabriella: „… Das gesunde Volksempfinden gröblich verletzt". Verbotener Geschlechtsverkehr mit „Anderen" während des Nationalsozialismus. In: Dies. (Hg): Frauen in Oberdonau. Geschlechtsspezifische Bruchlinien im Nationalsozialismus (= Oberösterreich in der Zeit des Nationalsozialismus, Band 5), hg. vom Oberösterreichischen Landesarchiv. Trauner GmbH Linz 2006, 245–262

Hedrich, Erna: Untergang und Wiedergeburt Österreichs. 128 Seiten; Manuskript der Seiten 102–103. Selbstverlag Wien o. J. (eventuell 1966?)

Herbert, Ulrich: Zwangsarbeiter im „Dritten Reich" – ein Überblick. In: Forum Politische Bildung 1999, 34–45

Hofinger, Aloisia: Verliebt in einen Zwangsarbeiter. In: Angerer/Ecker 2014, 193–194

Hofinger, Johannes: Nationalsozialismus in Salzburg. Opfer. Täter. Gegner (= Nationalsozialismus in den Bundesländern, hg. v. Horst Schreiber im Auftrag von _erinnern.at_, Band 5). Studienverlag Innsbruck – Wien – Bozen 2016

Hornung, Ela: Denunziation, „Wehrkraftzersetzung" und Geschlecht. In: Gehmacher/Hauch 2007, 169–184

Hornung, Ela: Denunziation als soziale Praxis. Fälle aus der NS-Militärjustiz. Böhlau-Verlag Wien – Köln – Weimar 2010

Kannonier-Finster, Waltraud/Ziegler, Meinrad: Liebe, Fürsorge und Empathie im soziologischen Verstehen, in: Bauer/Hämmerle/Hauch 2005, 50–68

Kanzler, Christine/Korotin, Ilse/Nusko, Karin (Hg.): „… den Vormarsch dieses Regimes einen Millimeter aufgehalten zu haben …" Österreichische Frauen im Widerstand gegen den Nationalsozialismus. Praesens Verlag Wien 2015

Kerschbaumer, Gert: Respekt vor allen Opfern des nationalsozialistischen Terrors. In: Weidenholzer/Lichtblau 2012, 16–63

Kerschbaumer, Gert: „Gruft der Vergessenen" – ehr- und namenlose Opfer. Unveröffentlichtes Manuskript vom 26. November 2015

Klinger, Cornelia: Krise war immer … Lebenssorge und geschlechtliche Arbeitsteilungen in sozialphilosophischer und kapitalismuskritischer Perspektive. In: Appelt, Erna/Aulenbacher, Brigitte/Wetterer, Angelika (Hg.): Gesellschaft. Feministische Krisendiagnosen (= Forum Frauen- und Geschlechterforschung, Band 37). Verlag Westfälisches Dampfboot 2013, 82–104

Klüger, Ruth: Zerreißproben. Kommentierte Gedichte, Paul Zsolnay Verlag Wien 2013

Krauss, Martina (Hg): Sie waren dabei. Mitläuferinnen, Nutznießerinnen, Täterinnen im Nationalsozialismus (= Dachauer Symposien zur Zeitgeschichte Band 8). Wallstein Verlag Göttingen 2008

Leo, Rudolf: Der Nationalsozialismus im Pinzgau (Land Salzburg) 1930 bis 1945 – Widerstand und Verfolgung. Diktatur in der Provinz. Dissertation 2012, online unter: othes.univie.ac.at/23576/1/2012-09-24_8606633.pdf (20.3.2017)

Leo, Rudolf: Der Pinzgau unterm Hakenkreuz. Diktatur in der Provinz. Otto-Müller-Verlag Salzburg – Wien 2013 (= gekürzte und überarbeitete Fassung der Dissertation 2012)

Levi, Primo: Die Atempause. Dtv-Verlag München 2015 (Erstausgabe 1963)

Meissl, Sebastian/Mulley, Klaus-Dieter/Rathkolb, Oliver (Hg.): Verdrängte Schuld, verfehlte Sühne. Entnazifizierung in Österreich 1945–1955 (Symposion des Instituts für Wissenschaft und Kunst, Wien 1985). Verlag für Geschichte und Politik Wien 1986

Mitterecker, Thomas: „Aber ich jammere nicht, klage und verzage nicht." Die Katholische Kirche Salzburgs im Dienst der Kriegspropaganda, in: Dohle, Oskar/Mitteregger, Thomas (Hg): Salzburg im Ersten Weltkrieg. Fernab der Front – dennoch im Krieg. Böhlau-Verlag Wien – Köln – Weimar 2014, 269–280

Mooslechner, Michael/Stadler, Robert: Die nationalsozialistische „Entschuldung" der Landwirtschaft. Analyse der „Hofakten" der Gemeinde St. Johann im Pongau 1938–1945. In: Zeitgeschichte, 14. Jahr, November 1986, Heft 2, 55–68

Mooslechner, Michael: Das Leben mit der Angst. Denunziationen im Alltag. In: Weidenholzer/Lichtblau 2012, 278–324

Mooslechner, Michael: Wehrmachtsdeserteure auf Salzburger Almen. Die Gruppe um Karl Rupitsch in Goldegg und ihre Zerschlagung am 2. Juli 1944. In: Geldmacher Thomas u. a. (Hg): „Da machen wir nicht mehr mit …" Österreichische Soldaten und Zivilisten vor Gerichten der Wehrmacht. Mandelbaum-Verlag Wien 2010, http://www.youblisher.com/p/950702-Wehrmachtsdeserteure-auf-Salzburger-Almen-Michael-Mooslechner/ (29.8.2016)

Müller, Herta: Das Ticken der Norm. In: DIE ZEIT, 14.1.1994 bzw. in Dies: Hunger und Seide. Essays. Rowohlt-Verlag 1995 bzw. Hanser-Verlag Berlin 2015, 95–108, online unter: http://www.zeit.de/1994/03/das-ticken-der-norm (29.8.2016)

Müller, Herta: Ich glaube nicht an die Sprache. Herta Müller im Gespräch mit Renata Schmidtkunz.(= Reihe Gehört – gelesen Nr. 5). Wieser Verlag Klagenfurt 2009

Muggenthaler, Thomas: Verbrechen Liebe. Von polnischen Männern und deutschen Frauen: Hinrichtungen und Verfolgung in Niederbayern und der Oberpfalz während der NS-Zeit. Edition Lichtung Viechtach 2010, 3. Auflage 2014

Nagl-Docekal, Herta: Liebe als Widerstand: eine philosophische Konzeption. In: Bauer/Hämmerle/Hauch 2005, 69–76

Neugebauer, Wolfgang: Freiheitsentziehung durch NS-Behörden in Österreich 1938–1945. In: Weinzierl u. a. 1995, 714–719

Neugebauer, Wolfgang: Zum Umgang mit den Opfern der NS-Rassenhygiene nach 1945. In: Forum Politische Bildung 1999, 65–71

Neugebauer, Wolfgang: Zur Geschichte der Widerstandsforschung. Opferschicksale. Widerstand und Verfolgung im Nationalsozialismus. 50 Jahre Dokumentationsarchiv des österreichischen Widerstandes. In: Jahrbuch 2013, hg. vom DÖW (vergriffen), 211–231, online unter https://www.doew.at/erforschen/publikationen/gesamtverzeichnis/jahrbuch (29.08.2016)

Nöbauer, Christina: „Opfer der Zeit". Über das Schicksal ehemaliger Bewohnerinnen der Caritas-Anstalt St. Anton in der Zeit des Nationalsozialismus. Studienverlag Innsbruck – Wien – Bozen 2016

Nußbaumer, Alois: „Fremdarbeiter" im Pinzgau. Zwangsarbeit – Lebensgeschichten. Edition Tandem Salzburg – Wien 2011

Österreichischer Versöhnungsfonds (Hg): Zwangsarbeit in Österreich. 1938–1945. Späte Anerkennung, Geschichte, Schicksale (Autor: Hubert Feichtlbauer). Verlag für Weiterbildung Braintrust Wien 2005

Putz, Erna: Franz Jägerstätter. … besser die Hände als der Wille gefesselt …, Erstausgabe Veritas-Verlag Linz 1985

Quintilla, Robert: Ein Gallier in Danubien. Erfahrungen eines Zwangsarbeiters unter dem NS-Regime. Edition Milo im Verlag Lehner Wien 2006

Rabinovici, Doron: Der ewige Widerstand. Über einen strittigen Begriff (= Bibliothek der Unruhe und des Bewahrens Band 15). Styria-Verlag Wien – Graz – Klagenfurt 2008

Ritter, Christiane: Eine Frau erlebt die Polarnacht. Propyläenverlag Berlin 1938

Roth, Thomas: „Gestrauchelte Frauen" und „unverbesserliche Weibspersonen": zum Stellenwert der Kategorie Geschlecht in der nationalsozialistischen Strafrechtspflege. In: Frietsch/Herkommer 2009, 110–140

Ruggenthaler, Peter: Zwangsarbeit in der Landwirtschaft im Reichsgau Salzburg, in: Karner, Stefan/Ruckenthaler, Peter: Zwangsarbeit in der Land- und Forstwirtschaft auf dem Gebiet Österreichs 1939 bis 1945 (= Veröffentlichungen der Österreichischen Historikerkommission, Band 26/2). Oldenbourg Verlag Wien München 2004, 333–370

Saurer, Edith: Verbotene Vermischungen. „Rassenschande", Liebe und Wiedergutmachung. In: Bauer/Hämmerle/Hauch 2005, 341–361

Schieder, Paul: Französische Zwangsarbeiter im „Reichseinsatz" auf dem Gebiet der Republik Österreich. Hintergründe und Lebenswelten. Böhlau-Verlag Wien – Köln – Weimar 2012

Schneider, Silke: Verbotener Umgang. Ausländer und Deutsche im Nationalsozialismus. Diskurse um Sexualität, Moral, Wissen und Strafe. Nomos-Verlag Baden-Baden 2010 (= zugl. Freie Universität Berlin, Dissertation 2009)

Schütte-Lihotzky, Margarete: Erinnerungen aus dem Widerstand 1938–1945. Konkret Literatur-Verlag Hamburg 1985

Siegl, Gerhard: Bergbauern im Nationalsozialismus. Die Berglandwirtschaft zwischen Agrarideologie und Kriegswirtschaft. Studienverlag Wien – Innsbruck – Bozen 2013

Speckner, Hubert: In der Gewalt des Feindes. Kriegsgefangenenlager in der „Ostmark" 1939–1945. Oldenbourg Verlag Wien – München 2003

Stadler, Robert/Mooslechner Michael: St. Johann/Pg 1938–1945. Das nationalsozialistische „Markt Pongau" – Der „2. Juli 1944" in Goldegg: Widerstand und Verfolgung. Eigenverlag der Autoren Salzburg 1986

Stiefel, Dieter: Nazifizierung plus Entnazifizierung = Null? Bemerkungen zur besonderen Problematik der Entnazifizierung in Österreich. In: Meissl u. a. 1986, 28–36

Strutz, Andrea: Wieder gut gemacht? Opferfürsorge in Österreich am Beispiel der Steiermark. Mandelbaum-Verlag Wien 2006

Strutz, Andrea: Steirische Widerstandskämpferinnen und ihre Erfahrungen in der Opferfürsorge. In: Kanzler u. a. 2015, 276–295

Stumberger, Rudolf: Die vergessenen Frauen von Aichach. In: Einsichten und Perspektiven Nr. 3/2013, 198–207

Thonfeld, Christoph: Frauen und Denunziation. Anmerkungen aus geschlechterhistorischer Perspektive. In: Krauss 2008, 127–147

Wachsmann, Nikolaus: Gefangen unter Hitler. Justizterror und Strafvollzug im NS-Staat. Siedler-Verlag München 2006 (englische Erstausgabe 2004)

Waldner, Josef: „Verbotener Umgang mit Kriegsgefangenen" in Tirol. Die Akten des Sondergerichts beim Landgericht Innsbruck 1939–1945. Unveröffentlichte Diplomarbeit, Universität Innsbruck 1994

Weidenholzer, Thomas: „Arbeitseinsatz" für den Krieg. Zwangsarbeit in der Stadt Salzburg. In: Weidenholzer/Lichtblau 2012, 110–163. Als Vortrag in der „Tribüne Lehen" online unter: https://www.stadt-salzburg.at/internet/websites/nsprojekt/ns_projekt/archiv/vortragsreihe_2011_345139/13_oktober_2011_thomas_weidenholzer_arbe_345145.htm (21.10.2016)

Weidenholzer, Thomas/Lichtblau Albert (Hg.): Leben im Terror. Verfolgung und Widerstand. (= Die Stadt Salzburg im Nationalsozialismus, Band 3). Schriftenreihe des Archivs der Stadt Salzburg, Salzburg 2012

Weinzierl, Erika/Rathkolb, Oliver/Ardelt, Rudolf/Mattl, Siegfried (Hg): Justiz und Zeitgeschichte (= Symposionsbeiträge 1976–1993, Band 1). Verlag Jugend und Volk Wien 1995, 139–149

Wodak, Ruth: Österreichische Identitäten und österreichische Gedächtnisse. In: Ziegler/Kannonier-Finster 2016, 11–21

Wolf-Wicha, Barbara (2016 a): Rede am 27. Jänner 2016 zum Internationalen Tag des Gedenkens an die Opfer des Holocaust und des Nationalsozialismus (Kundgebung vor dem Antifa-Mahnmal Salzburg) – unveröffentlichtes Manuskript, online unter www.stolpersteine-salzburg.at/pdf/Rede%2027.%20Jänner%202016.pdf (24.9.2016)

Wolf-Wicha, Barbara (2016 b): Frauen im NS-Widerstand (Teil 2): Der lange Atem des NS-Unrechts. In: Gender Studies. Zeit-Schrift des Zentrums für Gender Studies und Frauenförderung der Universität Salzburg Nr. 33/Juli, 16–17, online unter: https://www.uni-salzburg.at/fileadmin/multimedia/gendup/GS-ZS_33_online_04.pdf (24.9.2016)

Ziegler, Meinrad: Erinnern und Vergessen. Zum Umgang mit dem Nationalsozialismus in der Zweiten Republik. In: ÖZG 6/1995/1, 41–60, online unter:
https://www.univie.ac.at/oezg/ozg-1-95_aufsatz2.pdf (21.6.2017)
Ziegler, Meinrad/Kannonier-Finster, Waltraud: Österreichisches Gedächtnis.
Über Erinnern und Vergessen der NS-Vergangenheit. Studienverlag Innsbruck – Wien – Bozen 2016 (= erweiterte Neuausgabe der Erstausgabe 1993
im Böhlau-Verlag)

Internetdokumente ergänzend

Zu Wehrkraftschutzverordnung – Verbotener Umgang
– https://de.wikipedia.org/wiki/Verordnung_zur_Erg%C3%A4nzung_der_
    Strafvorschriften_zum_Schutz_der_Wehrkraft_des_Deutschen_Volkes
    (9.6.2016)

Zu Geschichtswerkstatt Stalag XVIII C (317) Markt Pongau
– http://www.geschichtswerkstatt-stjohann.at/stalag-xviii-c.html bzw.:
– www.erinnern.at/bundeslaender/oesterreich/gedaechtnisorte-gedenkstaetten/
    katalog_xviii_c (9.6.2016)

Broschüre über das STALAG XVIII C „Markt Pongau" im heutigen St. Johann im
    Pongau im Salzburger Land in Österreich. Erstellt von Michael Mooslechner.
– http://www.youblisher.com/p/491771-Das-Kriegsgefangenenlager-STALAG-
    XVIIIC-Markt-Pongau/ (9.6.2016)

Zu Zwangsarbeit in der Landwirtschaft im Pinzgau
– http://www.salzburg.com/wiki/index.php/NS-Zwangsarbeit_in_der_
    Landwirtschaft_im_Pinzgau (10.4.2016)

Zu Kirche und Nationalsozialismus
– Sturm auf das erzbischöfliche Palais https://www.doew.at/erkennen/
    ausstellung/1938/kirche-und-nationalsozialismus (10.3.2016)

Zu Kaspar Feld (und Josef Scherleitner)
– http://derstandard.at/2000013818781/Lend-im-Salzburger-Pinzgau-
    Ein-Pfarrer-ein-Kommunist-zwei-NS (9.6.2016)
– http://zeit-geschichte.com/rlwp/2016/03/07/das-schicksal-von-pfarrer-
    kaspar-feld/ (9.6.2016)

Zu Josef Schitter
– http://www.res.icar-us.eu/index.php?title=Schitter,_Josef_(1911-1991)
    (9.6.2016)
– http://www.stolpersteine-salzburg.at/de/orte_und_biographien?victim=
    Tannenberger, Fritz (9.6.2016)